各方致孙中山函电汇编

【第七卷】

(1923.1~1924.2)

曹天忠
敖光旭　编

桑兵◎主编

社会科学文献出版社
SOCIAL SCIENCES ACADEMIC PRESS (CHINA)

目　录

许崇智致孙中山电

（1923 年 1 月 1 日）

一、朱沣藻、卢小嘉来。其所接洽者，对于闽局以朱为督办，伯川为会办，臧为汀、漳、龙护军使。伯川因地位关系颇不愿，意云须询明上海中山先生意思云云。二、我军去后，闽省自治局面恐难维持，但留闽人员及部队当无妨碍。智叩。先。

（《一九二二至一九二三年孙中山在沪期间各地来电汇编》，第 57 页）

邹鲁致孙中山电

（1923 年 1 月 1 日）

（一）世日开会，各人一致进行，毫无意见，得君佩力为多。（二）各方报告甚佳，逐逆当能如二月之期。（三）此时只以财政为要，泽如极力负责办理。鲁。东。

（《一九二二至一九二三年孙中山在沪期间各地来电汇编》，第 277 页）

梅光培致孙中山函

（1923 年 1 月 2 日）

培于上两天已返到香港，至西江捷报，想已有电呈报。现香港有多数同志，纷传丽堂（魏邦平字）承命回港，即与徐勤及政学系等会议，联合沈鸿英利用我民党，驱逐陈贼，从中渔利云。闻丽堂昨已有电呈报陈贼下野情形，若非得福州主力军到粤主持，切不可允其所请。陈贼狡极，或借此以为缓兵之计。

（《中华民国史事纪要（初稿）》1923 年 1 ~6 月，第 38 页）

李易标致孙中山等电

（1923 年 1 月 7 日）

百万急。大总统、国务总理、各部总长、参众两院议长，保定曹巡阅使，洛阳吴巡阅使，热河王巡阅使，各省督军、总司令、督办、〔省督军、总司令、督办〕省长、各都统、各护军使、各镇守使、各师旅长、各司令，上海岑云师［帅］、孙中山先生、温钦甫先生、广肇公所同乡诸先生、陆干帅，探呈沈将军、黄副司令、邬参谋长、林总司令、省议会、广东省议会、总商会、九大善堂、各法团、各报馆均鉴：

□［炯］明祸粤，人神共愤。易标奉令，率师回粤征讨，经于冬电详呈，谅邀鉴及。江晨追敌至华表□，支晨击新［敌］我军〔于〕□渌水，敌败溃。是日下午，收复德庆县城。微（5 日）午我军行抵九市，当据探报：逆军林□［虎］、叶举、熊略、梁鸿楷、杨坤如等率众五六千、战舰三艘、轮船七八艘，分据于六都对面之三洲要隘及河面，请速逼攻。等语。易标督同三、四两旅，及卫兵机关枪各营，即于鱼（六日）日午前九时进发，分一小部会同滇军攻敌之正面，余则向敌右后方迂回袭击。敌死力抵抗，并发舰炮以为掩护，相持至午后，易标乃身先士卒，抄过一［三］洲之河岸，极力猛攻，并击中其战舰，敌势不支，纷纷逃走于肇庆方面。我军占领三洲。是役毙敌三百余，俘虏千余，夺获大炮二尊，机关枪十余架，步枪千余枝，炮弹、子弹、辎重无算。我军亦略有伤亡。经此一击，敌胆已破，陈逆不足平也。广西陆军第一军中路指挥官李易标叩。阳。印。

（《中华民国史档案资料汇编》第四辑（二），第707～708页）

旅宁粤人致电孙中山

（1923年1月7日载）

切望我大总统从速回粤坐镇，指挥将领，不独竟护法之前功，同时拯救桑邦，联各省赞助民治领袖，同起劲旅，出奇制胜，使我国早日统一告成，免列强野心，借口共管，尚希克期启程。

（上海《民国日报》1923年1月11日，第6版）

崔通约等与各华侨代表会议主张孙中山回粤函

（1923年1月7日）

大总统钧鉴：

敬肃者：粤桂滇义师奋起讨贼，所至大捷，势如破竹，此固人心之所归，抑公理之当然也。逆贼炯明纵匪殃民，滥发纸币，桑梓危急，奔走呼号，倒悬莫解。近者痛定思痛，闻昔日不明大义之商人，今均豁然大悟，知非我大总统返旆，未易全奏肤功。通约在宁，于本星期日召集各学校同乡学生会议，不期而来者四十余人，时有琼崖代表王大文、安南代表何广泰，暹罗代表黄耀基、加拿大代表李如舟、墨西哥代表曹家谟、星加坡代表黄鹤叶、婆罗洲代表符栋材诸君，均有讨论，一致赞成，皆切望我大总统从速回粤坐镇，指挥将领，不独竟护法之前功，同时拯救乡邦，联络各省赞助民治领袖，同起劲旅，出奇制胜，使我国早日统一告成，免列强野

心藉口共管。尚希克期启程，不止我旅宁同乡所迫切吁祷，想中外人士谅表同情者也。专此，敬颂

钧祺，并贺

年禧

广肇代表崔通约、琼崖代表王大文、安南代表何广泰、加拿大代表李如舟、墨西哥代表曹家谟、星加坡代表黄鹤叶、婆罗洲代表符栋材等同叩。暹罗代表黄耀基补漏

十二、一、七

（党史会藏毛笔原件）

（《革命文献》第52辑，第466页）

李烈钧致孙中山书

（1923年1月7日）

讨伐令全文奉到。鄙见令中“进兵讨炯明”六［五］字，拟改为“进兵戡乱”四字，“会同海军”上加“并省直辖各军”五［六］字。部署稍妥，令再颁布。沈畏罪退出，或先划分卫戍，逼以范围之。观其将来，或径任其为广西省长，或总司令，予以自新之路，而留操纵之方。展望先生驻节东江，观察全局较易，如据为是，即请妥议会呈，察核示遵。李烈钧叩。阳。泽民代。

（《李烈钧集》下册，第474页）

杨希闵致孙中山电

（1923年1月8日载）

孙中山先生：

昨接滇军总指挥杨希闵来电云：上海孙大总统钧鉴：陈逆悖

叛，祸国殃民，忍□元首蒙尘，遂致同侪□散，攻击总统，摧残国会，总长为之毕命，大局受其影响。半载以来，全粤同胞，横被枪劫，十室九空，举目荒凉，迄无宁靖，凡有血气，莫不伸讨。闵等体我公爱民之忱？奉命北伐，职司讨论。既属殃民之徒，即在应讨之列。数月转战，扫除盗贼，不知凡几。尔者驻蒙体察粤局，几经研究，陈果早自悟者，或果自引退，或公庭自首。我公□重和平，当予自省。讵陈氏怙恶不悛，奸谋百出，倾复三角同盟，期将闵部一网打尽，除其心腹之患，复可安枕无忧。□刻已节节逼进，旦晚必发。闵等忍无可忍，□于本月鱼日，□白马地方，招集桂省各友军，开军事大会。到者有沈军代表黄应山，桂军司令刘达广，自治军司令刘玉山、陈升平暨各军要人，一致赞同□络一气。刘师长震寰，复于漾日来蒙，与各旅长议决进攻方略。本军遂于感日与各友军开始总攻击，进取梧州，随即东下，务期直捣粤垣，扫除叛逆，肃清小丑。欢迎我公及护法诸名流，连袂返粤，遂组合法机关，对内对外，均无滞碍，护法事业，得竟全功。由此秣马厉兵，一致服从，北伐南征，赴汤蹈火，所不敢辞。惟是沪粤遥隔，人言人殊，感情作用，淆惑听闻，致碍正谊，况兼经济枯竭，须急□于接济。除特派谘议官杨应祥为本军全权代表，来沪代陈一切。知关尊注，谨先奉闻。滇军总指挥杨希闵等全体官佐士兵同叩。感。印。

（上海《民国日报》1923 年 1 月 9 日，“本埠新闻”）

黄展云等电告孙中山

（1923 年 1 月 8 日）

先生能设法维持固佳；万不得已，亦需电百川绥以时日，与便与萨商汝为后方问题。如何？乞复。

（《孙中山年谱长编》下册，第 1548 页）

许崇智等致孙中山电

（1923 年 1 月 8 日载）

刻下西路讨贼军已抵肇庆，陈逆阴险，犹思负固。智等仇深国家，谊切乡邦，倾奉大总统明令，返旆讨贼，即日督率部属，兼程前进，诛锄叛逆，救民水火。

（上海《民国日报》1923 年 1 月 13 日，“要闻”）

杨鹤龄致孙中山求职函

（1923 年 1 月 9 日）

近观大局，知已大有转机，广东三千万同胞，日日望公解决，非复如前岁之情况矣。老夫睹此，大有雄心，极欲服务民国。若得追随左右，必能裨补阙漏，有所广益；始谋有我，而收效岂可无我乎？嗟乎！俟河之清，人寿几何？想我公必不使四皓永匿商山，二老长居东海也。

（《国文年谱》增订本下册，第 1038 页）

李易标致孙中山等电

（1923 年 1 月 9 日）

万火急。北京大总统、国务总理、各部总长、参众两院议长，保定曹巡阅使，洛阳吴巡阅使，承德王巡阅使，各省督军、总司令、督办、省长、各都统、各护军使、各镇守使、各师旅长、各司令，上海岑云帅、孙中山先生、莫日初先生、章太炎先生、温钦甫先生、广肇公所同乡诸先生，龙州陆干帅，梧州沈将军，平乐钱参谋长，南宁林总司令、蒙省长，广东省议会、商会、九大善堂、各法团、各报馆均鉴：

我军占领三游［洲］，经于阳日电呈。庚日敌军会合全力踞于禄步各险要地点，我军暗从左翼水南白土村包围，极力猛攻，敌势不支，即分向肇庆、四会方面溃退。佳晨易标复率部众追击，敌闻风不战先逃，向三水而去，我军即于是日下午一时，克得肇庆城。是役我军在禄步，毙敌二百余人，夺获退管炮一门，机关枪数架，步枪二百余杆，各种子弹军用品无算。我军阵亡正兵一，伤八名。此番联军讨贼，节节胜利，会师羊城，当在指顾间也。陆军第一军中路总指挥李易标叩。佳。印。

（《中华民国史档案资料汇编》第四辑（二），第708页）

邹鲁致孙中山电

（1923年1月10日）

（一）任潮、演达专人来告，第一师三日间全部调梧，商与滇刘各军联络事。（二）协和要公万元作海陆军接洽费。（三）天斗款仍未交。鲁、泽。蒸

（《一九二二至一九二三年孙中山在沪期间各地来电汇编》，第283页）

古巴支部蒋北平等致孙中山电

（1923年1月10日）

孙大总统并转胡、李、卢、许暨长鉴：

我公仗义克复羊城，还迭速歼除凶逆，永保治安。谨电驰贺。

古支部蒋北平等叩。

（《一九二二至一九二三年孙中山在沪期间各地来电汇编》，第383页）

邵元冲致孙中山函

（1923年1月11日）

有留美学生程学愉（天放）曾为本党报纸撰文鼓吹，劝其入党，已表同意，惟因经济困难，对于入党基金未能筹措，可否按照本党规约第四条规定，现在曾为革命效力者，得免缴入党金。

（《中华民国史事纪要（初稿）》1923年1~6月，第57页）

何侠请孙中山回粤电

（1923年1月11日）

（衔略）滇桂粤联军，一日在藤县誓师，二日下梧州，四日下德庆，八日下肇庆，十日下三水。义旗所指，贼胆俱寒，争城陷阵，势若破竹。陈逆炯明，闻林虎逋、杨坤如逃，魂碎胆落，现已预备逃往惠州，再图抗拒。现省城各团体，一致拥护我孙大总统，公举魏邦平为总司令，温树德暂维秩序。侠思西南政府，非仗强有毅力之孙公出任建设，断难收效，所以特吁请我广东旅沪同乡诸公，开一联席大会，表决欢迎我蒙尘之孙大总统回粤，主持大计，俾得奠定西南，扫荡幽燕，庶国贼得诛，民贼伏罪，使四万万最亲最爱之同胞，皆立于三民五权法治之下，则国家前途，实利赖之。望诸公急起补救粤省大局，一面促陈下野，以免桑梓五［玉?］石俱焚，良民受祸；一面请孙大总统回粤，布施号令，修政行仁，使我粤三千万同胞归于慈母国父之下；一面速筹钜款，犒赏客军，并谢其代粤民讨贼，功成各归原省，则粤民可高枕无忧，熙雍度岁，临电迫切，千乞裁纳。广东国民大会驻沪代表何侠叩。真。（上海《民信日刊》民国十二年一月十二日）

（《革命文献》第52辑，第466~467页）

林伯超等请国父回粤电

（1923年1月12日）

上海孙中山先生钧鉴：

战端开后，省城震动。公民等深恐败兵骚扰，请即回辕，维持粤局。公民林伯超等同叩。

（《革命文献》第52辑，第468页）

张绍曾与孙中山往返函

（1923年1月12日载）

孙中山近派徐绍桢持函往见张总理，其原函云：敬舆仁兄惠鉴，久睽风度，时用怀想。迩来迭接固卿兄函电，藉悉我兄谋国公忠，将以和平统一号召天下，收拾六年以来分崩离析之局。长才远职，甚慰所怀。文自今夏直军将士表示尊重护法以来，认为和平统一时机已至，方拟着手进行。猝遭粤乱，未遂其志，然耿耿此心，终始不渝。荏苒半载，无裨大计，辄用嗟叹。今执事发此宏愿，且毅然挺身以当此难局，甚盼执事之遂底于成也。且闻执事于将受大任之际，不欲蹈袭历来恶例，草率就职，而必以国会通过为期，尤征高识，想履事之后，和平统一之方策，必能如意施行，无所迟滞矣。敬以为贺，未尽之怀，统由固卿兄代陈，恕不一一。惟尚有不能已于言者。今者国会虽得在北京自由召集，然议员资格，屡起纠纷，护法事业，犹有缺憾，尚望执事扶助正义，俾得完满解决。此不特时局之幸，亦历史之光，执事明识，当不以此言为汗漫耳，余不一一。孙文一月三日。张氏得此函后，业已覆函道谢，并略述时局意见。惟议员资格问题，谓政府不能干涉国会内部之事，请中山原谅云云。

（《大公报》1923 年 1 月 12 日，“要闻二”）

周之贞等欢迎孙中山返粤电

（1923 年 1 月 16 日）

（衔略）之贞前奉孙大总统令，兴师讨贼，经于删日率队克复羊城，陈逆潜逃，敌兵溃退。（中略）恳请孙大总统迅委贤员，回粤镇摄。西路讨贼司令周之贞、梁若谷、萧组、邓巨、钟关民、李国佩、陈光莱、李茂同叩。铣。

（《革命文献》第 52 辑，第 470～471 页）

耀垣致孙中山电

（1923 年 1 月 17 日）

总理鉴：

捷音传达，全侨欢跃，恳转前敌贺捷，并致意慰劳。民困待苏，省防贵得人，同志一致主张拥展堂先生出任，恳顺侨意，代加敦促。耀垣暨全体同志。篠。

（《一九二二至一九二三年孙中山在沪期间各地来电汇编》，第 381 页）

张开儒欢迎孙中山返粤电

（1923年1月17日）

万急。上海孙大总统（余衔略）：

陈逆炯明，违法犯上，叛国殃民。开儒前奉孙大总统特任，督率滇桂健儿，声义伸讨。去月艳日，下蒙江，取苍梧，乘胜东下。本月铣日，克复广州，仰仗大总统福威，旬日底定。除分饬部队穷追务清余孽外，现在地方安堵，秩序如常，堪纾廑系，并恳大总统克日回粤，规复政府，主持一切，无任盼祷。滇桂讨贼联军总司令张开儒叩。霰。印。

（《革命文献》第52辑，第470页）

伍学焜致孙中山电

（1923年1月17日）

各界对于省长问题咸怀疑惧，深恐用非其人，复蹈元年覆辙。先生创业非易，何忍功败垂成，乞火速回粤要商解决，以镇人心，前途幸甚。何船动程，并请电覆。伍学焜叩。筱。

（《一九二二至一九二三年孙中山在沪期间各地来电汇编》，第265页）

廖湘芸致孙中山电

（1923年1月17日）

陈、叶率残部退惠。昨早已将罗绍雄独立旅全部及溃散各军，收编为广东讨贼军第一纵队，委萧湘为第一旅长，原来罗部李团长汉隆为第二旅长。此次所有收编伙食等费，概由罗另行收编，散军三营暂由周况统率，将来一并编入本队，以取一致。联军已次第入城，现在省与筹维持秩序，商民复业，地方安谧，谨先电闻。广东讨贼军第一纵队长廖湘芸叩。筱。

（《一九二二至一九二三年孙中山在沪期间各地来电汇编》，第215页）

温树德致孙中山电

（1923年1月18日）

孙大总统钧鉴：

溯自军兴，遐迩响应，浃旬之间全局庇平。此回仰赖钧座威福，亦足见人心之倾向，现在各路军队业经节节晋省，郁郁不惊，闾阎安堵。惟是善后，急待整理。治安尤应维持，经树德与丽堂及各军将领协商，一切暂维目前，以免纷扰。特钧座一日不到，而人心一日不安，伏乞早日莅粤以奠大局，何时启节，并盼电示，以便派舰迎迓。谨电驰闻，诸维垂察。海军司令温树德叩。巧。

（《一九二二至一九二三孙中山在沪期间各地来电汇编》，第173页）

张绍曾致孙中山等电

（1923年1月18日载）

（衔略）比年以来，两广地方，衅争迭起，人民痛苦，所受已深。此次兵火重开，南望良滋扼腕，诸公或桑梓所关，或节牙旧建，轸怀既切，民望尤殷。务恳本宏济之忱，肩调解之责。总以两省各停战事，不相侵越为归，以保治安，而维大局。绍曾此次忝被交推，勉膺艰巨。凡有措施，矢以平和为主，此则可与各方开诚相见者，专电奉陈，伫盼复教。张绍曾。青。印。

（《张绍曾电请孙岑调解粤事》，《晨报》1923年1月18日）

于洪起等请孙中山返粤电

（1923年1月18日）

上海恺自迩路法统维持会诸公钧鉴：

义军崛起西江，不旬日而告成功。天日重光，法统有赖，即希晋谒大总统，催促迅速返粤复职，以奠国基。并盼分邀两院同人，联翩偕来，重行集会，以维持法统，而决国是。特此电达，并望示复。留粤国会议员于洪起、高福生等叩。巧。

（《革命文献》第52辑，第468页）

于洪起致孙中山电

（1923年1月18日）

孙大总统钧鉴：

孽障已除，天日为昭，遐迩闻讯，欢忭无似。敬恳我大总统即日启节莅粤，以奠国基，而维法统。不胜翘企之至。留粤国会议员于洪起、高福生等叩。巧。

（《一九二二至一九二三孙中山在沪期间各地来电汇编》，第187页）

熊飞等欢迎孙中山返粤电

（1923年1月18日）

上海孙大总统、民国日报馆暨各同志公鉴：

窃陈逆叛国殃民，罪在不赦。各在职同志俱誓师声讨。本军自举义以来，与滇桂两军联络，一致行动，幸赖大总统福庇，所向皆捷。顷又接到本军第二路司令卢汉辅来电，报告陈军东退，我军邹部占领韶关，并请转陈大总统、许总司令，以释廑念。省城方面，我军于删日入城，司令部亦已移省。查该逆军纷向东窜，必逃回惠州作背城借一之计，东江方面，尚不免有剧烈战事，伏请我大总统速即命驾返粤，主持一切，不胜屏营待命之至。东路讨贼游击军司令熊飞，参议长兼前敌总指挥张兆辰，第一路司令官国祯，第二路司令官卢汉辅，第二路第一支队董开周，第二路第二梯团司令邓汉强，第二路第三支队长胡振武，先锋队司令莫善荣，挺进队司令尧汉齐，别动队司令钱鸿翥，第一独立统领陈雄，虎门要塞司令曾庭等，暨全体军官佐同叩。巧。印。

（《革命文献》第 52 辑，第 471 页）

邹鲁致孙中山电

（1923 年 1 月 18 日）

一、鲁于昨晚抵省。二、绍基、显臣本早可到，商定追击及善后事项。三、滇桂粤各军齐集省垣，极守纪律，请先生即回。四、鲁已遵电令，用广东讨贼军总司令名义处理一切，请先生将委鲁名义径电知滇桂粤各军将领。鲁叩。啸。印。

（《一九二二至一九二三年孙中山在沪期间各地来电汇编》，第 217 页）

古应芬致孙中山电

（1923 年 1 月 18 日）

沈军到后，大起变动。缴投降我之各军枪械尽占各机关，且闻沈自定为总司令，以林正煊任省长。就职后即通电统一，拥张阁，逐黎捧曹，密通百川。若我军之由闽出发，并对陈逆各军主安抚，事机危迫，乞早定计。芬。巧。

（《一九二二至一九二三年孙中山在沪期间各地来电汇编》，第243页）

胡汉民致孙中山电

（1923年1月18日）

陈逆残部尚众，退据东北两江负隅，可虑。现沈鸿英部队四千抵省，言援粤不言讨贼，居心叵测，并擅委高级长官，占据兵工厂，强缴已附义之兵队军械，李炳荣因此逃返石龙，似此有心谋我。政学会真相益露，若沈、陈互相利用，祸即起于眉睫，此时吾党应有最大决心，对于沈部及易反侧者一并解决之。惟态度不能遽然表示，且须探沈与滇军联络程度如何，现拟团结滇刘，联络丽堂，一面追击，一面以实力占韶关、肇庆，并请汝为兄兼程西进，迅扫东江余孽，暂放弃省垣一隅，则粤难不足平矣，请汝为奋起图之，已电闽。汉民。巧。

（《一九二二至一九二三年孙中山在沪期间各地来电汇编》，第289～290页）

杨西岩致孙中山电

（1923年1月18日）

大元帅钧鉴：

寒电计达左右，粤难甫平，万端待理，省长问题关系大局，必须大驾亲回，征集各方意见，委选贤能，前途甚有裨益。丽堂亦同此意，方允维持治安。奉读致展堂筱电，不胜骇异，恐丽堂见即去，而西亦不敢进行矣。万乞即日回粤主持。万□犹豫致令人心汹汹，妨害大局，迫切陈词，伏恳垂察，西岩叩。巧。

（《一九二二至一九二三年孙中山在沪期间各地来电汇编》，第267页）

吴铁城致孙中山电

（1923年1月18日）

一、三师约三千人及魏到省，杨、沈今日可到。沈觊觎非分，政系存据粤心。易标自称广东陆军第一军，并委运使。逆军抢夺新塘，重兵击虎门。铁叩。巧。

（《一九二二至一九二三孙中山在沪期间各地来电汇编》，第213页）

湖北旅京同乡会致孙中山等电

（1923年2月19日）

北京大总统、国务总理、各部总次长、参众两议院、检阅使、各总裁、各督办、保定曹巡阅使、洛阳吴巡阅使、热河王巡阅使、各省督军、督理、总司令、省长、师旅长、三特区都统、各镇守使、护军使、湖北省议会、湖南省议会、江西省议会暨各省省议会、各商会、各法团、上海孙中山先生、天津段合肥先生、上海岑西林先生、章太炎先生、正定王聘卿先生、广州唐少川先生、南通张季直先生，暨在野各名流、各省各埠各报馆公鉴：

盐在民食为独立性，较之米麦，于人为切。米麦荒歉，他物可替，盐有荒歉，他物莫替。米麦之产天功少而人功多，犹可专也，盐之由来，天功多而人功少，不可专也。贪天之功，据为己利，暂且不可，而况久乎。民国肇造，五千年来之专政，一旦废之而有余，何以八百年之专商，十二年革之而不得，苟利国以害民，是犹可忍，既害民而祸国，乌类能道之乎。可留吾民受盐政之虐溥于兵灾，天下之口，无容赘说。众议院议员田君桐提出改良盐政，废引设场一案，法良意美，期在必行。本同乡于豪日开全体大会议决应援，非达目的不止。他种民权收效迟而难举，改革盐政收效速而易行，万望尊处代表民意，急电两院主张，克期通过，俾疗久渴而慰民生，不胜盼切之至。湖北旅京同乡会叩庚。

（《大公报》1923年2月19日，“要闻二”）

李烈钧致孙中山电

（1923年1月19日）

隐韬军需长来报，陈逆率残部万数千人主力，确已退惠等语。联军大获，次第抵省。虽形庞杂，分区分责尚可部署。拟即与展堂先生及各统将商一联合追击案，以俟训令。福建出兵，若协同围剿，尤易收巨效也。李烈钧叩。效。

（《一九二二至一九二三年孙中山在沪期间各地来电汇编》，第305页）

洪兆麟、翁式亮致孙中山电

（1923年1月19日）

孙大总统钧鉴：

本派参谋长黄维藩代表觐见，请训一切，麟等绝对服从。至潮梅治安，自当尽力维持，请纾廑念。洪兆麟、翁式亮谨呈。皓申。

（《一九二二至一九二三年孙中山在沪期间各地来电汇编》，第231页）

胡汉民致孙中山电

（1923年1月19日）

巧电敬悉。（一）沈军政纠据省，我实力未固，险象环生，须急谋制御之方。当兹扰攘，恐号令不行，故大本营暂难设立，益信先生有归粤之必要，而归期在一星期后亦合。（二）省长须有相当资望。陈逆忽忽败不旋踵，此时敌眈眈，尤须郑重，始可服人。同志委弟，弟决不任，且虑无实力以对外。若更使无政治上资望手腕者为之，则内部灰沮而外敌益有以籍口，威信一坠，粤事将不可为。生死关头，弟不忍避嫌缄默也。弟意莫如对行政暂不过问，先图军事之解决，以免怠我而怒寇。若敌方恣意专欲，则魏与滇军可为用，乃易制胜，此节祈与精卫、仲恺熟商之。（三）权委员俟见协和商覆。（四）慰劳安抚追击之文，已谅送。汉民叩。皓。

（《一九二二至一九二三年孙中山在沪期间各地来电汇编》，第291~292页）

陈肇英致孙中山

（1923年1月19日）

闽局现虽景况甚佳，恐许总司令部队全行开出后，或有意外变动，拟请先事筹划及之。

（《孙中山年谱长编》下册，第1558页）

墨国支部致孙中山电

（1923 年 1 月 19 日）

孙大总统鉴：

乞任胡公展堂长粤，宏我民治。驻墨支部全体。皓。叩。

（《一九二二至一九二三年孙中山在沪期间各地来电汇编》，第 379 页）

护法议员请孙中山赴粤电

（1923 年 1 月 19 日）

上海孙大总统钧鉴：

陈逆叛主，放逐议员，毁法之徒，窃踞议席，法统紊乱，国人痛心。我公以护法亏篑为惭德，同人以澄清国会为依归。瘏口哓音，曾莫之听；乱犹水火，益深益热。盖未有法统紊乱，而国家可求统一者，兹幸天心厌乱，逆师倒戈，护法首都，戎衣大定。我大总统宜即俯顺人心，正位佗城，号令天下。同人誓当与公相终始，竟护法之业，建统一之基。人心未死，国事可为，已另电林议长，依法召集国会矣！护法议员公叩。皓。

（《革命文献》第 52 辑，第 469 ~ 470 页；《护法运动史料汇编》（二），第 531 页）

魏邦平致孙中山电

（1923 年 1 月 19 日）

万急。上海孙大总统（余衔略）钧鉴：

讨贼军兴，浃旬定粤。邦平不自量力，承一、三、四师暨警备队、海军江防舰队各袍泽推举，不能不勉出维持，业于铣日权借海珠，联合海陆军警维持治安，方幸和平即现，遂服有期。惟是讨贼卫戍，千绪万端，各袍泽以主任不可无人，复承推为广东讨贼联军总司令。自维权利澹然，何心冯妇，宣言具在，敢负初衷，但迫于大义之责言，只得勉为牺牲，即日就职，所有讨贼暨卫戍事宜，联络友军，共同一致。一俟大总统南旋，平即卸职，以谢国人。区区苦衷，伏祈谅鉴，谨达。魏邦平。皓。印。

（《护法运动史料汇编》（四），第 237 页）

洪兆麟翁式亮致孙中山电

（1923 年 1 月 19 日）

孙大总统钧鉴：

本日派参谋长黄维藩代表觐见，请训一切。麟等绝对服从，至潮梅治安自当尽力维持，请纾廑念。洪兆麟、翁式亮谨呈。皓。申。

（《护法运动史料汇编》（四），第 237 页）

胡汉民致孙中山电

（1923 年 1 月 20 日）

一、省中所收部队，共组联军，奉丽堂为广东讨贼联军总司令，此着甚好，望即加任。二、某部仅以一旅抵城，三旅在三水等处，且滇军颇有联，故宜密图。此时不可轻泄，对岑亦勿失欢。三、协和对全权委员，谓粤人似过多，并拟增滇、桂、迪最高级官。四、若欲先定省行政官，以杜觊觎，则弟意莫如任汝为为省长，而以有声望经验者为政务厅长，汝未到任时，由政厅代理之。汉民。哿。

（《一九二二至一九二三年孙中山在沪期间各地来电汇编》，第293～294页）

邹鲁等致孙中山电

（1923年1月20日）

广州卫戍总司令请电委刘震寰以制沈鸿英，因沈到省，横肆非常，已露叵测。因震寰对于党事始终如一，对于滇军愈深感情，若以此总军委之，必能益党而制敌，请即电准并径电刘收。毅、泽、鲁。哿。

（《一九二二至一九二三年孙中山在沪期间各地来电汇编》，第227页）

张绍曾致孙中山电

（1923年1月20日）

孙中山先生大鉴：粤难重罹锋镝，倍切痛心。绍曾忝领中枢，实难缄默，究应如何收拾之处，幸赐周行。宋君来京面谈甚洽，所有鄙见已托代陈，统希谅察，迅代示覆为祷。张绍曾。哿。

（《一九二二至一九二三年孙中山在沪期间各地来电汇编》，第331页）

孙科致孙中山电

（1923年1月20日）

皓电敬悉，款筹妥即汇，昨早来省，地方秩序尚好，惟主客各军队进城，或擅委官吏，或占据衙署，或缴收枪械，颇形纷扰，若长此不理，恐生误会。科因即分谒粤沈滇各军长官接洽维持，并商各项办法：一、各军克日会同出发东江追击逆军。二、请商各军将财政机关交回，促西、焜负责筹给军饷。各方虽表示赞成，但群龙无首，揭絮极难，必须父亲火速回粤，方易解决。昨日粤军将领开全体军事会议，营长以上列席，一至［致］赞成派兵追击并公推丽堂为广东讨贼联军总司令。经电请以委并商西岩即筹十万赶助出发，另滇桂沈各军廿万，财团垫款合此次九十万，询［洵］称难能，幸善用其气，勿令缺望。滇军方面另奖事：一、此次出力军官择尤奖叙；二、每兵优待军衣、鞋、袜一套，毡一张；三、欲令勉励各军，并赐款四军饷有著。科。号电。孙科。

（《一九二二至一九二三孙中山在沪期间各地来电汇编》，第 183 页）

邓泽如等致孙中山电

（1923 年 1 月 20 日）

由哲生兄转来皓电敬悉。沈军抵省，四出缴枪，势焰日张。政学系复藉省会于日内选林为省长。人害我者日亟，而先生迟迟不归。省亡之祸就在目前，才薄如弟，纵欲牺牲，无补于事。众意省长一职，非展兄莫克胜任，先生既委杨任财厅，弟经一力疏通，展兄所无异言，乞即委展兄回主持粤局外，党情切急不择言，幸鉴戆直。泽如。智。

（《一九二二至一九二三孙中山在沪期间各地来电汇编》，第 189 页）

王永泉致孙中山电

（1923 年 1 月 20 日）

孙中山先生钧鉴：

顷闻捷报广州克服，从此两粤奠定，乃原景从，逖听之余，莫名欢忭，前奉赐书，备承指示，自当敬谨服膺。曹君勉庵计已到沪，闽事嘱渠面陈，谅邀洞鉴。汝为返旆在即，孙周逼迫闽边，此后闽局全赖钧座扶持，如何应付，恳乞详示为祷。谨电贺捷，并叩崇安。王永泉叩。号。印。

（《一九二二至一九二三孙中山在沪期间各地来电汇编》，第113页）

杨希闵、邓泰中、卢师谛致孙中山密电

（1923年1月20日）

谢愚守兄亲译仰密呈总统鉴：

顷风闻钧座委魏、李、胡、许、邹诸君代行职权，并委邓泽如为省长等因，不胜惶骇。窃以为今日平大难，定粤局，非钧座速临，决无办法，委人代行，断难有效，政出多头，尤增纷纠，且恐体制未宜，有隳威信。省长责重事繁，当此绝续之交，军兴之际，善后百端，尤非声望素孚，才历兼备之员，万不能治理繁巨，敉定艰危。邓君虽贤，实不胜此。传闻果确，必致及响，重碍大局。闵等志切拥戴，不敢缄默，特此飞急密呈。如有成命，万恳俯鉴愚忠，允予立刻收回，并恳即日命驾莅临。闵等全力拱护，决无他虑。一面于展堂、海滨二人中，题一人任以省长或暂代，人心即定。此时千钧一发，成败所系之，伏乞立予断行，不胜惶恐迫切待命之至。复电交亚洲酒店转谛。希闵、泰中、师谛叩。

此事关系太大，伏万望兄与沧汉、精卫，切劝改易，并劝立刻起行，追击联军，务以绍基总之。切念勿忽，中、谛叩。号。印。

（《一九二二至一九二三孙中山在沪期间各地来电汇编》，第177页）

广州海军致孙中山电

(1923 年 1 月 20 日)

孙大总统钧鉴：

大局甫定，义师云集，秩序虽暂可维持，而善后之待理孔急。敬恳我大总统即日启节回粤，以慰军民之望而定国家大计。谨电吁恳，伏乞垂鉴。海军各舰长、司令部各处处长率全体官佐士兵全叩。啸。

(《一九二二至一九二三孙中山在沪期间各地来电汇编》，第 181 页)

广东陆海军将领致孙中山等电

(1923 年 1 月 20 日)

孙大总统、岑西林先生钧鉴：

此次陈逆炯明犯上作乱，祸粤祸国，尤复肆其野心，侵闽侵桂。希闵等奉钧座命令，兴师讨贼，仰仗德威及将士用命，不一月而广州底定。希闵等奉命讨贼，杀敌致果，义无反顾。

惟大局进行，地方善后，万不能不仗钧座即日命驾回粤，主持一切，用慰群望。现残敌未尽，追击万难稍缓，加以此后东北两江战线延长，非得大总统委任一人主持全局，无以收动作一致之效，至主持粤政，接济后方，尤非大总统即日委人，无以专责成而利戎机。为此合恳钧座，赐予俯允，克日莅粤，不胜迫切待命之至。杨希闵、刘震寰、魏邦平、温树德、李易标、刘达庆、卢师谛、邓泰中、吕春荣、邹鲁叩。啸。(此电沈总司令鸿英尚未到省，故未列名，合并声明。)

(《护法运动史料汇编》(一)，第 434 ~435 页)

邓泽如致孙中山电

（1923 年 1 月 20 日）

大总统钧鉴：

由哲生兄转来皓电，敬悉。现沈军抵省，四处缴械，势焰日张；政学系复藉省会，于日内选林正煊为省长，人谋我者日亟。而先生迟迟不归，亡党祸在目前，才薄如泽如，纵欲牺牲，无补于事。众意省长一职，非展堂莫克胜任。先生既委杨西岩任财厅长，泽如力任疏通，展堂亦无异言，乞即改委胡展堂兼任省长，免误事机。仍盼先生速回，主持粤局，爱党情切，急不择言，幸恕憨直。泽如。哿。

（《革命文献》第 52 辑，第 437 页）

胡汉民致孙中山电

（1923 年 1 月 21 日）

一、闻那文因各国领事嘱其电请先生回粤，然则外交不成问题，先生宜即定船期。二、此时滇军态度尚好而甚穷，刘震寰实首义，俱宜特别补助。请密电西岩、哲生为之，否则滇军必受沈骗而刘孤立，大局难挽之。先生宜偕精卫、仲恺诸兄俱来。将来各有任务，再说粤事要用全力对付也。汉民。马。

（《一九二二至一九二三孙中山在沪期间各地来电汇编》，第 191 页）

王永泉致孙中山函

（1923 年 1 月 21 日）

王永泉派代表曹勉庵赴沪，于本日上午十时晋见孙大总统，报告闽省局势，请示机宜，并呈上王永泉函。略谓："孙传芳窥闽甚急，刘资颖复为虎作伥，闽局恐生变化"，并请"赐以援助"。

（《中华民国史事纪要（初稿）》1923 年 1 ~6 月，第 111 页）

芙蓉支部致孙中山电

（1923 年 1 月 22 日）

孙大总统钧鉴：

欣悉委泽如长粤，华侨一致爱戴，勿令辞，请电饬泽君速行就职，以慰侨望。芙蓉国民党叩。养。

（《一九二二至一九二三年孙中山在沪期间各地来电汇编》，第 373 页）

古应芬致孙中山电

（1923 年 1 月 22 日）

得省电，观音山炮声隆隆，滇桂军纷纷备战，态度未明云。芬。祃。

（《一九二二至一九二三年孙中山在沪期间各地来电汇编》，第 259 页）

邹鲁致孙中山电

（1923 年 1 月 22 日）

范其务系十余年困苦艰难之革命党人，前次援桂，此次讨贼，刘震寰之首义，全得伊之力量。粤海关无人主持，业委范其务前往接事。鲁。养。

（《一九二二至一九二三年孙中山在沪期间各地来电汇编》，第219页）

邹鲁致汪精卫转孙中山电

（1923年1月22日）

转季新兄鉴：

其务即志陆，于历次革命，皆奋不顾身。援桂及此次讨贼，刘震寰首义，全系范力，弟业用先生名义委范接理粤海关监督，请兄转先生务希勿予更换为祷。鲁。养。

（《一九二二至一九二三年孙中山在沪期间各地来电汇编》，第221页）

邹鲁致孙中山电

（1923年1月22日）

前日联军将领请委一人主持作战计划，请先生即委杨希闵为大元帅命令传达处处长，已得杨之同意。鲁。养。

（《一九二二至一九二三年孙中山在沪期间各地来电汇编》，第223页）

杨西岩、伍学熀致孙中山电

（1923年1月22日）

孙大总统鉴：

皓电敬悉。邓公泽如奔走国事垂数十年，任为省长深庆得人，西等固极欢迎，舆情尤称翕服，务请钧座电催邓公即日履任，以定人心。西等不才，谬承重寄，自维衰朽，何以胜任。惟念桑梓安危，匹夫有责，当此粤难初平，财政紊乱，各军催饷急于星火，刻拟先筹恢复财厅，以资应付，尚乞南针时锡，俾得遵循。至运署及造币厂均被沈军占据，未允交出，非请钧座即日返粤主持，殊难解决，谨电驰闻，伏恳垂察。西岩、学熀叩。码［祃］。

（《一九二二至一九二三年孙中山在沪期间各地来电汇编》，第 225 页）

洪兆麟、翁式亮致孙中山电

（1923 年 1 月 22 日）

孙大总统钧鉴：

姜旅长汉翘来汕，承宣德意，远念偏裨，凡在属僚，罔不感激，继以泣。伏念此次粤局再受［变］，陈总司令已经下野，不再预问国事，粤省纠纷即告观决。兆麟等三邀，覆培育栽成，公义私恩，均当图报。查粤军驻潮梅及闽粤边境，尚有八十余营，经切实联结，一致拥护钧座，敢候驱策。兹蒙垂派，当即分投收容，众志既同，决无自外。惟驻闽各部应恳电阻，暂缓返粤，一可免冲突，各得保全实力，二则不致仄迫生疑，挺而走险。如蒙俯准，兆麟等恭当督率各部，惟钧座之命是听，赴汤蹈火所不敢辞。尤有进者，兆麟素惟愚戆，不肯自负负人，言行所经，天日昭鉴。兹为钧座图厚实力，向外根本发展，无论如何牺牲，誓当竭尽棉薄，以报万一。职责以外，他非所知，用敢谨掬诚，伏祈鉴察并乞训示遵照。洪兆麟、翁式亮叩。养子。印。

（《一九二二至一九二三年孙中山在沪期间各地来电汇编》，第 233 ~234 页）

张绍曾致孙中山电

（1923 年 1 月 22 日载）

万急。上海孙中山先生大鉴：

粤省重罹锋镝，倍切痛心。绍曾忝领中枢，实难缄默。究应如何收拾之处，幸赐周行。宋君来京，面谈甚浃。所有鄙见，已托代陈，统希谅察，迅予示复。为祷。张绍曾。哿。印。

（《大公报》1923 年 1 月 22 日，“要闻一”）

孙科致孙中山电

（1923 年 1 月 23 日）

科住省数日，谨将观察情形，撮要报告。（一）滇军纪律态度均最爽，官兵一致，只知服从总统，日盼速回。杨总司令言，总统如不能即回，请电令嘉奖给发奖励财、服装、奖章，及许以驻发出发以后欠饷，以资激励。（二）滇将领对协和颇存猜忌，似惧其夺彼军权，请设法解释。（三）沈军霸占机关，收缴讨贼友军枪械，态度强硬，闻拟增编至四军，分布东西北各江。冠南言（汉民）此次奉令讨贼而来，愿为总统效力，唯命是听，收回湘赣，亦能担任。但若总统不用我，只有解甲归田，甚望总统速来主持大计，西林来收拾桂局，并望勿忘今日讨贼之功。（四）沈刘各军已有在省公然开赌，征收规饷者，极不雅观。（五）魏人存主客之见，滇军对之尚好，沈军颇忌之。（六）综观现势，父亲一回，各军必就范，无敢抗者，所有难题，当迎刃而解。惟迁延时日，则恐纠纷愈多，变成难治之局耳。科。

（《一九二二至一九二三年孙中山在沪期间各地来电汇编》，第 307 页）

李烈钧、胡汉民致孙中山电

（1923 年 1 月 23 日）

今日开军事会议，沈、刘、魏亲列席。滇派代表，刘最可靠。滇态度略欠鲜明。正会间，沈军派兵攻占观音山，缴邹部军械颇多。现托滇刘、魏与交涉，提出条件：一、还被军械。二、嗣后该各军不得驻兵观音山。结果如何，容续报。烈钧拟躬赴潮汕，率赖旧部，收编陈部余众，厚集兵力，偕汝为兄速归，庶机根本巩固，大局可为，请钧座即日回粤镇摄，钧候驾到即行，祈即赐覆。烈钧、汉民。漾。

（《一九二二至一九二三孙中山在沪期间各地来电汇编》，第 193 页）

胡汉民、邹鲁致孙中山电

（1923 年 1 月 23 日）

一、先生须多带得力人来，季兄若愈，亦请来尽力奋斗。二、汝为军队未到以前，粤军无主脑，震寰力薄，滇军因同来关系，不能与商［商?］，故对某部暂宜处敷衍手段，且要秘密。先生速来，则滇军益倾向我，而大局不摇。汉民、邹鲁。漾。

（《一九二二至一九二三孙中山在沪期间各地来电汇编》，第 195 页）

王懋功等致孙中山电

（1923 年 1 月 23 日）

孙大总统钧鉴：

职旅奉总司令命令，开赴永泉，集中待命。遵于本月敬、有两日开拔，约于二月冬日（二日）以前可以达到。此次出师讨逆，各官兵奋勇争先，举行加盟誓师之日，尤为欢跃异常，具此士气，足寒贼胆。职等迭荷殊恩，谨率所部努力杀贼，藉报高深于万一。只此电呈，伏祈训示。东路讨贼军第一旅旅长王懋功、团长陆瑞荣、陆福廷叩。漾。印。

（《一九二二至一九二三孙中山在沪期间各地来电汇编》，第123页）

杨希闵上孙中山函

（1923年1月23日）

大总统睿鉴：

敬禀者：联军克复广州，当经先后电呈在案。李总参谋长、胡文官长回粤，曾经会晤多次，刻下粤中群龙无首，对于陈逆残余之急击缓剿，议论纷纭，坐此迁延，恐非佳象。兹派顾问官项君泽光为欢迎代表，并嘱其详陈一切，万恳钧座即日回銮，主持大计。乾纲一振，风动九州，重奠共和邦基，发扬真正民意，国人之幸福，实钧座之本怀，临楮神驰，不胜爱戴瞻依之至。

（《革命文献》第52辑，第335页）

粤军界请孙中山返粤电

（1923年1月24日载）

粤省讨陈之事，已告一段落。连日孙中山接得广州陆海军要人来电，吁请回粤。又潮汕方面之洪兆麟、翁式亮，亦已由汕头有电投诚。兹觅得各电全文录后。至中山对于回粤一层，闻尚在考虑中云。

（一）杨希闵等电云：孙大总统、岑西林先生钧鉴：此次陈逆炯明，犯上作乱，祸粤祸国，尤复肆其野心，侵闽侵桂。希闵等奉钧座命令，兴师讨贼，仰仗德威，及将士用命，不一月而广州底定。希闵等奉命讨贼，杀敌至果，义无反顾。惟大局进行，地方善后，万不能不仗钧座即日命驾回粤主持一切，用慰群望。现残敝［敌］未尽，追击万难稍缓。加以此后东北两江战线延长，非得大总统委任一人主持全局，无以收动作一致之效。至主持粤政，接济后方，尤非大总统即日委人，无以专责成而利戎机。为此合恳钧座，赐予俯允，克日莅粤，不胜迫切待命之至。此电沈总司令鸿英尚未到省，故未列名，合并声明。杨希闵、刘震寰、魏邦平、温树德、李易标、刘达庆、卢师谛、邓泰中、吕春荣、邹鲁叩。智。

（二）海军电云：孙大总统钧鉴：大局甫定，议师云集，秩序虽可维持，而地方善后，待理孔急。敬恳我大总统即日启节回粤，以慰军民之望，而定国家大计。谨电吁恳，伏乞垂鉴。海军各舰长、司令部各处处长率全体官佐士兵同叩。智。

（三）洪兆麟、翁式亮电云：孙大总统钧鉴：本日派参谋长黄维藩代表觐见，请训一切，麟等绝对服从。至潮梅治安，自当尽力维持，请纾廑念。洪兆麟、翁式亮谨呈。皓申。

（《大公报》1923 年 1 月 24 日，“要闻二”）

邹鲁上孙中山报告运动各军已著成效函

（1923 年 1 月 25 日）

先生大鉴：

回港二十余日，军队除滇军第一、三、四师及刘震寰军队时有电告外，其余西江下游各部旧属子云者，子云及之贞所派人已经办理，袁带八营亦悉允一致行动。启秀前夜秘密回省，系办省城陈炯光部及北江谢文炳部，至少有十营可靠，且极重要之驻扎地点。良牧未回之前，湘芸办湘军极有进步。日前颂云派人到港，尤足资为力也。至滇刘两军代表，在港已表示动作方法，现约一、三、四各师代表，使人持款往（两款鲁皆事前不知，高州之款支出后，以收单付泽如而已），不关照二人，未免使二人难堪，然此时补救尚未晚耳。要之，鲁对于此次粤事，抱十成乐观，财政虽有困难，决能奋力前进，不致为阻，是则可为先生预告者。借款缓交事，疊电告其详情。附另纸请查阅。专此，敬请

大安

鲁上言　廿五日

孙中山批：作答。

（党史会毛笔原件）

（《革命文献》第52辑，第303~304页）

温树德致孙中山电

（1923年1月25日）

孙大总统钧鉴：

本早曾呈有电，谅经垂察。旋奉钧电，垂眷殷殷，树德何心，能无动感。顺逆之理固早知，粤局之必至斯矣，惟是赫赫之功所弗敢图，悻悻之情所弗忍出，委曲求全，皆所以为我大总统今日地耳。故剑自信难求，铅刀敢忘一割，所有派舰及迎驾办法已详前电，是否有当，肃候训示。温树德叩。有申。印。

（《一九二二至一九二三孙中山在沪期间各地来电汇编》，第175页）

陈策欢迎孙中山返粤电

（1923年1月25日）

分送上海孙大总统钧鉴：

策奉委员宣传，幸藉威福，十五日陈逆军心解体，夤夜挈其残余，窜据东江，我军及舰队先后集中广州省河。策遵委赴江海防司令部任，所有全粤治安，国家大计，必先规定纲目，方有遵循。仰恳钧座遄程回粤，指挥一切，何日起节？务先电示，以便欢迎。广东江海防司令兼东路讨贼军游击司令陈策叩。

（《革命文献》第52辑，第471页）

古应芬致孙中山电

（1923年1月25日）

敬电悉。已通知梯云与港督接洽。惟到港后如由广州派船来接，则经过虎门，尚有危险，可否改乘港轮赴省，似须早定示覆，以凭准备。芬。有。

（《一九二二至一九二三年孙中山在沪期间各地来电汇编》，第245页）

古应芬致孙中山电

（1923年1月26日）

洪、翁派王参谋长昌期来述服从意，并约芬赴汕协议一切，惟欲得先生去电抚慰，彼始安心。查潮梅现有军队共约五师，值此桂寇日深，如彼军能为我用，则桂不敢逞，否则适以桂而已，乞即示覆。芬。寝。

（《一九二二至一九二三年孙中山在沪期间各地来电汇编》，第247页）

蒋中正致廖仲恺、孙中山等函

(1923 年 1 月 26 日)

来示敬悉。孙先生明日赴粤，不知近日粤情如何，故不便武断。以弟推测粤局之将来，可得数解如下：一曰粤局早已确定，不能转移；二曰此次行动不过徒达驱逐陈逆之目的，而不能歼灭陈逆之势力，将来难保其不死灰复燃；三曰今日决非根本解决之时期，不过多此一举而已；四曰粤局以后变化，三月一小变，半年一中变，一年一大变，其或不能延长至半年或一年之久也。惟此变化，不可徒作悲观。一方面着想如何运用得当，应付有方，未始不可化乱为治也。孙先生此行，欲求一治本方法，实无善策，不得已只有先求治标之法，亟图维持现状，不使内部纷扰，然后再求进步之道，因时措施则较易为力也。到粤后，第一要着即对于各军当一视同仁，万不能有一毫轩轾之分。弟于去岁粤变之初，已屡与诸同志解释此旨，倘再如昔日，显然以第二军为政府之基本部队，则其余部队皆不能不以化外自沮，此洪兆麟等中立部队之所以不能不接近陈逆，以至叛变。而魏邦平等之仇视陈逆部队，亦不能附从孙先生乐为我用也。孙先生如对于各军以大公无私之态度一体对待，不惟各部皆乐为我用，而且互相牵制，易于驾御也。

其次则为用人一端。弟意欲求达政治目的，不能不略讲政治方法，且不能不用新式政治家以求达政治目的也。对于此层，弟与兄等见解或略有出入，但弟以为今日就西南而言，西南之政治不能轻弃唐、李，如谓此二人对孙先生消极抵制，或其不忠于党，正惟其消极抵制而致政府于败，正惟其不忠于党，所以政府屡遭颠蹶。回忆六年来吾党失败之原因安在，则不能不追想此二人之关系。故欲免除其抵制与困难，不能不设法补救，补救之方，惟使其乐为我用而已。盖其人非与孙先生绝对的不相容者，有时且乐为我孙先生用，是其所畏者，孙先生之主张太坚，不能容纳其言也。弟意如欲达政治目的，但期与我所定之目的无碍，而有益于政府，则其余各事不妨容纳若干。盖党义与政权二者，此时尚难熔为一炉，今日吾党政策，约言之，只有二道，一曰先求得政权而后实行主义，一曰先行主义而后得政权。然此时欲急求得政权，而又欲在先行主义入手，则十年二十年后之事，非今日中国之所能也。弟意以为只求实行主义而不问政权之得失，则日久时长，固必有见效之一日，但此时不应急求政权也。倘欲实行主义兼欲求得政权，则进行步调当先求政权而后推行主义，较为简易也。果若如此，则吾党干部决定方针，五年之内不加入政府，专注重于党务之推行，只做实行主义之事，而政治方面，则当另招一班中国式的政治人才，如唐、李者，来求政权，则政府与党当暂分而为二，其进行之效，或较迅速也。弟意以为政府与党之手续之范围不明，不惟政府混杂不清，易致纷忧，即主义亦因政治关系而不能贯彻也。如果组织政府，以旧日党员办理党务，而以少川、伯兰、组安等，皆予其阁员一席，则政务或较有起色，而政权目的亦不难求得也。盖历年以来。益觉党员与政客性质不同，才能亦各有所长，如专恃党员而办政治，不惟范围太狭，外人望而却步，且其结果必启外界恶感、社会反对，难得完美之成效也。此节弟自以为有一得之见。兄等如以为然，则展兄任省长时，以兄与精卫二人介于政府与党之间，则主义不致偏废，而政权亦不致旁落。盖弟发此议，其一乃在欲速得政权，先以政治方法统一中国，而求实行主义；其二则以党与政府明定范围，组织政府不妨先用中国式政治家，如谭、唐、李、孙，专为统一中国之预备。不然，以今日中国局势仍固执从前之主张，则政府决无统一中国之望，吾党政府之所以屡屡失败者，其最大原因未始不在乎此。惟恐其弊陷于偏重政权而放弃主义，故二兄不能不在孙先生左右，以防此偏重之弊耳。孙先生行时留沪何人，从者几人，兄自随行否，尚乞一一示知。弟目疾难愈，不能长书，耿耿此心，无时或已。此函如以为可，请呈孙先生一阅。

（《蒋介石年谱》，第 113 ~ 115 页）

胡汉民致孙中山电

（1923年1月26日）

一、海滨昨电请任杨为传达所长事，请缓办。一面与岑商定委沈以名称后同时发表，并请电汉民转达。二、滇军近颇为主客之说所惑，现正极力解释，非加优待不足以安其心。其将领急盼先生归，奖以证章、军服、毛毡、特别奖金等。懋赏他顺，军心立定，请饬西岩立即筹备。汉民。寝。叩。

（《一九二二至一九二三孙中山在沪期间各地来电汇编》，第197页）

姚雨平等致孙中山电

（1923年1月27日）

雨平奉令典兵，坤如等掬诚归附，一致拥护大总统，贯彻三民主义，矢志靡他。伏乞钧府早日莅粤，主持大计，俾有遵循。临电神驰，无任迫切。警卫军司令姚雨平等十四人暨全体官兵同叩。沁。印。

（《护法运动史料汇编》（四），第242~243页）

洪兆麟、翁式亮致孙中山电

（1923年1月27日）

孙大总统睿鉴：

顷奉迥日电示，垂念及于偏裨，并勖以自效图功，勉为指臂，下怀惭愧，感激涕零。伏念兆麟等猥以铨庸，荷蒙培育，久邀覆帱，未报涓埃。兹复戴德如天，远承激励，此心具在，没齿难忘。现查分驻潮梅各部队，已径一致集合，听候收容，待命改编，别无窒碍。惟应如何统筹编制及覆定名义，以资率循而图报称之处，谨候核示祗遵，是所盼祷。洪兆麟、翁式亮叩。感。印。

（《一九二二至一九二三年孙中山在沪期间各地来电汇编》，第235页；《护法运动史料汇编》（四），第243页）

古应芬致孙中山电

（1923年1月27日）

陈、沈有结合说，桂滇又有共同管理广东说，李易标有一部开至东江，非与陈战，即与陈和。使合以拒我，则汝为不易回粤。昨晚魏事发生，则桂滇联合之说似可信。先生能缓来较佳，如已启行，则请以无线电转告，至要。芬。沁。

（《一九二二至一九二三年孙中山在沪期间各地来电汇编》，第249页）

古应芬致孙中山电

（1923年1月27日）

一、魏已被害。二、昨夜江防舰枪击长堤滇桂军，至十一时止。三、沈今日集商善界，宣言统一，逐民党。四、协和决赴汕，收暂不来沪。五、昨日展已被监视，几不免，后为杨池生救出。芬。沁三。

（《一九二二至一九二三年孙中山在沪期间各地来电汇编》，第251页）

杨希闵致孙中山电

（1923 年 1 月 28 日）

孙大总统钧鉴：

密。旬日以来，迭电呼吁，瞻仰钧麾，如望时雨。希闵此次入粤本为奉钧命讨贼而来，征甲甫解，即率三军电请回跸。乃士卒正深拥戴之诚，而元首未闻莅临之信，迁延日久，恐使将士隳心。私衷思维，或此有人以谣诼之言，荧惑钧听，刻下此间军民两界，亟盼霓云，万恳钧座力排众议，即日南旋主持大计，奠定国基。希闵半生戎马，护法护国，天日可鉴，矢志靡他，所有一切扈程及警跸诸事，当完全负责，何日起程，谨领三军江干伫候。杨希闵叩。俭。

（《一九二二至一九二三孙中山在沪期间各地来电汇编》，第 179 页）

北京国会护法议员致孙中山函

（1923 年 1 月 28 日）

大总统钧鉴：

粤垣克复，正统重光，举国胪欢，群流企仰。侧闻众星北拱，台旌南旋，人望翕孚，奠安岭峤。神威远播，震慑中原，蠢兹小丑，指日肃清矣。谨贺谨贺。自客岁国会移京开会，多数解职分子，强据议席，护法同人等惧法系之淆乱，愤正统之不明，爰立本社，合力与非法国会战，不为威屈，不为利诱，历［历］半载如一日，谅早在洞鉴之中。惟社内经费均由同人等担任维持，毫未得它方援助。现已筋疲力竭，支柱维艰，将来作何收束，尚难预料。

台端莅粤，对于国家建设，必然成竹在胸。如需同人赴粤筹商大计，祈即赐电，以便定期集合起程。兹先推符君梦松赍函趋谒崇

辕，面陈一切，务恳纡尊赐见为幸。肃陈贺悃。敬颂钧祺

国会护法议员谨启

（《中国民国史档案资料汇编》第四辑（一），第25～26页）

古应芬致孙中山电

（1923年1月28日）

一、云陔来云，魏或未死，由各领事担保第三师缴械，为交换。二、一、三、四师均愤慨，可用。三、讨贼须有准备，请勿见之文告。四、滇方可望转圜，不宜宣示敌意。芬。俭。

（《一九二二至一九二三年孙中山在沪期间各地来电汇编》，第253页）

胡汉民致孙中山电

（1923年1月28日）

丽堂缴械后尚未放，云候总统令办理。杨希闵是否有电请命，如有即电饬释放。汉民。俭。

（《一九二二至一九二三年孙中山在沪期间各地来电汇编》，第295页）

段祺瑞复孙中山电

（1923年1月28日）

上海、香港、广州探投孙中山先生鉴：

读宥电，具征谋国公忠，钦佩无似。祺瑞自下野以来，见夫兵纪之日坏，财政之紊乱，民生之疾苦，工商之停滞，未尝不怵目惊心，同深忧虑。在今日而言救国，裁兵实为首要。盖兵不裁，则祸乱不能止戢，财政不能整理，工商不能发展，民生不能安宁。惟阴霾重重，前途茫茫，祺瑞不才，所以掩耳却步，不敢与闻时事。今执事以救济为怀，固无论时机如何，祺瑞讵有间言。果能各自觉悟，无人无我，本良心之主张，为国家图福利，由衷表示，祺瑞自当随诸君子之后也。段祺瑞。勘。

（《大公报》1923年1月29日，“要闻一”）

赖世璜等致孙中山电

（1923年1月29日）

孙大总统钧鉴：

职部自赣事失败，待罪粤边，惶悚万分。兹奉李总长来汕宣布我大统总德意，感激靡涯，当率所部全体，本我大总统意旨，为国努力，谨布血诚，伏惟鉴察。中央直辖赣军第二混成旅长赖世璜暨所部全体官佐士兵谨叩。艳。

（《一九二二至一九二三年孙中山在沪期间各地来电汇编》，第229页）

古应芬致孙中山电

（1923年1月29日）

一、吾人昨夜已悉离省。二、第三师已缴，魏仍未释。三、闻汕头有战事，系由海军开炮。四、陈、桂、滇联合甚确，林虎等在河源，我军到梅后必有战事，请促介石速回。五、一、四师均赴江门，必俟到达后始能安全。芬。艳。

（《一九二二至一九二三年孙中山在沪期间各地来电汇编》，第257页）

李烈钧致孙中山电

（1923年1月29日）

孙大总统崇鉴：

此间军队历史，早在洞鉴。就现在形势，因而开导，先行改编部署，徐图进步，似亦适宜。前电所陈，未审已邀睿鉴否？若如此着手，各将领尚有希望，数条经钧核定，事尚妥适，另呈察核训示，抑应如何办理，统候示遵。不得其法，则此间钧亦不便久居也。李烈钧叩。艳。

（《一九二二至一九二三年孙中山在沪期间各地来电汇编》，第239页）

王懋功致孙中山电

（1923年1月29日）

孙大总统钧鉴：

勘日奉总司令训令：转奉大总统电令，问前电：着该总司令暂行兼理第一军军长，所有第一军所属各部队应即归该总司令直辖。希即转饬各部队一体遵照，孙文。铣。等因。奉此。除分令外，合行令仰该旅长遵照并转饬所属一体遵照。切切！此令。等因，奉此，除饬属一体遵照外，职旅即日遵令归总司令直辖。此后为党为国当遵从大总统电令，服从总司令命令，竭尽忠诚，至死不变。知关廑系，谨以电陈，旅长王懋功呈叩。艳。

（《一九二二至一九二三孙中山在沪期间各地来电汇编》，第 121 页）

李烈钧致孙中山电
（1923 年 1 月 29 日）

孙大总统崇鉴：

本日抵汕，愧荷欢迎。各军服从崇座，感极诚恳。现拟分别改编，呈请加委，以供驱策。汝为总戎精师凯旋，惜已开动，拟请电令稍为停顿，俟此间就绪，再行联合动作，大勋可立集也。谨电驰闻，恳察核施行，不胜感祷。李烈钧呈。艳。

（《李烈钧集》下册，第 475 页）

李烈钧致孙中山电[①]
（1923 年 1 月 30 日）

大总统崇鉴：

迭奉电音，计邀睿鉴。钧艳晨抵汕，愧受欢迎，比经宣扬德威，妥商部署，各军皈依崇座，意颇真诚，拟即着手进行，因而牖导。兹谨派行营参议余维谦趋叩白宫，面陈梗概。幸赐训示，不胜感祷。专肃。祇叩崇安。李烈钧谨启。元月卅日。

（《李烈钧集》下册，第 475 页）

李烈钧致孙中山电
（1923 年 1 月 30 日）

孙大总统钧鉴：

① 以下六电未明先后。——编者

现拟解决海军，巩固我军势力，使可靠之军接近省垣，需款部署，崇座处如可设法，请汇十万元，俾资运用，即乞卓裁。李烈钧。全四。

（《李烈钧集》下册，第487页）

李烈钧致孙中山电

（1923年1月30日）

孙大总统崇鉴：

功密。沈小人得志，见利忘义，港员想有详报。思维至再，东路各军，既表示绝对服从元首，亦具至诚，仍以因而牖导，徐图进取为有利。若用其它方法，微特不易抑，亦不能也。故当机独断，即先行改编各军为中央直辖陆军。代行职权，分别委任军、师、旅长，妥为部署，以安其心。愚见广东现局能先造成均平局势，崇座因而运用之，即为得策也。隐青率兵十余营，军次河源，已去电连络，详情续陈。连电如到，恳速训示。李烈钧叩。全。

（《李烈钧集》下册，第487页）

李烈钧三致孙中山电

（1923年1月30日）

以太寄庐公鉴：保密。转呈大总统崇鉴：

迭陈各电，计邀垂察。钧自抵汕后，默察各将领心理，对于崇座咸表绝对服从之心。洪湘臣豪侠高华，胸无城府，各将领忠毅勇挚，脑筋纯洁，实皆当世不易之材。关于改编部署，妥商进行，必易为力。除业经传谕劝勉外，特肃陈闻，伏乞钧座有以慰之。李烈钧叩。全五。印。

（《李烈钧集》下册，第 476 页）

李烈钧致孙中山电

（1923 年 1 月 30 日）

孙大总统钧鉴：

粤事部署未妥，驻港仍要干员。古君湘勤忠诚可靠，先公后私，为人所难；恳即电令该员负责办理一切，裨益不少也。谨陈鄙见，以供睿察。李烈钧叩。全。

（《李烈钧集》下册，第 480 页）

李烈钧再致孙中山电

（1923 年 1 月 30 日）

孙大总统钧鉴：

竞存闻尚在海丰，亦有人云已入赣者，正在确查。此间军队，拟即采牖导之法，因而改编部署，徐图进步。谨拟对粤计划：甲、滇军易为人惑，亦易转旋，宜多遣说，使为我用。乙、解决海军，使确能听命，奋其武勇，发扬威力。丙、集中巩固散在各处之粤军，会海军协助之。丁、一、以潮梅惠原有部队，与显臣联合，巩固东江。福建班师，俟此间部署稍妥，再商协同动作；二、班师军由陆路，或由水路，在海陆丰前方沿岸进出东江，接近省垣广县；三、汝为所部，或先进潮、梅，直瞰东江，接近省垣。如此则原在潮梅军队，或恐先移赣南，将来再令进压北江。谨陈，即乞核示。李烈钧叩。全。印。

（《李烈钧集》下册，第 481 页）

谷钟秀、张耀曾等致孙中山电

（1923 年 1 月 30 日）

孙中山先生鉴：

广州事变纯系主客之争，正宜愈加团结，庶能奠定粤局，务乞与西林仍本提携初志，共谋适当办法并祈转达两方将领及各同人，互相谅解，通力合作，免为敌人所乘，是为至要。谷钟秀、张耀曾、文群、金兆梓、孙光庭、王源瀚、王有兰、李思阳、李安陆、杨择、朱溥恩、李为纶、张鲁泉、陈祖基、梁昌诰、萧辉锦、李肇甫、杨永泰、李燮阳、窦应昌、张善兴、凌谷、焦易堂、王恒、彭养光、童杭时、高家骥、田桐叩。陷。印

（《一九二二至一九二三孙中山在沪期间各地来电汇编》，第 199 页）

张绍曾致孙中山电

（1923 年 1 月 31 日）

中山先生鉴：

昨奉宥电，感佩良深，容当另电奉复。西林、武鸣前经电保林俊廷督理广西军务，比因恐惹起桂中将士误会，故迟未发表。现又接桂中将士联衔电请，想桂中将士彼此俱已互相谅解。林俊廷督桂之令，已于卅发表，务恳鼎力维持，俾桂中各军相安，共谋先后。

再，粤中战乱，亟宜力谋平定。丁老将军衡山向主和平，毫无党见，且为西南军界宿望。故特派为两广慰问使，亦希鼎力援助，俾不虚此一行，尤所切盼。张绍曾。卅一。

孙中山批：呈明不理。

（《一九二二至一九二三年孙中山在沪期间各地来电汇编》，第 333 页）

张绍曾复孙中山电

（1923 年 1 月 31 日）

上海环龙路孙中山先生鉴：

宥电奉悉，谠论名言，至深钦服。尊旨对于和平统一，允以助力，期于实现，尤洽所怀。慨自法统中断，国政失纲，历岁构兵，自寻纷扰。政见虽偶歧异，爱国具有同心。但能提携匡襄，似可不区派别。邦家多故，欲纾危难，端在群谋。受事之初即以电陈此旨，希望各方推诚协商，平流共进。至裁兵节用，期在必行，化兵为工，允为善举。惟兹事体大，似须召集全国军事会议协商一切，俾军事之收束与整饬，均得有正当之解决。所裁兵数，不必仅限一半也。再邀集法团监督，借重友邦佐理一节，似宜由会议决定，免滋误解，尊论所及，足警国人。绍曾不敏，自矢硁硁，坐言起行，力求实践。仍盼奋发鸿愿，共济时艰，国家前途，实利赖之。掬诚奉答，请鉴悃忱。张绍曾。卅一。印。

（《大公报》1923 年 2 月 2 日，“要闻一”）

叶夏声致孙中山电

（1923 年 1 月 31 日）

上海孙中山先生鉴：

粤省各军，现仍表示拥戴我公。愚兄仍以赴粤为是，到粤后宜废总司令，省长委之民选，切勿误信人言，命许军用武，重酿兵祸。叶夏声叩。卅一。

（《护法运动史料汇编》（四），第 245～246 页）

小吕宋冯伯励等致孙中山电

（1923 年 1 月）

孙大总统钧鉴：

广东恢复，咸颂总统功德，侨民欢呼，谨电贺。第二支部冯伯励，海山燮恭等叩。

（《一九二二至一九二三年孙中山在沪期间各地来电汇编》，第 375 页）

刘震寰致孙中山电

（1923 年 1 月）

孙大总统鉴：

震寰自筹备讨贼及首义至今，除本军外，复接济一、四师之首义各部，在省港共领不过五万元，虽蒙钧座特电西岩特给七万元，只收得七千元。复蒙省长饬西岩优予接济，而西岩分文不与。现沈逆迹已著，维持伙食，筹备进剿，在在需款，务请迅速实在接济，切盼至。职部军队现已集中石龙、东莞、虎门一带，与江门一师及陈德春各部联络妥当，有机即进，誓歼逆部，乞请电许部迅行返粤夹攻。震寰叩。

（《一九二二至一九二三年孙中山在沪期间各地来电汇编》，第 287 ~288 页）

刘成禺上孙中山告鄂督军署会议内容并陈述意见函

（1923 年 1 月［?］）

大总统钧鉴：

前呈吴、萧会议援粤援闽一节，谅入钧览。前晚鄂督军署接吴电，闻肇庆已下，彻夜开会谋保全长江上游势力之策，所议决可探得者：（一）孙传芳暂缓深入；（二）设法使保、洛一气；（三）曹锟缓举总统，联合各军向曹请求；（四）与保开诚商定，吴统重兵驻汉口。其它密事尚未探得。

自金华林中将回鄂，力邀成禺即日同行来沪，将总统及汉民诸公对粤苦心，及对国家计画，明释在沪鄂人。今肇庆已下，成禺将在鄂国史文学主干各职，交托他人管理，即行来沪，听候总统指挥。但今日之事，敢呈一二：（一）对陈贼炯明及其重要恶党，非痛绝根株不足振纪纲而绝乱萌。（二）总统于将来反粤真政策，暂缓宣布于外，免北方变敌为友，一气对我。（三）将来南方续举政府国会，行大总统职权，讨伐一切贪墨殃民之徒，奠固国基。（四）召集各省有学行为民望之人。凡此诸端，静候采择。

视今各省，承认总统为整顿中国唯一国父，经各路宣传，完全知吾党尊崇学问，为以学术主义建国之党人，尤膺服者，则总统主张之弹劾、考试二权也。河图洛书，五百四十年元运聚会，于阴历明年可乐观也。敬叩

钧安

刘成禺呈

（《革命文献》第 52 辑，第 565 ~566 页）

范石生致孙中山电

（1923 年 2 月 1 日）

孙大总统钧鉴：

一日希闵谈话：一、魏事受人愚发枪事，尤出意外，故滇军死二人，官长一重伤，证诸在场，似甚确，盖沈欲牵滇入漩涡也。二、滇军始终服从总统，拥护省长，务请速回，则有办法。小泉、

映波、锡卿皆同意。三、李占运署后，伍不敢到任，谬与杨商促与交涉，并邀其提出运署使由先生给委，杨允交涉人欲总统另委贤能，此时伍万不敢胜任。倘滇能办得动，不妨允之。四、杨到粤后，共发电四十余通至沪，仅得一覆电，宜温谕覆之。五、江防舰沈派莫胜广往，杨不允，另派范部杨廷培，请电陈策暂让。六、杨有宣言宗旨甚正，吾党意沮，然尚讨非其时，宜稍忍。七、展须俟款有着始回省，而杨、伍又不敢回，请严电促其归，否则迅予撤换。先生为市侩所愚，若犹不误，海丰覆辙即在目前。现除少数同志尚肯留省外，其余逃避一空矣。八、范电文曰滇军奉命而来，以服从元首，拥护省长为职志，亟盼车驾早日莅止，以慰饥渴之望。杨总司令专员迎迓，计日可达。国难方殷，非政府成立，无以应付裕如也。滇军左翼总指挥范石生叩。世□。东。

（《一九二二至一九二三年孙中山在沪期间各地来电汇编》，第 261 ~262 页）

胡汉民致孙中山电

（1923 年 2 月 1 日）

魏部全体军官竟日联名电请总统，明电杨总司令释魏，世日再有密电，请照行。汉民。东。

（《一九二二至一九二三年孙中山在沪期间各地来电汇编》，第 297 页）

李易标致孙中山等电

（1923 年 2 月 1 日）

李易标东（一日）电孙岑，谓：江防部会议，纯属联军原定计划。计易标入城以来，所有行事直接秉承杨、沈，间接服从孙、岑。目前粤治安无人负责，经电港迎胡、杨回省维持，恳孙大总统电饬胡、杨克日返驾等语。

(《申报》1923 年 2 月 4 日，“国内专电”)

护法议员联欢社上孙中山一致拥护宥电主张电

(1923 年 2 月 1 日)

孙大总统钧鉴：

奉读宥电，敬悉先生对于护法大业，坚毅终始，以和平方法，促成统一，以正谊国法，戡定粤难。联合各系各派，公平推诚，不偏不依［倚］，共救危局，同心建设，裁兵兴工，振发实业，五族同胞，胥入正轨，俾法治之实现，升平之早庆，纲纪之有灵，公理之不灭，护法牺牲，艰苦不虚，福音仁言，海宇欢腾，凡有血气，莫不钦遵。同人开会多次，切实讨论，对于先生宣言，业已议决，一致奉行，共图奋展，竭尽心力，誓随公后。尚望公坚决宏旨，冀达慈愿，无任待命感祷之至。特电奉陈，伏乞垂察，国会护法议员联欢社办事处同人叩。

(党史会藏毛笔原件)

(《革命文献》第 52 辑，第 472 页)

李烈钧致孙中山电

(1923 年 2 月 1 日)

此间事烦责重，曾电请展堂来汕主持，得复分顾。湘臣到汕尚殆春日，拟请由沪选派数员共同擘画，不胜企祷。李烈钧。东四。

(《李烈钧集》下册，第 475 页)

李烈钧再致孙中山电

（1923 年 2 月 1 日）

孙大总统崇鉴：

各将领服从崇座，益表决心，军队改编，业已改商定，用中央直辖陆军先编四师，任尹骥、李云复、翁式亮、赖世璜为师长；其余部队继续编配。洪君兆麟资格较深，今任善后处长，振兴地方事宜，崇座如有驱策，并愿效力前敌。以上各节，即先由钧代行职权，即行发表，以利进行，详情续报，此后当日有进步也。李烈钧叩。东午。

（《李烈钧集》下册，第 476 页）

胡毅生、林直勉致孙中山电

（1923 年 2 月 2 日）

一、沈允让回公安局，由省署暂委范石生团长、杨蓂阶署市政厅长兼公安局长。二、西岩、学熀畏葸不前，请另委人。若旧历二十后，更难筹款，无款则滇军亦摇动。西岩云大年到省，可交百万，实只交四万。而四万尚是刘焕款，请勿更为所愚。毅、直。冬。

（《一九二二至一九二三孙中山在沪期间各地来电汇编》，第 201 页）

胡汉民致孙中山函

（1923 年 2 月 2 日）

本日，胡汉民自香港上书孙大总统，报告粤省情况，并谓滇军杨希闵及其部将皆能服从命令，请孙大总统回粤主持大计。杨希闵复派其副官长叶夏声赴沪面陈一切，并迎迓孙大总统回粤。

（《中华民国史事纪要（初稿）》1923年1~6月，第170页）

李烈钧致孙中山电

（1923年2月2日）

此间情况，近日来甚有进步，以师长尹骥、赖世璜等为主干，极便运用联络。尹颇有学问，谈论理持道义中肯，服从元首咸两赤诚。现计划将全力离开潮、梅，向凶寇方面进行，详情确定续报。需用开动作战费数十万元，恳电港、沪筹助耳。李烈钧叩。冬未。

（《李烈钧集》下册，第477页；《国父墨迹》第464页）

黎元洪致孙中山电

（1923年2月2日）

孙中山先生鉴：

宥电敬悉。海宇分崩，民生涂炭，莫肯念乱常用咎。自顾衰庸，谬承责难，谓缔造民邦不可弃，谓恢复法统不可辞，遗大投艰，临深履薄。追维积年之扰攘，实缘群派之纷争。将欲体念民情，必先销除兵氛，使举国无拥兵之官，则兵或不裁而可自减，使中央有分期之责，则款或不筹借而可自筹。而重要之因，尤在政党外无异名，民权外无异势。民同胞也，军同泽也，本无阶级之别，宁有畛域之分？窃欲为闾阎谋福利，为方镇策安全，秉兹一视同仁，酿为大同之化。乃者孤诚难感，始愿多违，日言停战而备战转多，日言裁兵而增兵转盛，政令不能普及，民意不能稍餍。每凛昊天降丧之忧，辙怀将伯助予之感。奉读来电，求护法事业之圆满，促和平统一进行，始于裁兵，终于守法。德音所播，顽石为开，岂为久安之策，实获我心，抑且乃遗之民，胥拜公赐，幸同声之相应，矢此志以不移。谁无为善之心，当有闻风之慕，鸣鸡晦雨，哓鸟飘风，各厉精诚，共踰绝险。特覆。元洪。冬。叩。

（《一九二二至一九二三年孙中山在沪期间各地来电汇编》，第329～330页）

附　黎元洪复孙中山电

（1923年2月4日载）

（衔略）本日复孙中山先生宥电，文曰：宥电敬悉。海宇分崩，民生涂炭，莫肯念乱，常用标心，自顾衰庸，谬承责难，谓缔造民邦不可弃，谓恢复法统不可辞，遗大投艰，临深履薄。追惟积年之扰攘，实缘群派之纷争。将欲体念舆情，必先销除兵氛，使举国无拥兵之官，则兵或不裁而可自减，使中央有分期之策，则款或不借而可自筹。而重要之因，尤在政党外无异名，民权外无特势。民同胞也，军同泽也，本无阶级之别，宁有畛域之分？窃欲为闾阎谋福利，为方镇策安全，秉兹一视之乍，酿为大同之化。乃者孤诚难感，而备战转多。日言裁兵，而增兵转盛。政令不能普及，民意不能少餍。每懔昊天降丧之忧，辄怀将伯助予之感。奉读来电，求护法事业之圆满，促和平统一之进行。始于裁兵，终于守法，德音所播，阴噎为开。岂惟久安之策，实获我心，抑且孑遗之民，胥拜公赐，幸同声之相应，矢此志以不移。谁无好善之心，当有闻风之慕，鸣鸡晦雨，哓鸟漂风，各励精诚，共踰绝险。特复。等语，并奉闻。元洪。冬。印。

（《大公报》1923年2月4日，“要闻一”）

张绍曾致孙中山函

（1923 年 2 月 3 日）

中山先生执事：

固卿兄致下惠书，并详述近情各节，至涤崇佩。承询和平统一办法，在在胥关闳要，自非公议解决，不足以昭慎重而资信守。顷与固兄讨论再四，拟设一国事协商会，解决一切问题，拟请我公及海内有力诸公，迅派代表，或亲行来京，先事筹备，以利进行。至筹备五项，例如（一）关于各项会议之组织及召集，（二）关于各项议案之起草，（如军事财政宪法推行及各种政治善后之事），一俟筹备有绩，当即正式开会。即以议决之件，作为大政方案，委由政府分画推行。所有办法，已嘱固老面为代达，切望借箸一筹，详细赐教为盼。此复，就祝

福勋，不尽

张绍曾

（《大公报》1923 年 2 月 3 日，“要闻一”）

永丰舰员致孙中山电

（1923 年 2 月 3 日）

孙大总统钧鉴：

壬戌年陈、叶之乱，钧座蒙尘，国会星散，琳等不揣微力，凭借海军永丰等舰，孤守河上，外抗重围。虽粮尽援绝，义不为挠，嗣经某某某中途变叛，半年以来，扼腕抱愤，志必求伸，故当滇、桂军兴，即与海军同志，极力规划，谋在广州回应，促进滇、桂讨贼各军之成功，复以某某爪牙太多，又困于资力棉薄，遂致延迟日月，未制先机，茹苦在心，愧忿莫名。

近因粤乱滋蔓，军机紧逼，不得已竟于东日傍晚，躬率死士以小轮赴黄埔迫登永丰军舰，幸赖该舰，即晚拔锚，冒突虎门，郁湾之险，某某曾派海圻、永翔两舰在赤湾拦截。我舰利用高速力，卒能无事冲过，遂不分星夜，驶抵汕头，与肇和、楚豫二舰合力，惟李参谋长之命是听，并受田司令之节制，一致拥护钧座，以求贯彻海军护法，翊卫元首之初心。现粤局纷纭，群龙无首，均望勋驾早临，俾事有秉承，庶大局得早见肃清也。除分电通报外，谨代表永丰舰全舰官员士兵电达钧座，表示服从之真诚。仍请回示祇遵。汕头永丰舰欧阳琳、黄伯、刘纯经等同叩。江。

（《护法运动史料汇编》（一），第437~438页）

李烈钧致孙中山电

（1923年2月3日）

万急。上海孙大总理崇鉴：

功密敬悉。军队经改编电呈，该师长就职，通电请训，计均邀鉴。军事行况定二案，主要之点，以此间各师，合汝为所部，联络显丞等，巩固貉江，转移北接近省垣，以抵四邑军队。而西江活动海军已直接试威，欧阳沧生今率永铭到汕，海军已得数舰，此后极切当斗也。李烈钧叩。江。印。

（《李烈钧集》下册，第477页）

杨希闵致孙中山电

（1923年2月4日）

万急。上海孙大总统钧鉴：

江电谅呈钧听。魏君丽堂与桂军将领在议席冲突情形，前经电呈在案，后经魏君要求，希闵始允转至职部同住。盖希闵对于魏君直接尽保护之义务，对于桂军即间接负保管之责任，公谊私情均觉兼到。

乃近接沪电多有不明真象，竟以希闵为监视魏君之人，传闻失实，殊堪诧异！昨奉钧电，谨当婉商冠南遵命省释。惟久不接钧电，今忽连接数通，审其语又各不同，恐有冒替之弊。此次对于魏事，钧座共来几电，敬恳命记室查复，是为盼祷！杨希闵叩。支。

（《护法运动史料汇编》（四），第250页）

李烈钧致孙中山电

（1923年2月4日）

孙大总统崇鉴：

功密。潮、梅运使辞职，继任需人，特采纳众意，用共同组织方法，权派海军司令田士捷暂行兼署，以裕饷源而安军心。时局稍定，崇座派委何人，均可遵办。谨肃电呈，伏维垂鉴。李烈钧。支三。印。

（《李烈钧集》下册，第477页）

李烈钧再致孙中山电

（1923年2月4日）

孙大总统崇鉴：

功密。（一）笙二四王宽军二万人，准于数日内先集中潮州地区，并海军均可切实掌握。（二）林隐青、陈炯光、翁式亮、钟景棠共二万余人在梅县，自恻五华、老隆一带，正设法运用，酌予改造。（三）翁式亮前数日赴港，似召退意；洪湘丞在潮州种树，常云自崇座下野后，即不问事，人尚血诚，资格亦深，拟力劝其出。（四）温树德实不可用，若有把握，仍以去之为是；如与敷衍，以观将来，则海军全部亦不宜听其掌握；如伊果能觉悟，前因拥护崇座，被撤人员应请饬温复其原职，以慰忠诚。是否妥当？谨呈。烈钧叩。支巳。印。

（《李烈钧集》下册，第478页）

李烈钧三致孙中山电

（1923年2月4日）

孙大总统崇鉴：

功密。卅电江奉，比传诸将，咸钦仁德。一切谨筹妥善，请示权宜办理。近数日来之状况，尚有进步可望，政学会人未可共事，前崇座许西林长桂，钧窃疑之，虑其志不在彼，然不料其故态复萌若此，殊毫无诚意，乏知识，旧官僚之做官热，亦可鄙也。烈钧叩。支晨。印。

（《李烈钧集》下册，第478页）

李烈钧四致孙中山电

（1923年2月4日）

大总统崇鉴：

功密。各电敬悉。诸事谨筹妥善，郑重办理，当无他虞。“仍”和意外，察陈、钟各部，集合嘉应州地区，行动尚不明。“读”刻“屙”“丈”代“丁”“运”离以运用之。顷间会议一“总”四师，决定一礼拜内，在潮州沿海地区集中完结。“柎”、

“仟”两师一混成旅，由海岸先移惠州，巩固东江，分别协同动作，为联合各军全部计划亦已拟定，文长另行撮要陈核。李烈钧叩。支五。印。

（《李烈钧集》下册，第479页）

杨希闵上孙中山电

（1923年2月4日）

上海孙大总统睿鉴：

卿密，支电奉悉。冠南在丽堂事未发生以前，其有无野心，并是否确受洛吴指使，不敢妄断。自江防会议冲突以后，满城恐怖，险象环生，大有岌岌不可终日之势。希闵上体钧座彻底护法之苦心，亦念百粤人民不堪重罹兵祸，因连日与冠南会晤，出以至诚，告以大义，彼亦鉴于潮流之不容稍逆，民意之不可再违，即由希闵提出三条：（一）冠南应通电宣言，始终服从孙大总统。（二）沈军应即调离广州五十里以外。（三）沈军所委省城各重要机关人员，应即一律撤销。遂得完全解决。且冠南当希闵面前，业经指天誓日，自兹以往，对于钧座，为绝对服从，决不再萌他念。钧座倘犹不能释然于冠南，则希闵所部之实力，自信足以应付之而有余。今冠南既表示忠诚，似不必多所顾虑，若必绝人向善，反恐激成事端，护法首都，再飞血肉，影响全局，宁可置思，恐亦非钧座缔造共和苏息元元之至意也。市上本来无虎，杯中竟认有蛇，古今疑狱，不可数计矣。伏乞钧座乾纲独断，以信希闵者信冠南，本高天厚地之恩，收默化潜移之效，希闵之幸，冠南之福，西南之永巩，统一之基业，要皆一出于钧座之仁明。瞻望回銮，神魂飞越，吁祈垂鉴，无任屏营。

（《革命文献》第52辑，第337～338页）

梅光培上孙中山告已抵泉州候许崇智训示函

（1923 年 2 月 5 日）

中山先生钧鉴：

敬启者：培三日到厦门，四日入安海，即午到泉州，因安海到泉州，有长途汽车故也。培谒何总指挥，始知许总司令二日始由福州动程，须八、九号方到泉州，培现在泉等候。惟何总指挥言财政十分困乏，大约许总司令与培见面时，必着培再回上海报告情形，并请先生筹款接济云云。俟总司令到后，如何训示，再行电告。肃此敬呈，恭候

钧安

梅光培敬上　十二年二月五日

孙中山批：代答。

（党史会藏钢笔原件）

（《革命文献》第 52 辑，第 404 页）

李烈钧致孙中山电

（1923 年 2 月 5 日）

孙大总统崇鉴：

功密。江电祗悉。潮、梅部众数逾数万，开动作战需费不赀，即伙食等项亦待润泽。且潮、梅灾祲兵燹，频年苦乏，征发饷糟，殊感不足，仍拟崇座酌予接济以慰众心。时届严寒，能购发毛毡、卫生衣各三万，则推衣之赐，尤足令将士感戴也，并请裁之。烈钧叩。微二。印。

（《李烈钧集》下册，第 479）

李烈钧二致孙中山电

（1923 年 2 月 5 日）

孙大总统崇鉴：

功密。在梅县陈：陈部受此间劝告，可期就范。钟已有亲来请训之电，隐青若能相助，则处置尤较易为。拟乘此时利用改编，酌予去留，已编各师将领，赤诚拥戴，请崇座派遣大员来汕慰劳，借资鼓舞。各师长就职通电，计邀鉴察，并恳径赐训示。崇座一字之褒，荣于华衮，谅同具此心也。烈钧叩。微一。印。

（《李烈钧集》下册，第 480 页）

政学系致孙中山电

（1923 年 2 月 6 日载）

粤省沈、魏之争，政学系有致孙中山一电，声明粤乱为沈、魏个人之关系。兹录其原电如下，文曰：孙中山先生鉴：广州事变，纯系主客之争，正宜愈加团结，庶能奠定粤局，务乞与西林仍本提携初志，共谋适当办法；并祈转达两方将领及各同人，互相谅解，通力合作，免为敌人所乘，是为至要。谷钟秀、张耀曾、文群、金兆棪、孙光庭、王源瀚、王有兰、李思阳、李安陆、杨择、朱溥思、李为纶、张鲁泉、陈祖基、梁昌诰、萧辉锦、李肇甫、杨永泰、李燮阳、窦应昌、张善与、凌毅、焦易堂、王恒、彭养光、童杭时、高家骥、田桐仝叩。

（《大公报》1923 年 2 月 6 日，“要闻二”）

吴铁城致孙中山电

（1923 年 2 月 6 日）

先生尊鉴：

铁奉省令复职，卓文以铁部炮营奉令赴江门不援助其部，到岐与魏部争饷，含恨谋先据县署，拒铁接事，铁力避冲突，免伤同志情，静候先生解决。除报省长外，谨电闻。再，次据三□电滇桂军，协商结果鱼日释魏，沈军移西、北江，滇军向从化移动。政权全交民党。铁。鱼。

（《一九二二至一九二三年孙中山在沪期间各地来电汇编》，第 319 页）

李烈钧致孙中山电

（1923 年 2 月 6 日）

孙大总统崇鉴：

功密。在梅县老隆一带之陈部蛰动，尚未明瞭。昨日钟、陈等通电拥林虎为粤军第一路总指挥，已嘱各师长置之不覆，徐筹处置。其内容有二说：一以主力移嘉应州，准备对汝为作战，不利则退赣；一利用隐青便于与钧敷衍，以规复广州为名，保存实力，以图将来。但其内部解体，有两旅确能改编把握，其不能把握者，虽求改编亦拟暂不予也。本日颁发各师长印信，甚重壮观，将领欢感不置。此间殊有望耳。烈钧叩。鱼午。印。

（《一九二二至一九二三年孙中山在沪期间各地来电汇编》，第 241 页）

胡汉民致孙中山电

（1923 年 2 月 6 日）

一、滇军密已签字。二、省各机关已陆续收回。三、希闵迭派人来，邀请回省。四、省签约后又派锡卿今晚来迎。五、闻沈军已陆续退驻西、北两江，今现有二百万借款可商。六、省署诸人迭催弟归，惟弟去志已决。汉民。鱼。

（《一九二二至一九二三年孙中山在沪期间各地来电汇编》，第301页）

杨希闵致孙中山电

（1923年2月6日）

上海孙大总统钧鉴：

昨奉钧电，命将丽堂省释，希闵当即携电转商沈总司令，特于鱼日将魏丽堂送归本寓，此事已告完全结束矣。谨电奉闻，请释廑念。希闵叩。鱼。印。

（《护法运动史料汇编》（四），第251页）

胡汉民等上孙中山告在港筹款情形电

（1923年2月6日）

陈中孚能于一星期内筹交二十万元，以后陆续交足。大沙头地价百余元，惟须先生允。共数事：一、委中孚为特派筹饷员。二、大沙头案继续搬效。三、劝业银行批准立案，并可照例纳保证金。

孙中山批：照准。（已复）二月六日发。

（党史会藏毛笔原件）

（《革命文献》第52辑，第434页）

魏邦平致孙中山等电

（1923年2月6日）

上海孙大总统、岑大总裁钧鉴：

邦平被留，倏逾10日。承电令释，鱼日宁家，专电驰慰。魏邦平敬叩。鱼。

（《护法运动史料汇编》（四），第 253 页）

许崇智为收编东江叛军上孙中山电

（1923 年 2 月 7 日）

大总统钧鉴：

（一）接协和汕东电称：此间各将领服从元首，益表赤诚，现用中央直辖陆军名义，先编四师，任尹骥、李云复、翁式亮、赖世璜为师长，洪兆麟仍任处长，振兴地方事宜。查马育航前赴洛吴，请求中央改编；一面洪等又派代表至臧和齐处，请求和齐与浙卢收编，浙卢对此事，日前曾有电来嘱，与伯川、和齐、洪、翁等妥订互相维持条件。彼辈惯于反复，有无诚意，实难逆料，虽为对沈，只可予以宽大收容，但委以高名义，崇其地位，扩其势力，似可不必，拟请钧座谕令洪、翁、尹、李、赖等以原兵额编制，即日出发讨沈，饬其立功赎罪，以观后效，并察其是否诚意。（二）潮、汕财政，请派得力人员如陈楚楠等前往管理，以固我饷源。（三）智准庚日晨由莆田起程赴泉。叩。阳。莆田发。（民国十二年）

（党史会藏译电）

（《革命文献》第 52 辑，第 406 ~ 407 页）

胡汉民致孙中山电

（1923 年 2 月 7 日）

伍运使久未到任，税收无着，影响全局，现由省署委邓泽如接任，请加委并赐覆。汉民。阳。

（《一九二二至一九二三年孙中山在沪期间各地来电汇编》，第 207 页）

李烈钧致孙中山电

（1923 年 2 月 7 日）

孙大总统崇鉴：

本日代委戴德抚为潮梅关监督兼交涉员，谨陈察核。烈钧叩。阳。

（《李烈钧集》下册，第 480 页）

李烈钧三致孙中山电

（1923 年 2 月 8 日）

孙大总统崇鉴：

功密。本日代委第一旅旅长贺瑞庭、第二旅旅长邓桂生、第三旅旅长纪泽波、第四旅旅长钟绍斌、第一师参谋长王振绪、第二师参谋长陈佑卿，又代委海军肇和副舰长盛延祺代理舰长事、委欧阳琳为永丰舰长、扈文治为楚豫舰长、宋复九为肇平舰长，谨呈察核。李烈钧叩。庚。印。

（《李烈钧集》下册，第 481 页）

李烈钧四致孙中山电

（1923 年 2 月 8 日）

孙大总统崇鉴：

功密。省中情况，计得详报。此间所执，沈军畏惧离去，广州向西北江移动。滇军诱惑一层，今渐省悟，拥护崇座，尚具真诚。益之、诚伯先后到省，颇收牖导之效。盛望崇座莅节主持，似可俯允众请，而起节则稍择时日也。此间部队以连日伙食不继，复届年关，预定计划未能迅速。接梅县报告，陈部、直部向赣南移动，请见其途穷日暮耳。烈钧卯。庚。印。

（《李烈钧集》下册，第482页）

洪兆麟致孙中山电

（1923年2月8日）

孙大总统钧鉴：

昨奉任命兆麟为绥靖处长，遵于陷日接印视事。自愧庸愚，谬膺宠命，誓竭驽顿之力，矢尽拥护之诚。所有一切事宜，自当秉承李部长办理，积极进行，仰答德意，谨达谢诚，伏维钧察。东广潮梅绥靖处处长洪兆麟呈。庚。印。

（《一九二二至一九二三年孙中山在沪期间各地来电汇编》，第237页）

彭素民致函孙中山关于入党宣誓问题

（1923年2月8日）

彭素民呈告先生，关于入党宣誓一层，本次联席会议讨论结果，“多数主张不必宣誓；惟以事关重大，因决定仍请总理明教，以定标准。”

（《孙中山年谱长编》下册，第1580页）

古应芬致孙中山电

（1923年2月9日）

一、沈逆率领桂盗盘踞省城并北江之部、西江之肇庆，约计万余人，违抗命令，占领财政机关，妄编粤军，枪击省长，种种不法。现闻勾引北敌孙传芳等，有据粤之意。二、滇军于江防事变，被沈利用，现已稍有觉悟。历次宣言，拥护元首，如开诚与之联络，将来讨伐沈逆时，或可办到中立。三、我军集中江门一带，此计有一师全部，陈德春一旅，杨锦龙一团，徐汉臣四营，张祖荣三营，合计四十余营，可战者约三十余营。内外又江防有二十余艘。自大本营成立后，筹划军饷，暂可维持。目下士气激昂，军心团结，已准备一切。一周以后，即可声罪致讨。四、综合各情，本军对于击破沈军，拟取下列计画：一、本军作战目标，在击破沈部占据广州之敌各军队；二、欲达上项目的，□首出以主力占领三水城，以一部占领肇庆，以江[①]向新街方面占领铁路线，以包围敌军。而击破之计画如此，目下最急切之希望有二：一、请元首密令讨贼并开导滇军，使不生误会，请胡省长与滇军确切联络；二、东江各军队，请许总司令与李部长催促，务于一周前后，大部分达到惠州以南。因省军与敌离处太近，不得不取攻势。综计兵力尚嫌单薄，应如何通盘计画，请汝、侠两公酌量情形，迅速示覆。潜。应芬叩。佳。

（《一九二二至一九二三年孙中山在沪期间各地来电汇编》，第 321 页）

杨西岩致孙中山电

（1923 年 2 月 9 日）

孙大总统钧座：

西岩于佳日晋省，回署办公。对于财政计画，积极进行，奈政出多门，所属征收税关，多被盘踞，办事殊为棘手。顷以分头接

① 以下约 16 字不清。——编者

洽，务达统一政财，俾饷粮有着，以期无负委任之至意，谨呈。西岩叩。佳。

（《一九二二至一九二三年孙中山在沪期间各地来电汇编》，第205页）

林森致孙中山电

（1923年2月9日）

超密。庚日早毛一丰、林寿昌、林梅生、黄艺柏率数十人强借省议会开会，拥萨长闽。省议会拒绝之，咆闯入研究室宣告退林拥萨而散。省议员已经声明省议员无与闻此事。查系三数人被人利用，尚无影响闽局。诚恐传闻失实，谨特电闻。森叩。佳。印。

（《一九二二至一九二三年孙中山在沪期间各地来电汇编》，第127页）

李烈钧致孙中山电

（1923年2月9日）

孙大总统崇鉴：

功密。颂云、香勤阳电计邀察，已复电并托展堂转陈崇座。隐青遣使到汕，表示“魄”意：（一）对于汝为回粤决不妨害。（二）希望由钧定一妥善计划，得以让路通过。昨日会议咸云，须以表示服从崇座，受命改编为前提，因并拟定其行动如次：一、迅以全力转移北江，驱逐沈逆。二、迅以主力移惠州协同动作。三、暂移赣边待命。除选员前往商榷外，谨陈乞示。烈钧叩。青午。印。

（《李烈钧集》下册，第482页）

广东省议会、商会及各公团致孙中山电

（1923年2月10日载）

广东省议会、商会及各公团电孙总统，请任徐绍桢为粤省长。

（上海《民国日报》1923年2月10日，“本社专电”）

刘冠雄致孙中山电

（1923年2月10日）

北京大总统、（余衔略）孙中山先生均鉴：

年来闽难水深火热，冠雄受命镇抚，于万分危迫之中，未携一兵，未耗一帑，强扶病体，孑身来闽。累月以来，全恃个人诚意，与各方所部接洽，畀仗政府德威，各部分均能谅解。现臧、王两部均已拥护中央，粤军亦能保持信义。顾念闽艰，整旆南返，尤赖政府俯鉴愚诚，准将讨逆通缉各令取消，并令援师停进。李督调京并将闽督裁废。综此数端，是闽事业已渐次解决，闽民既可藉此稍休保息，而冠雄对于政府人民亦均可告无罪矣。此后为日方长，百端待理，所有善后各事宜，欲政府与闽人共策万全，期成初治，冠雄罹病之余，此时自可稍卸仔肩，得遂初服，务望政府及各方陈此区区，曲加鉴察，则冠雄有生之年，皆报国之日也。驰电掬枕，诸祈公鉴，刘冠雄叩。

（《一九二二至一九二三年孙中山在沪期间各地来电汇编》，第153页）

胡汉民致孙中山电

（1923年2月10日）

大总统钧鉴：

蒸日力疾旋省视事，谨闻。汉民叩。蒸。印。

（《一九二二至一九二三年孙中山在沪期间各地来电汇编》，第209页）

杨世名致孙中山电

（1923年2月10日载）

广州八日电，昨云南军总司令杨世名（译音）特致电孙逸仙博士，促其早日回粤，言词恳挚，略谓现粤事已有解决希望，人民盼先生回粤，如大旱之望云霓。此电去后，又特派副官前往沪滨催驾云。

（《大公报》1923年2月10日，“要闻二”）

胡汉民致孙中山电

（1923年2月10日）

据确报陈逆在港会议：一、预计兵力，洪兆麟二十营在潮、汕，钟景棠十二营在梅县，陈炯光十四营在五华、兴宁，林虎五千人在兴宁，黄凤纶三营在焦岭，翁式亮九营由揭阳开往梅县，杨坤如一千五百人在老隆，除某部外，均归林虎指挥。二、饷项由洪筹掘，不足由陈逆补之，闻潮、汕开赌，每日可得万余元。三、许军迫，则健部退入江西。四、与沈决裂时，反攻省城。五、陈逆现在陈席儒家。七号，蔡成勋有代表二人到，商对付闽粤办法。六、马育航在南京来电云：得齐燮元助款云云。以上须注意，已电闽。

（《中华民国史事纪要（初稿）》1923年1~6月，第211~212页）

附 胡汉民致孙中山电

(1923 年 2 月 10 日)

陈逆在港会议，预计其所部洪兆麟、钟景棠、陈炯光、林虎、黄凤伦、翁式亮、杨坤如分布在潮、汕、梅县、五华、兴宁、蕉岭等地的兵力，当我与沈决裂时，反攻省城；陈逆现在陈席儒家；蔡成勋有代表二人到，商对付闽粤办法；马育航来电：得齐燮元助款云云。以上需注意，已电闽。

(《孙中山年谱长编》下册，第 1580 页)

沈鸿英致孙中山函

(1923 年 2 月 10 日载)

大总统钧鉴：

粤局经过情形，迭经具陈，计蒙睿察。现值陈氏虽去，善后百端，大局飘摇，危机尚伏。迩者展堂诸君，相继去粤，政权无主，地方秩序，虽经与绍基诸君竭力维持，而来日大难，罔知所屈[届]。江防会议，忽生冲突，更值黄、刘之变，伤感所触，心志惧灰。且以此次遄征，原为奉令而来，挈领提纲，群归主宰，伏乞钧驾迅赐回粤，主持大计。英谨率所部，服从命令，以图国事，奠定中原。兹派敝亲邓士瞻赴沪欢迎，面陈诚悃，无任感悚之至，伏祈训示。恭请

钧安

鸿英谨呈

(《护法运动史料汇编》(四)，第 256 页)

李烈钧致孙中山电

（1923 年 2 月 10 日）

孙大总统崇鉴：

功密。此间诸事，均照预定进行，别无异状，惟风灾之后各军云集，筹款殊觉不易耳。烈钧叩。灰午。印。

（《李烈钧集》下册，第 483 页）

李烈钧致孙中山电

（1923 年 2 月 11 日）

此间已编各师，均系由崇座直接统辖，绥靖处任务系协同地方官绅振兴地方事宜，有必要时始以特任付之也。谨呈恳俯照。李烈钧叩。轸未。

（《李烈钧集》下册，第 483 页）

李烈钧再致孙中山电

（1923 年 2 月 11 日）

孙大总统崇鉴：

功密。青午电所呈，计邀鉴察。潮、梅军逾四万，合之汝为总戎所部达六万余，全省通计在十万以上。沈逆谋叛，罪在不宥，电退郊外，仍□澄清。惟我军既多，现在之作战及将来之卫戍，区划驻扎管区，似宜先事通盘筹划，崇座核定计划，拟恳预示梗概，候便妥筹，不胜企祷。李烈钧叩。尤未。

（《李烈钧集》下册，第 483 页）

李烈钧三致孙中山电

（1923 年 2 月 11 日）

孙大总统崇鉴：

功密。隐青所部，其主力达梅县、兴宁间，曾遣其侄秋帆往说，当能复其本来。惟此种军队“削”［人］数颇多，能斟酌去留，纯粹改编固善。虑办不到“伦”［儗］先从泛义改编，使先受命，徐图进步。又王“猴”［献］臣“瘾”希望改编，此类为势所迫，故为自存之计，实际上不能为用，然以北军受“壅”崇座之命，于体制似亦无碍。可否宽予收编统候核示。除与汝为总戎接洽外，谨呈。李烈钧叩。尤午。印。

（《李烈钧集》下册，第 484 页）

李烈钧四致孙中山电

（1923 年 2 月 11 日）

孙大总统崇鉴：

功密。微午、真奉尊询各节，迭电业经陈及，此间情势庞杂，历史使然，幸湘丞与尹、李、赖三师长、各将领拥护崇座出于真诚，翁虽称病，于事无害，隐青亦尚不为仇，较易部署，然仍恐暂不足以处之也。沪报载式亮事属实，已剀切开导矣，谨复。李烈钧叩。真申。印。

（《李烈钧集》下册，第 484 页）

陆世益上孙中山讨论兵工问题书

（1923 年 2 月上中旬）

山西国民党人陆世益于是年初上书先生，讨论兵工问题，提出

“改造党与军之组织”、“注意宣传工作”、“实行兵工计划”三种“改造大计”。

（《孙中山年谱长编》下册，第1580页）

许崇智报告广州部队复杂俟至潮梅请孙中山决定行止电

（1923年2月12日）

定密。大总统钧鉴：

午来电奉悉。（一）梅光培带来钧示，谨遵办。（二）陆旅真日抵上杭，五、六旅约删日以前可到上杭。（三）福州公民大会通电，反对福州公民拥萨倒林之行动，计达。（四）广州部队复杂，拟俟智部到达潮、梅后，钧座始返省，请裁酌。（五）智准日内起程。智叩。侵亥。（民国十二年二月十四日泉州来电）

（党史会藏电报原件）

（《革命文献》第52辑，第473~474页）

蒋中正致孙中山函

（1923年2月12日）

日前面陈，以先生抵粤则粤局乃平，故建议以先生速行为是。今一再审慎，如先生独行而中正不来随侍，心实不安。中正之所以不能从者，实有委曲之苦衷，殊非笔墨口舌所能形容。今中正必行，请先生致电汝为兄，言明赴粤左右乏人，闽粤比较，闽重于粤，本欲促介石来闽，兹因时局变迁，不得不携之赴粤，到粤后布置略妥，即当嘱其来军相助，可否盼复等语，待其复电到后，中正再起程，则其误会或可减少若干，否则不但汝为兄与弟更生误会，且恐对先生亦生误会，则中正之罪累更加一层矣。此则许电未到，中正不能行之一端也。因中正不能随从，所以今日主张先生缓行，至于缓行理由，其端不一，亦非尽如致胡、汪电中所言者，而其大要，缓行数日利多害少，有益无损，非如延迟至一月半月之久，有碍大局者可比。如果先生同意，则请将代拟致各处稿改正分发，中正待汝为兄复电到后，必来随从，以副厚望，决不敢方命也。

（《蒋介石年谱初稿》，第118页）

李烈钧致孙中山电

（1923年2月12日）

佳二电奉悉。一、现隐青能收复即能，顶忠已遣员说之。现隐青移梅，其旧部苏世安率旅来投，已由四师收容，即移澄海驻扎，尚可掌握。二、至潮州商会电已发多日，并托凌霄常去。三、崇座旋节，拟请先莅汕，由海军派舰队护送，如径达港，当趋谒。请训示遵，余另复。李烈钧叩。文巳。

（《李烈钧集》下册，第485页）

程潜致孙中山电

（1923年2月12日）

一、炯明抵港后，召集旧部会议，图活动，其部众尚多，颇可虑。二、沈军佯退广州，实占附城各要害及北江，以负隅通敌。以上两项，为害深长，非钧座亲临，恐难弭患。且滇军表示服从，绩但进退乏主，无所遵从，即恳麾节南来，以安大局。潜叩。港。侵。

（《一九二二至一九二三年孙中山在沪期间各地来电汇编》，第325页）

程潜致孙中山电

（1923 年 2 月 12 日）

一、陈村小揽一带，袁贼已肃清。二、正待规复肇庆，图攻北江，而第四师莫旅，不待发令，灰日已率队据肇，计缴贼枪二百余枝。今日此间续派军队兵舰赴肇增防，以厚兵力。三、各路军队仍虑散涣，非先生速归，不能提挈，望即酌定行止，乞覆。潜。港。侵二。

（《一九二二至一九二三年孙中山在沪期间各地来电汇编》，第 327 页）

胡汉民致孙中山电

（1923 年 2 月 12 日）

一、吕春荣、梁若谷等伪受沈名义，将军队至江袭肇庆，灰日已将驻肇部约七百人缴械。二、刘达庆、陈天太俱在江防行事之人，刘死陈欲继任，李遂生来沪为请，断不可许。汉民。侵。

（《一九二二至一九二三年孙中山在沪期间各地来电汇编》，第 211 页）

李烈钧、洪兆麟等致孙中山电

（1923 年 2 月 13 日）

孙大总统崇览：

梅开庚岭，春在人间，霾雾潜消，光天初霁。侧闻旋节，薄海同欣，遥望帡幪，三军鼓舞，谨电欢迓，不尽瞻依。参谋总长李烈钧、绥靖处长洪兆麟、第一师师长尹骥、第二师师长李云复、第三师师长翁式亮、第四师师长赖世璜、海军司令田士捷、舰队指挥盛延祺，率中央直辖陆、海军全体将士恭叩。元午。

（《李烈钧集》下册，第485页）

岑述彭致孙中山函

（1923年2月13日）

孙大总统钧鉴：

睽违雅教，时切驰思。近维政祺鬯适，履祉绥和，为无量颂。述彭于上年九月间晋谒后，遂感时机未至，法统牵强，乃携眷返里养疾待时，冀再偿历年护法之愿。故居乡数月，虽无建白，而对于国事实未能忘情于片刻耳！顷见报载，叛逆陈炯明已逃，粤中将士，海内贤豪，以及我两院同人，皆有拥护先生返粤之请。比时先生已允命驾，旋得胡君展堂电称粤局又变，遽尔中止各节，述彭阅既，不胜感怀，想先生素行爱国，当国运既哀将兴之际，岂能因噎废食，坐失机缘。敢请顺天应人，出任艰巨，述彭不敏，愿本诸孱弱之躯，代表人民，追随节钺，立五权宪法，行三民主义，登斯民于衽席，巩民国若磐石，则先生之大业成，而述彭之初愿偿矣！专此，祗颂勋祺，即希

赐覆

民国十二年二月十三日皖籍众议员岑述彭谨上

（党史会藏毛笔原件）

（《革命文献》第52辑，第473页）

胡汉民致孙中山电

（1923年2月13日）

昨见绍基，谈甚亲切，其主张：一、使某部（指沈鸿英部）

让出北江，而令滇军驻之，以断其与北方及陈逆之勾通；二、盼钧座速来主持大计，拟农林试验场为驻节地；三、于未有具体计划以前，江门等处不宜轻于启衅。按一项，即与前约所允未返桂前划定防地一条相应，果能速行办到，至合机宜。二、三项均候卓裁。

附：广东三大实力之调查

广州通讯云：此次滇桂粤联军讨陈仅半月，而克复广州，今又越半月，而陈家军先后俘降，粤局遂称底定。朔［溯?］此役成功如是之迅速者，固陈氏人心已失，大势已去所致。然联军东下势如破竹，则联军之实力如何，与其今后所取之态度如何，不独与广东局部有关系，抑于西南全部，及孙中山所主唱之裁兵统一问题，亦有足引资研究。兹特调查其梗概，以报告注意南中事情者。

一、滇军　滇军此次东下，系先在蒙江略有改组，总司令张开儒以病辞职，五旅长乃主张拥金汉鼎继承，金未到任前，由杨希闵以总指挥资格兼任之。故抵广州以后，杨乃以总司令名义宣告于粤中人士，总司令下有五旅长即蒋光亮、范石生、杨希闵、杨池生、杨如轩是也。另有梯团一团长为朱成钧，统计得九千人，现分驻于广三路沿路之佛山、三水西南，及石围塘各车站。附城方面，则分驻于河南及东门至白云山，瘦狗岭与西关市场，至于各机关其派人主持者，有广东全省印花处、全省硝磺局、全省沙佃局与弛禁山票等是也，其进退态度，杨希闵全权主之。至杨与李部长有师生之关系，而又迭次宣言拥戴孙大总统，其坚决护法之诚，粤中人士甚为许之。独江防司令部会议之变，魏邦平被留，而又未与刘震寰部携手进击陈军，初颇起人疑惑，其时又有某系策士为之造作蜚语，在杨几无可辩。幸连日与港中民党疏释，及电孙大总统沥诚相示，故得谅解，而民党因此与之携手益挚。闻广州市治安于许总司令未莅临以前，统倩［请］滇军维持。如胡省长昨委滇军团长那其仁担任公安局长，孙大总统电令滇军旅长杨廷培为江海防司令，即为携手益挚之实证。盖滇军以转战数省之健儿，劳苦功高，故有足膺服而将来建设合法政府亦胥赖之也。

二、桂军 桂军分为三部份，一即粤桂联军西路总司令刘震寰部，一即沈鸿英部之沈家军，一即广西陆军第二师刘玉山部，分别述后：

（甲）刘部 刘震寰部在未东下前仅三旅，第一旅韦冠英，第二旅严兆丰，第三旅黎鼎鉴。又，即原日广西陆军第一师全师也。东下后，沿途收编陈军，故兵额大增，现已陆续成军者，计得六旅，并依前三旅次序定为第四旅吴中桂，第五旅余六吉，第六旅陆兰清，第七旅练潢雄，第八旅任鹤年，第九旅王兴中。陆旅现驻三水县属之西南，余旅则驻肇庆，练旅则驻虎门，黎旅则驻东莞，余则分驻广九路及石龙，握东江交通之孔道，人数则二万名。至刘震寰态度，则自抵粤以还，未尝委任人员，占领行政机关，足为无权利思想之表证。其现在驻节石龙，则于许总司令未率部到省时，权为镇摄东江计也，至其拥护孙大总统，尤为矢诚，如江防司令部会议之变，即认为某系欲实行征服广东之方策，遂对某系加以忠告，饬所部严守石龙，以观厥变，并宣言候大总统令，以为进退，是其证也。

（乙）沈部 沈部原有军队仅李易标、沈荣光统得二千余人，入粤后，纷纷收编陈家军，初欲收陈德春旅及杨坤如两旅，而陈、杨均不从，乃仅收得袁带残部，及以五万元买梁若谷团。嗣仍以兵力薄弱为嫌，乃设六军，除原有之李、沈二部改称军外，则又委前莫荣新时代之统领古日光，及清末招抚之李耀汉，暨省议员黄鸿猷，及李根源之弟李根沄为军长，使各召募绿林以成军。随又编粤军第四师吕春荣，以高雷绥靖督办使率其残部，仅得一团到降。此外尚有刘达庆师，刘死，沈改以陈天太指挥，仍属沈部，统计其兵力可八千五百人。现除沈荣光部驻韶关外，余均驻广州，如兵工厂、造币厂、一中学校、盐运署、观音山、粤汉路之黄沙西村各站、五眼洞、河南及永汉堤岸、泰康各马路之赌馆，皆其驻扎地。

至沈鸿英以沈军总司令资格或李易标以军长资格委定各机关主持人者，盐运署为李耀庭、军械局为刘昆麟、江防司令为麦胜芳、公安局为古日光、番禺县为陈天球、陆军医院为朱兆槐、电话局为陈端、粤汉路为温良彝、保商卫旅督办李易标、兼航政局王世藩、官纸印刷局容伯挺，财政厅拟以杨梅宾，省长拟以李耀汉，至于其它新组织者，则有宪兵营、缉私队、卫兵营等，一面又嗾使杨永泰私人林正煊，在省议会活动，以图所谓民意之赞助，闻其背后仍有某系之主动云。但自江防司令部会议决裂后，社会对沈关于是非肆行月旦，而滇军及桂军之刘部以本扶粤人治粤之心，对粤人迭示好感，即许军自东江而来自治之呼声甚急，沈军知环境已变化，是以最近表面上乃有不愿久戍粤中之意思，将拟率所部退驻北江西江，徐图今后之发展。至取道北江者为沈荣光，如于粤不能立足时，则由韶关而左折连阳以入贺县、桂林。取道西江者为李耀汉、李易标等部，先抵肇庆，观察形势如能稍留者，便稍留，不，则竟再由肇分赴怀集及梧州。至沈鸿英本人原驻造币厂，昨亦藉名出巡北江离厂矣。但闻新投诚许军之熊略、林烈两旅及投诚姚军长之杨坤如旅，确有会师浥江，进驻韶关之讯。大抵沈之北巡或预布置退防路线，免将来有所误会也。至两李部则连日又已向肇庆方面进发，其在粤之势力殆后兹而消灭矣。

（丙）刘部　广西陆军第二师刘玉山，原为卢焘旧部，此次东下改由杨希闵指挥，故杨乃有滇桂联军总司令之名义，抵广州后，既无大增兵额，又无占领行政机关，故其言动，不甚起人注意。至其师长则奉孙大总统委任，计仅旬日耳，实力约四千人，其所取态度，乃与刘震寰一致，自江防司令部会议之变后，即随同刘震寰，率部向东江进发，现集中于广九路之新塘车站。

三、粤军　粤军从名义上看去至为复杂。当军兴之初，奉孙大总统令举义者，有中央直辖广东三路总司令，即北江何克夫、西江周之贞、中路谢良，又如中央直辖游击总司令朱卓文、警卫军军长姚雨平、第三军总司令卢师谛、华侨讨贼军总司令方瑞麟、美侨讨贼军总司令李竞生、广东江海防总司令陈策、惠军讨贼军王和顺等是也，现则次第归编为正式队伍分驻各属矣。至原有之粤军第一师梁鸿楷、陈德春旅，第四归杨锦龙团，第三师郑润琦未在省，被缴械之余部均集中江门，可得一万二千人。至陈策所统之江海防舰二十余舰，亦集中江门河，此属于西江方面情形也。至于惠州杨坤如八营、陈炯光四营，则已编入警卫军姚雨平部，闻王和顺部亦编归姚指挥部下。至于北江熊略、林烈两旅，林虎、刘志陆八营、谢文炳四营，亦均编归许总司令节制。至钦廉方面则有南路讨贼军总司令黄明堂，三支队亦统领约五千余人，惟现尚在收编，胡汉卿、冯铭楷各部中，胡、冯两部约千余人，琼崖邓本殷部亦向黄投诚，邓部共八营约四千余人，至与黄明堂在钦廉合作者，则有中央直辖钦廉讨贼军第一路总司令施正父。施部分两支队，一为罗大光，二为唐忠璧，步枪四千余枝，实力颇厚。至潮汕方面，洪兆麟、翁式亮、钟景棠、黄凤纶、赖世璜经先后由李部长改编，其尹骥、翁式亮、钟景棠、赖世璜四部改为师亦已成立，凡此皆以拥戴孙大总统而拱卫桑梓为态度者也。至其它则尚有些民军等，惟未编入正式队伍，故无从调查焉。

综上述以观，东路讨贼军许崇智全部尚未计入，一俟归来则广东当得二十万众，盖亦一时之盛也。然苟依孙氏裁兵之主张，从而裁汰其弱者，训之以主义，铲除其私争思想，则改选广东改造西南固犹反掌也。

（《中华民国史事纪要（初稿）》1923 年 1 ~ 6 月，第 227 ~ 230 页）

杨庶堪上孙中山报告支应讨逆款项情形电

（1923 年 2 月 14 日）

堪等昨午抵港，见震寰、玉山宣布钧旨，均极感悦。震寰谈军事甚悉，须俟许军归，夹击乃妙。与哲商定款滇七震三；又定增万元，劳玉山军团，请准。闻培德到广州，似应慰劳，可否电拨二三万元？夏声归报希闵，俟派人来迎即往。堪。寒。

孙中山批：答电照准。(已复)

(党史会藏毛笔原件)

(《革命文献》第52辑，第434页)

杨庶堪上孙中山请俟调查广州滇桂军真相后再定行止电

(1923年2月14日)

闻精卫言：钧座明日起行，堪嫌太速，请稍俟三数日，俟堪等确查广州滇桂两军真相后报始定。钧座行止，关系全局安危，至希审慎为盼。千万。庶堪叩。寒。

(党史会藏原件)

(《革命文献》第52辑，第474页)

唐继尧致孙中山函

(1923年2月14日)

中山先生大鉴：

今春以乡父老敦促回滇，未得长奉明教。抵滇后，又为军政民事交相荦牟，遂致笺候久稽，然钦崇左右之心，回［固］未尝以违乖□而稍异也。遥企高踪，何胜响往。继尧自还滇以来，远维佳兵不祥之言，近惩残民以逞之祸。亦既废弃军职，注重民治。现正从事于以兵代工之策，以为消弭之方。

我公主持兵工政策为天下先，今海内裁兵者，皆奉为至当不易之圭臬。继尧亦维循此正轨，以附于声应气求之要耳。兹特派敝处财政司长王君九龄赴沪敬谒高斋，面承教益，倘蒙示以指导，谨当奉以周旋，顺颂
兴居，惟鉴不备

唐继尧谨启

（《护法运动史料汇编》（三），第601页）

胡汉民致孙中山电

（1923年2月中旬）

大总统钧鉴：

汉民于1月20日猥蒙特任广东省长，当时自顾心腹之疾，尚未根本治疗，何能胜任。惟受命于患难之际，奉职于颠沛之间□，惟有勉竭驽钝，□撑危难。今者事局粗定，人心相安，大□南下，万端就理，而汉民心腹之疾，转益加剧，用特辞职，以便养疴，谨此呈请，伏维
鉴许

（《护法运动史料汇编》（四），第261页）

邹鲁致孙中山电

（1923年2月18日）

大总统钧鉴：

去冬鲁奉大总统电召，由京返南，被任为特派员主持讨贼事宜。为大义所迫促，不敢以庸顽避责。赖大总统之威，诸将帅之力，经营甫二月而义师奋起，首义未兼旬而羊城底定。刻善后虽有诸端，而元恶业经逃走。复得大总统亲自返粤，主持大计，所有特

派各任务，应悉结束。除呈请大总统解除讨贼一切任务外，特此奉达。诸希鉴察。邹鲁。巧。

省署代印

（《陆海军大元帅大本营公报》一九二三年第一号，3月9日，“公电”）

朱晋经致孙中山函

（1923年2月22日）

广州孙大总统钧鉴：

陈逆虽逃，广州复见天日。惟北方军阀，绝无救国思想，拥黎窃据总统如故，滥借外债如故，争权夺利如故。钧座若不速将国会及枢府恢复，履行总统职务，将所有恶军阀声罪致讨，明正典刑，实行尊著建国方略，吾恐国亡在即，遑言兵工政策及裁兵统一。际此拯溺图存千钧一发之秋，倘有不识大体，诋谌正义，反对恢复说者，职军训练有素，一可当十，誓率所部，以扑灭之。区区愚诚，敬祈采纳。民国幸甚。

中央直辖讨贼第九军总指挥朱晋经叩

孙中山批：不复。

（《中国民国史档案资料汇编》第四辑（一），第26页）

林森致孙中山电

（1923年2月23日）

读孙大总统感日转示致黎宋卿诸先生宥电，以促进和平统一，首在废督裁兵，并揭示裁兵办法三项，仰见筹划精详，所以为民请命者煞费苦心。夫兵犹火也，弗戢自焚，古有明训。年来拥兵自雄，不旋踵而失败者数见不鲜，何当局尚多执迷不悟，号召征募，有加无已，试问果能人人如韩信之多多益善乎？亦不过徒苦民众而已。顷岁以还，使国人室家残破，骨肉流离，百业凋敝，盗贼滋炽，外债高迭，捐税烦兴，何一非兵之为害。拥兵者恃一时之意气，不惜争地以战，争城以战，民间之创巨痛深，已万劫不回。诚欲清除兵患，是非根据化兵为工之主张，裁减全国兵数之半，弱其势而薄其力，不足以遏乱萌。且裁兵不独止乱，更有大利存焉。服装军械费用缩减，一也；兵不庞杂，易施驾驶，二也；纳之于工，增多生产，三也；以工代兵，不至流为匪寇，四也；野多任务人，宵小无所潜踪，五也。凡此诸利，朝裁兵而夕生效，固可操诸左券。衮衮诸公，利国福民，同此心理，所望外审大势，内揆舆情，毅然决然，当机立断，则化干戈为玉帛，销乖戾为祥和，国之利，民之福也。恳切陈词，伏希亮察。林森叩。

（《护法运动史料汇编》（三），第603页）

徐绍桢致孙中山函

（1923年2月24日）

呈为呈报就职日期事：本月十五日奉大总统令开：特任徐绍桢为广东省长等因。奉此。绍桢遵即启程来粤，准前任省长胡汉民咨送印信文卷等项前来，经于二十二日就职视事，除随时秉承钧训，力图整理外，所有遵令就职日期，理合具文呈报大总统鉴察。谨呈大总统

广东省长徐绍桢

中华民国十二月二月廿四日

（《陆海军大元帅大本营公报》一九二三年第一号，3月9日，“指令”）

张贞等致孙中山电

（1923 年 2 月 24 日）

孙大总统钧鉴：

职等于护法之役恭奉钧命，回闽组织军队，扶植民治，于今数载，此志不移。兹逢汝为总司令奉命西讨，肃清逆党，奠定西南。职等具有同情，愿各率所部，编隶汝帅麾下，以资素志而完成职责。幸汝帅俯念职等久经战役，迭挫逆氛，不以菲弃，准予改绾为东路讨贼军第八军，仍戴汝帅兼任军长，万奉分别令委，兹谨就职。从此整顿戎行，一意杀贼，发挥主义，奠我国基，藉副钧座培植之致［至］意。但任重力微，时虞陨越，尚乞时锡方略，俾有遵循，不尽依驰。东路讨贼军第八军前敌司令张贞、第一混成旅旅长杨汉烈、警备队司令许卓然、第二混成旅旅长高义、第三混成旅旅长吴威、第四步兵旅旅长林怀瑜、第五步兵旅旅长黄炳武、支队长陈亮、王联酿、李金标暨各团长、各统领，各营长等仝叩。敬。印。

（《陆海军大元帅大本营公报》一九二三年第一号，3 月 9 日，“公电”）

梁士锋致孙中山电

（1923 年 2 月 25 日）

孙大总统、东路讨贼军许总司令、张军长、徐省长、江门大本营各主任钧鉴：

阳江陈前县长颂芬所招匪类，被我军完全击散，完全肃清。唯查该前县长，挟带印信、库款、捐项、公物等件潜逃，显系有意附逆，扰乱地方。除悬赏缉拿外，请通令所属严缉归案究办。东路讨贼军第二师第三路司令兼摄县事梁士锋叩。有。印。

（《陆海军大元帅大本营公报》一九二三年第一号，3月9日，“公电”）

海琛等舰长致孙中山电

（1923 年 2 月 27 日）

广州孙大总统钧鉴：李部长、徐省长、广东省会议、粤军许总司令、滇军杨总司令、朱总司令、桂军沈总司令、刘总司令、各总司令、各军长、各司令、各省省议会、各公团、广州、上海各报馆均鉴：

中国之乱，始于毁法。西南之局，成于护法。护法之役，我海军在当时实为先河，自海军有史以来，为国内所尊重者，仅此一役。此我海军历史上之光荣，不容稍加一污点也。不幸去岁政变，迄于今始重光，不敢言功，当无受谴。况于省垣恢复所以能匕鬯不惊者，海军维持之力为多，迨夫贼氛肃清，总统回跸，我海军未竟之功，正同人待命之日，乃者四方空气，忽有北归之谣，同人念过去之历史，现在之努力，未来之发展，岂敢违误我海军西南大局！岂敢玷辱我殉国部长！岂敢损害我自身光明！更岂敢摧折我总统数十年革命之精神，中国方兴未艾之民治！北归之说不知何来。凡一物之归，求安其所。北方政象：言法，而法统无所寄，总统与国会两问题，不独西南嚣嚣，东北亦有否认；言政，而政令出军阀，裁兵与统一两问题，竟为轩轻［轾?］，毫无诚意存其间；言财政，则消耗于军用，外债累积，国内公债则又为属省拒募；言社会安宁，学潮、工潮蔓延数省，民气所在，不惜摧残，是北方自治之力，久失中心，不安之状，现象毕露，以不安之所而求之归，是危己也！以不安之所，而厚积其力，是增长内乱也！危己与增长内乱，同人虽愚，断不出此，今外界有些惑人之言，同人为辟谣之计，惟有吁请我大总统俯念下情，先行命令汕头军舰归队，俾温司令即日回省，追随我大总统，以竟同人未竟之功，同人等爱戴总统，服从司令，始终如一，诽谤之言，中伤之计，幸勿施诸我光荣历史之海军民人也！海军各舰舰长吴志馨、何瀚澜、田炳章、赵梯昆、胡文溶、张汉、吴熹照，海圻副长李毓藩暨全理［体］官佐等同叩。

（《护法运动史料汇编》（一），第442～444页）

邓青阳为粤局条陈意见上孙中山书

（1923年2月30日）[①]

总理钧鉴：

敬陈者：迩日我军临粤未两旬，已长驱入省，陈逆引逃，吾人积数月之郁愤，至此乃略为一舒，是诚仰仗总理之威灵，下征人心之向背，实国家之幸也。伏维可乘者，一时之事势，难恃者，久远之维图。反复颠倒，无爱无仇，十稔来予吾人以教训之先例，固已数见不鲜。最近如陈逆之叛乱，洵叹观止。溯自洪宪谋帝，市结武人，货居政客，而举国之风纪隳；自陈逆图霸，步袁故武，而全粤之风纪复隳。丁此上下遑伪，群情狂悖之秋，虽云粗定粤局，然非有适当之处置，欲求岁月之保持，尚难论断，遑足以言进取，是故非从根治，无裨大计也。不揣疏庸，请陈两策。

（一）积极保粤，以武装为和平之购求也。我国扰乱频仍，日沦危殆，继续用兵，仁者所痛。矧外国责望之殷，人民要求之切，若不努向此的，将无以博外内之同情。窃以为总理暂宜仍驻沪上，居中策应，遥制一切，一方对北为统一之运动，一方对粤为积极之经营，一旦和议破裂，立即实施其北伐计画，此为计之上者。惟是粤局正紊，非躬临镇抚，亦大可虞。二者不可得兼，似宜设一代行机关，特简忠诚智勇及有权威者任之，庶几其可。至于自今对粤要

① 原文如此。按2月无30日，疑误。——编者

图，厥有四端，分析如次：

（甲）善驭军旅。今之乱国家阻进化者，厥唯军阀。以言驾驭，其术几穷。仅就粤局言之，保其均衡，已非易事，在表面观之，粤滇桂通力合作，而自各军之历史及其地位与目的言之，则各各相异也。张、朱之部，本为护法而来，备尝艰苦，历劫不渝，其志操固自可信，此次复粤功绩益高，计非与以相当地盘，必致不满。沈、刘两部，虽同为桂军，而来历亦各自不同。刘系新进之英，两次举兵，其衷可白，且资望尚轻，羽毛未满，且当藉我以自重，反侧暂可无虞。而沈部原属桂系，被逐离去，宁能无憾？今忽翻然来归，盖为一时有利的结合，随机转动，自在意中；且其部众流离数省，屡历战阵，卒能自全其军，实力有加，不可谓非一有用之劲旅，则其志不在小，可想而知。若夫我粤一师之一部及原属关部之二师，其军官类多倾向于我，颇明大义，将来许总司令回粤，自能包罗之，当无顾虑。第三师魏部，素有战斗能力，对于人民较得好感，常以保粤为职志，可用卫戍，亦可用以杀敌，堪备干城之选，保无异动。对于以上各部，如能支配妥善，自余各军，当易制裁。今当按下述步骤行之：

首即奖励三军，乘其锐气，直指东江，扫除丑类，对于附逆嫡系，应取完全消灭主义，然后分编其众，散隶于各军。一面搜集此次起义讨贼各军，认真训练，充其军实，收归中枢直辖，以资控制；或使属于许、李、魏统之亦可。惠潮两属完全肃清后，陈逆所部兵额，最少亦必已淘汰其半，而所增加许、李、滇桂及民军各部队，比较原日兵额，最少亦溢多三万余人，此实非粤库所能胜，势必要求疏泄之道，谓宜即派知兵望重大员，迅将全粤军队，切实检阅，核定各部兵额后，酌留若干为本省警备队外，无论何省军队，应即废弃其隶籍名称，先泯其界线，同时一律改编为国军，其易名号曰治国军，统归中枢直辖，而力任其饷需，俟其编制就绪，一面厚慰沈军，保证切实接济，畀以戡平桂乱大任，许以全桂政权；同时使刘部与其协同动作，亦许以政权，以备牵制，且预为出湘压滇地步。

一面优遇滇军，以李部长统率各部，出驻北江，以为再度入赣之准备。一面拣调粤军，分布东西北三江，择要驻防，责成长官，严饬军纪，勤加训练，以期绥靖地方，并备临时作战所有动作，以江防舰队协助之。其次即及海军，海军常类病虎，虚具其形，若以药饵投之，亦能兴起，唯总理知其然，曾锐意收复而整顿之，可惜变故中乘，未竟其效。今当极力革新，以收指臂之效，庶不致临机贻误。然欲求海军之活动，则各路炮台之亟应以妥人接管，固不俟言。

以上种种布置，若克实行，则基础自固。所最虑者，桂沈统系，既已不明，野心又复难戢，恐其终不能为我用，处此形势之下，甚至四分五裂，再陷亡省之痛，至足忧惧。愚谓当先以甘辞厚币遣之，一面严密布防，设彼不受命，立于适应时大举而扑灭之，免遗巨患，尤为计之得者也。

（乙）慎用人才。夫人才之选至难言也，智勇辩力，天民之秀，舍短取长，各适其用。然则以何为标准乎？要之，总以澹泊而沈毅，心存民国，明瞭时世者近是。若言以党治国，其义本甚正，但实际上于势固有所未能，其效亦难如所料。犹忆元、二之交，国民党人才，可谓极一时之盛，及经时变，即如秋风桐叶，片片堕地。试观辛亥南京代表团人物，是其显例，当日集合者十七省，领代表者五十余人，是可谓合破坏与建设萃于一身，固皆自居豪杰，而一致选举总理为临时总统者也。及今思之，其能不欺其志始终如一者，曾有几人？屈映光、景耀月，首先谄事袁皇；林长民、汤尔和辈，瞬即加入民主；谷钟秀、文群辈相继投身政学；王宠惠、王正廷辈，则又渐习官僚；吴景濂、褚辅成辈，近且倒行逆施，公然乱国。之数子者，不过仅摘其尤，其它凡百奸宄，曷胜纪述。阳昔曾厕身共事，怵心世变，所恒引为太息痛恨者。是故以用人之际，虽重党义，尤必以道德为尚也。若夫县长民选制，成绩既已若彼，应否变更，尚待考裁。

（丙）严惩罪恶。夫赏罚不显，则士无劝惩；是非不辨，则民多诡惑。故近世刑罚政策，虽废弃复仇主义，而趋重于改善主义，第以我国情势衡之，则最少亦当取排除主义，固非可纯用感化作用者也。总理器量深宏，对于历次背叛之人，无论是否党员，常家宽宥，此固国人所共仰者，而阳独窃以为非计。盖彼根器薄弱之伦，素不知有所谓节义廉耻，纵极恕往责来之致，几曾见有感恩图报、不寒盟誓者？例之陈逆，则可知姑息之为害也甚明。此度靖乱之后，谓宜力矫前枉，大申国法，关于构成内乱罪之直接间接各人犯，应饬专司认真缉获，悉置诸法，并不许军警及各地方行政机关擅自处理，必如是，乃能肃纲纪，以正人心也。抑尤有进者，从来当局要人及执法司吏，对于此种犯罪，其初似乎雷厉风行，继则渐不闻问，终且因缘朋比，卒至贿纵而保护之者，比比皆然。推其故，或仗金钱势力，或邀贵人片言，灾难自可消释，魑魅又复现形，所以人鬼一车，熏莸同器，循环作祟，永无已时，此亦应请总理特别留意者也。

（丁）顾恤舆情。夫民心固难得而易失者也，得昌失亡，古有恒训。迩年人民疾苦已深，亟当休养培护，根本之道，固然惟当此举国汹汹，政权不一，纵极有心，苦难贯彻。但求在我势力范围内者，稍受保护，稍蒙体恤，比较略得安全，则风声所树，自如久旱云霓，四方引领，舆论从之，则人心趋向之矣。然而经纬万端，一时讵遑编［遍］举，亦惟有择其与民间接触最频而感受最切者，先行着手而已。即：

（1）军政：军队自讨逆立功后，骄横肆虐，已成习惯，人民敢怒而不敢言，亟应严加整饬，以慰人望。

（2）清乡：地方多故，群盗满山，焚劫乡村，掳掠商旅，以至民力凋残，交通梗塞，亟应分别剿抚，以保安宁。

（3）司法：司法实为人民生命财产之保障，黑暗腐败，向已失人民之信仰；近更加以武人及行政机关之干涉，益以失其尊严。亟应力保司法独立，选任廉明，以期诉讼得其公平，下情有所宣畅，则讴歌自至矣。

（4）市政：市政之范围至广，其中最足动人民之观感者，为警察、工务、卫生之三部，故应先注意及之。为目前计，似只宜注目于保护及指导之职责，其对于应行取缔事项，暂从宽大，其事易举而效易见者，宜急其谋，久大而多窒碍者宜缓。总之，以得人民之好感为旨归。其它各端，自当视时势之转移为进步。至于如何运用之处，是在施政者之眼光与手腕耳。

（5）报纸：报纸实为引导舆论之先锋，使业此者各尽其天职，又奚庸加以取缔，但值此人欲横流，事理盲晦之日，若不予以操纵而笼罩之，则视听淆惑，关系匪轻。谓宜取收买不取高压，对彼失意文人，略施膏泽，自易得其同情，不患其不为我用。盖今日所需者，在其积极之作用，以唤起人民之赞助也。

（二）力整财务充实力，以备进取也。吾粤度支，空乏已久；再经此变，为继更难。前节所言甲项问题，固已需莫大之金额，其它庶政，亦不能因而偏废。是知决非寻常理财方法所能济其穷也明矣，故非速行左（下）列四事不可：

（甲）大举外债。积债召亡，人皆知其害矣。然使无失国权，利害足以相抵，而有偿还之预计者，则虽曰言借债，亦无不可也。而况迫于事势之不容已，或且更属有利之希望者乎。

（乙）暂弛赌禁。开赌为世诟病，固难为讳，然两害相衡取其轻，与其苛细抽捐，予人民以直接之痛苦，孰若间接取之，使其激刺较轻之为愈。且舍此外，更有何法可一时筹集数百万之款者。处非常之境者，自当以非常手段应之。惟有公开财政，对人民表示其不得已之苦衷，求其原谅；一面竭力筹抵，预定一禁绝之期。自我发之，自我收之，庶不足为患耳！

（丙）统一财政。财政不能统一，则收支不能因应，欲言整理，决不可能。而言其不能统一之故，则强半由于武人据地自私，各自为政也。右（上）述两事，最少必要力举其一，始足以支配全局。所有军费，概由中枢负担，先使武人无所借口，一切征收机关，必须由中枢派员管理。其它地方各种收入，分毫不许私擅提截，从此庶可统一财政，使皆受成于中枢，而知所尊重；必如是，始可以宰制各部，统筹全局也。

（丁）维持纸币。此节实为目前之要着，正非空言所能收效。除筹得巨款实行兑换外，或适用银行政策及其它一时应付方法是要。财政当局体察情形，方知所措也。

凡以上陈议，如果时势可行，幸而有效，则军心已固，内政既修，进取保守，绰有余裕，救国大业，可计日而待矣。我总理运神谋远，凡百方略，早在包涵，青阳行能无似，谨懔匹夫有责之义，妄进愚者一得之言，尚祈俯察，幸甚，幸甚。谨呈。

总理

邓青阳

按：右（上）稿正在缮呈中，忽得粤方警耗[①]，不禁拍案辍笔，为之废然者久之。虽然此固意外事，亦正意中事，特不料其变化之速及手段之酷耳！夫形势既变，则此稿已等于明日黄花，了无是处，于此更不能不另筹对付之方，敢就管见再一陈之。

一、此次图粤，原与政学联手，无论彼方是否果有诚意，而驱蛇进虎事实，既已昭然；又无论岑系是否授意桂沈演此恶剧，而最少亦已足显其无控驭之威力。应即严诘岑氏，限期饬沈退让，否即宣布政学系罪状，立与分裂，免复中其阴谋。阳实恐其假意提携，藉以见重于北廷，一面与北廷联络，以谋宰割广东，又复牺牲广东，以为交换品也。取消自主，是其前鉴，阳用是为惧。

二、我粤各军，经被桂滇压迫后，实力已大销磨，然主客之观念愈强，则仇恨之情怀必切，此际人心当尚可用，独惜许、李大军见扼于潮惠，未能飞渡以为应援，久延时日，恐不克复振，而洪、翁等之表示服从，及杨坤如部之受编，当认为缓衝作用，谓宜一面佯示优容，即令许、李讨贼军向其假道回粤；一面令洪、翁、钟、杨各降将，以一部担任扑灭陈部未降之余孽，以一部西向，责以立功赎罪，而同时以主力军压其后，倘其不受命令或进行不力，当密授许总司令暨李部长催开军事会议，即以迅雷不及掩耳手段，擒杀

① 按即1923年1月26日，广州发生江防司令部会议之变。——编者

诸逆将，而收其众，驱为前敌。必如是，乃可以一意对沈，免有腹背受敌之患，因陈逆野心未死，将必乘时再逞之日也。

三、沈氏素以顽狡彪鸷悍著，前次离粤后，得以危而复存者，多赖洛吴之力。今日突然擢此雄厚地位，将必独出头角以结于吴，必更增长吴氏武力统一之采兴；他方则政学系与北廷极接近，而伪阁张氏，实原主张武力之一人。故无论沈氏未必驯服于政学一系之下，纵然，而其结果，亦不外以征服手段，挟吾粤以投北耳！图将穷而匕渐见，似无所用其羁縻，后发者制于人，亦惟有一意部署军事，先除此獠，是虽吾粤之大不幸，抑亦无可如何矣。

四、对沈之道，必先注意于滇军及海军，今彼三方面虽已发生相互的关系，然于某种形势之下，未必无挽救之途。滇、海军中当不乏明达愤慨之士，最少亦必要其各守中立，驱沈易成功。若稍需时日，俟沈根基既固，则滇、海军固当依彼以图存，再进一步，且或捩转方针，反与洪、李、罗、谢之湘军为一大联合。诚以主客之说，最易动人，利害所关，至无定向也，设不幸竟出于此，吾粤即为桂、滇、湘、鲁四大系所制，可胜痛哉！

五、现在驻闽讨贼军兵额数万，实为护法中坚，非有一定根据地，不能养聚发展，乘机返粤，自是正义。独虑粤军朝发，闽局夕变，我军舍一地盘，即护法少一区域；而粤中又复满途荆棘，如何而后能达目的地，煞费踌躇。万一陈师边境，进不克达，退失所据，复造成弃赣后之境遇，将如之何？此又不能不步步为营，详加审慎者也。

六、总理赴粤问题，暂虽中止，恐或出于事势之必要，终难免此一行。现时广州一隅，已成为狼虎之窟。观其施诸魏总司令之横逆，令人发指心寒。总理以一身系民国存亡之重，乌可轻蹈危机？夫奸恶所酿，何所不用其极，此阳尤鳃鳃过虑，而深愿总理必策万全者也。

以上所言，或未免有神经过敏之误，杞忧所及，辄以贡陈，乞总理留意焉。青阳又上。二月三十日。

孙中山批：代答奖许，并着往助邓泽如。

附：邓青阳向国父自述历略

再呈者：日前奉谒，召对之下，似未审青阳之为人。兹谨将历略附尘钧听。

阳年十七，始弃制艺而入广东同文馆，以受国事之激刺，乃东渡留日八年，志在求学，不预外事，复屏交游，其间惟于假期三度回国：一参观南京劝业博览会，以觇物质之程度；一绕朝鲜以达奉天至北京，循黄河而返，以察亡国之迹象，及我首都与关外之情势，从此深信政治改革之不容已。然对于总理当日之主张及同志之论著尚怀疑，似直至庚戌毕业回国，始决心投身国事，乃涉历长江各省，而复至北京，著以增经验，广结纳，时适武昌起义，即与同志南下，说王传炯独立于烟台。嗣侦悉汉阳危急，乃走沪与伍、温两公筹商，谋诸陈英士遣沪军赴援，未及而汉阳陷。旋值九省军事代表会议，举徐公固卿为北伐联军总司令，乃以顾问名义，随同戡定南京。未几各省代表团移会来宁，忽奉粤电，丘（沧海）、王（亮畴）及阳三人同领广东代表，当即出席会议，其中经过种种重要问题，争持颇烈。迨南北和议发生，王君参赞其事，多在沪上；而丘君又从未履会。阳以棉薄，独支繁剧，深惧弗胜，迭电辞职未获，而总理归国之讯至，于是乃复振奋，为选举临时总统之运动，幸得如愿以偿。临时政府次第组织就绪，阳之任务至此算已终结。自问始终未尝缺席一日会议，未尝领过分毫公费，明来明去，可告无罪于国人，遂即赴沪养病。阳固反对和议，并反对都北者，故自南北统一后，未尝一履北京。维时国民党势力，可称一时之盛，人皆藉以梯荣，阳则以为中国政党要素未具，且乏党德，与其中渝，曷若慎始，自信未笃，是故未敢要盟。而于其它任何党派，则更从未加入，只取各个活动主义，专以反对民贼，协助民党为主旨。（例如缉办北探招瑞声及营救党人詹大悲等事，皆素昧生平，毫无恩怨，纯以个人天职而行，且为其本人所不及知也。）厥后国家多难，政象愈险，人心愈坏，乃始信唯革命党乃有救国之精神及救国之希望，复得总理之学说，研究而比较之，益深信能应时势之要求者，舍此末由；又觉得各个活动主义之终无所济，入党之心于是乎决。当总理护法南下时，阳正游马来半岛，将以视察侨胞之情状及其趣向，得晤愚公诸同志，见其爱国之诚，护党之切与赴义之勇，复大感动，遂加盟于芙蓉支部焉。自后即服务于党部，直至粤军返粤，愚公奉召回国，即与俱归，任矿务局秘书，为改订矿务条例。厥后总理提师北伐，曾屡谒许军长请随大军效力，惜以人多饷绌，未果挈行。嗣窥陈逆阴谋日显，愤闷之至，发为言论，人且讥为资浅，分疏过为偏激，不知叛逆之举，竟尔爆发矣！维时总理方督战舰上，阳以为凡有血气，义当共难，曾造舰请谒，以戎［戒?］严弗得达；又值同志星散，莫可为谋，用是悒悒者又两月。时值王君亮畴出组北廷内阁，阳以其违法，报函坚拒，而反劝其来归，虽以函电邀约，未尝应焉！最近因敝寓忽被逆军搜劫，遂离粤来沪，皈依总理，以期效力于万一，此具。青阳谨述。

（党史会藏毛笔原件）

（《革命文献》第52辑，第456～465页）

沈鸿英致孙中山电

（1923年3月1日）

孙大元帅钧鉴：

恭奉大元帅特任状开：特任沈鸿英为桂军总司令。等因。自维蹇劣之资，渥荷心膂之寄，感深涂地，受宠若惊。窃维此次奉命讨贼，上赖大元帅德威所被，方略咸周，暨我友军同心戮力，共策进行。诸将士深明大义，遽奋前驱，用能摧锐披坚，削平大难。鸿英曾无尺寸之功，且有邱山之罪。入粤已来，维持地方，虽未敢告劳，而秉性颛愚，遇事直率，悔尤丛集，无以自明。方引咎之不暇，更何敢谬受上赏，膺此艰巨。惟念帅座恩勤备致，不得不许驰驱。数十年患难之袍泽，且未忍恝然，惟有洊翮自奋，期以仰答高深。谨于本日受状就职。际此国步多艰，民今方始，帅座主荣辱枢机之重，为南北属望之人，宵旰偬勤，凡所以为国家谋，下通靡不式从。尤望老成俊哲，永崇谊好，曲赐匡扶，庶藉津梁，得免摘埴。其为感幸，匪直一人。敬掬悃忱，伏惟鉴察。桂军总司令沈鸿英叩。东。印。

（《陆海军大元帅大本营公报》一九二三年第一号，3月9日，“公电”）

李烈钧致孙中山电

（1923年3月2日）

海军将领，义愤昭彰，一切情形想邀睿鉴。海军总指挥欧阳格、海军临时司令田士捷、海军舰队指挥盛延祺，前在粤时曾商与胡文官长，分别给委在案。兹由海军司令田士捷，呈请委任盛延祺兼海军司令部参谋长，周之武为总轮机长，胡筱溪为副官长，潘文治、江泽澍为参谋，周之冕为秘书长。除以代行职务名义权宜委任外，谨肃电陈，伏维鉴核。李烈钧叩。冬。印。

（《李烈钧集》下册，第485页）

护法舰队士兵致孙中山等电

（1923年3月2日）

广州孙大总统、温司令钧鉴：

我海军自护法以还，几经挫折，始终以救国保民为职志，整我河山，固我洁白。不意有此不肖之徒，操同室之戈，破统一之局，不知鹬蚌相持，即渔人得利。我海军温司令，自掌军符以来，待人以诚，遇事以明，讲信修睦，不分尔我。乃者一二野心之辈，贪图权利，罔识大体，毁我名誉，败我纪纲，岂知大厦非一木可支，天理得最后胜利，所谓挑拨者，志在亡我海军，又岂知我全体官佐士兵，深明大义，毒视萧墙，绝不中彼奸计，贻害国家。始终如一，百折不回，如苏武牧羊不屈之决心，李光弼短刀置靴之义愤，利禄不足动，威武不能屈，我大总统仁义为怀，我温司令诚明驭众，一致拥戴，始终服从。同生易，共患难，有生之日，即戴命之年，抚剑神驰，不胜迫切待命之至！海军全体士兵同叩。

（《护法运动史料汇编》（一），第445页）

温树德致孙中山电

（1923年3月3日）

广州孙大总统钧鉴：

窃树德前以纠纷未定，饷糈困难，谣诼繁兴，军心涣散，爰将各舰集中赤湾，藉免诱惑，静候元首莅临，解决一切，服从命令，曾于上月寒日通电陈明，谅荷垂察！自此病魔纠缠，赴港调理，以致十数日间，未遑出而周旋，因起外界之揣测，深滋树德之咎戾，此心耿耿，天日可质，所以未哓哓置辩者此耳！

昨各舰长吴志馨等辟谣之电，情事显然，群疑可释，树德之心，亦可大白，至所言拥戴总统以竟全功，树德与各官佐夙具同心，始终不渝。前事俱在，不难复按，此当为我总统所深信，亦国人所洞悉者也。现在既蒙大总统命令驻汕各舰一律归队，又经本军全体官佐士兵合请出而维持，上下相见以诚，猜疑为之悉泯。德何人斯，能不知感，遂即力疾来省，共策进行。

兹再郑重声明：愿率海军将士追随总统之后，力谋西南大局之发展，以达护法救国之初衷，肝脑涂地，所不敢惜。掬诚电陈，诸维鉴察！温树德叩。江。印。

（《护法运动史料汇编》（一），第445~446页）

蒋中正复孙中山函

（1923 年 3 月 5 日）

各电敬悉。粤局支离，诸事不敢遥断，中正意沈军如一时无法处置，不如暂且放任，即以滇军与粤军供指挥部队，令其全部移往东江，进攻惠、梅。复以海军或江防舰队占领汕尾，即运一部分陆军，由汕尾上陆，以断逆军惠潮间之交通，便与许军夹击潮梅。倘滇军必欲驻省，不愿移驻东江，则在省粤军亦须令其单独进攻惠梅，使敌军首尾不能相应，以便许军之作战。先生总以驻省城为是，如有一部分可靠滇军担任卫戍，沈军不敢作怪，如以此为不妥，则当与攻惠梅部队同时前进。惟若此，则省城难保，恐攻惠部队后方动摇，殊非上策。总之，惠潮逆军未灭，沈军无法处置之时，不如放任沈军，先以全力扑灭陈逆，平定潮梅，则沈军不成问题，即暂弃省城，亦无不可。而海军占领汕尾，是制敌死命之要着，务请注意。中正当约季、展二兄同来，行期俟晤面后再告。

（《蒋介石年谱初稿》，第 120～121 页）

杨希闵致孙中山函

（1923 年 3 月 6 日）

呈为呈请事：现据广州全体商民函称：吾粤不幸，变乱频仍，蒙总司令仗义赴援，陈逆逃遁，重蒙鼎力维持秩序，市尘不惊，商民实深感戴。窃维成大事者，必顺人心，此次陈逆失败，全在失人心，故讨贼兵兴，人心解体，前途倒戈，而粤局以定，其所以致此之由，则以陈逆乱发纸币，而不能维持，以致纸币低跌，商民吃亏，无门告诉。查广东省立银行发出纸币，为政府发出十足行使者十分之八九，陈逆叛变以后，低折时发者十分之一二，今市面纸币价格不及二成，商民痛苦莫可言状，而政府未见维持。是何异以政府劫夺民财，天下不平事无过于此。幸值总司令削平粤难，孙大总统莅临粤垣，天日重光，伏恳总司令转商孙大总统、徐省长迅予设法维持，以维人心，而苏民困等情前来。据此，查纸币低折，商民交困，应如何设法维持之处，理合备文转呈，仰祈鉴核，转饬地方长官妥为设法维持，以苏民困，实为公便。

本日孙大元帅以指令第一八号令滇军总司令杨希闵曰：

呈悉。纸币低折，重苦吾民，皆由陈逆等滥发于先，复不能维持于后，致兹纷扰，言之殊堪痛恨。查恶币之害由无固定基金，以致信用全失，应俟财政统一，别筹根本整理之方，支节补救殊未有良策以善其后也。此令。

（《中华民国史事纪要（初稿）》1923 年 1 ~6 月，第 306 ~307 页）

徐绍桢呈孙中山文

（1923 年 3 月 7 日）

呈为呈请事：窃粤省丧乱迭经，民生凋敝，善后诸政，待理万端，而要以肃河道、恢复交通为尤急。近两月来航道梗塞，商船停摆，货物留滞，米珠薪桂，几绝来源。重以四乡患盗，水陆不通，行者欲避未能，居者无由接济。省长仰蒙大总统畀以重任，受命之顷，满目疮痍，中夜徬徨，未知所措。昨晤李军长福林，因嘱先行规复广东保商卫旅营，遴委李惠民充任统领，责成督饬所部，分投规划，切实进行。查从前广东水上警察厅原有划定巡段，出入商船由各该段轮护送，按段交替，意美法良。无如现在各江巡舰或因军事运输，或因别有任务，一时未能集合编定舰队分防，似应因时制宜，酌予变通办理。当饬暂租商轮，遴选干练营员，酌拨可靠军队，逐日由省河护押，各货船轮渡照常往来，按段护送，以为急治其标之计。所需军费、轮费，准照向章，于货项客脚酌议征收。惟是沿江海岸如南堡、泥塘、三山、石壁、河滘，及三洪奇、黄蒜涌、东西马宁、九江、太平、逢简、裕涌、龙潭、冲鹤、南沙等处，悉为盗匪出没之区，加以散军四窜，潜为勾结，动辄啸聚横行，人船并掳。非得陆路防军与护商营队互相策应，遇警迎头兜击，协同追剿，终恐收效未巨。合将办理情形呈请大总统鉴核，俯赐特颁明令，严饬各军司令各于驻防地段，抽调劲旅驻扎沿江要隘，担负卫戍河道之责。如遇商船失事，务须无分水陆畛域，一体痛加追剿，歼除丑类，以补力所未逮，庶省外百货彼此均获流通，物价可剂于平，而税饷亦增收益，似于国计民生两有裨益。是否有当，并乞训示祇遵。谨呈

大总统

广东省长徐绍桢

中华民国十二年三月七日

（《陆海军大元帅大本营公报》一九二三年第二号，3月16日，“指令”）

汕头各舰官兵致孙中山电

（1923年3月7日）

大总统睿鉴：

支日欧阳总指挥来汕宣传德意，颁发恩饷。士卒闻慰劳之词，欢忭同声，震蛟龙于海底；将佐领聆抚循之语，感惭交集，奋熊龙于军中。祝总统万岁之声，极千载一时之威。此足征舟楫之材，济川可用，干城可寄，众志允孚矣！

至关于统一方略，应如何筹划进行，请与欧阳总指挥详商办理。总求大局巩固，在汕各舰当然一致服从。

兹蒙拨给煤炭七百吨，亦已如数检收。军用有资，效命者只知待命。军心不二，图功者自克成功。谨掬血诚，藉纾钧注。驻汕海军全体官佐士兵呈叩。阳。印。

（《护法运动史料汇编》（一），第446~447页）

徐绍桢呈孙中山文

（1923年3月8日）

呈为呈复事：本月六日奉大元帅训令开：照得司法独立，宜不受地方行政干涉。现在司法官吏应一律由本大元帅委用，以昭慎重。此令。等因。奉此，自应遵照。除分令高等审、检两厅外，理合具呈，复请鉴核。谨呈

陆海军大元帅

广东省长徐绍桢

中华民国十二年三月八日

（《陆海军大元帅大本营公报》一九二三年第二号，3月16日，“命令”）

谢文炳致孙中山函

（1923年3月10日）

万急。广州大总统钧鉴：

歌电计达。炳部实力毫无差损，但寄驻湘边殊非长策。闻沈军调防西江，乐、连一带原为炳部防地，是否仍驻原防或另有划拨，恳迅电示遵。谢文炳叩。蒸。印。

孙中山亲批：不理

（《中华民国史档案资料汇编》第四辑（二），第760页）

马达聪致孙中山电

（1923 年 3 月 10 日）

孙大总统钧鉴：

本军准于本月十日辰早率队攻击化县，数小时敌势不支，即溃退梅菉、黄坡方面去，本军即将化县完全克复。高雷讨贼军第二路第一支队司令官马达聪谨叩。灰。印。

（《陆海军大元帅大本营公报》一九二三年第三号，3 月 23 日，“公电”）

张琴等致孙中山电

（1923 年 3 月 12 日载）

北京大总统、国务总理、国务员、冯检阅使、王巡阅使、保定曹巡阅使、洛阳吴巡阅使、各省督军、省长、广东孙中山先生、上海何护军使、南京杜总司令、各司令、各镇守使、各报馆、各教育会、各商会均鉴：

民国开基，瞬届一纪。因民德之坠落，启武力之纷争，上下之杼轴皆空，生灵之涂炭已极。所幸天心悔祸，法统重光。惕已往之纠纷，谋及时之建设。夫内阁握政治之中枢，国会受人民之付托，必法律之和平实现，而后国家之统一可期。征之政策，既表同情，明其责任，乃有专属，不意累年隔阂。甫有接洽之机，各方猜疑，又启破裂之兆。驯致政潮突起，魁柄倒持，既外重而内轻，遂捉襟而见肘。同人时艰蒿目，历劫惊心，敢进忠言，聊效劝告。夫位不副德者，势虽屈而道尊，名不称实者，禄虽隆而辱至。中山以斯民之先觉，为开国之元勋，黄屋大纛，厥不足自娱，钓竿披裘，亦有人物色，其不必以组织政府为荣也明甚。剑戟可铸为农器，盘敦可以当折冲，和平即寓于裁兵，统一即基于守法。既已寰区回应，何妨敝屣尊荣，此同人所谆劝者一。保定、洛阳两巡帅，握中原之形势，袭战胜之余威，华夏系其安危，雅俗资夫坐镇。然功名之下，最忌生骄，神武之师，原期不杀。夫患贫患寡者，忧乃在于萧墙，争地争城者，刑莫先于善战。况阋墙启衅，则外侮交乘，铜山西崩，则洛钟东应，一隅既牵乎全局。万劫莫挽夫危机，一转念则景星庆云，一谴念则疾风暴雨。孰得孰失，世有定评。此同人所谆劝者二。要之，武力统一，既屡试而屡败。命令统一，又欺己而欺人，则今日所谓和平统一者，舍协议一道，别无途径。内阁政策，尚未达失败之域，各方舆论，已渐表赞助之忱。伏望开诚布公，共商国是，化排除异己之见，扩民物同与之怀。尤望总理国务员申明权责，担负艰难，勿为悻悻之丈夫，勿矢硁硁之小节，庶几同舟共济，转危为安。呜呼！人寿有几，富贵既转瞬皆空，天道好还，仁厚又无施不报。愿诸公少留元气，以贻吾民，稍惜福泽，以贻子孙。孟子曰：不嗜杀人者能一之，请三复斯言。凡百君子，进而教之。张琴、程崇信、萧汝玉、窦奉璋、魏肇文、万钧、黄佩兰、毕宣、程大璋、罗润业、李澜、徐万清、孔昭凤、阎光耀、高增融、范振绪、潘学海、李正阳、赵良辰、张善与、姚守先、任郁文、管象颐、欧阳松年、徐际恒、张翼云、王法岐、张鼎彝、任焕果、王谢家、曾昭斌、李保邦。

（《益世报》1923年3月12日，“要闻二”）

李易标致孙中山电

（1923年3月12日）

孙大元帅钧鉴：

窃惟树径务滋，除恶务尽，故颠木防由蘖之萌，去草昼［尽］芟夷之力。此次联军奉命讨伐，转战西江，佗城既下，大憝已逃，当政局须人主持，师行有待训示。是用按兵羊石，稍事休息。洎乎大元帅回銮，徐省长履新，方谓壮猷毕振，戾气潜消，内政既和，大局立定，不图陈家败将聚据东陲，抗我义师，昌言祸粤。乃知为山犹亏一篑之功，掘井空费九仞之力，使我大元帅眷顾东土，宵旰为劳，凡属含灵，畴不发指。易标生长是邦，爱乡綦切，所部将卒大都粤藉［籍］子弟，忍令乡土沦胥，妖氛再作？抑犹有进者，我大元帅为缔造民国之元勋，我广东为民党策源之重地，徒以敌党未平，粤局未定，遂使三民、五权主义未获全施，和平统一之宣言尚难实现。是则敌军一日未除，直接则影响粤局，间接即影响全国。易标缅怀国是，志切请缨，谨率所部健儿，誓欲灭此朝食。敬恳我大元帅明示方略，俾得克日进兵，庶为桑梓效一日之劳，即为国家树百年之计，擐甲以俟，义无反顾。临电不胜翘企待命之至。广东陆军第一军军长李易标叩。侵。印。

（《陆海军大元帅大本营公报》一九二三年第三号，3月23日，“公电”）

徐绍桢呈孙中山文

（1923年3月15日）

呈为呈请核示饬遵事：现准两广盐运使函开：现据黄沙兼连江口查缉厂总办吴镇呈称：窃镇二月十三日奉委任令第五号内开：照得黄沙兼连江口查缉厂总办令委该员暂行代理，除分令外，合行令委。仰该员即便遵照到差，并将接管钤记文卷及一切军装器具逐一核明列册报核等因。奉此。遵即驰赴黄沙查缉厂，与张前总办星辉接洽交替事宜。据张前总办云，该差前系奉陆军第一军军长李委任权理，现须请命李军长核示等语。兹由张前总办交来函内开：径复者。顷展大函，敬悉一是。当将来函面呈李军长核示。奉李军长命令开：查黄沙查缉厂系属本军范围，为本军饷源之一，嗣后无论何人来接，非担认本军饷项有着，本军长概不承认。倘有率队来扰，敢于尝试，本军长即作土匪惩办，除派兵一连前往该厂保护外，仰该总办遵照办理等因。奉此。合亟函覆台端，请烦查照为荷，等语。为此谨将奉委未能到差情形详为呈覆，即乞察核示遵等情。据此，查省城各机关现在均已一致回覆原状，由各该主管衙门委员办理，不至如日前之紊乱无章。该黄沙查缉厂系专管车□运盐，为敝署直辖机关，与军事绝对无涉，在理应由本署遴员接办，以昭慎重而明统系。即谓军饷一层，自有主管衙门负担，似不必牵入盐务范围，致生枝节。且该厂收入无多，资藉军饷有限，李军长明达事理，运使一缺业经商令李前运使耀廷退让，是则区区查缉厂差，何致顾惜不交，甘与迭次宣言抵触。据呈前情诚恐不无误会，除由敝署函请李军长转布照案移交外，理合具函恭请钧署察照，俯赐转函李军长易标转饬张星辉，将黄沙查缉厂务移交吴总办，以重盐政，实为公便，等由。伏查黄沙兼连江口查缉厂向系运使直接管辖机关，准函前由理合据情呈请大元帅鉴核，俯赐饬令该军遵照迅速交代，实为公便。并乞训示祗遵，谨呈

大元帅

广东省长徐绍桢

中华民国十二年三月十五日

（《陆海军大元帅大本营公报》一九二三年第四号，3月30日，“训令”）

林树巍致孙中山电

（1923年3月15日）

大元帅睿鉴：

胡逆汉卿据城抗命，业经呈报在案。现据职部参谋长谭汉报

称：本月四日，率同各路司令邹武、陆志定等督率大队，由信宜向茂名之谷隆、林泉、大井、曹江等处进发。六日，各路施行总围攻。幸士卒用命，血战三昼夜，遂于九日午前十时我军攻入高城。秩序如常，商民安堵，胡部周桂森等纷向城南公馆、梅菉、黄坡等处溃退。除派队分别追击收抚外，谨闻。等情。理合据报，呈请钧座鉴核示遵。高雷讨贼军总司令兼绥靖处长林树巍叩。删。印。

（《陆海军大元帅大本营公报》一九二三年第三号，3月23日，“公电”）

贡桑诺尔布致孙中山等电

（1923年3月15日）

保定曹巡阅使，洛阳吴巡阅使，承德王巡阅使，各省督军、督理、总司令、省长、镇守使，广西陆督办，杭州卢督办，福州镇抚使，龙华何护军使，承德、归化、张家口都统，长春电局转哲里木盟长，张家口都统转西林果勒盟长，归化都统转乌兰察布盟长，伊克昭盟长，承德都统转昭乌达盟长，广东孙中山先生，上海岑西林、汪精卫、唐少川、孙伯兰先生，天津段芝泉、梁任公、严范孙、靳翼青先生，南通州张季直先生鉴：

民国缔造，经逾十稔，内忧未已，边局日危，溯自国体初定，大局未安，蒙藏人情，咸怀疑二，贡桑诺尔布猥以驽下，谬领边曹，竭尽棉薄，冀挽危局。幸内蒙倾诚，归向中央，三方缔约，外蒙内服，主权无恙，领土安全。方期继续进行规画藏务，乃值国内多事，不遑远图，外人乘隙，库乱复作，既乏补苴之术，惟有敬避贤能。追维往事，殊堪扼腕。乃者国会重开，中枢巩固，人心厌乱，统一可期，现在重理边务，艰巨勉膺，惟当本其素志，亟图挽救，虽力有未逮，而此念不渝，尚冀海内贤达，群力匡助，亟图进展，尤望速息纷争，庶国力内充，边患日戢，蒙藏幸甚，民国幸甚，临电神驰，企候明教。贡桑诺尔布叩。删。印。

（《中华民国史事纪要（初稿）》1923年1~6月，第349~350页）

大本营驻江办事处致孙中山电

（1923年3月18日）

孙大元帅钧鉴：

各军于本日遵令将陈德春所部悉数缴械。计缴贼枪千余杆、大炮六门、机关枪十余挺、子弹数万发，陈逆受伤潜匿未获。地方安谧如常，请释廑系。大本营驻江办事处叩。巧。

（《陆海军大元帅大本营公报》一九二三年第三号，3月23日，“公电”）

周之贞等致孙中山电

（1923年3月18日）

孙大元帅钧鉴：

（一）各军于今日拂晓同时分头袭击陈逆德春所部，鏖战半日，尽将该贼各部缴枪。计各军夺得枪枝千余杆、山炮六门、机关枪十余挺、轮船数艘，机炮弹药辎重无算。毙贼百余，内有团长一名。（二）查得该逆已受重伤，潜匿未获，现尚严缉。（三）此间秩序如常安谧，请释廑系。周之贞、陈策、梁鸿楷、张国桢、郑润琦同叩。巧酉。印

（《陆海军大元帅大本营公报》一九二三年第三号，3月23日，“公电”）

黄展云等致孙中山电

（1923 年 3 月 20 日）

百粤克复，还我河山，敬贺。但闽局关系西南，亦非浅鲜。际此党军出发，他党图谋益急，倍形艰危，倘一得一失，影响所及，后患尤大。敢仗神武，维持大局，并恳电覆，藉慰群情。

孙中山批：粤局陈逆虽倒，沈贼又来，此与吴佩孚大有关系。彼辈以为既已得粤，遂敢伸手于闽，此时必彻底固粤，乃能救闽，望诸兄竭力维持，不日当有大解决也。

（《中华民国史事纪要（初稿）》1923 年 1～6 月，第 361 页）

张绍曾致孙中山函

（1923 年 3 月 20 日）

睽违光仪，淹踰岁序，海天寥廓，怅望神驰！日者奉读敬电，谆谆以武力为不可恃，拳拳于裁兵为不可缓，要诸统一，而期以和平；举绍曾等奉职以来，馨香祷祝者，大声而疾呼之，婆心苦口，天日为昭。循诵再三，且感且佩。秉钧三月，百无一举，所可共信者，惟对于和平统一之肫诚而已。始而西南代表之招邀，继而国事协议之商榷，将以消融隔阂，解除纠纷，声气相求，谅非矫饰。不幸粤局中变，大旆南引，报纸风传，致淆视听，怵于目者，责难交至，聒于耳者，奔告纷来，情势如斯，穷于应付，迁流所至，遂有不忍言者矣。念自法统重光，中枢有主，既无当于非常之举，又奚取乎无名之师！虽委曲求全，有苦衷之别具，而群情惶惑，若大难之将临。先生手造共和，为国元老，义声仁问，照耀瀛寰，若因歧路之徘徊，致使盛名之亏累，私情公谊，非所望于先生者也。敢援兄弟垂涕之义，聊尽朋友忠告之怀，伏望顾念民邦，取消名义，弃一隅之事业，谋全国之安宁，凛破坏之非宜，期和平之实现，上京再莅，东阁相延，俱弃细微，徐商善后，不亦休乎！或以归结军事，回翔申浦，权时息驾，赓续前盟，亦绍曾等之所忻盼也。兹特委托王君宠惠、杨君天骥，代表政府，奉迓高轩，一切下怀，统由代达。

（《中华民国史事纪要（初稿)》1923 年 1 ~6 月，第 377 ~378 页）

附　张绍曾致孙中山函

（1923 年 4 月 10 日载）

中山先生执事：

睽对光仪，淹踰岁序，海天察厉，怅望神驰。日者奉读敬电，淳淳以武力为不可恃，拳拳于裁兵之不可缓，要诸统一而期以和平，举绍曾等奉职以来，所馨香祷祝者，大声而疾呼之，婆心苦口，天日为昭，循诵再三，且感且佩。秉钧三月，百无一举，所可共信者，惟此和平统一之肫诚而已。始而西南代表之招邀，继而协议之商榷，将以消融隔阂，解除纠纷，声气相求，谅非矫饰。不幸粤局中变，大旆南行，报纸风传，致淆观听。怵于目者，责难交至；聒于耳者，奔告纷来。情势如斯，穷于应付，迁流所至，遂有不忍言者矣。念自法统重光，中枢有主，既无当于非常之举，又奚取乎无名之师，虽委曲求完，有苦衷之别具，而群情惶惑，若大难之将临。先生手造共和，为国元老，义声仁问，照耀瀛寰。若因歧路之徘徊，致使盛名之亏累，私情公谊，非所望于先生者也。敢援兄弟垂涕之义，聊尽朋友忠告之怀，伏望顾念民邦，取消名义，弃一隅之事业，谋全国之安宁，凛破坏之非宜，期和平之实现。上京再莅，东阁相延，俱弃细微，徐商善后，不亦休乎。或以归结军事，回翔申浦，权时息驾，赓续前盟，亦绍曾等之所忻盼也。兹特委托王君宠惠，杨君天骥，代表到府，奉迓高轩，一切下怀，统由两君代达。暮春三月，悠然故国之思，黄金千斤，只此封书之意。合词敦请，千里逢迎，高雯在天，下风罗拜。书不宣意，敬颂

节绥，希惟

鉴察，不备

（《大公报》1923年4月10日，第3版，“要电丛志”）

徐绍桢呈孙中山文

（1923年3月24日）

为呈报事：现据政务厅厅长陈树人呈称：三月十二日奉陆海军大元帅任命状第三九号开：任命陈树人为广东政务厅厅长。此状。等因。三月十五日奉钧署训令（第一三八号）开：现准大本营秘书处第四四号公函内开：三月十二日奉大元帅令：广东政务厅厅长谢良牧另有任用，应免本职。此令。同日又奉大元帅令：任命陈树人为广东政务厅厅长。此令。各等因。奉此，除明令公布外，相应函达查照等由。准此合就行知。为此，令仰该厅长即便遵照，克日赴厅任事，仍将接事日期具报。此令。等因。奉此。遵于三月十五日就职。树人自维操刀乏术，制锦未工，虽居强仕之年，讵收驾轻之效。况粤局正当疲□，吏途尤待澄清，猥以樗庸，惧滋丛脞。惟有殚竭心力，遇事秉承，冀酬知遇于埍埃而尽义务于万一。所有就职日期呈请转报察核等由前来。理合转呈大元帅鉴核。谨呈

陆海军大元帅

广东省长徐绍桢

中华民国十二年三月二十四日

（《陆海军大元帅大本营公报》一九二三年第五号，4月6日，“指令”）

沈鸿英致孙中山电

（1923 年 3 月 24 日）

广州大元帅均鉴：

鸿英前奉均令，着将所部移驻肇庆、西江一带，上至梧州，扼要防守。各等因。奉此，现经遵令分饬应行移驻各军队陆续开拔，集中高唐、新街一带，准备领出号衣及奉发开拔费后，即行移驻西江。理合具电呈明，伏乞令饬各军知照，以免误会，无任感叩。鸿英谨呈。敬。印。

（《陆海军大元帅大本营公报》一九二三年第四号，3 月 30 日，“公电”）

沈鸿英致孙中山电

（1923 年 3 月 28 日）

广州大元帅鉴：

鸿英前奉大元帅令，着将所部移防肇庆、西江一带各等因奉此。窃以此次奉令兴师削平大难，入粤而后，首以联合各友军维持地方为职志，抱一种恢复粤桂感情之诚，所幸数月以来，军民一体相安，袍泽益臻亲善，莫名庆幸。查西江为粤桂交通之会，帆樯辐辏之区，水陆四周，华洋荟萃，劳来安辑，俱属要图。奉令前因现已分饬所部陆续移动，开赴西江一带以资给养，并于肇庆设立总司令部，期副大元帅抚兵恤民之至意，以符鸿英善邻定难之初心。惟是地方凋敝之余，群情望治，材轻任重，受命知难，务竭忠诚，与民休养。伏乞大元帅以地方民生为重，训示周详，袍泽友军，匡扶不逮。无任祷祝之至。桂军总司令沈鸿英呈叩。感。印。中华民国十二年三月廿八日。

（《陆海军大元帅大本营公报》一九二三年第五号，4 月 6 日，“公电”）

沈鸿英致孙中山电

（1923 年 3 月 31 日载）

昨据香港电，孙中山于二十八日安然迁移元帅府于士敏土厂。沈鸿英亦电中山，遵令移师郊外，惟留一旅驻白云山。

（《大公报》1923 年 3 月 31 日，“中外要闻”）

旅沪广东自治会致孙中山请恢复总统府电

（1923 年 4 月 1 日载）

广州大元帅府孙大总统鉴：

溯自驱陈以来，百粤元气，于今初复。乃近日北庭有妄发乱令之举，挑动内乱，破坏和平，殊堪眦裂。窃我公此次返粤，挟和平统一政策，以裁兵为统一先声，举国人民痛心于军阀专横之下，敢怒而不敢言。公言一倡，全国响应，不意竟由北庭下伪令以破坏之。似此违反民意，视国家如无物，置于人民痛楚于不顾，扰乱大局，吾人何苦多此赘瘤。此间粤人，一致否认此项伪令。然而大奸不戢，扰乱不止，溯我公为正式国会推举之中华民国大总统，既受人民付托之重，伏希贯彻救国护法初衷，克日恢复公府，行驶总统职权，则群奸不戢自灭，大局幸甚。旅沪广东自治会叩。世。印。

（上海《民国日报》1923 年 4 月 1 日，“本埠新闻”）

沈鸿英致孙中山电

（1923 年 4 月 1 日载）

据香港堪艳各电，称沈鸿英经中山派谭延闿往新街有所接洽。

沈业于27日电孙：称遵令移防西江，其原占之兵工厂，亦已预备交回，与朱卓文接管。

（《大公报》1923年4月1日，“中外要闻”）

杨西岩呈孙中山文

（1923年4月2日）

现奉大本营驻江办事处第一一二号训令开：查江门东口会河厘厂，经已批准恒源公司商人郭民发承充，咨请省长令行该厅照准在案。该厂监办委员，现经遴委刘秉刚充任，饬即到差，合行令仰该厅知照，并加发委状，呈处转给，俾专责成，此令。等因。奉此。查江门东口会河厘厂，原归汉荣公司商人谭德尉承办，年认饷银一十三万六千元，扣至十二年四月二十日止，即届期满。钟前厅长任内，曾将该商饷额减为大元一十二万元，准予续办，惟未给谕遵守。嗣据义利公司商人冯耀南呈称：该商对于江门一带情形熟悉，于厘务一途，尤为深知利弊，际此军糈紧急，库款待支，惟愿照旧商汉荣公司减定年饷一十二万元缴纳，请准承办前来。当经批准，并饬缴按预饷去后，随据该商将按饷一个月、预饷一个月共银大元二万元缴厅核收，即经呈明，核给文告，准予承办在案。现若改由别商揽承，似与原案不符，厅长奉令综管全省财政，职权所关，未便示商民以不信，且财权不专，措置尤多窒碍，奉令前因，理合呈请钧座察核，俯赐令行大本营驻江办事处，即将批准恒源公司郭民发承办江门东口会河厘厂一案注销，饬令交回义利公司商人冯耀南，依期于十二年四月二十一日接办，以一事权，而维信用。是否有当，伏乞迅赐核饬遵。

（《中华民国史事纪要（初稿）》1923年1～6月，第426～427页）

李烈钧等致孙中山等电

（1923 年 4 月 6 日载）

广州孙大元帅、北京黎总统、张敬舆先生、天津段芝泉先生、奉天张总司令、保定曹仲珊先生暨各将领，杭州卢督办、陈师长、上海何护军使、章太炎、孙伯兰、王伯群诸先生，福州王总司令，厦门臧总司令，梅县许总司令，广州谭部长、程部长、杨秘书长、徐省长、杨总司令、朱总司令、刘总司令、沈总司令，各省军民长官、省议会、商会、各报馆均鉴：

连年兵甲，徒苦斯民，国家大义未申，政治纪纲益坏。军阀踵起，躁进放横，戾气洋溢，凶焰翕张。识时俊杰，力倡裁兵，多数心理，共主和平。此诚救国良谟，吾辈军人所宜敛步止戈相与同情者。乃国人之期望正殷，而要路强藩，犹欲凭恃武力，压抑民权，西陵楚蜀，南扰闽粤，播弄干戈，挑拨祸乱。置国敝民痡于不惜，唯兼并势力之是图。宇内益起纠纷，民困何时获已。钧等忝列戎行，志匡邦国，睹兹危局，能无慨然，特贡一言，用质贤达，邦人君子，其必有以教之。李烈钧、尹骥、赖世璜、苏世安、钟绍斌、王昌期、田士捷、盛延祺同叩。勘。印。

（《大公报》1923 年 4 月 6 日，“中外要闻”）

李烈钧致孙中山电

（1923 年 4 月 6 日）

大元帅钧鉴：

钧以菲材，前奉大元帅特任为闽赣边防督办，兹复奉令颁发印信。等因。遵于今日就职，勉竭愚诚，用效驰驱，绠短汲深，祈时赐教。李烈钧叩。鱼。印。

（《陆海军大元帅大本营公报》一九二三年第八号，4月27日，“公电”）

李烈钧致孙中山电

（1923年4月6日）

广州大元帅钧鉴：

奉令移防，迭经商筹，兹即率已编各军移防闽境，并先行藉资部署，谨电奉陈，祈时训示。李烈钧。鱼。叩。印。

（《陆海军大元帅大本营公报》一九二三年第八号，4月27日，“公电”）

伍学熀呈孙中山文

（1923年4月7日）

案据小靖场知事唐镜湖呈报：现驻陆丰粤军警备队司令马永平所部统领叶德修，以军用支绌，运盐接济，先后用船运去场盐二十一载，计一千四百二十八担；又陈统领汉南派队押船十四艘，在淡水厂由雍合等运馆配去盐四百七十六担，二共运去军用盐一千九百零四担；又三月十日该司令部副官马方平，遣兵运配下尾厂存盐四载，计二百七十二担。似此假借军用名义，擅提军盐，毫无限制，将见场盐立尽，税收损失，何堪设想。目下实无抵拒之方，理合先行呈报核销备案，如军队继续载运，再行具报。又据代理双恩场知事姚世俨具呈：本年二月二十五日东路讨贼军第三路司令官梁，派副官梁士衡、黄日伟到场辖之双鱼厂采卖官盐二百五十包，又派委员任心符将北寮厂存盐采卖七百包，该价提解司令部充作军饷，呈请核销备案各等情。据此，查场产盐斤，为国税之根源，如果驻近军队自由提售，将价充饷，是盐法军纪藩篱尽抉，税源既塞，国用无资，关系大局，殊非浅鲜。除令复各该知事切实劝阻，其以前提过盐斤向之补取收据送使署备案外，理合据情呈报帅座鉴核，俯赐设法维持，以顾产销，并乞指令祇遵。

（《中华民国史事纪要（初稿）》1923年1~6月，第442~443页）

田士捷致孙中山电

（1923年4月8日）

广州孙大元帅钧鉴：

潮汕陆军奉命换防，商务重要，亟应加意防卫。海军已组临时巡查队，会同公安局梭巡市井，以保自安，静候许总司令军队开拔来汕。海陆军联防愈密，保无疏虞。特此电陈，用慰廑念。海军司令田士捷叩。庚巳。

（《陆海军大元帅大本营公报》一九二三年第七号，4月20日，“公电”）

萧冠英致孙中山电

（1923年4月8日）

广州孙大元帅钧鉴：

原驻潮汕军队，经于虞午换防，本市秩序安堵如常，请纾廑念。汕头市政厅长萧冠英叩。庚。印。

（《陆海军大元帅大本营公报》一九二三年第七号，4月20日，“公电”）

姚雨平等致孙中山电

（1923年4月9日）

万火急。广州大元帅钧鉴：

平密。奉帅座密令，饬将盘踞海丰、汕尾陈修爵等部逆军肃清。等因。遵佳日拂晓，将驻惠阳县城翁辉腾所部枪械完全收缴，并即日派队向海丰、汕尾等处进发，肃清余孽，以竟全功。理合电呈，并请转电刘总司令震寰、许总司令崇智、李部长烈钧知照，以免误会。姚雨平、杨坤如叩。佳。印。

（《陆海军大元帅大本营公报》一九二三年第七号，4月20日，“公电”）

林建章致孙中山电

（1923年4月9日）

广州孙中山先生钧鉴：

国家之有海军，所以卫国保民，原非供一二人政争之武器。频年以来，我海军袍泽，屡为一二强权所利用，喋血争锋，羌无主义，既无益于国家，复府怨于人民。长此不已，诚恐为人诟病，无以自容，每一念及，辄用寒心。兹幸我海军同人，应时势之潮流，顺群众之意志，本联省自治主旨，以闽人治闽为联治之先河，藉解纠纷之时局，既可洗从前伈伣依人之积习，又以树和平统一之先声，庶几不背国家设置海军之本意。风闻之下，欣忭莫名。复承共推建章主持一切，自维德薄能鲜，愧不敢当，惟是救国义举，曷敢自耽暇逸。我海军同人垂诿及于鄙人，敢不勉执鞭弭，以从诸君子之后。拟暂任其难，维持秩序，一俟大局稍定，即当退让贤路。尚冀我袍泽同心戮力，共策进行，愿以和平统一实现为息壤。区区此心，希垂察焉。林建章。佳。印。

（《陆海军大元帅大本营公报》一九二三年第十一号，5月18日，“公电”；《中华民国史事纪要（初稿）》1923年1~6月，第450~151页）

胡思舜致孙中山函

（1923年4月10日）

大元帅钧鉴：

职部自移驻西南以来，幸托大元帅福庇，军民尚属相安。至对于防务亦仰体钧座及杨总司令之命令，协同各友军极力戒备，请释锦注。惟迭据探报，沈氏野心依然不死，近日于四会、芦苞、广利各方面陆续增加兵力，虽小丑跳梁，不足有为，然防患未然，应早定大计，免为所乘。职当谨率所部，静待后命。再职部自到粤以来，官兵伙食，虽蒙杨总司令源源接济，然杯水车薪，常虞不接，且薪饷一关未发，比较之他军发三关、四关饷者，不啻天壤。现官兵痛苦已深，维持抚慰实属为难。万望大元帅体念官兵痛苦，设法发给薪饷，以慰军心，并请发给各种弹药，以资军用。肃此，敬叩钧安

直辖滇军第二旅长胡思舜

中华民国十二年四月十日

孙中山亲批：不理。

（《中华民国史档案资料汇编》第四辑（二），第760~761页）

张作霖致孙中山电

（1923年4月10日）

广州孙中山先生鉴：

近日报纸登载奉省有图谋复辟之说。此种无意识之谣诼，在稍有常识者见之不值一哂。唯市虎杯蛇，深恐引起一般误会，作霖素性光明磊落，但知爱护共和，顾念大局。我公夙所深悉，敬祈代为宣布，转饬各报更正，无任祷企。精卫兄已来奉，厚意至感，并谢。张作霖。蒸。叩。

（《中华民国史档案资料汇编》第四辑（一），第206页）

李烈钧致孙中山电

（1923年4月10日）

急。广州大元帅崇鉴：

歌电灰奉移防闽疆，为大局粤局计，不得不尔。重以尊命，敢事踌躇。刻已率全部达饶平附近，即向南靖、龙岩转进，数载相随，缪承倚重，亦惟知进思尽忠，退思补过而已。烈钧叩。蒸辰。印。

（《陆海军大元帅大本营公报》一九二三年第八号，4月27日，“公电”）

徐绍桢呈孙中山文

（1923年4月12日）

呈为呈报事：窃省长现因事于四月十二日赴港一行，所有本署日行公事派政务厅长陈树人代行，除令知外，理合备文呈报钧座察核。谨呈

大元帅孙

广东省长徐绍桢（印）

中华民国十二年四月十二日

（《陆海军大元帅大本营公报》一九二三年第八号，4月27日，“指令”）

徐绍桢呈孙中山文

（1923 年 4 月 13 日）

呈为呈复事：本月七日奉大元帅训令开：案查十年十月五日曾经明令清理庶狱以普惠泽，旋值粤乱发生，此令迄未实行，甚非本大元帅慎重庶狱之意，亟应重申前令，切实办理。应即由大理院督率广东高等审检两厅暨所属各厅、庭，各派专员清查现在监狱中执行刑罚之罪犯，择其情有原者，当请减刑。至羁押、民事被告人，无论有无保人，应一律释放。其刑事被告人证据不充分或系应处五等有期徒刑以下之刑者，及案经上告卷宗于上年变乱损失一时难结者，均应取保释出候审，仍督所属以后务遵刑事审限，并依法励行缓行假释，责付保释。此外，军事犯及受行政处分被羁押，或因犯已废止之治安警察法被惩治者，并应由各军事长官及广东省长遵照前令分别办理，统限三个月办理完竣具报，勿稍延现。此令［令］等因。奉此。除令［令］行暨各县县长、各警察机关遵照分别依限办理外，理合具呈复请鉴察。谨呈

陆海军大元帅

广东省长徐绍桢（印）

中华民国十二年四月十三日

（《陆海军大元帅大本营公报》一九二三年第八号，4 月 27 日，“指令”）

刘震寰等致孙中山电

（1923 年 4 月 16 日载）

刘震寰、周之贞、陈策、朱卓文等，以北方派兵入南雄，扰乱粤局，电孙中山请速下北伐令。

（《大公报》1923 年 4 月 16 日，“粤电志要”）

刘震寰致孙中山电

（1923 年 4 月 16 日）

大总统钧鉴：

顷阅沈鸿英等诸逆通电，情词狂悖，令人发指。夫自复辟祸生，中原无主，冯、徐递僭，根据全无。今大总统护法南疆，力存正统，非常获选，国命垂延。法讨权宜，事关兴废。而难危六载，扶大统于将坠，申正气于两间，不世之勋，含灵共仰。虽中间权奸犯顺，播越沧江，而薄海同仁，乾纲终振，人心可见，顺逆尤明，博道宏京，可期旦暮。乃该逆等初即凭藉威灵，幸成羽翼，今复反颜媚敌，状等吠尧，譬彼妖狐，自埋自掘，徒辱人格，宁动听闻。惟元勋共主，亿兆公承天之所与，夫孰能废。该逆等竟敢妄怀论列，自外生成，乱臣贼子，人得而诛。况在司成，尤难坐视，应恳我大总统明令行诛，用彰国宪。而我内外寅僚袍泽，尤应剑及屦及，不与此等反复小人共同覆载。倚鞍露布，伫候教言。西路讨贼军总司令刘震寰叩。铣。印。

（《陆海军大元帅大本营公报》一九二三年第八号，4 月 27 日，“公电”）

沈鸿英要孙中山下野电

（1923 年 4 月 16 日载）

沈鸿英铣电（十六）通电，谓请孙岑回主持，孙回后称尊开府，抵抗中央，扩军额，备北伐，离间客军，种种行为，无不与沪上宣言相反。近更尽卖公产，大借外债，抵押琼崖，所谓三民主义，实觉根本矛盾。中山宜早取消帅府，赴沪倡导工兵，求天下谅，中枢法统重光，制宪将成，川闽削平滇湘继附，国运已转，统一立成，誓自今始，拥护中央，将粤六稔以来独立自主自治等名义，一廓而清，请友军社团，一致欢送中山离粤，倘有抗命，唯力是视等语。

（《申报》1923年4月29日，“国内专电”）

刘震寰致孙中山电

（1923年4月17日）

急。广州大元帅钧鉴：

捷报。（一）寰亲率韦、严两师于筱日晨攻击瘦狗岭之敌，激战数小时，毙敌数十，生擒百余人，夺获枪枝百余杆。午后五时三十分，完全占领瘦狗岭，现正在追击中。（二）特遣一支队已驱逐瘦狗岭附近之敌，拟向龙眼洞进剿，以绝敌后，特闻。震寰叩。筱亥。印。

（《陆海军大元帅大本营公报》一九二三年第八号，4月27日，“公电”）

关民生等致孙中山电

（1923年4月17日）

孙大元帅钧鉴：

沈逆受吴贼运动，胆敢背叛，罪不胜诛，请迅饬各军灭此凶獠，安我桑梓。旅沪粤人关民生、何荣山、李伯廷、李剑泉叩。筱。

（《陆海军大元帅大本营公报》一九二三年第八号，4月27日，“公电”）

吴公干致孙中山电

（1923年4月17日）

孙大元帅钧鉴：

沈逆叛乱，破坏和平，闻之不胜发指。祈速率健儿歼此巨憝，保我黎庶。同志相扶社吴公干叩。篠。

（《陆海军大元帅大本营公报》一九二三年第八号，4月27日，“公电”）

李希莲致孙中山函

（1923年4月17日）

李希莲于三月十九日赴奉天，四月十五日返沪，是日上书报告在奉所事如下：（一）意大利械事未成；（二）吉林党事已允办理，日期听我方定夺；（三）学潮事，学生已回，无问题；（四）条陈合作事，长江柏文蔚方面、黄河刘荣棠方面、山西阎锡山方面、陕西陈树藩方面，各方联络已承允诺而赞许之。此莲到奉天之结果大概也。

（《中华民国史事纪要（初稿）》1923年1～6月，第480页）

蔡元培复孙中山函

（1923年4月18日）

中山先生赐鉴：

久违大教，时切驰思。石蘅青先生携示尊函，命效力左右。本拟即日首途，奉令承教。惟现今儿辈有赴欧留学之议，年幼途远，非培亲自照料不可；而培近拟一书，须征集材料于欧洲，正在预备启行，碍难中止。又现在军务倥偬，麾下所需要者，自是治军筹款之材，培于此两者，实无能为役。俟由欧返国，再图效力，当不为迟，尚祈鉴原。敬祝

道安，不宣

（《蔡元培书信集》上册，第663页）

罗捷文等致孙中山电

（1923年4月18日）

孙大元帅钧鉴：

沈逆受伪庭运动，扰乱粤局，破坏统一进行，实为民蠹。请率义师声罪致讨，誓灭此獠，以靖国难。旅沪粤商协助会罗捷文等。巧。

（《陆海军大元帅大本营公报》一九二三年第八号，4月27日，"公电"）

徐绍桢呈孙中山文

（1923年4月19日）

呈为呈复事：窃本月十三日奉大元帅第八三号训令开：据广东电政监督李章达呈称：窃维此次电报局罢工风潮，实沙面电报局长陈昌为首收聚徒众，接济金钱，妨害交通，扰乱电政，实应受刑事上之制裁。经将该局长撤差，听候查办，遗缺即委电报毕业生麦萼楼接充，又被多方推宕，抗不交代。前经呈请帅座，饬行通缉在案。忖电报关系交通，不容停滞，时派员督匠四出修整杆线，复电

省外各局协修，方期指日功成，恢复原状。讵近来叠接广局及各局员司报告，各线路随修随阻，查系陈昌唆使奸人暗中扰乱，冀遂其破坏电政之私，始则滥觞于广州一隅，继而波及于广东全省，似此行为，不法已极。其心不可测，其罪不容诛。理应咨会军警将该犯拿获解办。惟该电报局落在沙面英段租界，陈昌常匿居是间，若直接逮捕，手续上不无窒碍。基此原因，理合将陈昌为首兹事聚众罢工及抗不交代各情，备文呈恳帅座俯准迅饬省长转饬交涉员向英领交涉，务将陈昌驱逐出局引渡究办，以维国法而重主权等情。据此，除指令呈悉，应照准候令行广东省长转饬交涉外，合行令仰该省长转饬交涉员迅向英领交涉，并将办理情形具复等因。奉此。案前据广东电政监督来呈，当以引渡人犯，照章须由原告带同证人、证物前赴被告所在地该管官厅传讯明确后，方可引渡派员提解。现称陈昌首倡罢工扰乱电政等罪，应由该监督带同人证、物证前赴本署交涉局接洽妥商，再行核办等语。经于本月十一日指令遵照在案。奉令。前因除俟该监督带同人证、物证到署，再行核明，分别交涉妥办外，理合备文呈覆大元帅察核。谨呈

陆海军大元帅

广东省长徐绍桢（印）

中华民国十二年四月十九日

（《陆海军大元帅大本营公报》一九二三年第九号，5月4日，“指令”）

胡思舜致孙中山电

（1923年4月20日）

大元帅钧鉴：

本旅皓日奉蒋师长命令，限二小时进攻黄塘墟、芦苞。等因。当饬第四团进攻芦苞，旅长亲率第三团向黄塘墟前进，敌约数千亦

分头来袭，鏖战四时许，敌势不支，纷纷向清远方面溃退，我军即将黄塘墟占领。旋接第四团长报告，据称已占领芦苞。是役战斗极烈，毙敌甚伙，生擒参谋长一、营长五、连排长数十人、士兵千余名，枪枝千余杆，子弹无数。经此重创，敌胆已寒，现向清远方面追击前进，务灭逆众而后已。直辖滇军第二混成旅旅长胡思舜叩。哿。印。

（《陆海军大元帅大本营公报》一九二三年第八号，4月27日，“公电”）

胡思舜致孙中山电

（1923年4月20日）

大元帅钧鉴：

芦苞，旅于四月二十日午前十一时克复。敌向清远方面溃退，除派兵跟踪追击外，谨此电闻。滇军第二混成旅旅长胡思舜叩。哿。

（《陆海军大元帅大本营公报》一九二三年第八号，4月27日，“公电”）

杨希闵、刘震寰等致孙中山电

（1923年4月21日）

大元帅钧鉴：

顷据前方滇军第一师长杨池生、第二师长杨如轩、第三师长范石生、西路讨贼军第一师长韦冠英、第二师长严兆丰等报称：逆军自白云山败溃后，其伪军长李易标身负重伤，命在旦夕；沈荣光只身逃匿，莫知存亡。其精锐部队俘虏伤亡已无余几，复被民团截击，势已不能成军，连日以来绝无抵抗，肃清余孽，指日可期。等语。又据李军长登同、刘军长玉山函称：顷据北江民团报称：兹俘得逆军排长张得胜一名，士兵三十余名，供称沈逆鸿英自接白云山溃退消息后，即由新街向北江逃窜，当乱军之际，逃中复被民团纷纷截击，沈逆胸部已负重伤。其残兵败卒均皇皇无主，惊恐非常，弃甲改装，到处皆有。各等语。查沈逆部队向为土匪结合，今此次既受联军痛剿，复被民团协击，而沈逆、李逆又负重伤，肃清北江，事在指愿［顾?］。计此役共缴获敌枪约一万三千余枝，俘虏约九千余名，毙敌约三千余名，我军伤亡约九百余名。闵等拟即日出发北江，办理善后诸事，特此电闻。中央直辖滇军总司令杨希闵、西路讨贼军总司令刘震寰同叩。马。印。

（《陆海军大元帅大本营公报》一九二三年第八号，4月27日，“公电”）

程潜致孙中山电

（1923年4月21日）

急。广州大元帅钧鉴：

逆军一部昨由青岐来犯，当派海防司令陈策、周处长之贞，各率所部协同往剿。兹据海防司令陈策报称：职于二十凌晨躬率陆战队，会同周处长所部，在思贤、滘口登陆，由舰队掩护进向青岐方面，对敌施行攻击。剧战移时，敌人纷纷溃退。我军追击至广利地方，复向广利敌人猛攻，当击溃广利之敌而占领之。现敌退据峡口炮台，负固顽抗，拟明晨再行猛攻，预料明日当可占领肇庆云。除饬该司令相机进剿以固要防外，特电奉闻。程潜叩。马。

（《陆海军大元帅大本营公报》一九二三年第八号，4月27日，“公电”）

刘震寰致孙中山等电

（1923年4月22日）

广州大本营朱参军长、杨秘书长、各部长、杨总司令、朱总司令、徐省长、杨财政厅长、孙市长、省议会、汕头许总司令、岩龙探送李部长、各军师旅长、各省总司令、省长、省议会、各报馆均鉴：

本月马日奉大元帅令开：特任刘震寰为中央直辖西路讨贼军总司令，此令。并颁大印一颗，文曰中央直辖西路讨贼军总司令之印；小印一颗，文曰中央直辖西路讨贼军总司令。各等因在案。遵于本月养日就职，同日启用印信。除呈报大元帅暨分咨外，合电奉闻。中央直辖西路讨贼军总司令刘震寰。养。印。

（《陆海军大元帅大本营公报》一九二三年第九号，5月4日，“公电”）

伍学熀致孙中山电

（1923年4月24日）

窃电茂场知事员缺，前经运使委任伍时贤接理；三亚场知事员缺，则委邝锡尧接理；梅菉分局委员，则委赵子澜接充。该员等均经起程赴任，兹接伍时贤函称：以电茂场知事员缺，已先由高雷绥请处林处长树巍令委李词垣接代，不允交代；三亚场知事邝锡尧，亦以前知事刘亚威既不接见，亦不交代；梅菉分局委员赵子澜，均以梅菉局委员已由林处长树巍令委邹培豪权理，抗不交代等情函报前来。查各处盐务场局，前因地方秩序未定，有先经由该处司令处长就近委员暂代者，均属一时权宜之举，现在大局已定，既经由省委人，自应交代，以期事权统一，藉以督率整理而顾税收。据呈前情，理合呈请察核，俯赐电饬高雷绥请处林处长树巍，转饬现代电茂场知事李词垣、梅菉分局委员邹培豪赶速交代，并恳电饬琼崖善后处邓处长本殷，转饬三亚场知事刘亚威即日移交，不得抗延，俾明统系，实为公便。

（《中华民国史事纪要（初稿）》1923 年 1～6 月，第 502 页）

古应芬致孙中山电

（1923 年 4 月 25 日）

大元帅钧鉴：

顷据李师长济深报称，敬已业将百家地之敌击退，现向清远城追击。等语。理合电闻。古应芬叩。径午。

（《陆海军大元帅大本营公报》一九二三年第九号，5 月 4 日，“公电”）

程潜致孙中山电

（1923 年 4 月 27 日）

万急。广州大元帅钧鉴：

捷报：左翼军第一师于□四日拂晓与清远境内百家地逆军接触激战。至九时，我军奋力攻击，逆势不支，向清远方面溃退，追击于上飞水。另以主力由径口渡河抄袭逆军后路，自廿五日清晨激战至午前十时，逆势不支，纷向琶江、洲心墟、笔架山溃退，遂于本日午后一时占领清远城，向琶江追击。此次战事激烈异常，击毙逆军甚多，我军稍有伤亡，并夺获退管炮一尊、炮弹数千、枪枝子弹无算。其驻清远逆军首领为沈荣光、邓耀堃，有众四五千人。彼之重视清远，盖为顾全归路计也。查逆军既叠被我滇军及刘、李各部挫败，今其右翼又被我军击破，遂已无固可负，万乞中右各军猛力追击，不难指日肃清也。左翼军总指挥、军政部长程潜叩。感丑。三水行营转。

（《陆海军大元帅大本营公报》一九二三年第九号，5月4日，“公电”）

奉浙会致孙中山电

（1923年4月28日载）

香港电。奉浙会电孙中山，意在由孙以国民党领袖名义，通电友好各省份，一致联军北讨，铲除和平统一障碍。

（《大公报》1923年4月28日，“各地要电”）

杨希闵、刘震寰致孙中山电

（1923年4月30日）

急。广州大元帅府大元帅钧鉴：

滇桂两军会追沈逆，全日拂晓进击军田，势如摧枯扯朽，不崇朝而收胜利。计阵地弃尸三百余具，夺获枪枝极伙。现以滇桂军之一部施行穷追，以大部分集中军田待命。谨此电闻。滇军总司令杨希闵、桂军总司令刘震寰同叩。全未。叩。

（《陆海军大元帅大本营公报》一九二三年第十号，5月11日，“公电”）

苏联政府致孙中山电

（1923年5月1日）

接本年5月1日越飞自热海来电

请转孙中山博士：

今收到我国政府对我们两人当初就您的长远计划（而非应急计划）面议的一些具体问题的答复。

第一，我们认为广泛的思想政治准备工作是不可以须臾离开的，您的革命军事行动和在您领导下的尽可能集中的机构的建立都应以此为基础。

第二，我们准备向您的组织提供达 200 万金卢布的款额作为筹备统一中国和争取民族独立的工作之用。这笔援款应使用一年，分几次付，每次只付 5 万金卢布。

第三，我们还准备协助您利用中国北方的或中国西部的省份组建一个大的作战单位。但遗憾的是我们的物质援助数额很小，最多只能有 8000 支日本步枪，15 挺机枪，4 门 Opucaka（奥里萨卡）炮和两辆装甲车。如您同意，则可利用我国援助的军事物资和教练员建立一个包括各兵种的内部军校（而非野战部队）。这就可以为在北部和西部的革命军队准备好举办政治和军事训练班的条件。

第四，恳请将我国的援助严守秘密，因为遇公开场合和官方场合，即令在今后，对国民党谋求解放的意向，我们也只能表示积极同情而已。

充分相信您终将成功。愿您尽快摆脱暂时的困难，并只能在广州同您面谈上述建议的细节。如果您愿尽快进行这样的谈判，那么可通过马林同志同我们代理人进行。

您的越飞

（《共产国际、联共（布）与中国革命文献资料选辑(1917～1925)》第二卷，第 414～415 页）

蒋光亮致孙中山电

（1923 年 5 月 1 日）

广州万万火急。黄沙转孙大元帅鉴：

沈贼此次称兵犯顺，屡经我中央直辖各军重予剧创，彼犹不自悛悔，妄思抵抗，实天夺其魄，恶积当灭者也。兹者，本师奉命讨贼，于今日午前六时由国泰墟出发，十一时到达军田，攻击敌之侧背。敌人约北兵一旅，沈军一军，经躬率士兵奋勇进攻，血战一昼夜，肉薄数次，敌渐不支，纷纷向韶关方面溃退。我军夺获大炮、机枪、子弹及各军用品无算，我军现正追击中，敌势甚形狼狈，似已不能成军矣。谨闻。直辖滇军第四师长蒋光亮、第二混成旅旅长胡思舜，第七旅长罗振铨、第八旅长王秉钧、独立旅长何克夫、司令部参谋戴永萃叩。东。印。

（《陆海军大元帅大本营公报》一九二三年第十号，5月11日，“公电”）

杨坤如致孙中山电

（1923年5月1日）

广州大元帅孙钧鉴：

前奉电委坤如为代理警备军军长。等因。自愧疏庸，迭辞不获。东日杨参谋长直夫回惠，复宣钧旨，眷爱拳拳。遵于即日敬谨就职，伏乞宽其衔辔，许以驰驱。当持伯约之赤心，永捧咸池之皓日。除派杨参谋长直夫即日晋省面请机宜外，谨先将就职日期电呈，伏乞钧鉴。杨坤如叩。东。印。

（《陆海军大元帅大本营公报》一九二三年第十号，5月11日，“公电”）

杨希闵致孙中山电

（1923年5月2日）

万火急。广州大元帅孙钧鉴：

本日希闵率队追击，申刻到源潭，先头部队已追出琶江以外。顷据探报，沈逆自军田逃出，即飞调清远沈荣光所部往英德，清远甚为空虚，请钧座速电程部长由清远直捣英德，会师韶关，以期一鼓荡平。又职部需款甚急，曾于东电详陈，务恳钧座迅予接济，不胜盼祷。此后师出愈远，后方勤务愈为紧要，请速饬兵站及多送军米盐菜，并严饬铁道管理，限江日以前修复琶江至省之线道、电报、电话，以利交通为要。希闵呈。冬戌。

（《陆海军大元帅大本营公报》一九二三年第十号，5月11日，“公电”）

杨希闵致孙中山电

（1923年5月2日）

万急。广州孙大元帅钧鉴：

徐省长、张参谋长、朱参军长、杨秘书长、各部长、罗兵站总监、刘军长玉山、李军长登同，孙市政厅长、伍运使、各法团、总商会、各工会、各机关、各报馆，北京参众两院议员，上海孙伯兰、章太炎、汪精卫、胡展堂、邹海滨、徐季龙、叶香石、黄裴章诸先生，奉天张总司令、浙江卢督办、泉州李督办、汕头许总司令、新街探送刘总司令、卢军长、各省总司令、督军、省长、总商会、各机关、各师旅团长、各司令、各报馆均鉴：东电计达。顷复据俘虏北军供称：此次在军田之逆军，系北军第九混成旅及第三混成旅之一团，担任铁道正面，桂军除沈荣光在清远外，其主力完全加入担任左右两翼。全日被我蒋师长光亮率胡思舜、王秉钧、罗振铨各旅由国泰墟袭军田侧背，杨师长池生率赵旅洪隆两团、韦旅朱吴两团，由铁道东方向逆左翼猛攻。正面范师长石生率廖行超、杨廷培两旅向敌猛攻，冲锋肉搏数次，敌势不支，纷纷溃退，被蒋将师截击，逆不敢沿铁道退走四会，奔逃复被民团义军击毙甚伙，沈逆鸿英仅以身免，邓琢如及桂军高级官均未逃出。总计是役毙逆甚众，北军不熟地形，死伤尤多。俘虏北军、桂军千余人，夺获退管炮六门、水机关八挺、步枪数千枝、炮弹、枪弹、军用物品三十余车、机关车头五架。刻希闵率队跟踪追击，先头部队已抵琶江，逆军沿途抛物，路为之塞，其狼狈可知。区区余孽，一鼓可歼。特电奉闻。杨希闵叩。冬亥。印。

（《陆海军大元帅大本营公报》一九二三年第十号，5月11日，“公电”）

徐绍桢呈孙中山文

（1923年5月2日）

呈为呈请事：现据广东福利股份有限公司理事陈曾奇呈称：窃福利投承大沙头一案，所有各情均经叠呈在案。顷奉大元帅面谕，政府对于大沙头另有开辟计画，著福利让出大沙头改租燕塘开辟跑马场，并谕福利已缴地价六十五万元，仍在大沙头地段内按照原日投承地价划并给领，福利自应遵循改租燕塘二十年，恳即派员划出燕塘地段三百亩以为福利开辟跑马场之用。福利原经大元帅核准报效费一十万元，又经大元帅核准缴付前居内务部长一十万元，共计二十万元，即作为福利预缴承办跑马租借燕塘二十年之许可费暨租金。至于跑马收入，仍遵照市财政局跑马章程以总收入，仍遵百分之五按成缴纳政府，以符原按。惟大沙头原系投承，而燕塘即属租借，彼此性质不容混合，所有福利缴交地价六十五万元，依照原日投承大沙头地价，按价划并福利，应得大沙头地段四千四百八十五井有余，亦恳派员划出。为此，将改组燕塘跑马及划清大沙头地段各情由呈请察核，俯予批准，迅派妥员分别将福利租借燕塘地段三百亩及福利已缴地价应得之大沙头地段四千四百八十五井有余划定给领，以清手续而维商业，实为德便。再，本公司系完全华人组织，并无外人股份，合并陈明等情。

据此，卷查福利公司商人投承大沙头地段一案，先由缴价愆期，由广州市孙市长呈，经陈前任核准取销投承权，并将已缴之款充公。嗣据该商呈，经伍前省长批示，着将欠缴地价按月匀缴三十万元拨还台湾银行债款，并担任银行利息，仍从轻处罚现银一十五万元，限十五日内连同地价尾数二万三千五百元缴署具结，再准复回投承权事。阅数月，该公司迄未缴款遵办。嗣于本年二月间据该公司呈称：兹幸粤局底定，公司急于开办，愿再抱［报］效政府十万元。其余所欠地价毫银一百五十二万三千五百元陆续缴纳，但款巨一时难筹，仍恳通融宽以时日。请提前将投承地段派员划交建筑等情。又经胡前省长批令缴纳，一面分行市政厅知照各在案。该公司款未缴到，旋准大本营秘书处转奉大元帅发下陈中孚呈文一件。奉谕准将陈中孚、周况先后在该公司提借亳［毫］银一十万元作抵缴款等因。正在缮备印收呈缴核办间，兹复据该公司具呈前情。卷查东门外燕塘乃前清旗营演炮操场，向由理事同知派役看守，其营外余地经前清将军奏明招人承耕，每年征收地租由番禺县代收汇交各司旗库以为旗营公费。逮民国后，经前筹画八旗生计处勘明指定为旗民种植畜牧之需，统送归财政局保管有案。民国三年，前督军龙济光就燕塘马场设立官产调查处，将附近旗产概行收归该处批发，自是而后，该地租项遂由军署征收。嗣督军裁撤，十年四月改归粤军总司令部办理。昨因投变农林试验场一事发生，经财政厅呈准于燕塘马房后便第一区将苗圃地址四十八亩有奇，拨给公立农业专门学校为学生实习地在案。是燕塘公地面积究有若干？除财政厅拨给农校实习之四十余亩外，市厅有无别项计划，曾否议及投变，能否划出三百亩租借福利公司，租借能否允许二十年之久，以及租值应如何议订，跑马收入应如何按章缴纳，政府似非饬行市政厅会同财政厅查案核明，按照承租官产及跑马场各定章分别妥议办理，不足以昭妥慎而符手续。所有福利公司呈请将投承大沙头原案改组燕塘地段拟议办理缘由，是否有当，理合呈请大元帅鉴核指令祇遵。

再，前准大本营秘书处转奉发下陈中孚呈文，准抵陈中孚、周况借款十万元。该公司现呈又奉核准缴付前居内务部一十万元作为预缴之款，惟省署尚未奉到行知，合并声明。谨呈

大元帅孙

广东省长徐绍桢（印）

中华民国十二年五月二日

（《陆海军大元帅大本营公报》一九二三年第十号，5月11日，“指令”）

杨希闵致孙中山电

（1923年5月2日）

据俘虏北军供称：此次在军田之逆军，系北军第九混成旅及第三混成旅之一团担任铁道正面，桂军除沈荣光在清远外，其主力完全加入担任左右两翼，全日被我蒋师长光亮率胡思舜、王秉钧、罗振铨各旅由国泰墟袭军田侧背，杨师长池生率赵旅洪隆两团、韦旅朱吴两团，由铁道东方向逆左翼猛攻，正面范师长石生率廖行超、杨廷培两旅向敌猛攻，冲锋肉搏数次，敌势不支，纷纷溃退，被蒋师截击，逆不敢沿铁道退走四会，奔逃复被民团义军击毙甚夥。沈逆鸿英仅以身免，邓如琢及桂军高级官均未逃出，总计是役毙逆甚众，北军不熟地形，死伤尤多。俘虏北军桂军千余人，夺获退管炮六门，水机关八挺，步枪数千枝，炮弹枪弹军用物品三十余车，机关车头五架。刻希闵率队跟踪追击，先头步队已抵琶江，逆军沿途抛物，路为之塞，其狼狈可知，区区余孽，一鼓可歼。特电奉闻。

（《中华民国史事纪要（初稿）》1923年1～6月，第552页）

杨希闵致孙中山电

（1923年5月3日）

火急。黄沙至广州孙大元帅钧鉴：

逆军自军田溃退，凭河固守琶江口，江夜我军第一师黑夜猛攻。敌势不支，纷纷向英德方面退却，琶江遂为我军完全占领。职拟明晨仍率队追击前进，谨电奉闻。杨希闵叩。江亥。印。

（《陆海军大元帅大本营公报》一九二三年第十号，5月11日，“公电”）

陈天太致孙中山电

（1923年5月4日）

万急。广州孙大元帅钧鉴：

天太奉令剿东江余孽，真日由石滩出发，即午与敌遇于联和墟。逆军盘踞高山，顽强抵抗，经职师九团由正面猛攻，十团及第二师警卫团分路包抄痛击，敌即狼狈溃退。是逆［役］死敌数十名，夺获枪枝二十余杆，军用品甚多。即日申刻追击至福田墟，完全占领。支晨向龙华前进，逆军千余人先踞龙华前方高地施设工事。是午，职师十团先与敌遇，九团及第二师之第三旅分左右抄袭，逆军抗拒数小时，纷纷溃败。是逆［役］获敌步枪七十余杆，辎重无算。现正在分途向博罗追击中。谨先奉闻。师长陈天太呈。支。印。

（《陆海军大元帅大本营公报》一九二三年第十二号，5月25日，“公电”）

杨希闵致孙中山电

（1923年5月5日）

广州孙大元帅钧鉴：

窃沈逆鸿英，狡诈为心，反覆成性，初由土匪招安，渐至攘窃高位，民国以来祸粤祸国，性利是图，其阴贼险狠之行为，早为国人所共鉴。去岁陈氏叛国，元首播迁。希闵奉命兴师，恭行天讨，该逆遣使陈说，效命输诚，愿率所师附入义旅。希闵鉴其悔过之忱，略其已往之迹，推诚相见，引为同仇。联军东来，百粤底定，该逆挟其微劳，阴怀异志，江防会议，喋血喷人。维时粤中袍泽愈谓该逆居心叵测，噬脐堪虞，及早不图，必赂［贻］后患。希闵以战事粗定，粤局未安，虽蔓草之当除，实投鼠而忌器，粤民惊魂甫定，何堪再启战端，不知曲予优容或可消弭险恶。迨至元首回粤，日月重光，念其微功，懋膺上赐，屏藩南粤，竟赐茅土之封，管领西江，爰寄干城之任，宽仁覆被，莫可比伦。讵意该逆天良尽汩，野性难驯，肆其盗贼行为，甘作北庭鹰犬。当粤闽伪命发表之日，奸谋日亟，谣诼繁兴。希闵夙来以忠厚待人，念其患难至友，虽于种种逆谋，洞若观火，犹不惜尽口哓音，叠进忠告，冀其悔悟，勉竭忠贞。乃该逆阳奉阴违，狡焉思逞。移防之口血未干，叛乱之阴谋即现，竟于四月铣日，分兵三路袭击广州，推其用心，纵糜烂全粤、屠尽人民，均所不计。希闵卫戍此邦，有保护人民之责，奉命遄征，义无反顾，师直为壮，无坚不摧。鏖战兼旬，迭将源潭、琶江、英德各要隘次第克复，逆部铁骑俘馘过半。乘胜追击，直抵韶关，肃清之期计当不远。惟念沈逆虽经败北，而人民受创已深，抚视战区，深堪恻悯。似此穷凶极恶之徒，实为神人之所共殛，天地之所不容。凡有血气，罔不发指。所冀全国士夫同申义愤，声罪致讨，除此恶魔。至湘赣诸省与粤毗连，诚恐沈部溃兵窜入，扰及邻封，应请迅速派队堵截，俾早收荡平之效，以邻为壑，仁者不为。区区之心，伏维垂鉴。倚马露布，神与电驰。滇军总司令兼广州卫戍总司令杨希闵叩。微。

（《陆海军大元帅大本营公报》一九二三年第十二号，5月25日，“公电”）

郑里铎致电孙中山

（1923年5月5日）

（衔略）公鉴：

粤自陈炯明出走，沈鸿英秉承吴、岑密命，随联军入城，所有形胜地点，重要机关，皆先派队侵占，识者早知其不怀好意，江防司令部变故发生，则其叛迹益彰。当时沈军在粤不过三数千人，本不难一举扑灭，惜当局者过事优容，欲以信义感彼顽凶，弭销烽火于无形，遂使其留桂部队从容东出大庾，北军改装入韶，一旦变起萧墙，仓皇应敌，枪弹弥漫于珠江，血肉横飞于岭表，宋襄之仁谁实为之，是不能不求所以自解也。我孙大总统手创民国正统，所在徒以谋和心切，故仅以大元帅名义，统驭各军，藉促和平统一。不图北廷怙恶不悛，倒行逆施，既以一格伪令，捣乱吾粤，复唆沈逆称兵残害吾民，是其破坏和平，欲以武力征服西南，昭然若揭，况以恢复国会为名，而护法议员反被摈于院外，护法事业亦未成功，媚外自保，断丧国权，尤为国人所共弃。际此内患外侮，相逼而来，非有正式政府，不足以图挽救，粤省为护法根据地，粤民为护法中坚分子，民国六年孙公躬率舰队与国会议员南来，省议会首先发电欢迎，以表示粤民心理，今本会同人多离省避乱，一时未能开会，铎谨代表粤民，进请我大总统当机立断，重组政府，执行职权，召集国会，伸张民意，用竟护法救国之责。大局幸甚，国家幸甚。广东省议会议长郑里铎叩。歌。印。

（《中华民国史事纪要（初稿）》1923年1~6月，第567~568页）

胡思舜致孙中山电

（1923 年 5 月 5 日）

万万火急。广州孙大元帅钧鉴：

沈逆自军田被我军打溃后，思舜奉杨总司令命令为先遣追击队，即行率部跟踪紧追。业于微日未刻克复黎洞，酉刻克复连江口。初，黎洞前方有一山洞曰大庙峡，右依绝岭，左扼北江。北兵以三四千之众，凭高据险，死力妄抗。正面既惮敌火之猛烈，右翼复畏崎岖之跋涉。稍施奇兵，势成下迫。于是山洞之敌，不得不退守白鹅头矣。白鹅头耸崎江边，屏幛数里，鸟为怯翼，水作洄漩。既无船只可渡，亦只攀藤是事，将士之汗遥疑骤雨，枪炮之声响彻深壑，局部纡回，后方足虑，于是敌又不得不向英德溃退矣。思舜乃率队沿铁道直追于前方，各地民团兜截于两翼，北军争先乘车而遁，桂军落后，漫山溃逃，沿途缴械，遍野伤亡。兴言及此，良用恻然。惜沈逆闻风预逃，殊为恨事。然发蒙振落，韶、石亦指顾问［间］耳。除明日仍向英德跟踪追击外，谨此电闻。滇军第二军混成旅旅长胡思舜叩。微酉。印。

（《陆海军大元帅大本营公报》一九二三年第十一号，5 月 18 日，“公电”）

胡思舜等致孙中山电

（1923 年 5 月 6 日）

万火急。广州孙大元帅钧鉴：

上月卅日，沈逆全军及北兵第九混成旅，经我军由军田沿铁路击退，舜部进克连江口等处，节节胜利，于六日午正追至翁源铁桥附近，与敌接触。沈逆鸿英亲率李易标、沈荣光、李根沄及北兵第九混成旅邓如琢等全部，并由韶关、新墟前来之北兵第三混成旅高凤圭全部，凭河据险，拚死力抗。鏖战半日，将敌击退三四里，连获数阵地。前晚我第一师郭团增加作战，敌愈不支，纷纷溃退，即于午后六时进克英德车站。舜部夺获退营［管］炮五尊，步枪五六百枝；钧部夺获退管大炮一尊，步枪三百余枝。全部共获枪炮子弹颇多，军用品物无算，火车十余辆，毙敌甚众，俘虏北兵五六百名。逆军向河头、韶关方面退却，惟英德县城尚有一步［部?］逆军退据，当派队进击，于午后六时将英德县城完全克复，现正在追击中。其小北江方面，亦由本军第一独立旅〈旅〉长何克夫亲率所部，在体道地方截击由连江溃散之敌。计夺步枪百余枝，火轮一艘。该队拟由含光至英德会师，追击前进，并闻。滇军第二混成旅〈旅〉长胡思舜等、八旅旅长王秉钧叩。鱼亥。

（《陆海军大元帅大本营公报》一九二三年第十一号，5月18日，“公电”）

陈策等致孙中山电

（1923年5月6日）

广州大元帅钧鉴：

捷报。本日清晨，职部舰队担任左翼，进攻肇庆，敌人负固顽抗，剧战移时，我军即将西峡炮台占领，夺获步枪数十杆，敌人死伤念余人。现我军已迫近东门塔脚，第一师迫近北门，第二师亦由三榕峡抄到。敌势穷促，不难一鼓荡平也。司令陈策，指挥冯肇铭叩。鱼。

（《陆海军大元帅大本营公报》一九二三年第十号，5月11日，“公电”）

杨希闵致孙中山电

（1923年5月7日）

万火急。元帅府大元帅孙钧鉴：

逆军余孽，冀延残喘，鱼日早尚于英德一带据险死守，经我军奋猛攻击，激战数小时，至□午四时，敌势不支，始向韶关方面溃窜。计是役击毙逆军千余人，俘获数百人，夺获枪弹车辆无算，直抵韶关指日可期。特电布露，诸惟荃察。中央直辖滇军总司令杨希闵叩。虞。

（《陆海军大元帅大本营公报》一九二三年第十一号，5月18日，“公电”）

陈策等致孙中山电

（1923年5月8日）

广州大元帅钧鉴：

职部舰队江大等舰五艘，本晨驶进大小湘及禄步一带，与我军第三师张旅、东路讨贼军梯团及谭启秀部联络，在禄步附近击沉敌民船一艘，获七八艘。肇城之敌仍闭城固守。现在顶山、梅庵、白衣庵均为□军占领。刻拟挑选冲锋队占龙顶冈，此处得手，肇城不难一鼓而下。我军陆战队与敌前哨相距只七八丈远。本日无大战争，余容续报。司令陈策、指挥冯肇铭叩。庚。

（《陆海军大元帅大本营公报》一九二三年第十一号，5月18日，“公电”）

曲江绅商学界全体公民致孙中山电

（1923年5月8日）

广州孙大元帅钧鉴：

沈军现完全退出，请速派员来韶维持治安。曲江绅商学界全体公民叩。庚。铃。

（《陆海军大元帅大本营公报》一九二三年第十一号，5月18日，“公电”）

杨池生致孙中山电

（1923 年 5 月 9 日）

广州孙大元帅鉴：

逆敌北军第九、三两旅及沈逆各部共约六千余人，盘据英德车站及刀头山一带高地，拒抗我军北上。经本师协同胡、王两旅，于六日向该逆施行攻击，该逆死力拒抗，战斗激烈。自午前十一时开始战端，至午后七时始将该逆击退，逆军纷向马坝方面溃退。计是逆［役］我军夺获退管炮七门、机关枪十余挺、步枪千余枝，其余军用品无算，并俘虏敌人千余，我军即于是夜完全占领英德城。其余残溃逆军向马坝退却时，复被民团截击缴械，土崩瓦解，狼狈不堪。查是役〈敌〉举全力扼险拒战，作孤注一掷，经我军一鼓歼灭。此后风声鹤唳，当无能为役矣。本师于虞午追抵沙口，拟继续向韶关追击前进。除呈报外，特此报闻。滇军第一师师长杨池生叩。

（《陆海军大元帅大本营公报》一九二三年第十一号，5 月 18 日，“公电”）

杨池生致孙中山电

（1923 年 5 月 9 日）

万急。分送大元帅孙钧鉴：

此次沈逆叛变，勾引北军寇粤，本军奉令讨伐，当经迎头痛击。该逆等屡战皆北，异常狼狈，遂纷纷向韶关溃散，已不成军。本师奉令跟踪追击，已于本月佳日酉刻完全占领韶关。现沈逆仅率残部二千余人及北军千余向始兴逃窜，遗弃枪械辎重甚伙。倚马露布，谨电奉闻。滇军第一师师长杨池生叩。佳。印。

（《陆海军大元帅大本营公报》一九二三年第十一号，5月18日，“公电”）

杨希闵等致孙中山电

（1923年5月10日）

广州孙大元帅钧鉴：

民国不幸，变乱相寻，祸始推原，莫非军阀纵横，以致纪纲堕落。贾生患国，涕泪何从？故我大元帅孙悯水火于元黎，毗艰难于丧步，曾经一再宣言化兵为工，抽薪釜底，和平统一，挽此漏舟，举国同钦，海外普仰。乃不图沈逆鸿英，醉心权位，受贼阴谋，恃直系两旅之兵，为国民众矢之的，暗谋肇刃，袭击广州，阳假统一之名，阴图祸粤之实，甘居戎首，天实不容。希闵上为国家治乱，次为正谊存名，乃不得已恭奉我大元帅孙令，亲率三军督师痛剿。幸赖我大元帅威福与我三军义愤，血战旬余，追奔逐北，于青日克复韶关。查敌残余不过二千，刻已向大庾溃窜，现复跟踪追剿，务获巨魁，以为天下穷兵黩武者戒。尚望海外名豪，忧时硕彦，念鲁难之难弭，知庆父之当去，挥戈同指，共扫妖氛，永奠河山，庶乎有豸，谨此通陈，伫候明教。中央直辖滇军总司令杨希闵、师长杨池生、杨如轩、范石生、蒋光亮率各旅长等叩。蒸丑发于英德。

（《陆海军大元帅大本营公报》一九二三年第十一号5月18日，“公电”）

冯伟致孙中山电

（1923年5月10日）

大元帅钧鉴：

顷接韶局报告，我滇军大队灰早平安进驻韶城，用特呈报。局长冯伟叩。灰。

（《陆海军大元帅大本营公报》一九二三年第十一号，5月18日，“公电”）

刘玉山致孙中山电

（1923年5月11日）

广州大元帅钧鉴：

军长于今晨率部向联和墟前进，午刻抵竹筏埇。据探报：逆军营长徐涛部，正纷向联和墟北顶峰山移动等情。即令第七师第九、十两团及第二师警备团，向前猛击。逆军约四百余人，负隅高山，强顽抗拒，剧战三小时，我军九、十两团由左右两翼包抄，我警卫团由正面直冲，逆势不支，纷向山西园方面溃窜。午后三时即将联和墟完全占领，现正拔队追击。计是役毙敌二十余人，夺获步枪十余杆，子弹二千余，我军阵伤士兵三名。谨电奉闻。第七军〈军〉长刘玉山叩。真。印。由联和墟行营转石滩拍发。

（《陆海军大元帅大本营公报》一九二三年第十一号，5月18日，“公电”）

刘玉山致孙中山电

（1923年5月11日）

万急。广州大元帅钧鉴：

顷据第三师师长陈天太报告：今午后三时，被我军在联和墟击溃之敌，受我第九团之七连及第十团之一营由左侧背包抄，敌不能抗，纷向博罗方面溃窜，我军遂于午后四时五十分完全占领福田墟等情。除仍向该逆继续追击外，谨闻。军长刘王山叩。真戌。印。

（《陆海军大元帅大本营公报》一九二三年第十一号，5月18日，“公电”）

杨希闵致孙中山电

（1923年5月11日）

万万火急。石龙转惠州刘总司令转博罗大元帅行营秘书处。万万火急。石龙大元帅孙钧鉴：

肇密。灰电计达。本军□夜占领大坑车站后，敌仍于大坑后据险抵抗，今昼希闵仍督队进攻。惟查敌今系分两路，北军及沈军大部、韶关方面，沿铁路与我剧战，为我大创。而我之右翼由小道抄出。英德欠缺兵力，尽在前线，翁源、英德一带甚觉空虚，且右翼情形尚不分明。务恳钧座迅速抽调胡、王两旅星夜开来，则北江巩固，粤局可安。胡、王两旅何时出发，谨候电示。杨希闵叩。真。印

（《中华民国史档案资料汇编》第四辑（二），第761页）

杨希闵致孙中山电

（1923年5月11日）

急。石龙大元帅孙钧鉴：

肇密。本日敌我仍在相持中，希闵已定明日与敌决战，胡、王两旅凡［未］知何日可到。顷涪［据］俘虏言：北江之敌，奉洛吴命分兵，一由仁化绕道东江，联络陈逆，意图牵制我军，令知各部注意。谨□［电］奉闻。杨希闵叩。真。

（《中华民国史档案资料汇编》第四辑（二），第761页）

刘震寰致孙中山电

（1923 年 5 月 12 日）

大元帅睿鉴：

顷致东江诸将一电文曰：频年以来，西南护法兴师，以粤省为中枢，而文曰崇尚正谊，尽力国事，亦以粤省为最著。不幸竞存中道叛变，以致护法政府中断，西南团体因而涣散，护法事业未收圆满结果，此东江诸将语焉能详者也。去岁之冬，震寰奉命讨贼，义戈所指，元恶窜逃。惟时震寰以为叛国乱法罪在竞存一人，其余胁从之众，情有可原，果能倾诚帅府，为国效命，不妨予以优容，引为袍泽。诚以国势濒危，正须群策群力以图补救，何必以有用之实力，为内部之消耗。故震寰停兵石龙，主持和平，深冀诸军澈悟，并遗师劝谕，勉以大义。凡为东江策安全，为诸君谋归宿，用心至苦也。夫联军奉命东来，原为拥护主义，重谋责澈。护法全为促进国家和平统一，非为个人攘权位也。不意沈逆鸿英违背初旨，挟持伪命，称兵作乱。业经我联军迭战击破，势已穷蹙，不夙旦以肃清。乃比者逆路流言，均谓东江杨君坤如熊部，与陈逆在港秘密集议，外结吴酋，内联沈逆，冀乘北江战事未能决之前，综合海陆丰余烬，谋燃死灰，以叶逆举入惠为总指挥，称兵复叛。又据前方情报，东江各部近于惠、博一带，大举增兵，向我军防线压迫，确有晨夕触犯之势。似此情形，诸君蓄意所在，殊令人莫解，为拥护竞存耶？则竞存灭常绝伦，社会信用完全丧失，虽有横磨十万，莫能为之挽回。为附吴助沈耶？则吴为全国所仇，沈已溃败殆尽，牺牲有用之子弟，为无主义之战争，诸君非愚，何乃执迷至此？况粤人素富革命建国之精神，而诸君必欲臣妾直系以污蔑之；粤省为自主自治之区域，而诸君必欲潜引北兵入境以摧残之。如此是直与全粤人民宣战，全无敬恭桑梓之心。顺逆所在，即胜败所关，不必兵刃相见而始决也。震寰防御东江，维护地方，责无旁贷，值此谣诼繁多，人民慌恐，不得不躬环［擐］甲胄，东向谋乱。诸君如能转悟，回头是岸，当即饬令所部退驻原防。所有东江一切问题，静候帅令解决，毋得张惶师旅，惊骇人民。震寰仍当以友军相待，共济时艰。否则怙恶逞乱，罔所顾忌，则震寰奉命靖难，自当惟力是视，不能不为诸君计也。震寰之与诸君有相知之雅，谨贡最后忠言，惟诸君是图利之。等语。特此奉达，敬乞诸公一致主张，以清叛乱，而定粤局，无任企奉。刘震寰叩。文。印。

（《陆海军大元帅大本营公报》一九二三年第十二号，5月25日，“公电”）

杨希闵致孙中山电

（1923年5月12日）

广州大元帅钧鉴：

蒸电敬悉。刻据探报，逆敌向南雄、大庾方面渐退，已派第一师跟踪追击，自当灭此余孽，藉纾帅忧勤。余容觐见面陈，诸乞垂察。杨希闵叩。文午。印。

（《陆海军大元帅大本营公报》一九二三年第十一号，5月18日，“公电”）

杨希闵致孙中山电

（1923年5月12日）

万火急。大元帅钧鉴：

闵于灰日抵韶，地方安谧如恒。所有追击及防务事宜，业经布置就绪。拟于明日回省觐见大元帅，面陈一切。谨以奉闻。杨希闵叩。文酉。印。

（《陆海军大元帅大本营公报》一九二三年第十一号，5月18日，“公电”）

刘玉山致孙中山电

（1923年5月12日）

广州大元帅钧鉴：

顷入职军第三师师长陈天太报告：我军第九团七连及第十团一营于本日午后三时，将在联和墟溃窜之敌由左侧背包抄，敌势不支，纷向博罗方面溃逃。我军遂于午后四时完全占领福田墟。谨电奉闻。第七军军长刘玉山。文。印。

（《陆海军大元帅大本营公报》一九二三年第十一号，5月18日，“公电”）

范石生致孙中山电

（1923年5月12日）

大元帅钧鉴：

蒸电敬悉。石生率四、五、六旅蒸午入城，敌既先退，一师先登，现均已布置井井，请抒廑念。沈逆力尽汗干，北兵痛悔加入，窃料非有三师以上新援，万无再犯之力。此时纵予穷追，亦终望尘弗及。天语温慰，愧弗敢当，惟有愈自奋勇耳。师长范石生叩。文。印。

（《陆海军大元帅大本营公报》一九二三年第十一号，5月18日，“公电”）

李烈钧等致孙中山电

（1923 年 5 月 13 日）

万急。广州大元帅崇鉴：

钧等奉命移师，跋履山川，安达防次。窃念驰驟十年，转战万里，惟欲建共同事业，巩固国家。所部将士赋性忠纯，仰蒙我大元帅训迪有加，敢不奋勉。

乃者沈逆叛乱，自召覆亡，强藩助奸，并遭败衄。正气既彰，蛇蝎焉能为害。敝部夙笃忠员，向循轨道，励兵秣马，亦惟俟元首后命，为大局效驰驱也。谨贡诚悃，诸祈亮察。李烈钧、尹骥、李云复、赖世璜、苏世安同叩。元。印。

（《护法运动史料汇编》（四），第 280 页）

刘玉山致孙中山电

（1923 年 5 月 14 日）

万急。广州大元帅钧鉴：

前呈报各电计达。元日拂晓，令第二师三、五两旅，向响水前进。职率第三师及警卫团游击队向义和、博罗攻击前进。午前十时抵龙溪墟前方。适我西路严师通报：现与敌相拒中，敌正向我左翼增加。等语。职即令陈师长天太，率九团及警卫团向正面增援，十团由左侧面高山绕击敌背，严师则移攻右翼。剧战一小时，敌仍负隅顽抗，陈师长天太亲率驳壳队冒火向该敌突击。敌不支，退守大隆墟前方一带高山，并将由惠州、河源来援熊逆略全部众约二千，密布高山要隘。我显丞部攻右翼，职部攻左翼。敌以生力之增援，据天险之形势，屡欲反攻，因我军极力抵御，卒不得逞。剧战六小时，乘敌稍懈时，冲锋十数次，敌用火力压逼。至薄暮时，我军向左右翼炮击，各部同时膊肉相战，始大溃乱，纷向博罗窜去。我军乘胜尾追。十时，我九、十团、警卫团先入博罗城，敌即弃城狼狈溃窜，我军遂将博罗城完全占领，刻正整队追击中。查是役杨、熊二逆精锐已失，惠城指日可下。职部毙敌官长数员，敌兵百余名，俘虏敌排长一名，士兵一百余名。夺获敌枪二百余杆，子弹及军用品无数。职部阵亡士兵四十余名，阵伤官长二名、士兵五十余名。消去弹药另文呈报，谨先电达。第七军军长刘玉山呈。玉山叩。寒辰印发。博罗行营印。

（《陆海军大元帅大本营公报》一九二三年第十二号，5月25日，“公电”）

刘玉山致孙中山电

（1923年5月14日）

广州大元帅钧鉴：

军长于元日拂晓由联和、福田提师追逆，迭在石井、东平、青塘山、龙华墟等处，节节攻破逆军防御线。至龙华墟时，敌分股退响水、博罗。军长乃分遣一部向响水尾追，自率一部向博罗方向追敌，沿途毙敌无算，我军未刻遂占博罗县城。军长暨本军陈师长整队入城，出示安民。除仍一向准备追击。谨电奉闻。刘玉山叩。盐晨。印。

《陆海军大元帅大本营公报》一九二三年第十二号，5月25日，“公电”）

罗翼群致孙中山电

（1923年5月15日）

广州大元帅钧鉴：

顷接秘书长函，转钧谕令：办理广东公医院伤兵医药费。等因。遵经职部召集市内各医院商准，嗣后各部队受伤官兵，医药费自五月十五日起，均由职部接济。除分别电致各军长官外，谨电陈。兵站总监罗翼群叩。删。印

《陆海军大元帅大本营公报》一九二三年第十二号，5 月 25 日，“公电”）

徐绍桢呈孙中山文

（1923 年 5 月 15 日）

呈为呈报交卸日期事：案奉大元帅特任廖仲恺为广东省长等因。随准廖省长于本月十五日到署接篆，绍桢即于是日交卸，经将印信文卷及一切经手事件列册移交接收清楚，所有卸事日期，理合具文呈报大元帅鉴察。谨呈

陆海军大元帅

广东省长徐绍桢（印）

中华民国十二年五月十五日

《陆海军大元帅大本营公报》一九二三年第十二号，5 月 25 日，“指令”）

温树德服从孙中山通电

（1923 年 5 月 16 日载）

（衔略）政变起伏，风云扰攘，逆氛不扫，擐甲难安。爰于去冬特派肇和、楚豫两舰，赴汕镇□，藉靖粤难。未久而义旗齐举，阴霾尽消。方幸天日重光，国事攸赖。而我海军护法救国之素志，亦从此可申矣。不意驻汕各舰，□有一二不肖之徒，丁此时会，受

人挑拨，煽惑员兵，另树异帜。永丰本泊黄浦，亦于此时为人利用，潜行赴汕。树德诚信未孚，甚所疚心。窥其主旨，无非假借美名，别图行径。迹其行为，更可破坏全局，以殖私利。军法具在，本难姑容，其所以迄未声罪致讨者，正因为我国之海军硕果仅存，实不忍自相摧残，以重伤国家元气。乃者天心厌乱，所有该舰等为首倡乱之人，其伎俩业经为人窥破，不安于位，遂相群［率?］畏罪潜逃。其余官佐士兵等，本系受人胁迫，力难抗拒。障碍既除，誓志服从。特面奉大元帅令准派海圻、海琛两舰，前往收复，并宣德意。全体闻命，一致欢腾，即日遵命归队，以待后命。从此误会悉解，相见以诚，追随元首，效力国家，海枯石烂，此志不渝。特电奉闻，诸乞鉴察。海军司令温树德叩。

（《大公报》1923 年 5 月 16 日，“各地要电”）

刘震寰致孙中山电

（1923 年 5 月 17 日载）

刘震寰电孙文，言十一日早六时率严师任旅出发，经九仔潭凤岳水口。任旅经上南下南，沿途小敌均驱除。水口、马嘶两处，遇敌五百余，相持二小时，向龙溪苏村溃退，获枪数十，在该地宿营，明早向博罗进行。第一师向企石墟前进，遇敌一营，不支而退，并令明日协同二师，击广和旭苏村附近之敌。据报杨坤如在苏村指挥，职十五日与二师同任旅前进等语。

（《大公报》1923 年 5 月 17 日，“各地要电”）

张毅、叶醉生致孙中山电

（1923 年 5 月 17 日）

十万火急。汕头总司令钧鉴：

新总密。铣日两电谅达。昨克复鲤湖后，该贼等尚野心未已，占据石马岭、狮项岭、医坑寨、龙山浦等高地，顽强抵抗。职当饬部进攻，该逆等以拨盒射击，激战至夜十二时，汤团由双山栅超出敌后，进占医坑寨高地，二十六团杨地附□机关枪二架，步兵二连由□浦高地进逼内□，三面夹击，毙敌营长一员，俘兵百余名，步、拨盒五十余枝。钟、黄二人将公私物品焚埋殆尽，仓皇逃去。并黄大伟臀部受伤，刻已退回湖□，钟逆则退守河婆高地，所部马永平、蔡驺辉、陈益仪、杨作楼等，均各存互并之心，已失战斗能力，海陆丰不难指日而定。旅长张毅、叶醉生叩。筱子。

（《陆海军大元帅大本营公报》一九二三年第十二号，5月25日，“公电”）

魏邦平等致孙中山电

（1923年5月18日）

广州大元帅睿鉴：

捷报。我军于巧晨拂晓先由地雷队将东门及北门城基爆破，第一师乘机冲入，巷战甚烈；第三师王团及江防陆战队同时由城西北及南门进击，猛战良久，龙顶岗以次各要隘悉为我有；梁旅及杨团进击圭［龟］顶山，截击由西门窜出余寇。午前八时完全克复肇城。除派梁旅及杨团向禄步穷追外，并令三师何团在禄步兜截。是役夺获敌械枪枝约千余杆，子弹军用品无算，毙敌数百名，俘虏若干，余情续报。除仍一面派队搜索，一面安集流亡外，合先将克复肇庆情形电达。总指挥魏邦平，军长梁鸿楷，师长李济深、郑润琦，司令陈策同叩。巧。印。

（《陆海军大元帅大本营公报》一九二三年第十二号，5月25日，“公电”）

古应芬致孙中山电

（1923年5月18日）

特急。广州孙大元帅钧鉴：

今早炸破肇城，一师三、四两团率先冲入，杀贼无数。详情续报。古应芬。巧辰。

（《陆海军大元帅大本营公报》一九二三年第十二号，5月25日，“公电”）

古应芬致孙中山电

（1923年5月18日）

提前万急。广州大元帅钧鉴：

（一）肇城内外之逆已全数肃清，其残余一部向西门龟顶山溃逃，为梁蚕樊所部截击，已悉数缴械。（二）此次包围肇城旬有二日始终攻下，应芬玩敌失算，咎无可辞，应请加以严谴，俾昭炯戒。至梁军长鸿楷居中策画，随机指导，李师长济深亲冒弹石，不避艰险，郑师长润琦往来应战，不辞劳瘁，陈司令策亲率舰队断贼联络，故能克此坚城，歼贼净尽，应请从优奖叙。其余各旅团营长等，或督掘坑道，或登城最先，俟再查取职名请奖，以示鼓励。余容续布。应芬叩。巧巳。

（《陆海军大元帅大本营公报》一九二三年第十二号，5月25日，“公电”）

陈策致孙中山电

（1923年5月18日）

万急。广州大元帅钧鉴：

捷报。本日拂晓，攻肇城陆战队扳登南门城基，舰队沿南门河岸截击敌人，溃灭殆尽，获水机关三杆，军用品无算。谨电闻。司令陈策、指挥冯肇铭叩。巧。

（《陆海军大元帅大本营公报》一九二三年第十二号，5月25日，“公电”）

魏邦平等致孙中山电

（1923年5月18日）

广州大元帅睿鉴：

捷报。我军于巧晨八时完全克复肇庆城，残敌向禄步方面逃窜，现正追击中。所获枪械千余，俘虏甚众，专电告捷，详情函禀。总指挥魏邦平、军长梁鸿楷、师长李济琛、郑润琦、司令陈策仝叩。巧。

（《陆海军大元帅大本营公报》一九二三年第十三号，6月1日，“公电”）

古应芬致孙中山电

（1923年5月18日）

特急。广州孙大元帅（余衔略）钧鉴：

肇庆用兵十有余日，徒阻险要，致久顿师，迫得挖坑道从事灘城。本日拂晓将城之东南北三面同时轰破，各师争先冲入，格斗数小时，遂将肇城完全克复。查据城贼众约三千余，悉数为我聚歼。计夺得枪枝二千余，机关十余挺，大炮数门，辎重无算，逆首张希栻等匿入民居，现在搜查中。我军大部已向上游出发，进攻梧州，并闻。古应芬叩。巧未。

（《陆海军大元帅大本营公报》一九二三年第十三号，6月1日，“公电”）

梁士锋致孙中山电

（1923年5月18日）

广州孙大元帅钧鉴：

李逆耀汉入寇恩平，职部经派第三支队长黄集初，督率全部前往痛剿。筱日分三路进攻，血战一昼夜，敌势不支，乘夜溃散，恩城完全收复，现仍分队追击。东路讨贼军第三路司令梁士锋叩。巧。印。

（《陆海军大元帅大本营公报》一九二三年第十三号，6月1日，“公电”）

黎鼎鉴致孙中山电

（1923年5月22日）

广州大元帅睿鉴：

练逆叛变，侵扰海礴，鼎鉴率部进剿，马中行抵宝安县属西乡，遇逆军数百恃险抵抗，我军奋勇前进，敌势不支，纷向宝安县城溃退。我军夺敌步枪数十枝，俘敌官兵十余名。是晚，我军即在西乡宿营。养日拂晓出发，攻击前进。十时逼近宝安县城，逆军约七八百人据山顽抗，我军猛攻数小时，毙敌甚众。敌分两路，一向海面，一向深圳方向溃退。下午一时，我军正入宝安城，二时逆由深圳增来援军千余，忽向我军反攻；海面亦有逆艇数十艘，发炮向我宝安城反攻。我军分头迎击，异常勇敢，冒弹冲锋，肉血相搏，夺敌七生半山炮一门、机关枪一挺、步枪百余杆、军用品无算，击沉逆艇数艘，溺毙逆军甚众。我军现除分一部驻守宝安城外，余向深圳追击前进。谨闻。西路讨贼军第三师师长黎鼎鉴呈叩。养亥。印。

（《陆海军大元帅大本营公报》一九二三年第十三号，6月1日，“公电”）

黎鼎鉴致孙中山电

（1923年5月23日）

广州大元帅睿鉴：石龙刘总司令部并探呈刘行营刘总司令钧鉴：并送范行营范师长勋鉴：

养亥电计达。职部跟踪追击练逆，漾午抵沙头，逆负固抗拒。经我军奋勇痛击，逆溃深圳。夺获步枪数十杆，俘虏十余名，现仍在追击中，今晚当可占领深圳。谨闻。师长黎鼎鉴呈叩。漾未。印。

（《陆海军大元帅大本营公报》一九二三年第十三号，6月1日，“公电”）

刘震寰致孙中山电

（1923年5月24日）

广州大元帅崇鉴：程部长勋鉴：

捷报。顷据黎师长报告：祃日午前十一时进击宝安，十二时敌行反攻，我军奋勇前进，敌势不支，纷纷向深圳方面退却，现正在追击中。是役夺获大炮一门、步枪数十杆、子弹甚多，追至薄揸即进驻深圳，敌向龙岗、淡水方面溃退等情。除令该师跟踪穷追外，谨电奉闻。刘震寰呈叩。敬午。印。

（《陆海军大元帅大本营公报》一九二三年第十三号，6月1日，“公电”）

古应芬致孙中山电

（1923年5月24日）

广州孙大元帅钧鉴：

据第三师长郑润琦养日报称：马夜会同第一师行抵肇庆下游约三十里之九官墟，得悉我舰队在君江口附近与敌炮战中。本日拂晓，一、三两师上陆，向德庆猛进，敌将邓瑞征、何材杰、罗德祥等约二千人，速射炮一两门，望风溃奔，现在追击中。又漾日报告称：职部于漾日会同舰队追击至封川、江口，残敌闻风远飏，西江余孽即日肃清矣。等由。古应芬叩。敬。印。

（《陆海军大元帅大本营公报》一九二三年第十三号，6月1日，“公电”；《中华民国史事纪要（初稿）》1923年1～6月，第679页）

古应芬致孙中山电

（1923年5月24日）

广州孙大元帅钧鉴：

李贼耀汉纠众三千余人骚扰新开一带，迭经痛剿，仍占领新会县属沙涌、沙湾等地方，构筑坚固阵地，顽强抵抗。今晨我军将贼包围，同时开始总攻击，梁旅及陆战队经南洋学堂山，朱、伍两部由大凹直出合洞，分向敌人正侧两面攻击；杨旅由单水口直捣敌背；龙骧、江汉等舰沿河侧击敌人。鏖战至未，敌势不支，纷向宅梧退却。除分饬各部跟踪痛剿外，并电魏总指挥、梁军长分兵由新兴截击，以绝根株。计是役获匪二百余，退管七五山炮一尊，枪五百余杆，子弹辎重甚多。杨旅长锦龙来往应战，不避艰险，厥功穷伟。其余在事各部队长，亦异常出力，应请一并传令嘉奖。是否有当，仍候钧裁。古应芬叩。刘纪文代。敬亥。

（《陆海军大元帅大本营公报》一九二三年第十三号，6 月 1 日，“公电”；《中华民国史事纪要（初稿）》1923 年 1～6 月，第 679 页）

陈策致孙中山电

（1923 年 5 月 24 日）

广州大元帅钧鉴：

捷报。漾日下午舰队进至封川、江口，激战三时，敌人狼狈逃溃，窜入桂境。西江一带已无敌踪。谨电奉闻。司令陈策、指挥冯肇铭叩。敬。

（《陆海军大元帅大本营公报》一九二三年第十三号，6 月 1 日，“公电”）

李烈钧致孙中山函

（1923 年 5 月 24 日）

大元帅尊鉴：

肃奉训示，惭悚交萦。钧夙托帡幪，初以洪兆麟误入歧途，冀其自拔，爰开其效忠之路，予以洗伐之机。讵料鼠目寸光，罔知大体，僭越纲常，蓄谋煽乱，竟于月中潜赴上杭，勾引部由［曲］作乱。该逆怙恶，罪在必诛。钧治军无能，亦深自愧。除已分别处置，惩办逆首，儆惕其余，应请崇座治钧之咎，为失职者规，治逆之罪，为不轨者鉴。

伏念十二年来，国事蜩螗，罔有宁岁，皆由于骄兵自残，骄将自杀，鲜知尽职。补过之道，演成纲常不振之局，深慨今人不若古

人也。谨陈愚悃，伏乞鉴察，待罪鹭江，不胜惶悚，肃颂
崇安

李烈钧谨启　五月念四日

（《护法运动史料汇编》（四），第285页）

附　李烈钧致孙中山函

（1923年6月20日载）

大元帅尊鉴：

肃奉谕示，惭悚交萦。夙托帡幪，允坏［怀?］忠尽。□者奉命赴潮，初以洪兆麟误入歧途，冀其自拔，爰开效忠之路，予以洗伐之机。讵料鼠目寸光，罔知大体，僭越纲常，蓄谋煽乱，竟于上月潜赴上杭，勾引部曲作乱。该逆怙恶，罪在必诛。钧治军无能，亦深自愧。除已分别处置，惩办逆首，儆惕其余外，应请崇座治钧之咎，为失职者规，治逆之罪，为不法者鉴。

伏念十二年来，国事蜩螗，罔有宁岁，皆由于骄兵自残，骄将自杀，鲜知尽职补过之道，演成纲常不正之局，深慨今人不若古人也。谨陈愚悃，伏乞鉴察，待罪鹭江，不胜惶悚。肃颂
崇安

李烈钧谨启

（《大公报》1923年6月20日，“政闻简报”）

刘玉山致孙中山电

（1923年5月25日载）

万急。广州大元帅钧鉴：

今早拂晓率部由联和、福田向石井、东平追击前进，正午抵东

平。据前卫探报，有逆军陈修爵部之一团驻守龙华墟，于青塘山叉、龙华墟背高地设防御工事等情。据此，即令陈师长天太率九、十两团向该敌攻击前进，抵青塘山附近。敌先占青塘山顶，负险顽抗一小时。第二师警卫团及第三旅一团向敌左右抄袭，陈师冒火猛冲。敌不支，退守龙华墟背高地。我军渡河尾追，剧战三小时，敌大溃乱，分向响水、博罗两方面退去。四时，我军占领龙华墟。是逆［役］击毙逆卅余名，俘虏七十余名。夺获步枪一百余杆。我军阵亡士兵一名，伤三名。现正整队向博罗、响水两方面追击中。再，刘总司令通报：该部已进占龙溪墟，刻与苏村敌激战中。特闻。玉山呈军长刘文［军长刘玉山呈文］。申即由龙华墟宿营地专石滩行营发。印。

（《陆海军大元帅大本营公报》一九二三年第十二号，5月25日，“公电”）

徐绍桢呈孙中山文

（1923年5月26日）

呈为呈请褒扬事：案准广东省长咨开：据琼山县县长吴邦安呈称，据县属第二区中段保卫团正、副团总钟锦泉、钟震东暨绅耆吴桂芬、周之藩等呈称，寿民钟光传年登百岁，确符褒例，谨具事实清册及切结，并遵缴褒扬费六元，呈请褒扬等情到县，由县加具印结呈省咨部核办前来。部长核其事状与褒扬条例第一条第九款尚属相符，拟请钧座题给德劭年高四字，并给予银质褒章，以示褒扬。所有拟请褒扬寿民钟光传缘由，是否有当，理合具文呈请钧座俯赐察核示遵。谨呈

大元帅

大本营内政部长徐绍桢（印）

中华民国十二年五月廿六日

（《陆海军大元帅大本营公报》一九二三年第十四号，6月8日，“指令”）

刘震寰致孙中山电

（1923年5月28日）

提前万急。广州孙大元帅睿鉴：

顷接飞机队通告：陈队今早六时出发惠州，见我军七时三十分向敌攻击，敌向飞鹅岭退却。继由惠州转驶博罗时，所得情报如左（下）：（一）敌逆约三千余人由飞鹅岭向惠城退却。（二）博罗附近见有我军约四五百人，在东江东南岸向博罗前进。刘震寰呈。俭午。

（《陆海军大元帅大本营公报》一九二三年第十四号，6月8日，“公电”）

罗翼群关于沈鸿英部状况呈报孙中山

（1923年5月31日）

报　告　五月三十一日午后四点三十分
发于长堤兵站总监部

一、据职部参战员何方甫二十七日由韶州报称：

1. 仁化方面，沈军残部骚扰地方，被该地民团痛击。

2. 方本仁派一团由江口渡河向乐昌方面进发。

3. 滇军步哨线在八里寨长霸山，由第二旅担任警戒，黄岗岭沙头（在帽子峰前）由第二师担任警戒，火山大桥一带双方均无兵驻守。

4. 韶城附近滇军第一、二两师及第七旅旅长朱世贵（每旅人数约二千人左右）。

5. 沈军现改编为粤军，名目为卫戍第一、二两团，人数尚足，惟枪枝甚少，每班仅枪七枝。闻吴佩孚已接济沈军新枪一千枝。

6. 桂北两军由南雄出发，总数不过三四千人之左右。北军方本仁抵南雄，随行士兵二大队。

7. 沈鸿英在始兴召集士兵演说，谓：各位总愿意取回韶州及广州否？兵士云：不愿意。沈之本意实欲再由韶州取道回桂等语。

二、据职部第一支部第一分站长方柳门二十八日由韶州报称：

1. 敌人兵力为北军第一、第二、第四、第九旅，沈逆鸿英残余共改编为一旅，散布于大桥、南、始一带，伪赣南镇守使方本仁闻已到南雄指挥。

2. 我军情况无甚变更。等语。

以上各报理合据情转报

大元帅睿鉴

大本营兵站总监罗翼群

（《中华民国史档案资料汇编》第四辑（二），第763～764页）

王体端致孙中山电

（1923年5月31日）

万急。广州大元帅睿鉴：

顷据职部捷报如下：（一）陈司令自觉部，会同第三师于司笥日克服悦城，穷追两昼夜，已进至六都以上。（二）杨旅长锦龙部陈团、邓司令耀部吴支队，于养晨克服单水口，追至潭江渡头时，牛滩、大王市之敌复窜回潭江对岸梧村一带来援。我军乘胜追击，战至夜间十时，敌势不支，向天户、瓦冈方面溃退。漾晨又由潭江左侧反攻，占据单水口黑山高地，我军驰回鏖战，奋勇冲锋，占领黑山、狗山，再克服单水口，敌向麦村方面溃退，现在追击中。是役毙敌甚多，夺获枪械无算。（三）杨旅长锦龙部司徒团及曾司令国桢部吴支队，于漾日上午六时克复开平城。（四）杨旅余营长国良与梁司令士锋部黄支队，于世日夺回恩平，敌闻风向阳春方面逃窜。谨电闻。王体端呈。世。印。

（《陆海军大元帅大本营公报》一九二三年第十五号，6月15日，“公电”）

赵梯琨等致孙中山电

（1923年5月31日）

石龙大元帅钧鉴：

本月三十一日海军舰队司令温树德离职他往，当由各舰长、处长、队长等召集官兵及海军特派员会议。佥以海军随大元帅护法南来，备历艰苦，服从命令，无有二心。现温司令遽然离去，舰长等仍誓矢忠诚，一致拥戴大元帅，始终不渝。特此报告，即乞睿鉴。谨报。赵梯琨、缪庆福、朱天昌、田炳章、吴熹炤、胡文溶、王文泰、任治龙、郭朴、章焕文、沈忍公、孙祥夫、李元著、杨虎。世。叩。

（《护法运动史料汇编》（一），第463～464页）

廖仲恺呈孙中山拟以军法办理盗匪案文

（1923年6月1日）

呈为盗匪滋炽，拟请变通办法，并准通饬各绥靖处及各县援令办理，呈请核示事：本年四月二日奉大元帅第五十九号训令内开：查广州市内竟有白昼抢劫情事，甚至日有数起，惊扰闾阎，妨害治安，殊堪痛恨。着由该省长督饬所属，一体严防密查，遇有抢劫案犯，已经拿获证明，即依军法从事，以儆效尤而清匪患。除训令卫戍总司令遵照外，合行令仰该省长即便遵照办理。等因。当经令行广州市公安局及南、番两县遵照在案。现查省外各属地方清剿盗匪文告，及商民上控被劫呈词，其盗风之猖獗，实与广州市情形无异。为目前治标计，此后凡有关于各属强盗案犯，拟请准予通饬各绥靖处及各县一体援照前令办理，以清匪患。惟强盗案犯就获之后，必须讯取供证，录案呈报职署核准，方得执行，期无错误，而重人命。一俟大局平定，匪风稍戢，再行呈候核示遵办。所有职署拟请援用军令交通办理缘由，是否有当，抑应如何办理之处，理合具文呈请鉴核，统候指令祇遵。谨呈

大元帅

广东省长廖仲恺

（《双清文集》上卷，第431～432页）

胡汉民致孙中山函

（1923年6月2日）

一、李济深之陈济棠团及炮兵第二营如到，应即调往何处，乞即示知。

二、李福林之兵到省无期，恐系林枢之报告不确，增援增城须号筹拨。

又，今午徐虚丹滇军秘书长来言，韶关专人到，催杨绍基往催款，且云前方已接触，而二杨兵力单薄，颇可虞虑云云。惠州无线电报言，昨晚无大攻击，城未下（此指府城）。专此，即颂

莛安

弟汉民顿首

民国十二年六月二日

（《中华民国史档案资料汇编》第四辑（二），第712页）

胡汉民致孙中山电

（1923年6月2日）

石龙大元帅钧鉴：

定密。李济深东电所报，来省之兵，到后应调赴何方，登同尚无兵归，增城之援，望另筹调。汉民。冬。印。（广州元帅府来电，民国十二年六月二日到）

（《中华民国史档案资料汇编》第四辑（二），第712～713页）

徐绍桢呈孙中山文

（1923年6月4日）

呈为荐任事：查大本营各部应设科长，系荐任职。兹查陈庆森、黄仕强、吴衍慈、陈新燮堪以任为本部科长，理合具文呈请钧座明令照准。谨呈

大元帅

大本营内政部长徐绍桢（印）

中华民国十二年六月四日

（《陆海军大元帅大本营公报》一九二三年第十五号，6月15日，“指令”）

陈宗鉴致孙中山函

（1923年6月9日）

大元帅钧鉴：

两次奉发饬送刘、许总司令及范师长各信，业经派员分途转

递，现许总司令经亲率部队万余人到县属柏塘地方，前站军需人员已于本午先行抵县城。肃此具陈，敬叩
钧安

博罗县县长陈宗鉴谨禀

再禀者：闻许军粮食异常困乏，请即运米食前来博城，俾资接济。

宗鉴再禀

中华民国十二年六月九日

（《中华民国史档案资料汇编》第四辑（二），第714～715页）

胡谦致孙中山电

（1923年6月9日）

大元帅钧鉴：

敬呈者：前日得逆匪分路退却之报，当即派队出城搜索。昨日督率各军分途前进，除巩卫军外，皆于昨日进占罗家坳、黄沙市、白石洞之线。巩卫军之未前进，其原因如下：一、该军本有勇于杀贼之志，因可用枪不过二百余枝，每临战于一小区域，亦无单独作战之力，故与敌交锋之际，自力不敷分布，友军又难合手，致两次交战，两次受包围，营、连长等皆有徒供牺牲、无裨大局之感。二、曼利哈枪无子弹补充，不能用，是以不愿再进，王旅长晓谕再三，仍无转环。但福军新编队多，而老兵少，单独在前战守，俱无把握。巩卫军官长固肯负责，其枪枝太少，难当一面，亦属实情。不知现在有无方法补充其枪枝数百枝，或曼利哈子弹否也？如无，请另调有五响枪千枝左右之部队前来，亦可协同前进。查西江、江门、高雷等处情况稍缓，如有可调之处，务请设法抽调，或移此间新编各部队前往换调亦可，左翼能早肃清之日，则于攻惠定潮皆可少一方之牵制也。是否有当，敬乞睿裁。恭候

崇安

胡谦呈

六月九日午后十时于正果传达所

（《中华民国史档案资料汇编》第四辑（下），第713～714页）

杨希闵致孙中山电

（1923年6月10日）

提前万急。石龙大元帅钧鉴：

本日希闵督队达［进］攻，于沙口前方与敌遭遇。敌约六千余人，计北兵两旅，余系沈逆残部。我军奋勇前进，激战至午，敌势不支，向大坑口退却，我军跟踪追击，敌仍据险顽强抵抗，战事异常激烈。经我军各级官长身先士卒，率队冲锋，肉搏数次，已于午后六时完全将大坑口占领。敌人纷向鸟石、马坝溃退，沿途焚烧民房无数。是役毙敌数百人，俘虏百余名，夺获机件完全之退管炮两尊，机关枪三挺，步枪百余枝，米粮十余船。刻正派队搜索，明日仍当继续进攻，特此电闻。滇军总司令杨希闵叩。灰戌。印。

（《陆海军大元帅大本营公报》一九二三年第十五号，6月15日，“公电”）

周震麟致孙中山电

（1923年6月10日载）

周震麟密电中山，详述洪兆麟因受疑□，致附陈、林。乞此后与洪开诚相见，冀其转圜。□仍协同李烈钧出江西。

（《大公报》1923年6月10日，“各地要电”）

邹鲁致孙中山电

（1923 年 6 月 11 日）

飞鹅岭刘总司令转博罗大元帅行营秘书处石龙大元帅钧鉴：

成密。本日十时行礼接事，西岩人印两匿，抗不交代。在鲁任事，厕［则］迫于钧命口催，而西岩不交代，实堕政府之信甚。如何惩处之处，请钧座裁施。鲁。真。印。

（《中华民国史档案资料汇编》第四辑（一），第 26～27 页）

刘震寰等致孙中山电

（1923 年 6 月 11 日）

博罗大本营蒋参谋长译呈大元帅睿鉴：

临密。（一）本日拂晓，敌由县城出城冲击范师长阵地，激战甚烈。上午八时寰抽第二师前往增援，敌又由南门冲出，□覃旅拦击，剧战约二小时，敌始退入城。下午二时廖旅开到，即行增加前线，□已仍将原阵地夺回，是役范师颇受损伤。二［（二）］□寰伤势迁延，现尚未能行坐，不得亲往前线督战，甚□重咎。许总司令先已行抵博罗，□饬许总司令即来惠主持一切，以利行阵而期速功。是否有当，伏惟□裁。震寰呈。真申。印。

（《中华民国史档案资料汇编》第四辑（二），第 719 页）

廖仲恺致孙中山电

（1923 年 6 月 12 日）

探呈大元帅广州胡（代）行职权钧鉴：

日本新任财政厅长邹鲁到厅接事，杨西岩匿印不交。现当军事紧急之际，似此儿戏，尚复成何事体。除由省长立饬杨西岩即办交代外，杨西岩违抗命令，应如何处分之处，出自钧裁。墨［廖］仲恺叩。真。印。

孙中山批：答电：应按法惩办，以警效尤。文。

（《中华民国史档案资料汇编》第四辑（一），第27页）

邓泰中致孙中山电

（1923年6月12日）

广州大本营各部部长、次长、秘书长、参军长、参谋长、会计司长、审计局长、大理院长、总检察厅长、滇军杨总司令、杨师长、杨师长、范师长、蒋师长、中央直辖第三军卢军长、第七军刘军长、陈师长、海军各舰舰长、江防杨司令、海防陈司令、兵站罗总监、廖省长、邓运使、孙市长、伍高审厅长、黄高检厅长、粤海关傅监督、各厅局处厂长、广东各局、各县长、各团体、各报馆、石龙刘总司令、韦师长、严师长、伍师长、黎师长、江门大本营古主任、周司令、肇庆魏总指挥、梁军长、郑军长、雷州吕师长、高州高雷林处长、石龙转博罗许总司令，并转各师旅长、东路讨贼军第三军李军长、南路讨贼军黄总司令、厦门探送李督办，并转各师旅长、漳州何总指挥钧鉴：

前奉大元帅任命令开：任命邓泰中为大本营军政部次长，等因。奉此。泰中谨于本月12日到部视事。除呈报外，合电奉闻。邓泰中叩。文。印。

（《陆海军大元帅大本营公报》一九二三年第十七号，6月29日，“公电”）

徐绍桢呈孙中山文

（1923年6月12日）

呈为呈请事：查大本营各部应设秘书。兹查有徐希元堪以充任

本部秘书职务，理合具文呈请钧座明令照准。为此谨呈
大元帅

大本营内政部长徐绍桢（印）

中华民国十二年六月十二日

（《陆海军大元帅大本营公报》一九二三年第十六号，6月22日，“指令”）

章太炎致孙中山等电

（1923年6月14日）

广州孙中山先生、云南唐省长、成都刘省长、熊督办、长沙赵省长、贵阳刘省长、奉天张总司令、浙江卢督办、张省长公鉴：

黄陂于元日被冯玉祥迫走，北京无主，现式国会，有已解职之议员糅杂其间，非合法国会，无选举总统之权。张绍曾等内阁，由非法国会同意，非真正内阁，无摄行大政之理。目下已由驻沪合法议员促驻京合法议员离京另组，仍望各省根据大法，力持正义。已破之甑，原难复顾，未来奸伪，必予严诛，民国幸甚。章炳麟。寒。

（《章太炎书信集》，第435页）

童杭时等致孙中山电

（1923年6月15日）

广州孙大总统鉴：

窃维我公为中华先觉，民国元勋，受国会之重托，负统治之大任。乃自黎氏复职，不问任期如何，我公谦德退让，甘愿敝屣尊称，自治岭表。不意都门变起，军警横行，黎氏被逼离京，匿居津埠。张阁解组，莫能依法摄政。法纪荡然，人民惶恐。窃念国家之

不可有二元首，然亦不可无统治之人。兹经多数同人，会同商榷，佥以政局纷乱，民心无系，累卵之危，在在堪虞。务祈我公速正名位，复总统职，昭告中外，慰亿兆云霓之望，延民国正朔之传。翘首南天，无任跂盼。国会议员童杭时、吕志伊、丁超五、李文治、萧锦辉、丁象谦、李希莲、焦易堂、田铭璋、杨大实、王用宾、陆祺、周震麟、徐可亭等四百七十五人叩。删。

（《中华民国史档案资料汇编》第四辑（一），第27页）

廖仲恺呈孙中山请设置西江船舶检查所文

（1923年6月16日）

呈为呈请事：现准大本营驻江办事处主任古应芬支电开：查西江余孽合北江溃兵，所有西江来往船舶亟应严密检查，以杜奸宄。请帅座即日宣布西江为戒严区域，设置西江船舶检查所，派委得力人员，前往办理，并令行交涉员知会洋商轮船暂行开至德庆县止，以免危险。是否有当，伏候迅赐分别办理。又据元日戌电开：查西江战事方殷，敌人每恃港梧轮船以资接济，请照民国九年成案，速设西江船舶检查所，俾断敌人交通各等语。准此，查十年五月粤军援桂之役，宣告西江沿岸警备区域临时特别戒严条例内声明，设立西江船舶检查所，并附有该所组织法及规则各一份，自设立后，颇著成效。惟该检查所应由军政机关设立，现古主任所请设立西江船舶检查所，为杜绝桂省叛军交通起见，似应照案准设，合将该检查所应予设立缘由，呈请大元帅鉴核令遵。谨呈

陆海军大元帅

广东省长廖仲恺（印）

中华民国十二年六月十六日

（《双清文集》（上），第434～435页）

各界纷致孙中山组织正式政府电

（1923年6月19日载）

大本营迭接各方函电，纷请孙中山组织正式政府，执行总统职务。孙中山认为尚须考虑，如时机果至，即行组织。

（上海《民国日报》1923年6月20日，“本社专电”）

章炳麟等致孙中山电

（1923年6月20日载）

章炳麟、柏文蔚、于右任、居正等号（二十）电孙：谓大盗移国，全国失统，而粤兵火逼人，未能设政府，议员以畏途相视，宜贷陈炯明、黄大伟等既往，然后议员可至，政府可设等语。

（《大公报》1923年6月20日，“粤讯志要”）

安徽全省学生联合会致孙中山电

（1923年6月20日）

广州孙大元帅钧鉴：

此次北京变起非常，中外骇愤，实由曹锟志图篡窃，构此乱阶。彼北洋武人官僚，去年逐徐迎黎，首以恢复法统相号召，戴黄陂为总统，通电表示服从，信誓旦旦。在黄陂任期未经国会解决以前，固不容其反颜背抗。乃曹锟图踞大位日亟，竟与边守靖、曹锐、靳云鹏等共造逆谋；冯玉祥、王怀庆、薛之珩、聂宪藩甘心附逆，嗾使军警雇买流氓，连日围逼黎宅，迫逐出京；王承斌、杨以德截车夺印，暴力横加；举历史上莽曹、贾充等犯上作乱之恶行，悉暴露于天下。外交腾笑，舆论激昂，而齐燮元、马联甲丧心病狂，通电附和。彼两院议员廉耻扫地，甘为曹家奴隶，不制宪而卖身，不扶危而助乱。报载黄陂未出京时，曾颁布撤废巡阅使、督理之命令，该议员等竟于铣日捏用两院联合会之议决，认为无效，矫诬至此，尤骇听闻。本会深慨法纪陵夷，大盗窃国，爰本约法上主权在民之义，宣告曹氏及造谋附逆诸奸罪状，乞我爱国同胞速即奋起声讨，临电愤激，不择所言。安徽全省学生联合会叩。号。

（《中华民国史事纪要（初稿）》1923 年 1 ~6 月，第 841 ~842 页）

杨希闵致孙中山电

（1923 年 6 月 23 日载）

杨希闵电孙：请速调拨军，并接济军米，孙已照办。

（《大公报》1923 年 6 月 23 日，“粤战要电”）

叶恭绰、郑洪年致孙中山电

（1923 年 6 月 24 日）

大元帅钧鉴：

恭绰、洪年兹定本月二十五日就职，除呈报外，谨先电呈。恭绰、洪年叩。敬。印。

（《陆海军大元帅大本营公报》一九二三年第十七号，6 月 29 日，“公电”）

杨希闵致孙中山电

（1923 年 6 月 25 日载）

杨希闵哿（二十）晚退回源潭，电孙调大队赴援。马（二十一）蒋光亮率全部开抵北江，杨因援军陆续到，大举反攻。沈北两军，又退回英德以上。

（《大公报》1923 年 6 月 25 日，“粤战要电”）

章太炎等致孙中山电

（1923 年 6 月 25 日）

广州探送孙中山先生鉴：

徐世昌伏罪，我公内践前言，外从舆论，翩然下野，信若丹青，无任钦佩。时局尚有纠纷，望公惠然来沪，赐以教言，鹄立待命。

章太炎、褚慧僧叩

（《章太炎书信集》，第 434～435 页）

古应芬就大本营驻西江办事处章程呈孙中山文

（1923 年 6 月 25 日）

大本营驻江办事处全权主任兼督办西江筹饷事宜古应芬，以西江地方辽阔，事务头绪纷杂，如何整顿各县财政，颇为费神，为求统筹规划，遂拟订办事处章程十四条，本日经孙大元帅令准，其组织章程条文为：

第一条　本处督办西江区域内筹饷事宜，直隶大本营。

第二条　本处设左（下）列各职员：督办一人，秘书二人，科长三人，科员若干人。委员若干人。

第三条　督办由大元帅特派，综理本处一切事务，及任免所属各职员。

第四条　秘书承督办命撰拟重要文件，及掌理机要事务。

第五条　科长秉承长官办理本科事务。

第六条　科员秉承长官助理本科事务。

第七条　委员承办临时指定特别事务。

第八条　本处分设左（下）列各科：总务科，核计科，出纳科。

第九条　总务科掌理左（下）列各事项：关于保管印信及收发文件事项；关于分配文件及覆核文稿事项；关于不属各科事项。

第十条　核计科掌理左（下）列各事项：关于编造预算决算表册事项；关于稽核所属各征收机关报告表册事项；关于规定各种簿记收据表式事项；关于估计公产价值事项。

第十一条　出纳科掌理左（下）列各事项：关于征收各种捐税及解缴事项；关于保管款项及收支单据事项。

第十二条　各科办事细则另定之。

第十三条　本章程有未尽事宜得随时增订修改，呈请大元帅核定之。

第十四条　本章程自呈奉核准公布日施行。

（《中华民国史事纪要（初稿）》1923年1~6月，第878~879页）

熊克武致孙中山函

（1923年6月26日载）

大元帅钧鉴：

云山绵邈，时仰德晖，敬承福履康健，无任祷颂。川省讨贼大计，早经遥禀宏规，积极准备。寻以叛将称兵，勾结外援，遂至转战数日，未能东出夔巫。凡属川人，莫不愤慨。曩以战略关系，放弃成渝。旋即振旅西上，克复成都，扫清北道。时杨森已率伙同北军，深入简阳。我军复移师东道，与敌激战，幸仗德威，已将敌军摧破，乘胜追击，将达内江。际兹时局危殆，正谊不张，改革大任，终属民党之责。敬请钧座，迅令同志各省，一致出兵。蜀虽孱弱，决不敢偷惰自安，令敌坐大，成败利钝，非所计也。现已商同各将领，长驱东路，直取重庆，务北敌主力歼灭。则进图荆宜，会师武汉，较易得手。伏望钧座指示方略，俾资率循。兹托□□君晋叩兴居，代陈悃愊，虔请

钧安，统祈垂鉴

熊克武谨上

（《大公报》1923年6月26日，“各地要电”）

杨希闵致电孙中山

（1923年6月26日载）

杨希闵电孙：允担任收复北江，并商定滇军回北，东江由许崇智、刘震寰、刘玉山应付。北军利速战，滇军利守，因北军粮弹运输艰难，又不惯受山头瘴气，多患痢疾霍乱，半月后不攻自退。

（《大公报》1923年6月26日，“粤讯志要”）

上海各团体致孙中山电

（1923年6月27日）

广州。孙大总统钧鉴：

自北庭变起，黎、曹争总统于上，张舆争摄政于下，议员如猪，点口给败，政局如沸，乱象已成。全国人士创十年之乱阶，皆军阀所造孽，急谋另组政府，戡乱救亡，环愿［顾］国中，兆［非］公莫属。敝公团等历经会议，佥以民国十年公应国会之选，出任总统，继因陈逆作乱，职权虽断，大统犹存。今全局无主，险象环生，值此存亡危急之秋，兆［非］公虚心自抑之日。务乞为国为民，毅然恢复政府，行使总统职权，国民与公同舟，必能为公后盾。至于委员制等徒滋纷扰，度不至异仁人之聪听。时势急矣，失此俄顷，国将不国。望公勿以大名不居之小嫌，负急难相呼之众意，是为切盼。上海粤侨工界联合会、南洋烟草职工同志会、湖南劳工会、京汉铁路总工会、湖北工团联合会、海员工会、履业工会、上海机器工会、中国劳工同盟会、船务栈房联合会、中华劳工联合会、同志劝戒嗜好阅报社、旅沪广东自治会、工商友谊会等同叩。沁。

（《陆海军大元帅大本营公报》一九二三年第十八号，7月6日，“公电”）

章太炎致孙中山电

（1923年6月28日）

广州转送大元帅鉴：

报载香港二十七日电（孙洪伊电告启程来粤，胡汉民派员赴港迎孙），是否属实？查此次京都扰乱，冯玉祥、王怀庆、王承斌实为下手巨犯。冯、王之事，曹锟容可委为不知，至王承斌以直隶省长兼第三师师长，明是曹锟辖下属官，公行劫印，则曹实为主使。人心对于曹、冯，无不切齿，本非为黄陂一人雪愤也。公尚有议和代表在沪，如孙洪伊、徐谦辈，即应速予裁撤，示与曹、冯诸贼断绝关系。至孙洪伊素为曹氏私党，种种计划，无不与闻，其阳示尊崇我公者，正以牵公下水。去岁介绍孙岳，前来侮弄，已损我公名誉不小。然其时曹锟恶迹，已往者人不复忆，未来者尚在难知，犹可模糊权与也。今则公为盗匪，觊觎篡窃，事实彰明，而孙洪伊所部议员王乃昌、牟琳等正奖盗媚贼不暇，曹锟所收买之议员，方以流言惑众，谓孙、曹已归调和，冀以解民党之心，惰西南之气。我公为是非计，为利害计，为名誉计，如孙洪伊辈，速应屏绝勿通，任彼归贼，何可曲意招致，受其间谍之术，自损正直之名。如有此事，务望速即变计。不佞对于精卫，已致规戒之辞，更望我公厉行刚断，斥拒奸邪，以明大义，而全誉望。如必以鄙言为违忤，人情向背，事已可知，虽以文言法论种种辩护，亦无益已。章炳麟。勘。

（《章太炎书信集》第435页）

杨希闵致孙中山电

（1923年6月29日）

提前万万火急。广州大元帅孙钧鉴：

我军自宥日分三路向敌人开总攻击后，敌人据险固守，顽强抵抗，经我军猛烈攻击，着着进步，我左翼军于勘日将谢逆文炳所部完全击溃，缴枪五百余枝，获敌数百余人。其北兵一千余众因浮桥为人民所断，无路退却，凭城死守，我中央及右翼两军，节节进攻，至兼坑山、钥伞山、风门坳之线，北沈大部敌众据险死守。急峻坚险，不可攀登，经我两方于昨晚夜半右时夜袭，乃于今早丑时突破敌阵。敌人不支，纷向英德车站溃退，我中央军乘夜沿铁道追击，已追至二十里外，刻正以新镐部队更番跟踪追击，务使敌人不得稍有整顿之余暇。此次我军奋勇前进，敌人被创已深，肃清北江当在指日。知关锦注，特以奉闻。杨希闵叩。艳寅。印。

（《陆海军大元帅大本营公报》一九二三年第十八号，7月6日，“公电”）

杨蓁等致孙中山电

（1923年6月29日）

广州大元帅钧鉴：

今日零时，我军第三师与第四旅各部，死士当先，以三师之大部分及四旅之一部继其后，由曾万钟团长率之，夜袭敌人。扳藤附葛，越岭登山，以白刃突击于零时，四时又占领风门坳西侧高山，一时又占领东方高山，二时占领百足旗山。朱准团长率部清扫右翼之敌，追击逐北，敌遂崩溃。我军仅伤连长何伯言以下数人，其尤为出力各将士，待查明续报。总计交战仅时许，克奏敷功，各将士之忠勇奋发，令人钦感无已，要皆我大元帅爱国热忱，有以感召之也。杨蓁、范石生、廖行超、杨廷培叩。艳。印。

（《陆海军大元帅大本营公报》一九二三年第十八号，7月6日，“公电”）

四川省议会致孙中山电

（1923年6月29日）

广州孙大元帅钧鉴：

吴氏勾结叛将侵略吾川，叠经本会严词切责，通电声讨在案。讵意言者谆谆，听者藐藐，竟引其虎狼入我堂奥，动摇我省自治之根本，破坏国家和平之统一。更复利用盗匪扰害闾阎，抽收烟捐，显干国禁。军纪之坏，尤异寻常，掳掠奸淫，无所不至，所过之处，闾里为墟。凡我川人，莫不切齿。夫吴氏之所以藉口图川者，不过谓吾省主张自治，破坏统一耳，行同割据耳。不知自治与割据有别，而自治并不背于统一，凡稍有政法常识者，类能知之，已无俟本会哓哓置办［辩］。且默察吾国之现状及将来之趋势，亦惟有各省实行自治，始可以免除割剧［据］，促进统一。以今日各省尾大不掉之势，必事事受制于中央既有所不能，而各省人民在法律上又无直接监督地方政府之权，故今所谓督军、巡阅使，即不免横梗于中央与地方之间。上不奉命，下不负责，阳奉统一之名，阴行割据之实。此民国以来之情形，无间南北而莫之或异者也。如欲除此弊患，废省存道，既为历史所不许，则非谋政治根本改造之不可。质言之，则非主张联省自治不可。而吴氏极端反对此种主张者，非此制之果不善，特不过与彼所持直系武力统一中国之政策，大相妨害耳。故主联省自治并反对武力统一者，莫若西南各省；而为彼所嫉视亟欲吞噬者，亦莫如西南各省。今日粤、闽、川、黔不免同时罹于战祸，固不足怪也。且吴氏既以统一、法统诸名词号召国人，即当以身作则，风示天下，乃何以中央组阁，而阁员必由其支配，中央任命之疆吏，竟可随意拒绝到任？又何以国会制宪议及容纳省宪即妄加干涉，竟敢联络直系军人，通电反对？他如图闽扰粤，事前并未请命于中央，事后乃逼迫中央下令。即以此次侵川而论，并未经由内阁决议奉有黄陂明令，纯属个人法外行动。据此种种，则今日之破坏统一者，孰若吴氏今日之实行割据者，又孰若吴氏岂必以督军、总司令之资格，仅仅割据一省者方为割据，而以巡阅使之头衔割据数省者，反不得谓之为割据耶。至法统之说，尤为悖谬。查所谓法统者，不过指恢复国会及黄陂复职两事而言，夫国会自身若从法律严格解释，已不无问题；至黄陂则人皆认为事实上之总统，而不认为法律上之总统，其所谓法统者安在？即姑认为法统，而吴氏对于国会，对于黄破，则又何尝实心崇奉耶？总之，吴氏所谓统一，所谓法统，所谓服从中央，均属自欺欺人之具，不过假以遂其北洋正统宰制中国之私心而已。吾川杨森辈知之而为所利用，其愚可矜，若明知之而又附和之，实无人格。以今日而言，服从中央，不如直截了当明言服从直系。夫杨森辈以个人而为吴氏之奴可也，必令吾川七千万人胥为吴氏之奴，则不可也。本会代表民意，誓全人格，义无反顾。尚祈西南各省与其它自治省分，同深敌忾，分道出兵，以期早日会师武汉，歼灭吴贼，实行联治主义，进谋国家真正之统一。至我川中将领，乃同时宣言自治之人，息壤在彼，不易改节，当此大敌当前，尤须懔祸至无日之戒，守师克在和之箴，捐嫌亲善，致果杀敌，安内攘外，在此一举。他如团防义勇，均有保卫桑梓之责，对此无人道、无公理之外寇，应分道堵截，合力兜剿，田塍地埂均可作为战场，斩木揭竿未始不为利器。总期翦除凶逆，勿令生还，张我民气，固我省防，打破吴氏武力统一之迷梦，实行孙公和平统一之宣言，则厚幸矣。四川省议会叩。艳。印。

（《陆海军大元帅大本营公报》一九二三年第十八号，7月6日，“公电”）

杨希闵致孙中山电

（1923年6月30日载）

广州大元帅孙（余衔略）钧鉴：

勘日逆军经我中央军左右翼军猛攻后，由波罗坑退守翁源河、大花桥、县城一线，抵险据守，激战二日夜，至艳日经我中央军左翼粤军夜袭，猛烈攻击，遂将翁源河、大花桥、英德城占领，敌势不支，分两路沿江溃退。经派胡旅跟踪追击，大队继进，日内即可直达韶关，进复南雄，谅此区区丑虏不难一鼓荡平。计是役逆军谢文炳部除缴枪五百余枝、俘虏五百余名外，余众溃散；沈、北两军，被我中央军围缴俘虏甚多。各路军共缴得〈枪〉一千余检[枝]，杀伤数百，夺获辎重无算。知关垂注，谨以电闻。杨希闵叩。全巳。印。

（《陆海军大元帅大本营公报》一九二三年第十八号，7月6日，“公电”）

陈汉文致孙中山等电

（1923 年 6 月）

广州兵站第三支部罗部长转告孙大元帅、廖省长、宋运使、河南同泽堂、福军李军长、李司令区坚、够司令湖钧鉴：

汉文奉命出发东江，收编旧部，赶赴前敌，于五月卅夜杨逆坤如调派旅长骆凤翔统率逆兵一千余人，由马安圩过三栋，欲反攻我军右翼后路，被汉文探悉，即统领部队奖（五）六百人预先埋伏黄洞悄子头地方摊头截戟，包抄后路，围困逆军数小时，当场戟毙排长一名，兵士数名，擒获兵士六名，缴有步枪二十二枝，军用品物甚多。我军微伤数名，现追戟逆军，退回马克［安］。我联军既占领鹅岭，四面包围，惠于即日可下。谨电呈报，希为钧鉴。东路讨贼军第三军别动队第一路总指挥陈汉文叩。

（《中华民国档案资料汇编》，第四辑（二），第 722 页）

陈独秀等致孙中山函

（1923 年 6 月）

北方的政治危机正处于最后阶段，很快即可见端倪。公众舆论表示出日渐增长的积极性，这给我党的发展提供了难能可贵的时机，我们万不可坐失。我们以国民党员身份要求您裁决下例［列］两个问题：1. 在上海或广州建立强有力的执行委员会，以期合力促进党员的活动和广泛开展宣传。为此，应特别注意北京、湖北、湖南、上海和广州等地。如果这些中心地区的组织不完善，整个工作就会肤浅分散。2. 最近的北京危机不是近几天来事态发展的结果。早在黎元洪在北京出任总统前曹锟就觊觎政权。安福系（段祺瑞）不能与直系和解。吴佩妥［孚］、冯玉祥与曹锟的关系和黎元洪、张作霖与段的关系实质相同。甚至即使派系内发生什么变化，其斗争也仍将是在北洋军阀头目曹锟和段祺瑞之间进行。这场斗争与民国的改进并无关系。直系是我党的敌人，这是很清楚的。但是我们不能屈从于段和黎元洪。再者，我们不能沿袭封建军阀用武力夺取政权攻占地盘的同样的方针。这会给人们造成我们与军阀是一脉相承的印象。用旧方法旧军队去建立新中国不仅不合逻辑，而且在实践中也绝对行不通。旧军队有 10 倍于我们的兵力。我们只能用新手段，采取新方针，建立新的力量。对于国民，我们应联合商民、学生、农民、工人并引导他们到党的旗帜下。从人民中建立的新军队将用新的方法和新的友好精神捍卫民国。起初，我们的力量不会强大，但我们会发展成一支劲旅。列强每天都在处心积虑剥削我们并寻找一个强有力的人作他们的代理者。用空话央求他们的承认来壮大我们自己，不仅会伤害我们的运动，而且会丧失革命气节。我们不能采取这样的办法，议会在全国人民眼中一钱不值。北庭议会是曹、吴豢养的，如果我们试图让国会议员来穗，那么人民怎么能把我们看得比吴和曹锟好呢？

南方诸省的将领们扩张军队、压迫人民而犯下的罪恶并不比北方军阀稍逊。即令我们把这些人烧掉，在他们的骨灰里也找不到丝毫的革命民主的痕迹。即令我们用一切办法把这些将领们联合起来，那么南北方之间的斗争依然存在，而绝不会是封建主义与民主主义之争。我们岂能让千百士兵为此丧生并把沉重的负担加于百姓身上？这样也还会有危险，即因为我们在中国这一隅的地方主义而把国民革命的速度减缓下来。我党当前的主要任务是结束广州的战事，这样我们才能在国家政局危急之时去胜任我们的主要任务。我们不能囿于一方的工作而忽略全国的工作。我们要求先生离开广州前往舆论的中心地上海，到那里去召开国民会议（如先生在“五权宪法”中所阐述，而不只限于群众游行）。这样，一支解决全国问题的集中的军队便能建立起来，一支国民革命的集中的军队便能建立起来。如果我们这样做，我们就不会丧失我们在国民革命运动中的领导地位。这是居于首位的重要任务，唯有您可为之，因您是四年前护法运动的领导者，我们深知中国尽快获得解放和我党获得发展的必要性，特致函先生，望能采纳我们的建议。盼复。

（《共产国际、联共（布）与中国革命文献资料选辑（1917～1925）》第二卷，第495～496页）

梁士诒致孙中山等电

（1923年7月1日载）

全国同胞公鉴：

前阅沪港各报戴［载］，政府发现临城劫案，与交系有关。又云曹锟电院知照英使，将梁、叶驱逐离港等因。初以为新闻误传，不必深究。顷闻北京报载曹锟宥日通电，据香港密探确报交系梁士诒、叶恭绰、郑洪年等来港，与孙勾结，希图扰乱大局，连日彼辈频与天津电报往还，均系勾通土匪，久羁外人。以香港为策源地，除电请中央以正式公文知照英使，转达港政府，将梁、叶辈驱逐出境外。曹锟。宥。等因。士诒等阅报，不觉失笑。夫临城区域，系何人统辖。南北干路驻兵辖地，何以不能保护一列车经过、数分钟时间之安宁，其责任世人自有定评。而吾国自庚子拳匪而后，以此次劫案为最无以对外人之事。士诒等与交通关系垂二十年，与各邦人士相交甚久，此等拳匪第二举动，吾人与国家何仇，此事是否吾人力所能为，心所忍为，友邦人士，良心上自有裁判。而全国国民心理，自有辨别之方。且今重要电局，系何方面人主持，国人无不明了，则捏造伪电，伪为检留媒孽凭证，尤非难事，士诒等辨不胜辨。第士诒等尤不能已于言者，北洋袍泽，相处既久，本不无香火因缘。乃执政者徒惑于佥壬簧鼓之词，卒使久与共事而能负责任者，日相乖离，而莫能互助。且北洋同人，既以正统自居，乃现今当局，了不能保障人权，辄为佥壬所左右。则吾民宁有噍类，此亦吾国人当有自觉，士诒等更何论也。士诒读书养父，自去年谢政，于时局久付之无闻。恭绰东瀛著书，洪年沪滨种菜，方谓遵时养晦，拭目以俟太平。乃前此政潮，则谓洪年主动，而藉势以惨杀我劳动同胞。今又以临城案谓为与士诒等有关，其手忙脚乱，希图卸责，实自暴其无维持治安之能。而阴谋政蠹，反得操纵手拥二十万雄兵之大军阀，而大军阀竟入其彀中，而不自知。遂使天下汹汹，直为一人，可怪亦复可痛。士诒今春为父祝寿，恭绰、洪年来港进觞，顺道广州，一谒我手造民国之孙先生，与谈国家建设，坚留在粤办事。恭绰等以对国对乡，一种责任，与其在北方服务十余年，委曲艰难，冀达事功，而终不见谅，未竟所长，无宁服从我先觉先知，或可一偿素抱。此次来粤，深知先生固抱和平统一主张，其乃心民国，百折不回，允为全国真重心所在。如天不绝中华，先生主义，必永存于天壤，固非世所称以属地主义为地盘者。恭绰、洪年，既非漫有恩仇，亦非轻于趋避，惟思竭其智虑，以酬先生之知，以遏国家劫运。至能否无负先生厚期，能否为国人造福，此则恭绰、洪年日夜所竞竞［兢兢?］而辄用自勉者也。士诒等谨掬诚悃披露于全国同胞之前，惟希亮察。

（《梁士诒等宣言拥护孙文》，《晨报》1923 年 7 月 1 日）

焦易堂致孙中山电

（1923 年 7 月 3 日载）

焦电。中山先生钧鉴：

黄陂被迫来津，国会同人认北方现象不能自由行使职权，群谋离京，决定南下赴沪。集会者已二百余人，津方旅费，刻已筹得十万元，沪费请即从速筹备，并派人来沪招待。易。删

(十五)。

(《国会南下中之孙焦往来电》,《大公报》1923 年 7 月 3 日)

蒋光亮致孙中山电

(1923 年 7 月 3 日)

提前万万火急。广州孙大元帅钧鉴:

沈逆及北虏等部逆军,自波罗坑被我击溃后,屡战皆北。连日复经光亮等率部跟踪追击,所向披靡,沿途击毙逆军颇众,俘虏北兵亦复不少,铁路一带遗弃辎重、行李、伤亡官兵,所在皆是。江日由乌石追击至韶,于午正□二时将韶州城完全克复。北虏及沈逆之一部溃回赣边;其粤军谢文炳所部少数之逆军,则溃向湘边而去。查此次各该逆军其伤亡实较前数次为众。所余残部已成惊弓之鸟,全失战斗能力,逐日以来奔北争先,状极狼狈。此次北江方面似已不成问题,肃清之期立而待也。谨电奉闻。蒋光亮、胡思舜、王秉钧、戴永萃叩。江。

(《陆海军大元帅大本营公报》一九二三年第十九号,7 月 13 日,“公电”)

江西实业策进会致孙中山电

(1923 年 7 月 3 日)

广州孙大总统钧鉴:

北庭自乱,黄陂出走,妖氛密布,民命无依。应请我大总统本其救国救民之素志,速组政府,戡定祸乱,以奠国基,毋任盼祷。江西实业策进会叩。江。

（《陆海军大元帅大本营公报》一九二三年第二十号，7月20日，“公电”）

杨希闵致孙中山电

（1923年7月4日）

广州大元帅孙钧鉴：

我军自勘日起，剿北、谢各逆，施行总攻击。艳日左翼粤军克复英德，右、中两路滇军夹攻正面之敌，大获全胜，敌众纷纷溃败。我军跟踪穷追，敌人不能收容集合，沈逆鸿英率其残部，向翁源、始兴方面溃走；谢逆文炳沿北江右岸溃走；北兵第四团向英德西北方溃散，为民军团防截击，缴械殆尽；方逆本仁率北军及李易标残部向韶关溃退。我军东、冬两日追及韶州，猛烈攻击，杀伤过当，敌人不支，遂向始兴方向溃败，帽子峰一部为我完全缴械，遂于江日将韶州完全克复。此次沈、谢各逆，勾引北军联合内犯，扰我北江，进窥省城，希图死灰复燃，每次战斗均据险恃强抵抗，经我军迎头痛剿，反复攻击，一星期内即已摧杀凶敌，迭克名城，杀伤俘虏者二千余人，击散不归队者数千人，缴获步枪二千余枝，大炮十余尊，机关枪约二十挺，军用物品无算。复为民军到处截击，伤亡尤多，刻正向始兴、南雄追击，务驱残逆于粤境之外，以安我疆宇。武力之不足恃，实已成为铁证。然此皆仰赖我大元帅德威震迭，各将士勇武懋昭，用能内外一心，博此大捷，上纾帅座北顾之忧，下慰全粤父老之望。希闵忝秉旄钺，与有荣施，谨电驰陈，同深庆幸。我军伤亡，容俟查明呈请帅座恤奖。中央直辖滇军总司令杨希闵叩。支。印。

（《陆海军大元帅大本营公报》一九二三年第十九号，7月13日，“公电”）

杨希闵等致孙中山电

(1923 年 7 月 5 日)

广东大元帅钧鉴:

顷覆上海章、唐诸公一电文曰:奉号日通电,具见诸公爱国急难之忱,至为佩仰。希闵等奉命讨贼,身在行间,师之曲直,不容无言。大元帅莅粤以来,日以和平统一为职志,虽沈逆犹思怀柔,于陈部更从宽假,授以权位,济以饷需,仁至义尽,无所靳惜。而彼辈朝言服从,夕已背叛,乘我用兵北江,勾通北敌,嗾变李军,窜据潮梅,进窥省会。赖我将士忠勇,蹙之惠州,其与北敌交通函电具在,诸公视之,谓有悔祸之心否耶?去岁广州之变,陈党附和直系,逼迫元首,致北伐之军功败垂成,延长战争,以祸国家,是今日变乱,陈实尸其咎,曾无一愎悔表示于外,而日寻干戈,徇其私欲,为免[虎]作伥亦所不惜,诸公视之,谓其尚有丝毫诚意否耶?侧闻沪上有人以为陈氏获罪大元帅个人,宜若可恕,然则曹、吴今日之为,亦固其所更不足问矣。国于天地,必有与立,自坏纪纲,何以责人?陈氏如从诸公之教,矢诚悔罪于大元帅之前,躬率所部北向赣闽,讨曹以自效,在大元帅宽厚待人,当可宥其既往。若仍负嵎自固,俨同敌国,思以游词缓和我军,希闵等执金鼓以诛悖叛,陈与曹、吴更无轩轾,断不能听其藉词假息也。谨布所怀,乞谅教之。杨希闵、刘震寰、许崇智、魏邦平、朱培德,黄明堂、林树巍、李福林、卢师谛、梁鸿楷、刘玉山、杨蓁、杨池生、杨如轩、范石生、蒋光亮、胡思舜、韦冠英、严兆丰、黎鼎鉴、伍毓瑞,李济深、周之贞,郑润琦、吕春荣、陈天太叩。歌。

(《陆海军大元帅大本营公报》一九二三年第十九号,7 月 13 日,“公电”)

曹锟致孙中山电

（1923年7月5日载）

上海孙伯兰先生转孙中山先生大鉴：

（上略）年来国内种种纷扰，无非因法字而起。先生为首创共和之人，其拥护法律之精神，平生所深钦佩。锟等去夏主张恢复法统，俾国会得以断而复续，即与先生护法之初旨，不约而同。迭奉宣言，促开南北和平会议，并提倡兵工政策。老成谋国，尤极服膺，深信解决时局，舍此别无良法。现在国会制宪之功，仅亏一篑。迭据各政团代表来保，与锟面商，结果拟即依照先生主张，召集南北和平会议，聚全国名流于一堂，共商国是，将一切政治问题，讨论解决，俾国会将以从容言法，树国家万年不拔之基，当亦先生所乐许也。其应如何进行，伫候明教。曹锟冬（二日）印。（按上文系据某要人传述曹使冬电大意如此。与原文容或稍有出入。）

（《大公报》1923年7月5日，“中外要闻”）

王均致孙中山电

（1923年7月7日）

急。广州大元帅钧鉴：

敝部奉杨总司令命令，担任左翼作战，任助追击韶逆，已于阳日占领乐昌。该逆现向湘边退却，除派队追击外，谨先电呈。王均叩。阳。印。

（《陆海军大元帅大本营公报》一九二三年第二十号，7月20日，“公电”）

王秉钧致孙中山电

(1923年7月7日)

提前百万火急。广州孙大元帅钧鉴:

秉钧奉命追击溃退乐昌方面之敌,当于马日率部由韶出发,探闻是日尚有一部逆军据守桂头、黄村两岸,饬部强进猛追,该敌已闻风先逃。复饬十六团长王汝为率所部乘夜追击,沿途俘获敌兵六百余名,快枪五百余枝。虞日午正全部占领乐昌县城,敌军溃向九峰坪方面,前正派队追击中,谨电奉闻。王秉钧叩。虞。

(《陆海军大元帅大本营公报》一九二三年第二十号,7月20日,“公电”)

何成浚致孙中山电

(1923年7月8日)

急。广州大元帅钧鉴:

顷接第一纵队司令孙本戎麻电,文曰:歌午六时,戎军所部攻克饶平城,除洪逆所部第一支队溃散外,其第六团及警卫队一营完全缴械投诚。左翼情形乞电示。孙本戎叩。等语。同时接第八军前敌司令张贞阳电,文曰:贞部经于本日上午十一时占领内浮山,敌人纷纷向平溪岭退却,夺获枪枝辎重无算,现正向前追击,期即下潮州。特闻。张贞叩。等语。特此奉闻。何成浚叩。齐。印。

(《陆海军大元帅大本营公报》一九二三年第二十号,7月20日,“公电”)

北京各法团等致孙中山等电

（1923 年 7 月 8 日）

参众两院，各部院、曹巡阅使、吴巡阅使、王巡阅使、冯检阅使、各省议会、各督军、督理、省长、各总司令、护军使、镇守使、各师旅长、广州孙中山先生、胡汉民先生、上海唐少川、章太炎、孙伯兰、柏烈武、钮铁生、汪精卫诸先生、厦门李协和、蒋伯器先生、各法团、各公团、各报馆均鉴：

溯自辛亥鼎革，共和改建，我人民牺牲性命，损失财产，其所期望者，为出水火而登衽席也。乃十二年来，一岁数争，一地数乱，煮豆燃萁，阋墙自毙，全国同胞，辗转于刀兵水火之中，悲哀惨酷，何堪再受荼毒。今也此元首弃职，内阁解体，行政中枢势将垂绝。值此千钧一发之际，国人应平心静气主张正义，不宜有所偏激，稍存私见，倘谓北方政府弗足言治，不惜为根本之推翻，试问除此而外，统一全国之合法政府，又在何所？果西南联省有强力建国，我国民又何乐弗与赞同我国民救死不瞻，遑言入此出彼，但求维系国脉，又乌问属北属南。若以国家为孤注，利少数人之私图，视制宪为儿戏，殉党派之政争，酿战祸，肇分崩，只图以牺牲吾民为快者，我全国人民虽刀锯斧钺在前，亦万难承认。特于七月八日召集联席会议，公决七项进行。（一）由今日到会各法团公同组织北京各团体联合会议，作为永久机关。（二）电请国会议员维持国会机关，并如期完成宪法。（三）敦促政府容纳各方面意见，召集国会和平统一会议，解决时局上之纠纷问题。（四）由本联席会议通电全国各法团、各公团，征求组织全国和平会议、平议机关之办法。（五）希望国会于宪法完成后，依法举行大选。（六）推举代表并通电各方面征求对于时局之真正意见。（七）本日通过各案请全国一致协助进行云云。北京各法团、各公团联席会。庚。

（《中华民国史事纪要（初稿）》1923 年 7～12 月，第 23 页）

陈嘉会、牟琳等致孙中山电

（1923年7月8日）

孙中山先生、曹巡阅使、吴巡阅使、冯检阅使、王巡阅使、各省督军、省长、各团体、各报馆均鉴：

辛亥革命首义于南而获赞成于北。政府北迁，袁世凯厉行武力统一，而有护国之战，段祺瑞厉行武力统一，而有护法之战，与南方之民治主义迥不兼容，扰攘数年，终归失败。综计数次战役，不外民党与北洋派之奋斗而已，争战频仍，国势愈危，民生愈困。去岁以来，国人渐觉悟于武力之不可恃，乃群趋于恢复法统之一途，但南北误会，终未彻底解决，今欲泯除纷争，与民休息，非调和新旧势力不为功。中山先生创造共和，厥功至伟，其所提倡之兵工政策，实为救国要图。北方当局苟顺人心之趋向，为诚意之提携，共纾国难，使十余年不能解决之政治问题，一旦涣然冰释，其造福国家，宁有涯涘。故吾人认定北方实力派与南方民党首领，宜实行结合，共谋和平统一，时局始有平定之望，政治始有刷新之机。息事宁人，计无逾此。其它各派人士，同负国家重责，亦当开诚相见，各泯猜嫌，以定国危而苏民困，惟诸公实利图之。陈嘉会、牟琳、毕维垣、周恭寿、叶夏声、宋桢、王鸿宾、何畏、司徒颖、白常洁、王枢、符诗镕、王法勤、曹振懋、李镐、江天铎、李素、王敬芳、祁连元、王乃昌、王湘、潘训初、范毓桂、刘志詹、杜树勋、龙鹤龄、藏书云、刘凤翔、刘正堃、郭相维、金永昌、周玕、常恒芳、薛丹曦、王谢家、谷嘉荫、李春荣、蒋宗周、叶成玉、杨崇山、吕泮林、陈纯修、张敬之、王双岐、李景濂、李东璧、贾庸熙、张书元、常堉璋、张士才、张则林、齐守朴、韩增庆、郭熙洽、马英俊、邓毓怡、钱崇垲、张滋天、刘宗尧、杨肇锡、史泽威、景耀月、熙钰、张映兰、汪震东、李增葛、庄万钧、傅帅说、胡庆雯、姚翰卿、姚华、辛翰、萧湘、邓镕、吴作棻、刘尚衡、林鸿超、张廷辅、邓元、多尔吉、萧必达、徐万清、那德昭、那旺呢嘛、李澜、师敬先、孔昭凤、李含茎、彭占元、余司礼、吴莲矩、陈堃、陶毓瑞、李渠、郭光麟、黄佩兰、赵良辰、马文焕、王吉言、方德九、管象颐、张玉庚、赵正印、梁俊耀、阎鸿举、傅亦僧、裴清源、冀鼎铉、林炳华、黄明新、姜继、郭修、张全贞、张廷弼、魏郁文、任郁文、李增秾、杨增美、连贤基、董效先、张端、刘祖尧、郑化国、耿臻显、赵金堂、曾昭斌、赖德嘉、金镛昌、张联芳、毕宣、周泽南、赵诚、岳昌侯、刘炳蔚、李恩阳、万鸿恩、杨士鹏、陈绍元、谭文骏、谭瑞霖、高登鲤、钟麟祥、陈蓉光、雷述、李耀忠、张升云、周克昌、周之翰、陈铭鉴、周泽、于元芳、王志勋、王伊文、李凤威、李盘、李尧年、孙世杰、陈承基、李永发、孙炽昌、萧汝玉、南木勒、袁星熙、扎木苏、裘章淦、黄象熙、张金鉴、王茂材、江聪、邵长镕、夏寅官、罗润业、许峭松、阎光耀、谢翊元、崔怀灏、张世昌等。

（《中华民国史事纪要（初稿）》1923 年 7～12 月，第 23～24 页）

魏邦平致孙中山电

（1923 年 7 月 9 日）

广州孙大元帅钧鉴：

恭奉简任状开，任命魏邦平兼广东西江戒严司令，并奉令发戒严条例，暨船舶检查所组织条例及执行规则，等因。奉此。谨于歌日就任兼职，遵守条例，分饬执行。肃电呈报，伏乞睿鉴。魏邦平叩。佳。印。

（《陆海军大元帅大本营公报》一九二三年第二十号，7 月 20 日，“公电”）

曹埃布尔致孙中山电

（1923 年 7 月 11 日载）

中山先生大鉴：

公以未与武昌革命之勤，而欲贪手造民国之功。埃布尔不敏，曾盲从数十寒暑，只求有利于国，固不愿干不实之名。革命何事，原牺牲个人以求有益于大众，救垂亡之疆土，以存祖宗庐墓之灵。生斯长斯，谁甘奴隶。不意公一念称尊之私，强人盲从，纵己瞎闹。往事勿论，即此次之引狼入室，糜烂乡邦，开赌贩烟，拉夫勒索，大卖公产，遍招匪兵，甚至许广九铁路与粤汉接轨，使广东、湖南、湖北数省入香港政府之版图。以黄埔建筑，暗送英商，换得港督欢迎，以便即真于士敏土厂。似此卖国行为，与唆使日政府提出二十一条以倒袁，皆非革命方法。不仅此也，今闻又勾结英美商会，鼓吹共管中国之论，国民虽弱，困兽犹斗。若成事实，天下后世将以公为何如人。至于托杨度以降曹，背人心以取利，俱为人不取焉。埃布尔本革命天良，如假革命之名，以行卖国之实者，当大兴天下之兵以攻之，北洋正统更无论矣。曹埃布尔。真。

（《益世报》1923 年 7 月 20 日，“要闻二”）

陈策等致孙中山电

（1923 年 7 月 12 日）

万急。广州大元帅钧鉴：

我军今日反攻，敌已闻风先逃，舰队亦即抵德庆，现仍继续进攻。谨闻。海防司令陈策、指挥冯肇铭叩。文申。

（《陆海军大元帅大本营公报》一九二三年第二十号，7 月 20 日，“公电”）

杨希闵致孙中山电

（1923年7月12日载）

请增筑帽子峰要塞以固韶防。令复照办。

（《大公报》1923年7月12日，“各地要电”）

蔡巨猷等致孙中山电

（1923年7月12日）

特别火急。广州大元帅钧鉴：

国事蜩螗，天未厌乱，建国一纪，治丝愈棼，人祸天灾，伤心惨目，挽救乏策，有识同悲。湘省当南北要冲，为西南门户。溯自零陵首义，护法军兴，大义炳然，中外倾动。今大元帅孙公始肯顺从民意，毅然出任艰巨，迭更事变，终始弗渝。今日全国人心所以尚知尊重法律，不敢蔑视西南者，实基于此。不幸两稔以还，湘政丛脞，付托非人。赵氏恒惕本阴鸷之尤，赋残忍之性，自窃政柄，大肆神奸，阳假自治之名，阴行攘夺之实，军队为私斗器具，衙署成买卖机关，竭民脂膏，包办选举。而且克扣军饷，掯勒政费，公帑收入，悉饱私囊，与政系鹰犬、国人不齿之胡瑛，将吾湘财政命脉价值千余万元之矿砂暗行抛卖至民国十四年，仅索三百余万之贱价，所有用途秘不宣布，军饷政费未得分毫，议会公团查办无效，恃势垄断，一手遮天，诸如此类，罄竹难书。凡我国人，固皆有耳共闻，有目共见，久昭洞察，无俟赘陈。独其叛国祸湘，甘心投北，仇视异己，专逞逆谋。前湘督谭公，本护法中坚，民国柱石，赵氏受其卵翼，不以为德，反阴嗾爪牙，迫令退职，自取代之。若李韫珩，若张振武，若陈嘉佑诸公，均西南功臣，民党健者，赵氏嫉其不为己用，先后以暴力排除之。凡属有功护法，效忠西南之人，赵氏悉视为眼中疔，俎上肉，不遭骈戮，必被穷驱。犹复暗勾北兵来湘助虐，拱送湘省，扰乱湘西。文电往还，报端揭载，不惜以十年艰难缔造之业，供个人权利交换之资，尽撤南服屏藩，甘为北庭鹰犬。吾湘荣誉，扫地无余，尽弃前功，一落千丈，昔为功首，今作罪魁，众畔亲离，天怒人怨。近且益张凶焰，咄咄逼人，倒行逆施，党同伐异。推其毒痡所及，不至动摇根本、推翻全局不止，司马之心路人皆知，庆父不除鲁难未已，所谓乱臣贼子，人人得而诛之。本军久隶西南义旗之下，拥护元首，不易初衷，贯澈主张，期纾国难。内迫群情之呼吁，外怵国势之颠危，不有极大牺牲，何来真正幸福。为争回全湘人格计，为巩固国家根本计，不得不整饬戎行，诉诸武力，誓歼丑虏，取彼凶残，以谢国人，而除公敌。大义所在，忍无可忍，爰于本日宣布与赵氏脱离关系，恭奉大元帅任命，遵就讨贼军湘西第一军军长，本卫国救民之志，兴问罪讨逆之师。公等或握军符，或主清议，救民救国，早具同情，除恶除奸，决无反顾。务望同伸义愤，共张天讨，此实为全国存亡所系，尚不仅吾湘一省之关系也。总之，此獠不除，则西南之障碍未能扫荡，护法之大业难告成功。先锄内奸，再戡外乱，仅诛元恶，罔治胁从，插［歃］血誓师，天人共鉴。为民而战，为国而战，为正气而战，同仇敌忾，众志成城，国事前途，庶其有豸。谨布悃诚，伏候明教。讨贼军湘西第一军军长蔡巨猷、第一路司令刘叙彝、第二路司令田镇藩、第三路司令周朝武、梯团长何隆干、谭润生、毛炳文、彭寿恒、杨毓棻、陶在和，支队长杨再杰、邓庆章、周笃新、吴祥斌、徐礼刁、张松元同叩。文。印。

（《陆海军大元帅大本营公报》一九二三年第二十二号，8月3日，“公电”；《中华民国史事纪要（初稿）》1923年7～12月，第53～54页）

赵梯琨致孙中山等电

（1923 年 7 月 13 日）

永翔舰舰长兼海军舰队司令部参谋长赵梯昆［琨］呈大元帅元电海珠胡舰长鉴：志密。译呈大元帅钧鉴：

真、侵两捷电计达，侵电奉悉，永翔昨晚回驻德庆，昨今两日经我舰派队登陆巡查，并已布告安民，商民等异常欢颂，商店已全开市，秩序如常。昨电令后方军队前来接防，如第三师今晚全数抵埠，明晨拟由我舰护送至封川江口登陆，施行水陆夹击，以期早日肃清残孽。余续电。赵梯昆［琨］谨呈。元。印。

（《护法运动史料汇编》（一），第 472～473 页）

魏邦平致孙中山电

（1923 年 7 月 13 日）

急。广州孙大元帅钧鉴：

本日我军已悉数前进，三师及舰队已抵芙蓉关，一师亦续进，职部移至德庆。谨闻。魏邦平叩。元戌。印。

（《陆海军大元帅大本营公报》一九二三年第二十号，7 月 20 日，“公电”）

郑润琦致孙中山电

（1923 年 7 月 14 日）

广州孙大元帅、肇庆古主任钧鉴：

职部奉魏总指挥令，协仝舰队向悦城之敌施行炮击，敌损伤甚重，闻风胆落，率众逃窜。刻下我军追击至都城以上，西江可无问题。其率众来犯广宁之敌将沈荣光等，自六月三十起，连日与我剧战，至十二日，由职部旅长张祖荣督饬全旅分道进攻，战于古水，敌人被我包围，由军桥渡河逃窜，复受我军机关枪由对河侧射击，敌溺毙数百人，夺获枪枝数百杆，军米一船，俘敌营长蒋得平及重要军官黄德铤、彭得尌、张玖等三名。敌遗弃枪枝军实无算，四处逃溃，异常狼狈，我军仍向外峡追击中，务歼此丑，以安边陲，知注谨闻。郑润琦呈叩。寒。

（《陆海军大元帅大本营公报》一九二三年第二十一号，7 月 27 日，“公电”）

熊克武致孙中山等电

（1923 年 7 月 15 日）

万急。广州孙大元帅、国会议员诸先生、省议会、廖省长、各总司令、各报馆，天津黎宋卿先生、段芝泉先生、国会议员诸先生、省议会、各报馆，北京国会议员诸先生，上海何护军使、国会议员诸先生、章太炎、岑云阶、张溥泉、谭组安、汪精卫、柏烈武、张季直、马相伯、胡展堂、蒋雨崖［岩?］、杨沧白、谢惠生先生、各报馆，长沙赵省长，云南唐省长，贵阳刘省长、唐督办，奉天张总司令，杭州卢督办，各省省议会、省长、总司令、督军、护军使，各埠各报馆，成都省议会，省宪筹备处、省宪审查会、刘总司令、但前督办、石总司令、蓝总司令、陈督办、彭师长、刘旅长、孔代表、陶代表、高代表、李代表、戴代表、赵尧生、廖季平、徐子修、宋芸子、曾焕如、尹仲锡、周莘池、徐申甫、尹硕权、骆公骕、陈孟甫、文海云、颜雍耆诸先生，成都总商会、各校长、各法团、各机关、各报馆，内江赖总司令、吕总司令、余师长、张旅长、郑旅长，彭县刘师长，合州喻师长，顺庆何师长，重庆周师长，重庆总商会、各机关、各法团、汤师长、忠州贺旅长、长寿颜总司令、广安郑总司令、大竹陕军张总司令、叙府刘师长、嘉定陈师长、新津张总司令、大邑刘甫澄先生、保宁王旅长、剑阁陈纵队长、各道尹、各县议会、各知事均鉴：

克武曩与川中贤豪，协图自治，旋即解除军职，以践废督裁兵之约。乃自治宣布，既已三年，阻碍横生，宪章未就。虽兹事体大，非可旦夕程功，然揆诸草创初衷，方且引为深惧。讵意直系军阀，欲以力征经营天下，乘隙持衅，侵扰西南。尤复处心积虑，百计以造成川乱。于是纵兵深入，肄［肆］其趸毒，狼奔豕突，千里为墟，火热水深，怨声载道。既为自治公敌，实亦民国大憝。所幸川省军民，各懔亡省之惧，人怀致死之心，发愤图存，起而自卫，且举戡乱大谊，来相责勉。旋奉大元帅孙公电命，授以讨贼重任，议会诸公，各军将领，函电敦促，期望至殷。克武绵力薄材，曷克负荷？惟念于役革命，且二十年，目击艰危，未遑云补。川省父母之邦，今则寇骑凭陵，横施宰割。况复兆焰鸱张，变本加厉，黩武穷兵，尤［犹］未餍其欲壑，竟敢肇乱京师，觊觎非分。向所奉为法统，业已毁弃无余，有贼不除，国无宁宇。于此而尤怀诿卸，非直邻于畏葸，抑且负我宗邦，谨即拜命视师，奖率部众，用副我大元帅委托盛意，摩顶放踵，所弗敢辞。抑克武尤有请者，各省出师讨贼，固为目前切要之图，而国家建设方略，实乃百年不拔之计，施行虽容有后先，策画则无分缓急。民国成立一纪，政变迭兴，中央与行省权，从未明晰规定，国人安常习故，观听未移，甚或视中央为朝廷，拟疆吏于藩服，集权之说，俨然科律，暴力相激，动成反应。是以专制割据之流毒，相沾湔。极至曹、吴等辈，行同劫略，亦复伪托统一，诳耀群众，昧者不省，转相扇惑，变乱频仍，非无故也。大元帅孙公早见及此，郑重宣言，倡导自治。近顷海内耆硕，商榷政制，亦咸趋于一轨，心理大同，无间南朔。今后完成统一，发皇民治，舍此别无善策。所望高瞻远瞩，毅力主张，俾民国建设大业，早观厥成，我革命先烈实式凭之。敢布悃忱，敬候明教。川军讨贼军总司令熊克武叩。

（《中华民国史事纪要（初稿）》1923年7～12月，第76～77页；《陆海军大元帅大本营公报》一九二三年第二十五号，8月24日，“公电”）

附 熊克武致孙中山电

（1923年8月16日）

万急。广州孙大元帅钧鉴：

克武曩与川中贤豪，协图自治，旋即解除军职，以践废督裁兵之约。乃自治宣布，既已三年，阻碍横生，宪章未就。虽兹事体大，非可旦夕程功，然揆诸草创初衷，方且引为深惧。讵意直系军阀，谬欲以力征经营天下，乘隙持衅，侵扰西南。尤复处心积虑，百计以造成川乱。于是纵兵深入，肆其趸毒，狼奔豕突，千里为墟，火热水深，怨声载道，既为自治公敌，实亦民国大憝。所幸川省军民，各懔亡省之惧，人怀致死之心，发愤图存，起而自卫，且举戡乱大谊，来相责勉。旋奉大元帅孙公电命，授以讨贼重任，议会诸公，各军将领，函电敦促，期望至殷。克武绵力薄材，曷克负荷？惟念予役革命且二十年，目击艰危，未遑云补。川省父母之邦，今则寇骑凭陵，横施宰割。况复凶焰鸱张，变本加厉，黩武穷兵，犹未餍其欲壑，竟敢肇乱京师，觊觎非分。向所奉为法统，业已毁弃无余，有贼不除，国无宁宇。于此而犹怀诿卸，非直邻于畏葸，抑且负我宗邦，谨即拜命视师，奖率部众，用副我大元帅委托盛意，摩顶放踵，所弗敢辞。抑克武尤有请者，各省出师讨贼固为目前切要之图，而国家建设方略，实乃百年不拔之计，施行虽容有后先，策划则无分缓急。民国成立一纪，政变迭兴，中央与行省权，从未明晰规定，国人安常习故，观听未移，甚或视中央为朝廷，拟疆吏于藩服，集权之说，俨然科律，暴力相激，动成反应。是以专制割据之流毒，相沾未湔。极至曹、吴等辈，形同劫掠，亦复伪托统一，诳耀群众，昧者不省，转相扇惑，变乱频仍，非无故也。大元帅孙公早见及此，郑重宣言，倡导自治，近顷海内耆硕，商榷政制，亦咸趋于一轨，心理大同，无间南朔，今后完成统一，发皇民治，舍此别无善策。所望高瞻远瞩，毅力主张，俾民国建设大业，早观厥成，我革命先烈实式凭之。敢布悃忱，敬候明教。川军讨贼军总司令熊克武叩。

（《中华民国史事纪要（初稿）》1923 年 7 ~ 12 月，第 239 ~ 240 页）

赵恒惕致孙中山电

（1923 年 7 月 15 日）

广州孙大元帅钧鉴：

比年以来，国家频遭巨变，内争既烈，民困益深，现举国分崩离析，陷于无政府地位，外交无主，共管行将实现，而西南联治之局犹未及早完成，顾瞻前途，惄焉如捣。湘省主张联治，实行省宪，原非仅图一隅之安全，实欲各省先树自治之基，进而谋全国之福利。由分而合，殊途同归。顾自此义揭举以来，西南各省虽同有自治之趋向，而于联合进行之道，犹形涣散。推厥所由，则以此种非常之业，尚未得非常之人为之主持。伏思我公创造共和，力谋建设，禹稷为心，坚忍不拔，务恳提挈各方，主持大计，及时组织联治政府，实行和平统一。化兵为工，各大政策庶纲举目张，人心大定，兵弭乱靖，国本定安，恒惕当勉竭驽庸，矢诚翊赞。谨布愚衷，伏候裁察。赵恒惕叩。删。

（《护法运动史料汇编》（三），第 628 页）

魏邦平、梁鸿楷致孙中山电

（1923 年 7 月 16 日）

急。广州大元帅钧鉴：

铣午我军由封川进攻，与敌剧战于江口。至暮，敌军不支，溃走梧州，我军现正追击中。伤毙敌军人数及虏获军械数目，容再续报。谨呈。魏邦平、梁鸿楷叩。铣亥。印。

（《陆海军大元帅大本营公报》一九二三年第二十一号，7 月 27 日，“公电”）

冯伟致孙中山电

（1923 年 7 月 17 日）

大元帅钧鉴：

据韶州无线电报：始、雄、仁、乐早经我军先后克复，现分别派军驻防。沈逆向信丰逃遁。谢部不能成军。谨电呈报。冯伟叩。筱。

（《陆海军大元帅大本营公报》一九二三年第二十一号，7 月 27 日，“公电”）

冯伟致孙中山电

（1923 年 7 月 18 日）

大元帅钧鉴：

顷接肇庆无线电局转来前方捷电：梁军长所部李乃森部队今晨已入梧州。谨闻，余续报，合电驰呈。冯伟叩。巧

（《陆海军大元帅大本营公报》一九二三年第二十一号，7月27日，“公电”）

梁鸿楷等致孙中山电

（1923年7月18日）

提前万急。广州大元帅钧鉴：

捷报。本军铣日与敌剧战于虎斫江口一带，自晨至暮，血肉相薄，我军突进猛击，敌势不支，纷向梧州溃退，我军乘胜追击，长驱直入，降者甚众。逆将何才杰、邓瑞征、李耀汉等，率其残部向贺县方面溃退，本军即于今晨进占梧州，谨驰报闻。现在西江余孽幸告肃清，此后如何进止，愿率所部奉令，不胜仰企之至。军长梁鸿楷、师长李济深、旅长卓仁机、陈济堂、梁振楷、张振武叩。巧午。印

（《陆海军大元帅大本营公报》一九二三年第二十一号，7月27日，“公电”）

王均致孙中山电

（1923年7月20日）

万急。广州孙大元帅、朱总司令钧鉴：

职部奉杨总司令命令担任左翼战务，直达乐昌，扑灭谢逆，于阳日全部抵乐，该逆等已向九峰远退。除派队追击外，谨先电呈。王均叩。号。

（《陆海军大元帅大本营公报》一九二三年第二十号，7月20日，“公电”）

蒋光亮致孙中山电

（1923 年 7 月 23 日）

广州孙大元帅钧鉴：大本营各部长、次长、胡总参议、杨秘书长、张参谋长、朱参军长、蒋参谋长、滇军杨总司令、范军长、汤督办、廖省长、罗总监、孙市长、邹厅长、邓盐运使、李登同军长，惠州刘总司令、刘玉山军长、陈师长，博罗许总司令、各旅长，石龙卢军长、各旅长，梧州魏总指挥、梁军长、各师旅长，海防陈司令，江门古主任、周师长、各旅长，韶州滇军各师旅长钧鉴：

光亮恭奉大元帅简命为中央直辖滇军第三军军长，闻命之下，惭悚弥深，自维菲才，前领偏师，愧无裨补，荐膺巨任，深惧弗胜。徒以国事蜩螗，魑魅纵横，为国锄奸，宁敢或后，勉从帅令，爰于本日恭率所部各师敬谨就职。惟填海有心，救时乏术，诸公皆军界泰斗，当代名流，尚祈不吝箴规，俾免陨越。临电神驰，无任企祷。蒋光亮叩。漾。印。参谋长代。

（《陆海军大元帅大本营公报》一九二三年第二十二号，8 月 3 日，“公电”）

熊克武、刘成勋等致孙中山电

（1923 年 7 月 25 日）

广州孙大元帅钧鉴：

近年以来，国是纠纷，法纪系［紊?］乱，国民无力监督，权奸益肆披猖。曹锟、吴佩孚暴戾恣睢，把持魁柄，阻兵怙乱，贻祸家邦。前经川省各将领声罪致讨，近且明目张胆，躬行篡夺。迭接各处文电，罪状昭著，积案盈箧，凡我邦人，莫不痛愤。川省对于北廷，原未承认。对于曹、吴，亦既出兵征讨。然在曹、吴，一面犹假借中央名号，希冀涂饰耳目。今则唆使军警，迫走黄陂，挟持国会，妄希大选。所谓法统之说，即此已不攻自破。且以京畿首善，中外观瞻所系，而竟有此公然劫夺之事，说者拟为临城第二事变，良非苛论。似此狐埋狐掘，任意废立，宁独破坏纪纲，实已污辱国体，列邦腾笑，华夏贻羞。应请全国一致，共张挞伐，同申正气。并速组织合法政府，用维国本，庶不致因一隅之政变，影响及于国家之尊严也。驰电布臆，即维昭察。熊克武、刘成勋、但懋辛、赖心辉、吕超、石青阳、喻培棣、何光烈，余际唐、陈洪范，刘眷藩、蓝世钲、张成孝，刘国孝、张冲、郑英、王丽中、颜德基、郑启和叩。有。印。

（《护法运动史料汇编》（三），第631～632页）

附　四川各将领致孙中山电

（1923年7月26日）

万急。（余衔略）广州大元帅钧鉴：

近年以来，国是纠纷，法纪紊乱，国民无力监督，权奸益肆披猖。曹锟、吴佩孚暴戾恣睢，把持魁柄，阻兵怙乱，贻禍［祸］家邦。前经川省各将领声罪致讨，近且明目张胆，躬行篡夺。迭接各处文电，罪状昭著，积案盈箧，凡我邦人，莫不痛愤。川省对于北庭，原未承认。对于曹、吴，亦既出兵征讨。然在曹、吴一面初犹假借中央名号，希冀涂饰耳目。今则唆使军警，迫走黄陂，挟持国会，妄希大选。所谓法统之说，即此已不攻自破。且以京畿首善，中外观瞻所系，而竟有此公然劫夺之事，说者拟为临城第二事变，良非苛论。似此孤埋狐掘，任意废立，宁独破坏纪纲，实已污辱国体，列邦腾笑，华夏贻羞。应请全国一致，共张挞伐，同申正气。并速组织合法政府，用维国本，庶不致因一隅之政变，影响及于国家之尊严也。驰电布臆，即维昭察。熊克武、刘成勋、但懋辛、赖心辉、吕超、石青阳、喻培棣、何光烈、余际唐、陈洪范、刘眷藩、蓝世钲、张成孝、刘国孝、张冲、郑英、王丽中、颜德基、郑启和叩。宥。印。

（《陆海军大元帅大本营公报》一九二三年第二十五号，8月24日，“公电”）

杨庶堪上孙中山报告局势并陈述对时局意见书

（1923年7月26日）

先生钧鉴：

前奉手谕，嘱通知勿遽失望者，已登报转示。昨奉十九日谕，将俟少川（已得函，明日来此）返沪示之，得此，少川当益奋也。和赣之举，刘成禺君自北京来函，托转报钧座，谓黎一方面渠当竭力游说，黎已多所容纳；蔡处则少川负责与商，特谓如吴佩孚自由行动者，则无法止之。然据近息（奉张亦有屯兵关口之消息），曹吴暗斗甚烈，尤以我军在赣州发现（此件宜早宣示海内）南北两总统之秘约，为其决裂之导线，害人未有不自伤者也。据彭介石言，曹锟近有停止与陈逆交涉之意，而表好感于钧座。曹氏昏庸，本无足取，然利其内裂，亦未尝不可虚与委蛇也。

伯澜居心不甚可问，然尚畏清议，未敢北行，其党徒已多数向北活动，唯彭介石、何成浚则仍倾向钧座，歌功颂德，且有反对黎氏文字，或谓此亦手段，特吾人不宜苛责若是也。不独彭、何宜善用之，即伯澜行动，钧座亦宜伪为不知，渠固未尝有一语自外也。

章太炎老悖贪昏，已邻自杀，其旧学殊可惜也。

组安归诚钧座，至为笃实，未遽返湘者，徒以无款，遂无进行办法，儗待粤定再商。然函及专人，调陈嘉佑赴难，则闻变之初，即已行之。昨日陈嘉佑自许（在周田者）行营发电，托闽王永泉转沪致组安，谓其参谋王果已晤汝为，将攻罗昌，此生力军既与汝为等合，平贼亦易。陈之参谋长易绍英已派来沪，日内将赴粤面谒钧座，报告详情（前来沪所谈者能实行），易人极诚笃，来时可嘉奖之。西南诸省，仅得一陈嘉佑，真凤毛麟角也。

川军一、二两军已开战，权利之争，无足齿数，唯青阳则不免卷入漩涡，非真助，但余自身军队图存，非占得地域，不能生活，曩日曾请钧座赐济（月需十万元），粤变以还，遂不忍提及，独其名义亦靳而不与。渠又闻慧生电刘湘、杨森，谓其冒充，实则被委者为汉群，渠因痛愤，然不敢有一语怨钧座。青阳要为可共患难之党徒，川、粤相距太辽远，以是不能赴难，若有路可通，敢保其立即为陈嘉佑第二也。慧生必欲多方摧折之，使之愤，欲弃去，不识其是何用心？青近且有函约锡卿归率杨部，足见其公，非如所测之争夺者。堪非阿好青阳，以为如青之奋斗而以死许钧座者，吾党中殊为难得，以是不忍避嫌嘿嘿也。先生犹忆其夜出时不留一钱自私乎？以此见其志趣之佳，以身许国，非伪谈也。

钧座此次数四冒天下之至险，闻而感泣，国中舆论亦因以大变，尤以北京社会论调为奇，盖无不知敬此爱国之伟人者，天下事正自可为也。定粤之后，堪之愚以为不宜急。北伐军事行动，宜分三期：首期平定湘、闽；次期督促滇、川革命；三期乃可谋及武汉；金陵为最终之大举。何谓首平湘、闽？以赵通陈，逆迹已昭著，正宜助谭，扫除此獠，西南乃略有基础；闽有藏师王旅为应于内；浙卢亦从旁助力，以海军数艘，由汝为率陆队一二旅，即可平之。得闽则浙沪始得打通，虑亦可谋进行也，此首期之事也。次期则集合朱培德、杨、邓、张诸军，归逐滇唐；川以青阳为基，再联邓、田、刘或余际唐等，扫清降北之刘湘，此二省解决，西南之局始成；如黔省者，可不战而降也。得此而后，可图中原。北庭衅隙极多，不忧无机会也。是否有当，唯钧座垂察，并示介石、精卫、

汝为、展堂诸兄详筹之。如有驱遣，堪亦唯力足视，不敢有爱，海滨行急，总颂

勋安，不备

庶堪再顿首　七月廿六日

（党史会藏毛笔原件）

（《革命文献》第52辑，第552~554页）

梁若谷致孙中山电

（1923年7月26日）

万急。广州分送孙大元帅、许总司令（余衔略）鉴：

窃若谷束发受书，耻言功利，投笔从戎，志切杀贼。自辛亥以还，戎马频年，光复讨龙，不避艰险，援闽回粤，随师杀敌，常以马革裹尸自期。其它征桂援赣，靡不披坚执锐，策马前驱。去冬讨贼一役，波折迭生，忍辱求全，幸脱虎穴。嗣随吕师长春荣移师肇城，首攻沈逆，转溯高雷，肃清胡、申诸寇，旋奉各宪迭令职部驻防罗定，顾我高雷后方，西防桂边，南联两阳。讵沈逆残部，迭犯罗属，当经先后痛击，完全溃退出境，仰托大元帅威福，地方赖安。迩者西北两江，次第收复，东江余孽，实不足平，粤局底定，指顾间事，我辈军人，宜趁北庭非法政府溃乱之际，出师北伐，勘定中原，共枭曹、吴之头，以雪敷天之愤，冀我袍泽，戮力同心，推戴我大元帅行使大总统职权，早定国基，务达三民五权之主义，实行化兵为工之政策，民国前途，实深利赖。若谷锋镝余生，形骸度外，惟知拥护大元帅，服从许总司令，恪遵职守，保卫地方，联合各军，共图国是，南山可移，此志不易，皇天后土，实鉴此心。谨电奉闻，诸维亮察。东路讨贼军第四师第八旅旅长梁若谷叩。宥。印。

（《广州民国日报》1923年8月4日，“特别纪载”）

黄骚呈孙中山文

（1923 年 7 月 28 日）

呈为呈报移交事：窃骚前奉大元帅令，接收广东造币分厂，嗣以总办王国璇等延不就职，未能开铸，蹉跎逾月，无米难炊，诚恐覆悚贻讥，爰是避贤引退，当经于六月二十日具呈钧座，恳请辞去监督职务，旋于七月七日奉财政部训令，内开：查本年六月三十日大本营政务会议决定：造币厂归财政部直辖管理。业奉大元帅批定在案。兹查广东造币分厂停铸已久，亟应遴派人员前往接收保管，以资负责。查有何元钧、邱佩瑶、黄普康、黄作墉、邓兆贤、王宗成、秦慰常、伍其昌，堪以委任。除饬知该员等克日前赴该厂接收保管，合就行令该分厂遵照，妥慎点交，呈复察核，此令，等因。奉此。遵于七月十一日，先将关防一颗、小章一颗，交由委员何元钧等送呈财政部，封存在案，随将全厂机械、钢模、银、铜、镍、煤、物料、药品、器具、枪弹暨表册、簿据、存款、合同等件，依册逐一点交委员何元钧等接收保管，现已手续清完，理合具文呈报，伏希察核备案，实为公便。谨呈

陆海军大元帅

卸广东造币分厂监督黄骚

（《中华民国史事纪要（初稿）》1923 年 7～12 月，第 137 页）

朱培德呈孙中山文

（1923 年 7 月 28 日）

呈为呈请令行军政部按期发给前粤军伤废士兵月饷，以资接济，而示体恤事：案奉帅府谕交广州市市长孙科，呈称为呈请鉴核

事：窃据普济三院长巍畅茂呈称，奉案钧厅市字第四二六号训令开，现奉粤军总司令部第五四四号训令开照，得伤废官兵业经资遣回籍，该所亦已饬令裁撤，以节靡费在案。惟该所内一等伤废士兵徐中华等十八名，或则肢体全废，已失动作之机能，或则亲友俱无，难觅一枝之寄托，此伤废士兵皆从征有年，殊可悯念，亟应妥筹安置，以励有功。查男老人院，地方宽敞，足资容纳，合行令仰该市长即便转饬普济三院院长巍畅茂，拨出房舍，妥为收留。至该士兵等服装，每年发给冬夏衣各二袭，士兵伙食每名每月十元，按期具册来部请领可也。仰即转饬遵照，此令。计附伤废士兵姓名一纸等因。奉此，合行令仰该院长即便查照办理具报。此令。等因。计抄发伤废士兵姓名一纸。奉此。又本年一月十五日，由粤军总司令部先后函送伤废士兵李玉林等共七名，送院收留，业将该伤废士兵徐中华等十八名，及李玉林七名，拨出房舍，妥为收养，而服装伙食等，因粤军总司令部久已解散，无从请领转给，仍由属院供给伙食，现该士兵等，以无饷发给，日夕聚众滋闹，谓陆军医院各伤兵等，均有饷发，独令彼等向隅等语。查该士兵等，既饱食暖衣，自应安分以守规，不当纠众而滋众，院长不堪其扰，并恐有意外之事发生，第该伤废士兵徐中华等，前奉钧厅发下收养，理合呈请察核，迅将伤废士兵徐中华、李玉林等，共二十五名，另行安置，或资遣回，籍以免骚扰而杜意外，实为公便等情。据此，理合备文，呈请鉴核，伏乞训示祗遵，实为公便等，由下处窃查伤废官兵徐中华等二十五名，向隶属粤军，由前粤军总司令部令行市政厅转饬普济三院长巍畅茂收容，并按月发给该士兵等，每名每月伙食费十元，每年发给冬夏衣各二袭在案。现粤军总司令部名义既已取消，该伤废士兵等，亦无从领取此项费用，饥寒堪虞，情殊可悯，窃念该伤废士兵等，虽隶属前粤军总司令部，与此次受伤官兵微有区别，然皆从征有年，因战负伤，以致残废，无计谋生，倘不设法维持，任其坐以待毙，殊失我大元帅体恤伤兵之至意。且皆士兵等，既属残废，而废兵院尚未筹设安置，无从资遣回籍，需款又属不资，且仍不能久远生活，职再四思维，不如留养该院较为便妥，伏恳令行军政部仍援前粤军总司令部前例，发给该伤废士兵等月费十元，并衣服等项，以示格外体恤，一视同仁，在该士兵等，雨露普沾，敢忘覆载之恩，而我大元帅仁声远播，大张怀柔之义。是否有当，理合呈请鉴核训示祇遵，实为德便。谨呈

大元帅

参军长朱培德

（《中华民国史事纪要（初稿）》1923 年 7～12 月，第 138～139 页）

邓演达致孙中山函

（1923 年 7 月 29 日）

先生钧鉴：

廿七日因前方伙食断绝，李师长特派达回省向古主任及省长各处卧索，正在交涉中，而得晤路参军及萧秘书，始悉先生已回电调达部返省，且待达多日，至为讶矣［异?］。前方仅接得钧电一封，当时以梧州初克，秩序未复，诸待维持，布防亦未可缓，故李师长意暂缓返省。其余三电均未奉到，消息迟滞如此，可恼实甚。倾［顷?］因欲将梧市近况报告一切及请示达部行动，故特由省专车到龙。讵先生已于昨早往前方，达因所受任务系于三日内，必须领得三万元方能返梧，故不敢再往前方，致延时失事。兹特托东路总司令部宋参议世科带上大本营秘书处托带公文及将达所欲言者陈之如下：

1. 梧市自为我军占领后，沈部之邓瑞征已退至平乐、桂林，其何才杰则往八步贺县。沈荣光等仍在怀集，张希拭残部七百人则退大江、平南附近。

2. 与我军初次接头退出梧市之原桂军首领有蒙仁潜、冯保初、

黄绍竑三部。自我占领梧市后，蒙则夜逃藤县，显系情虚；冯则虽四出媚我以求保全，实则彼出身土商，老奸巨猾既成习惯，且并无绝沈奉我正朔之表示，其为暂避风头，希图将来复发，亦自无可疑；惟黄绍竑一部，虽原来基干仅得千余人，而其干部均学生为多，皆青年有志之士，自命为广西陆军正派，其目沈鸿英、林俊廷等逆直为土匪流氓，而不肯为伍，故此次挺身而出为我军助，压迫梧州诸逆后路，得成梧克复之功，且追击张希拭部，毙其团长一、营长一，又追缴蒙仁潜部枪四五百枝。凡此种种，皆为决心附我，为国家干城之表征，人人皆知之者。至于彭某新收之部，号称讨贼第一军，大率土匪流氓，毫无战斗力，此广西附义军队之一般情况也。现黄绍竑部力与我军长官及达陈述冯保初之不可靠，拟即效对江门陈德春之法，达亦已允与之协助，大约日间即可妥办矣（请先秘密）。

3. 大局如此，达以为广西事务总可以算有一段落。然不可不更为留意：即第一，须树立一确固之屏藩，以纾吾人西顾之忧；第二，须得一有威有望之长官以资整理，冀为国家之助。属于第一，则现须妥为编配附义各军及与其它各军妥为接洽；属于第二，则须迅为决断，派定收拾桂局大员。此二事，均请先生早日决之，以免桂人疑虑，失此良机也。

4. 李师长自闻先生任彼为西江善后督办后（命令尚未奉到），彼即决意表示不能就任，无论如何必须固辞。此中原因有二：第一，则魏总指挥、梁军长将因此任命而永不返梧负责，而处此困难之际，李师长自问确难于综核一切；第二，原西江范围太大，上自梧州，下至江门四邑，举以加入范围，则西江督办已分广东全省之半，而职权并未规定究竟。一方面，须布置防务，无整理地方筹措饷项之余力；一方面，则如周之贞、陈策等等，大抵地丑德齐，若令李师长督之，必不能妥协而愉快，此李师长决不愿就之实在情形也。达以为事无论大小，总以能妥办为善。若徒加以大名，而实际徒臃肿自陷，原公私均受其害，亦无怪李师长之不就也。

李师长系梧州人，对于梧州善后当必负责，若以梧州善后督办名义强之，彼必不敢固辞也。此层请先生注意，日间彼必来固辞西江督办事。

5. 现西江部队劳逸丰歉不平太甚，打仗者已大损官兵，复无所得食，已断火食十余日，在后方（如江门各部队）者已极安乐，又多得钱。此种情况，均在无一考查负责之人，致有此病。现湘翁又辞去，更无人负责，将来饷项更无着落。请先生注意西江部队接济方法。

6. 达部现在梧州，负维持梧州全市治安之责（梧州治安极佳，胜过江门、肇庆远甚。因联军入梧后，决定不干涉财政、民政，现各处均由桂人公举办理），恐一时不能返省。如先生定有别种任务令达担任，则请再电知李师长办理。如不甚急，则可暂调一营返省巩［拱］卫帅府。达自己或随先生或留梧州均无不可也。

7. 达决明后日即携款返梧，以安定军心。

邓演达　谨呈

中华民国十二年七月廿九日于石龙车站

（《邓演达文集新编》，第437~439页）

赵士北致孙中山函

（1923年7月31日）

为呈请事：查司法官吏关系人民生命财产，其甄用原有一定之资格与程序。无如近数年来，司法用人，省自为政，几无谓资格与程序，滥竽充数，司法遂日见败坏。迨民国九年，前司法部部长徐谦有回复司法统一办法，呈请批准通行在案，而其时广东适筹备司法独立，增设各县厅庭，由广东高等审判厅厅长陈融办理，粗具规模，经将任用法官呈由前大理院长兼管司法行政事务分别呈请任命，方期司法用人可渐归统一。乃政变遽起，继任广东高等审判厅职务者为莫鸿秋，竟将陈融任内委用人员多所调换，派委亲戚子弟至伍岳受事，又经任意更动，贿声四播，民怨沸腾，推厥原因，法官资格规定本极从严，只以护法军兴，政务不免停顿，如法官考试即碍难举行，而当事者又迫于用人，自不得不通融委任，旁及荐引，资格既不尽合，品学尤所难知，体厥初心，尚非得已，惟藩篱既破，积久遂视法官为无足轻重，可以意为支配，坐使神圣法曹之职，而为位置私人之地，人民痛苦其何以堪。况当各国考察司法团，定将来华，苟见西南司法败坏至于此，极恐收回领事裁判权固为无望，而护法政府亦将为外人所轻视，此士北奉令兼管司法行政，所日夕兢兢业业，不避劳怨，期加以整理者。兹谨拟司法官甄别章程十一条，司法官任用章程八条，以示范围，而杜冗滥，期副大元帅慎重司法用人之至意。理合缮具清折，备文呈请鉴核公布施行。谨呈

大元帅

大理院长兼管司法行政事务赵士北

司法官任用章程

第一条　司法官之任用，除特任职及大元帅特擢者外，依本章程规定行之。

第二条　简任司法官资格如左（下）：

一、曾任高等审判厅、庭长，高等检察厅首席检察官三年以上者；

二、曾任地方审判厅厅长、地方检察厅检察长三年以上者；

三、曾任司法部参事、司长三年以上者；

四、曾任简任官一年以上，而有应司法官考试资格者；

五、曾任推事检察官十年以上者。

（说明）查司法人才现尚缺乏，故本条改订简任司法官资格，比四年七月部定简任司法官资格为较宽，以广登进而资应用。

第三条　荐任司法官资格如左（下）：

一、曾经正式任命者；

二、考试合格者；

三、甄用合格者。

第四条　凡简任缺出，应由兼理司法行政事务之大理院长，以具有第二条所列资格人员开单，呈请大元帅简任之，但确系贤能，才堪重用，曾任推荐者，得由院长切实保荐，呈请大元帅特擢之。

第五条　凡院外荐任，推检缺出，应由各省高等审判厅厅长、高等检察厅检察长，就具有第二条所列资格人员中，遴选相当人员，叙明资格、履历，每一缺预拟二员，呈院派署，厅长缺出，径由院派署。（说明：系参照五年十一月三日部令规定。）

第六条　荐任司法官若因疾病死亡，或有特别事故，急需遴员接代时，高等审检厅得派员暂代，但须实时依照前条办理。

第七条　荐任司法官除曾经荐署现请改署、曾经荐补现请改补者外，其由派署拟改为荐署，由荐署拟改为实任者，应悉依照四年一月二十三日、四年四月二十九日部饬办理。

第八条　本章程自公布日施行。

司法官甄别章程

第一条　凡未经司法官考试合格，或未经正式任命者，应依本章程甄别之。但有甄别委员之资格者，不在此限。

第二条　甄别由甄别委员会行之。

第三条　甄别委员会以大理院长为委员长，以左（下）列各员为委员：

一、总检察厅检察长

二、兼理司法行政事务主任

三、大理院庭长

四、大理院推事

五、总检察厅检察官

六、高等审判厅厅长

七、高等检察厅检察长

八、中央政府所在地地方审判厅厅长

九、中央政府所在地地方检察厅检察长

第四条 凡现任及曾任推检人员，有应司法官考试资格，或领有律师证书，无法院编制法第一百十五条所列情形者，均得依左（下）列程序甄别之：

一、现任推检人员应由该管长官调取该员毕业证书、历次任状及经办文件加具考语呈会审查；

二、曾任推检或领有律师证书者，应由该员检具足以证明其学识经验之著作档，凭证自行呈请审查。

第五条 审查之方法如左（下）：

一、审查毕业成绩

二、审查办案成绩

三、审查其著作

四、审查其行检

五、审查其经历

第六条 甄别委员会开审查会时，非全体委员过半数之出席，不得开议，非出席委员之过半数，不得议决可否，同数时，取决于委员长。

第七条 审查合格者，给予甄别合格证书，甄别合格证书每张征费大洋二十元。

第八条 凡现任人员，其毕业证书及文件任状，因有特别情形，无从缴验者，应觅具荐任司法官五人具结证明，其资历及事由，日后如查有虚冒，除将甄别合格原案注销外，另就该员及保证人施以相当之惩罚。

第九条 凡现任人员经甄别委员会审查不合格者，即行开缺。

第十条 甄别期间为一月，期满后即行闭会。

本章程自公布之日施行。

（《中华民国史事纪要（初稿）》1923 年 7 ~ 12 月，第 154 ~ 157 页）

许崇智致孙中山电

（1923 年 7 月 31 日）

万急。自抄送博罗大元帅钧鉴：

广州大本营胡总参议、杨秘书长、各部长、廖省长、魏总指挥、李军长、罗总监、滇军杨总司令、范军长、蒋军长并转各师旅长、梧州李督办、郑师长钧鉴：

据王所长懋功俭电称：我第八旅张旅长民达，率部于宥晚由永湖袭击白芒花之敌，懋功于沁晨率一、三两旅向正面攻击，激战至沁，已遂将该敌击散，占领白芒花。我第八旅夺获机关枪数挺、步枪八百余枝、子弹一百二十余箱，俘敌团长、营长各一员，敌兵八百余名；第一、三旅亦夺获敌枪数百枝。现残敌向平山溃窜，状极狼狈，我军正在追击中。查是役敌为熊略之两团，黄凤纶部之一团，共约三千余人，被俘既如上述之多，死伤亦达数百，战斗力已消灭殆尽，我军伤亡甚少等语。谨闻。许崇智卬。世。

（《陆海军大元帅大本营公报》一九二三年第二十四号，8 月 17 日，“公电”）

古应芬致孙中山电

（1923 年 8 月 1 日）

孙大元帅睿鉴：

奉钧令开：大本营驻江办事处暨西江筹饷督办，着一并克日裁撤，所有西江流域由梧州至江门以及四邑各处地方，一切善后事宜应责成西江善后督办切实办理。等因。遵即分饬所属，将一切经办事项及收支数目，赶紧清厘，专候李督办接收，应芬即卸去本兼各职。念应芬奔走年余，不遑少息，幸收寸效，已极疲劳，得卸仔肩，无任欣慰。除电催李督办从速来肇接替外，谨闻。应芬呈叩。东。印。

（《陆海军大元帅大本营公报》一九二三年第二十四号，8月17日，“公电”）

陈策等致孙中山电

（1923年8月2日）

广州大元帅孙钧鉴：

七月念六日发下手令，着职等各率所部会同前赴小榄地方，克日将土匪剿除，等因。奉此。遵即会合两部，水陆并进，分途兜截，幸藉德威，该匪闻风逃窜，地方乂安，理合邮电呈报，以纾廑念。陈策、周之贞同叩。冬。印。

（《陆海军大元帅大本营公报》一九二三年第二十四号，8月17日，“公电”）

四川省议会致孙中山电

（1923年8月3日）

广州孙大元帅钧鉴：

昨接黄陂蒸电、王承斌元电、国务院删电，具悉。曹、吴嗾使军警，逼走黄陂。虽文词各异，而情实相同。直系奸谋，至斯毕露，法统之论，不攻自破。凡我邦人，当共声讨。讵意国务院与少数国会议员，竟不惜赴势趋炎，助纣为虐。一则摄行总统职权，直逼黄陂退位；一则主张改选总统，藉拥曹氏登台。人欲横流，廉耻道丧，国本不立，何以图存。查国务院，系由阁员组织而成。据闻旧阁员既已总辞职，而新内阁复未经成立，则该院向无人负责，何能摄行大总统职权。况黄陂寒电、该院盐电，久未宣布，中心有迫胁等情，不堪告人之隐，尚当索此电，列为罪状，以供声讨，而该院删电之主张，自当认为无效。查国会议员中尚多自好之士，而主张国宪完成后，再选总统者，亦不乏其人。少数议员主张，自难成为事实，万一成为事实，开会选举总统，而曹、吴亦不能当选有效，非仅谓曹、吴为现役军人，应在限制之列，实因此事曹、吴明目张胆，以金钱武力谋窃大位，致酿政变，震惊海内。如彼亦当选总统，则此恶例一开，而军阀篡夺总统之举，必接踵而生，民国前途何堪设想。况国会自身尚有问题，任期早已逾限，复有民六议员诸非法分子杂糅其中，能否行使选举总统之职权，已属疑问，矧欲选举叛人曹、吴而为总统乎。吾省宣布自治以来，对于北方之国会、总统均未承认。去岁黄陂复职，号为法统重光，本会曾经通电驳正。今以黄陂复职，而复主张声讨曹、吴。诚以法统之说，虽属荒唐，而曹、吴者，既以此号召国人，若能始终不渝，情犹可恕。乃何以去岁奉直战后，须利用黄陂出山，则尊之为法统，不惮再四派员往迎，而吴佩孚且有生死以之之语。曾几何时，遂视黄陂为寇雠，不惜假手军警，逼迫出走，复授意王承斌拘留新站，胁其交印，败法乱纪，莫斯为甚。岂曹、吴之所谓法统，不妨自造自毁耶。今日有利于我，则可奉之若神明。明日有害于我，则可弃之若敝屣耶。狐埋狐搰，殆不足以喻之。嗟乎！年来曹、吴戴此法统之假面具，以谋遂其北洋正统宰制中国之野心，西图黔蜀，南扰闽粤，而祸吾国家，其罪亦不可胜诛。今并此假面具，而亦破坏之，吾人安得不声罪致讨哉。数月以来，内忧外患，纷至沓来，旅大问题，未经解决，临城劫案，复又发生，此〔存〕国家危急存亡之秋也。以曹、吴之责大任重，不思所以御侮救亡，而及汲汲进行所谓最高问题，所谓大典筹备，斯已悖矣。且不择手段，不计利害，悍然冒大不韩［韪］而为之，有若中国可亡，而总统不可不争者，苟非丧心病狂，谁肯出此。今者，黄陂出奔，内阁瓦解，此北京政府消灭无形，而国会处于奸威之下，复不能本其自由意思以行使职权，则另行组织政府之举万不可缓。除请各省一致声讨曹、吴外，并希从速组织政府，以奠国本，而系人心。迫切陈词，伫候明教。四川省议会。江。印。

(《中国民国史档案资料汇编》第四辑（一），第215～216页)

林云陔致孙中山电

(1923年8月6日)

广州大元帅钧鉴：

伏读大本营第二十二号公报第三百五十号指令《大理院呈拟司法官任用暨甄别法官办法》，请鉴核公布由，令开：呈及章程均悉，所拟及甄别法官办法，应俟详加核议，再行饬尊。现时本省高等所辖各地方审检厅长，除业经任命外，应由院派署。其高等各厅及各厅、庭长、推检、高厅书记官长等，应由各该厅直辖高等厅审检长，先行分别派代，俟考核确能胜任，再呈院核明转呈任命。至各厅、庭书记官长、书记官，由该直辖高等厅直接任免，以专责成而利进行。仰即遵照并分令高等厅一体遵照办理，等因。现尚未奉大理院转行到厅，应否遵照办理，除呈大理院外，谨电请示遵。代理高等审判厅厅长林云陔叩。鱼。印

(《陆海军大元帅大本营公报》一九二三年第二十四号，8月17日，“公电”)

颜德基致孙中山函

(1923年8月8日)

大元帅钧鉴：

前曾肃笺上达，谅邀钧览。基自转战梁万，而后即取道垫临，

欲以直捣渝城。迭经剧战，于八月三号始将邻水取得。而青阳所部汤、周两师亦于此日克复涪州。现在由南川、涪州、垫江、邻水以达广安、合州，直与成都声气相通，数千里间一大包围局势。北军孤守渝城，四面被困，各方友军咸已约会，不日百道俱兴，环攻渝城，聚而歼之，已可立待。惟闻洛吴又促王汝勤入川，有由宜开拔之说。幸敌军运兵之轮四只，均经基前在忠州击坏，彼之援兵，运动不灵。计彼入川之日，渝城之敌当已溃败矣，川局前途颇抱乐观，请释钧念。报载韶关、梧州、南雄均已克复，此固我公之德荫，抑亦中华人民之大幸也。乘屡胜之余威，会师武汉，直捣燕云指顾间耳。距跃三百，遥为致贺，肃颂

钧安，伏维崇照

部下颜德基叩

八月八日于四川垫江县

（《陆海军大元帅大本营公报》第二十七号，9月7日，“公文”）

叶恭绰呈孙中山文

（1923年8月10日）

呈为拟定整理纸币救济财政办法，仰祈鉴核事：窃广东省立银行纸币自停兑以来，国计民生两受其害，推原其故，实由于前此发行过滥，办理失宜，致使社会上纸币供求未能适合，故一蹶以后，政府之信用既失，人民之痛苦顿深。恭绰自管度支，倏逾匝月，日与各界人士及僚属苦心研究整理办法，参以各方条陈意见，窃以省立银行所发纸币，其账目颇多疑义，即应否全数承认，议论亦多异同。惟此项纸币多已流入人民手中，虽大抵系以低价得来，未必曾受如何损失，然为政府信用计，自不应置之度外。第粤省现值军事时代，军、民、财三大政尚未完全统一，若欲为无限制之兑现，无

论时机皆不许，且以经济及财政现情而论，若无标本兼治办法清厘旧案，即以别启新机，恐仍为易涸之泉，稍通复塞，即人民之痛苦亦终无了日。不得已，商拟统筹兼顾之策，以图久远，即以是策，目前不敢云兑，对商民或庶几稍资补救。查广东省银行发行纸币，照该行清理处报告，为数系三千二百余万元，现时市价几等于零，而此种纸币辗转流通，已成为一种物品性质，若由政府筹款照市价收回，未始非一劳永逸之计。惟政府既无从得此整款，且目下市面因缺乏纸币流通之故，极感困难，故设法使此项纸币恢复其流通之力，其重要实与兑现相同，而兑现之与流通，亦复有极大之因果关系，故二者不能不兼营并进。而粤省财政之败坏，固由地方之未统一及行政系统秩序之紊乱，而财政与市面金融及社会经济，向缺切实之提挈互助，亦实为一大主因。盖粤省货币之流通，只有硬币中之银辅币一种，致消息全操于港币，银行按揭、证券交易，尤多以不动产及股票为本位，而绝无纸币公债之流通，此其间逐年耗失为数不知若干，故粤省经济表面虽号繁荣，而实难期发展。此际妥筹补救，第一须确定货币基础，第二须养成证券流通习惯。兹二者以从前政府失信之故，此后惟有公开示信，确定一贯之策，以经理权责完全分授之人民，政府为之巩固初基，俾其徐归正轨，庶信用得渐恢复，财用亦藉宽舒。兹谨参酌以上二项要义，酌拟整理纸币办法七条附呈钧核，至所拟各项办法，系以人民个人经济状况各各不同，必任其择一而从，庶冀推行无碍。实行之际应一律授权于法团办理（如商会等），政府有保障而无干涉，其精神所在，则在收回以前失信之纸币，而为以后各种证券昭信之初基。至详细办法，各有专则，并附于后，倘政府不久能筹有巨款，为多量之兑现，尽可提前办理，容再体察情形拟请钧裁。抑恭绰更有请者，今日粤省财政，正如虚阳病体，攻补两难，必须疏滞培元，逐加调养，方有复原之望。一切治法似未能骤拘成例，即如发行纸币，本政府之特权，然各国规例，亦不一律，亦有可以通融办理者。粤省今日商业日趋呆滞，实缘官商两方均无可以流通之纸币之故，政府欲恢复信用，发行纸币尚非旦夕所能。窃意可以特别准许各商行自办商库，联合发行纸币，政府为之定其额数，加以监察，庶市面得流通之益，金融无扰乱之虞。我大元帅视民如伤，度必特蒙鉴允，此又恭绰所敢仰承德意，轻以渎陈者也。所有酌拟整理纸币各办法，理合呈明鉴核，伏乞明令施行，除俟奉后准，再行分别拟订详章，呈请公布外。此呈

大元帅

大本营财政部长叶恭绰

办法总纲

谨将整理前广东省立银行纸币办法录呈钧鉴

计开

整理省银行纸币办法总纲

（一）省银行纸币（以后省称纸币）发行大数为三千二百万元有奇，拟自奉令日起，限于两个月内，一律送交整理纸币委员会（以后省称委员会）检验盖戳（附件甲）。

（二）凡经盖戳之纸币，一律十足兑现，统由整理纸币委员会办理。

（三）检验办法：凡送来纸币一百元，由委员会将其中五十元公开销毁，其余五十元俟盖戳后，分别交回本人及政府（即财政部），其交回本人办法：凡票面一元、五元、十元者，按十成发回二成，其票面五十元、一百元及二毫、五毫者，按十成发回一成，余即交回政府（即财政部），余类推。

（四）按照前项办法，以省银行纸币大数三千二百万余元计处理如左（下）：

（甲）销毁十分之五，共计一千六百万元（零数从略）；

（乙）交回本人十分之二或一，共计四百八十九万元（零数从略）；

（丙）交回政府十分之三或四，共计一千一百十一万元（零数从略）。

（五）除销毁外，市面流通额实减为一千六百万元，此一千六百万元除兑现一项，预定一年办毕外，其余应设法于半年内收回清讫，其办法如左：

（甲）兑现四百三十二万元，拟一年办毕；

（乙）流通券等消纳一千二百五十万元，拟半年办毕（附件丙）；

（丙）银行股本消纳四百万元，拟半年办毕（附件丁）；

（丁）搭缴欠饷及其它出售官产等消纳二百万元，拟半年办毕（附件戊）。

合计二千二百八十二万元，以较市面流通额一千六百万元尚多六百八十二万元，因以上四项，除第一项外，其余确数难定或有时互有出入，姑从宽预备如上。

（六）半年以后尚有存在市面之此项纸币，以公开销毁继续兑现换发新券各办法消减之，使财政上另开新局。

（七）未完全消减以前，政府应用下列方法维持其价格：

（甲）公私机关出纳一律收用；

（乙）设法流通于全省各属；

（丙）速组能维持信用之金融机关，及速办省银行之善后。

（八）本总纲自呈奉大元帅核准施行。

中华民国十二年八月十日

附件甲　检验前广东省银行纸币办法

（一）受检验之省银行纸币，暂以省银行清理处查实报告之数为准（即约计总数三千二百万元有奇），详细手续另由财政部定之。

（二）凡持有前广东省银行纸币者，自本办法公布日起限于两个月内，一律持送整理省银行纸币委员会（以后简称委员会），加盖戳记，以凭陆续兑现，其逾限不送委员会盖戳者，即作废纸。

（三）已加盖戳记之纸币，其兑现由委员会经理之。兑现之详细办法另由委员会议定呈报财政部核准施行。

（四）政府指定造币厂余利，每日约一万二千元，充陆续兑现之用。

（五）造币厂应俟纸币开兑日起，每日将此项余利，径交委员会公开兑现，每日以免［兑］尽此项余利之数为度，如未兑尽，即滚存，归次日兑现之用。

（注）现在交涉关余，原备以一部分充整理此项纸币之用，如有成效，或筹得其它的款，当提前多兑。

（六）该项纸币，按照近日市价从优规定如左（下）：

（甲）票面二毫、五毫者，一折；

（乙）票面一元者，二折；

（丙）票面五元者，二折；

（丁）票面十元者，二折；

（戊）票面五十元者，一折；

（己）票面一百元者，一折。

（七）依以上办法，委员会应将持票人送来纸币加盖戳记后，即按照上列折合成数，交回持票人，以便凭以兑现，其余分别销毁及交回政府。

（注）例如送来十元票面之纸币一百元于盖戳后，除以五十元归该会汇总销毁外，即照前条折合办法交回二十元与持票人，以三十元交回政府，余类推。

（八）凡持票人送来一元及一元以下小毫纸币，照前条办法难于分配时，应另定相当办法办理。

（九）凡应销毁，及已兑现之纸币，由委员会会同政府公开销毁。

（十）凡已盖戳未兑现之纸币，在兑现未竣以前，所有政府各征收机关应一律准商民搭缴各项捐税，其成数另行分别定之。

（十一）本办法自奉核准日施行。

附件乙 整理广东省银行纸币委员会章程

第一条 本会为整理前广东省立银行纸币而设由左（下）列各员组织之：

（甲）广州总商会会长

（乙）银业公会会长

（丙）广州市参事会首席参事

（丁）广东商会联合会会长

（戊）七十二行商推举代表一人

（己）九善堂推举代表一人

（庚）总工会会长

（辛）政府代表二人，由财政部、省长各指派一人

第二条 本会由委员中推选委员长一人、副委员长一人，凡本会一切事务及对外各事，由委员长、副委员长共同负责。

第三条 本会之职权如左（下）：

（甲）检验纸币及盖戳；

（乙）照整理办法之分配；

（丙）纸币之保管；

（丁）焚毁纸币之监察；

（戊）整理纸币之报告。

第四条 本会委员对于本会执行职务皆有分担及监察之权责。

第五条 本会委员每日须公推二人以上轮流到会常川办事。

第六条 本会设秘书四人，事务员若干人。

第七条 本会对于检验及焚毁纸币之数目，应以本会名义按月登报宣布。

第八条 本章程自公布日施行。

本会办事规则另行规定呈报财政部核准备案。

附件丙 有价证券消纳纸币办法

（一）政府为整理省银行纸币起见，发行有价证券三种如左

（下）：

甲：广东利市有息流通券（以下简称流通券），其定额为一千万元，月息六厘；

乙：造币余利凭券（以下简称凭券），其定额为三百万元，月息六厘；

丙：广东整理纸币定期有息证券（以下简称定期证券），其定额为一千二百万元，周息七厘。

以上三项须由各该券之基金委员会盖戳后方能发行。

（二）流通券拟规定搭收前省银行纸币二分之一，计共收回五百万元，并收现银五百万元。

（三）流通券还本付息之基金由政府授全权与广东盐务稽核分所，在广东盐税项下每月提拨的款足敷还本付息之用者，径自拨存基金委员会所指定之中外殷实银行专款存储。

（四）流通券自发行满六个月后，每月用抽签法还本付息一次，分二十五个月还清，每次抽还百分之四。

（五）凭券发行时，拟规定搭收前省银行纸币百分之二十五分，但应折半计算，计应收回纸币一百五十万元，并收现银二百二十五万元。

（六）前项凭券之基金，由政府提拨造币厂余利，每月三十万元充之交，与基金委员特别存储，预备还本之用，其利息另由政府拨款充之。

（七）前项凭券分两次发行，每次发行一百五十万元，均自发行后第二个月起，分五个月抽签，每月还本并付息一次，每次抽还五分之一。

（八）定期证券拟规定搭收前省银行纸币二分之一，计共收回六百万元，并收现银六百万元。

（九）定期证券还本付息之基金，由政府指定省河租捐，及全省印花税之收入充之，并先指定官产之一部分作为该项基金之担保品。

前项省河租捐及全省印花税，由政府完全交与基金委员会经理，并由政府协助其进行，其省河租捐并由广州市公安局实力协助，其施行规则另定之。

（十）定期证券自发行满一年后，分十年还本，用抽签法每半年还本一次，每次抽还百分之五，其利息亦每年分两次发给。

（十一）流通券与凭券及定期证券应各组基金委员会，由政府授权，与各法团公推代表，任为委员，与政府所派代表共同办理（财政部省长各派代表一人）。

（十二）基金委员会最大之权责，在维持该券之信用，及保护持券人之利益，监督各该券之发行及查核搭收之纸币数目等。

（十三）搭收之纸币以曾经整理纸币委员会检验盖戳者为限，应随时分别送交整理纸币委员会定期销毁。

（十四）政府指定之基金作为定案永不变更，各该券本息未还清以前，无论何项机关或有何项要需均不得挪借或移用。

（十五）流通券自发行日起、凭券自中签日起、定期证券之本票息票自本息到期日起，无论政府、机关暨市面一律通用，不得拒绝收受。

如有伪造及毁损其信用者，依法惩罚之。

（十六）本办法自奉核准日施行。

附件丁　银行股本消纳纸币办法

一　另设官商合办银行一所，拟定名广东民信银行，按照股份有限公司组织，其章程另定之。

二　银本资本总额定为二千万元，先收一半，计一千万元，官股占十分之二，计二百万元，商股占十分之八，计八百万元。

三　官股之二百万元由政府照拨。

四　商股之八百万元，准于缴纳股款时，收现银四百万元，并搭收省银行纸币五成，其详细办法另以招股章程定之。

五　除股款搭收纸币外，银行应按左（下）列办法酌量情形代政府分别搭收纸币，其搭收成数由银行秉承财政部核定办理，另以专章定之：

（甲）有奖储蓄存款

（乙）有奖储蓄券

六　凡银行所搭收，或代政府收回之纸币，由政府以价值相当之有价证券向银行换回，分期销毁。

七　凡银行搭收，或代政府收回之纸币，均以曾经整理纸币委员会检验盖戳之纸币为限。

八　曾经检验盖戳之纸币得存入银行作为存款，由银行给予存簿或存单为凭，并酌给相当之利息，其详细办法另以专章定之。

九　此次银行五年以内完全授权于商民办理，政府任提倡保护及监察之责。

十　政府之官股，五年以内放弃董事被选权，惟监事则由政府选派之。

官股应得官红利，亦可酌量放弃。

十一　本办法自奉核准日施行。

附件戊　公款收入消纳纸币办法

（一）左（下）列各项公款收入，准其搭缴省银行纸币若干成：

（甲）官产之变卖

（乙）欠饷之追缴

（丙）公款之收入

（二）政府应从速指定价值二百万元以上之官产，于半年以内招标变卖，专备收回纸币之用，前项官产缴价时准其搭收纸币五成。

（三）此外于六个月内标卖官产时，准其搭收纸币十成之五成以下、一成以上，其数各于投标章程内自定之。

（四）凡官产投标时，所缴保证金准全数以纸币充之。

前项保证金准其于得标后缴付正价应搭纸币之成数内抵缴。

（五）以前积欠政府饷项，在纸币未停兑以前积欠者，如在两个月以内缴还，准其全数以纸币缴纳，两个月以外者规定搭缴成数如左（下）：

三个月以内缴还者八成；

四个月以内缴还者六成；

五个月以内缴还者四成；

六个月以内缴还者二成。

（六）积欠饷项在纸币停兑以后积欠者，准其搭缴纸币成数如左（下）：

两个月以内缴还者五成；

三个月以内缴还者四成；

四个月以内缴还者三成；

五个月以内缴还者二成；

六个月以内缴还者一成。

（七）积欠饷项须于六个月以内缴清方准搭收纸币。

（八）凡左（下）列各项政府收入，除海关盐税外，准于一年内，分别按成搭收，其搭收成数由各机关拟订呈报财政部核准案，但搭收之成数不得少于十成之一。

（甲）田赋；（乙）厘金；（丙）其它各项税捐；（丁）官营业及其它公款之收入；（戊）地方公款之收入。

（九）搭收之纸币，以曾经整理纸币委员会检验盖戳者为限。

（十）搭收时所收之纸币，须呈送财政部按期转发整理纸币委员会，分别销毁，但官产业及地方公款收入搭收之纸币，应由财政部以有价证券交换之。

（十一）畸零数目，或尾数不满一元者，概不搭收纸币。

（十二）如收款机关违背前项办法不允搭收者，依违令例惩罚之。

（十三）本办法自奉核准日施行。

（《中华民国史事纪要（初稿）》1923 年 7～12 月，第 190～200 页）

徐绍桢呈孙中山文

（1923 年 8 月 14 日）

为呈请事：窃本部职员俸薪预算表额由前谭部长酌拟，面呈帅座未经交办，旋值卸任。部长自接事后，经将任拟表复呈钧核，蒙谕照准在案。惟查原拟与现在支配职务情形略有不同，向虽设有总务厅而以秘书两员主持其事，今特设一厅长，则总务厅内自应仍设科长二员、添设科员数员，既有厅长以总其成，现拟减去称书一员。其第一局、第二局各设科长二员，如照旧科员额数向定十二员，现增设六员共十八员，书记原定十六员，现改为八员，而添设办事员十员，综计前表每月额支九千另八十元，现在月支九千另五十八元，数虽有加于前而预算尚为未减核，自荐任职以下月俸不无稍薄。而当此帑储支绌，自不得不勉从其省，略事节流。所有现拟定本部职员月俸预算表缘由，理合具文呈请察核备案，并分饬审计处会计司知照指令祇遵。谨呈

大元帅

大本营内政部长徐绍桢（印）

中华民国十二年八月十四日

（《陆海军大元帅大本营公报》一九二三年第二十七号，9 月 7 日，“指令”）

赵成梁致孙中山电

（1923 年 8 月 16 日）

提前万急。广州大元帅孙、总司令杨（余衔略）钧鉴：

铣未电计达。刻接韦旅长电话报称，占领修仁后，赓续攻击前进，直扑雄城，逆众顽强抵抗，大有背城借一之势，幸职旅及曾旅所部各将士，再接再属［厉］，奋勇先登，卒于薄暮时先后全城，逆

受创过巨，经中站向大庾方面溃窜，职部跟踪追剿。计是役我军伤亡官兵二十余名，逆众伤亡逾百，夺获及遗弃之战利品甚多，容再详细检查，分别呈报等情。查此次沈逆率卫戍各团，及招抚赣粤边陲之流寇三千余人，重犯雄始，虽剑拔弩张，终于冰消瓦解，从此驱逆氛于梅关以外，以奠岭峤于磐石之安，庶上以释帅座宵旰之忧，下以纾人民倒悬之困，知关廑注，谨以奉闻。滇军一师师长赵成梁叩，铣戌印。

（《广州民国日报》1923 年 8 月 20 日，“本省要闻”）

罗翼群致孙中山函

（1923 年 8 月 17 日）

窃据卫生局长李奉藻呈称，查职局所辖前后方各病院、各卫生队等，每月领支薪饷公费共需二万零五百余元，加以后方各院现所收容留医伤病官兵将达二千六百名，每日约需伙食六百元左右。前方战事方殷，伤兵尚源源而至；又各院队暨前方各军来领卫生材料，日凡数起，需费甚巨，统共每日均领三千二百余元方敷分配。惟因库储支绌，每日只由经理局拨发千余元至二千元不等，以之分配，支给各院留医伤病官兵伙食、殓埋费及零星店账，已属不敷，以致积欠各院队薪饷，竟无从支发，日前经将困难情形电呈，请予清发，奉交经理局办理。旋准徐局长函知：俟催收有款，尽先筹发等由。迄今旬日，仍尚未准清发旧欠，而新款仍不能领足，似此无米为炊，难为巧妇。现计各院队五、六月分应领薪饷公费，固全未清给，而七月份又将届满，层迭积欠，为数尤巨。查前迭据各院队长以各员役夙夜在公，异常劳苦，屡以薪饷未奉给发，养赡乏资，要求转请清发，否则一律请予辞职，以免枵腹等情面请维持前来。当经局长迭予安慰，嘱令安心服务，静待领发去后，现复据各员前来，呈请速发，否则行将解体等情。又经一再安慰，惟虽舌敝唇焦，仍恐无济于事，倘果实现，则各院队无人经理，贻误事机，实非浅鲜，局长职责所在，亟当维持，再四思维，非予设法筹款清理前欠，及以后随时清发，殊不足以维现状，而利进行。所有职局领款短少积欠薪饷，据各员役要求清发各缘由，理合开具清单，具文呈请察核，俯赐维持，立先提拨款项，清理前欠各院队薪饷及请筹定的款，以后按照应领数目拨足，俾资应付而免贻误。等情，并连同欠款清单一纸前来。据此，窃查本部款项，向由财政各机关按额拨给，以资支付。迩月以来，当局对于兵站领发各款，多方推宕，漫不负责，以致收入日绌，积欠日多，兹据前情，理合转呈察核，俯念留医各官兵伤病攸关，迅予拨款维持，实叨公便。等情。据此，除指令照准外，合行令仰该运使、厅长、市长、局长、处长即便遵照，对于指拨兵站之款，务须如额交付，不得延宕积欠，以利戎机。此令。

（《中华民国史事纪要（初稿）》1923 年 7～12 月，第 253～254 页）

廖百芳为处置缉获挪威船军火上孙中山书

（1923 年 8 月 18 日）

大元帅睿鉴：

此次逆党陈廉伯私运大帮军火，又预约各处甘供傀儡之商团，于枪械到步之日，齐集省城图谋大举，逆迹显然，幸赖钧座洪福，天佑国家，此项枪支，不致落于逆党之手，不然，大局前途，不堪设想矣！政府没收逆枪，本宜不理商团之请愿，盖商团定买之枪支，据陈廉伯在军政部请护照之原函，声明须四十日后，方能到省，且谓须得军部护照，洋商始肯签约。是商团方面，当然应俟四十日后，始向经手人是问。此挪威船所运之九千余枪，时日固不符，式样又各别，明明为陈廉伯私人所购，将用以内应陈炯明者，绝对不容商团之过问也。政府既没收此九千余枪，百芳愚陋，欲有所陈。

伏念钧座自提倡革命以来，除三月廿九一役外，自余屡次举事，皆系运动他人军队，他人之军队，我能运动之使来，人亦能运动之以去，此钧座所以艰难卅载，至今而尚未成功也。他人之军队，大抵皆普通的、饭碗的、可南可北的、个人凭藉之以图谋升官发财的，以若是之军队，欲责以革命之大业，再过百年，敢决其无成也。南京政府成立，举国中无东无西，无南无北，孰非钧座之军队，袁世凯稍施以分化操纵手段，四面八方，皆向国民党反攻矣！可知钧座今日所须者，为特别的、为有主义的、为救国救民的、为革命党指挥之以贯彻三民五宪的。普通军队之不可靠，往者勿论，近如粤军中之吕春荣，滇军中之杨池生、杨如轩、王秉钧、王汝为，湘军中之王得庆，其证也。

钧座受人欺骗者多矣！今不劳而缉获此大宗逆枪，非苍苍者默佑钧座建设民国，何以得此？为发展革命前途计，应从各省党员中，曾在中学毕业，年龄约十八至二十五之间，其志愿又确肯以身命供主义之牺牲者，拣练一万人，作为革命军的基本队，即百芳理想中所谓特别的、有主义的、救国救民的、革命党指挥之以贯彻三民五宪的也。钧座果练成此一万党员为革命军的基本队，自后大本营之命令，不虑其不行，财政不虑其不统一，十万联军，亦不虑其勇气百倍，争先杀贼，东江南路，不难指日肃清矣！稍事整理，即挥戈北指，浩浩荡荡，从事中原，再不成功，则请杀百芳，以为妄谈军事者戒。

倘刍议不蒙察纳，而又以此项枪弹，某军分给若干，某部分给若干，其不能战胜攻取，岂遂有以异乎今日？顾或者谓新练党员一万人为革命军基本队，枪弹有矣，饷需安出？此则度支当局之责任也。谓必须有充裕之金钱而后可乎？三月廿九之役，黄花冈诸先烈，人不过枪一支弹一排，曷尝有如今之军事家？所谓配备完全，动需巨款者，在精神不在物质。钧座以此训练党员者，三十余年矣！不揣冒昧，专肃上陈，敬候

崇安

谘议廖百芳谨上八月十八日

（《革命文献》第52辑，第349～350页）

冯伟呈孙中山文

（1923年8月20日载）

广东无线电报总局冯局长呈报帅府：威远、前山、梧州三处无线电报分局各机件，多有损坏，不能照常通电，特另订购机件，俾资装设，而便交通。现该机件已到，请拨款往提取。又该局积欠六、七两月份经费，亦请统行发给。大元帅据呈，昨经令官产处及公安局分别照交，俾该局得赶速恢复威远、前山、梧州三处分局云。

（《广州民国日报》1923年8月20日，“本省要闻”）

陈方左致孙中山电

（1923年8月21日）

广州大元帅钧鉴：

方左奉湖南讨贼军总司令谭令，委为湖南讨贼军第四路司令，遵即在衡城就职视事。盖今年来，国家纷扰，正义蒙昧，端赖大元帅提挈群英，挽持危局，粤疆重奠，西南再振。先树讨贼之旗，徐事统一之机，义声所播，海宇欢腾。方左奔走频年，素尽诚荩，回湘后宣传德意，人心愤动，守振奉词，幸不辱命。现既忝辱师旅于追随诸将领之后，人惟姗我，师旅为感，副驱报效有方，心志愈壮。尚望我大元帅时锡训谕，俾得有所遵循，以利我戎机而图建树。谨电上陈，伏维睿察。湖南讨贼军第四路司令陈方左叩。个。印。

（《陆海军大元帅大本营公报》一九二三年第二十七号，9月7日，“公电”）

刘纪文呈孙中山文

（1923 年 8 月 22 日）

窃职局权司审计，举凡国库出纳之款项，自应依法审核，以仰副钧帅慎量度支、维系公帑之至意。故自职局成立以来，迭经呈请通饬各文武机关，依法编造预算，呈由钧帅核定发局备案，及按月编造支付预算，暨每月计算发局审查各在案。惟查十一年度、十二年六月以前各机关遵令造报者，除内政、财政、兵站、建设等部及宪兵司令部外，其余军政、外交等部、会计司、法院暨中央直辖各机关等，多尚厥［阙］如；且造报者，或有预算而无计算，或有计算而无预算，或间或断，或程序不符，或手续不合，亦多未尽符章制，所有审查经过情形，复经分别呈复察核又在案。窃以国家财政，首贵整理之得宜，其整理之方，自宜于每年度未开始之先，确定预算，以为出纳之根据。考诸会计法例，国家之租税及其它收入为岁入，一切经费为岁出，岁入岁出均应编入总预算。又审计法例，各官署应于每月五日以前，依法决定预算定额之范围，编造次月预算书，送由财政部查核发款后，转送审计院备查，及各官署应于每月经过后十五日以内，编成上月收入计算书、支出计算书，送审计院审查等规定。是一则为整理之方，一则为防弊之法，推行已久，成案可稽。今各机关既未能依法编造于前，尤不遵令补报于后，似于钧帅设置职局，与整理财政、慎重度支之旨，不无径庭，用敢再呈钧座，拟请迅令各文武机关，对于上年度，即十二年六月以前之预算计算已报未完，或程序不符，及未经造报者，一律依照财政部编定书式，参照会计审计法例，克期补造，呈报钧座，发局分别审查备案。其十二年度总预算，亦应迅照财政部通行期限，依式编送该部汇总呈核，嗣后仍按月编造支付预算书，及收支计算书表，参照审计法例，分别呈送发款审核，以符法系而资整理。所有呈请通令各文武机关迅行依式编造各预计算书表分别呈送各缘由，理合具文呈请鉴核，伏乞俯赐分令饬遵，实为公便。等情。据此，除指令准如所请分令军政各机关查照办理外，合行令仰该部长、总司令、军事、院长、司令、司长查照，并转饬所属，迅行依式分别补造、编造各预算书表呈候发核，以资整理而重度支。此令。

（《中华民国史事纪要（初稿）》1923 年 7～12 月，第 281 页）

李济深致孙中山电

（1923 年 8 月 23 日）

广州大元帅钧鉴：

七月十九日，奉钧令开：特派李济深为西江善后督办，等因。奉此。遵于本月二十三日，在肇城就西江善后督办职。谨电报闻。李济深叩。漾。

（《陆海军大元帅大本营公报》一九二三年第二十六号，8 月 31 日，“公电”）

吴剑学致孙中山电

（1923 年 8 月 24 日）

急。广州徐部长、叶部长、程部长、伍部长、张参谋长、胡总参议、朱参军长、杨秘书长、杨总司令、许总司令、魏总司令、刘总司令、廖省长、李督办、各军长、各师旅长均鉴：

案奉湘军总司令谭训令：准大本营秘书处公函，转奉大元帅简任状开：任命吴剑学为湖南讨贼军湘南第二军军长，此状，并颁发印信。各等因。奉此，遵于八月廿四日启印视事。除呈报大元帅并分行外，谨电奉闻，诸希亮察。吴剑学叩。敬。印。

（《陆海军大元帅大本营公报》一九二三年第二十七号，9 月 7 日，“公电”）

孔献章致孙中山电

（1923 年 8 月 26 日）

万急。广州大元帅府胡总参议钧鉴：

前函计达。兹将近日我军方面情形报告如次：谢军长所部成梯团司令报告：一、今早应敌，我军猛攻，敌不支，向攸安方面退却，我军追击异常奋勇，夺获大炮二门，枪弹无算，敌被击溃散，不能成军。二、蔡军长所部李、彭、佑三团长，于今早五时与敌在驿道方面之黄家坝所担任一带接触，我军猛攻，至午后三时，黄家坝之敌已受我包围，愿投诚缴械。三、本日午前，我军吴军长所部第十三团，抄近衡山方面之敌，围缴敌军枪械一营，所余敌军正在包围中。四、我军成团已由徐山方面兜击，逆军要求缴械投诚。五、我军谭梯团司令所部，已进驻攸县城中等情，特闻。副官孔献章呈。宥。印。

（《陆海军大元帅大本营公报》一九二三年，9 月 7 日，“公电”）

杨希闵致孙中山电

（1923 年 8 月 26 日）

万火急。广州大本营各部、胡总参议、杨秘书长、朱参军长、罗总监、孙市长、吴局长均鉴：

闵率第五师于廿六日抵淡水，与张明域总指挥所部将淡水前方一带之敌击溃，纷纷四散，有本部向平山追之，现由张总指挥派八旅之一部跟踪追击中，日内仍拟由此前进。除呈元首外，知注特闻。杨希闵由兵站转电局发。印。

（《陆海军大元帅大本营公报》一九二三年第二十七号，9 月 7 日，“公电”）

王芝祥致孙中山等电

（1923年8月26日）

广州孙中山先生、衡州谭总司令、长沙赵省长钧鉴：

民国十二年来，国人自杀政策，惨痛不堪言状。吾湘为南北枢纽，兵戈连年，受劫尤酷，省宪甫成，地方自治为全国先，今又自乱，民何可当。祥以湘为第二桑梓，于两公情义尤深，警耗传来，难安寝食，诚恐内乱自湘造端，为全国安危所系，千祈相让，万勿相煎，国家幸甚，湘民幸甚。千里一堂，尤盼复示。王芝祥叩。宥。

（《广州民国日报》1923年9月20日，"特别纪载"）

杨希闵致孙中山电

（1923年8月27日）

捷报。广州大本营各部长、胡总参议、杨秘书长、朱参军长、罗总监、孙市长、吴局长均鉴：

希闵率第五师于二十六日抵淡水，与张国桢总指挥所部，将淡水前方一带之敌击溃，敌纷纷率其残部向平山以外退去，现由张总指挥派张旅一部跟踪追击中，日内仍率所部前进。除呈元首外，知注特闻。杨希闵。廿七。印。

（《广州民国日报》1923年8月29日，"特别纪载"）

胡思舜致孙中山电

（1923年8月27日）

万急。广州市大元帅钧鉴：

舜此次奉命出发，于径日行抵龙冈，即得前方消息云：敌人黄凤纶及练演雄等部约五千人，占领淡水大南门外一带高地，向我淡水左军攻击，极为激烈。等语。舜为早将该敌歼灭计，不分星夜赴援，于宥日午前十时抵淡水，即与敌鏖战。敌凭险死守，经我官兵奋不顾身，相向敌阵冲锋数次，敌势不支，于午后六时始纷纷向白芒花一带逃窜，现正追击中。查是役敌死伤极众，我军阵亡官兵十人，负伤六十余名。谨电奉闻。滇军第五师师长胡思舜。沁。叩。

（《陆海军大元帅大本营公报》一九二三年第二十七号，9月7日，“公电”）

陈策等致孙中山电

（1923年8月27日）

万急。广州孙大元帅、廖省长钧鉴：

今晨六时会同统率所部，分由滘口、山场、前山码头等处，以舰队掩护登陆，向前山寨敌人进攻，逆军败溃，陈逆永安狼狈率领残部由东北方面窜逃，现尚在追击中。司令陈策、师长周之贞、参军杨虎同叩。沁。印。

（《陆海军大元帅大本营公报》一九二三年第二十七号，9月7日，“公电”）

徐绍桢呈孙中山文

（1923年8月27日）

呈为呈请褒扬事：案准广东省长咨开：据高要县县长严博珠呈称：现据县属修志局总理周承诰等呈称：新江都百文乡人邓蔚之妻黎氏贞操守志，例合褒扬，谨缮具事实清册及切结，呈请援例褒扬等情到县，由县加具印结呈省咨部核办前来。部长核其事状与现行褒扬条例第一条第二款，尚属相符，拟请大元帅题给“贞操可风”四字，并给予银质褒章以示褒扬。所有拟请〈褒扬〉贞妇邓黎氏缘由，是否有当，理合具文呈请钧座察核示遵。谨呈

大元帅

大本营内政部长徐绍桢（印）

中华民国十二年八月廿七日

（《陆海军大元帅大本营公报》一九二三年第二十八号，9月14日，“指令”）

叶恭绰呈孙中山文

（1923年8月28日）

大本营财政部长叶恭绰以广东造币厂余利规定为省银行纸币之兑现及发行凭券消纳纸币之用，是以纸币兑现及凭券基金亟须规定办法从速进行，遂拟订《广东造币余利凭券条例》十七条，及《广东造币余利凭券基金委员会章程》九条，本日经孙大元帅核准，条文如后：

一　广东造币余利凭券条例

第一条　政府为维持金融、整理纸币起见，发行造币余利凭券，其发行总额为三百万元，名曰“广东造币余利有息凭券”。

第二条　此项凭券利率定为月息六厘。

第三条　此项凭券之利息，自发行后，按月计算，于中签还本时一并付给之。

第四条　此项凭券分两期发行，每期发行一百五十万元。

第五条　此项凭券每期均自发行之第二个月起，每月用抽签法还本一次，分五个月还清，每次抽还五分之一。前项抽签每月在广州执行。

第六条 此项凭券均自发行第二个月起，定为每月十五日抽签，每月月底还本付息。

第七条 此项凭券还本之基金，由政府指定造币厂余利，每月提拨三十万元充之，由该厂直接交与本凭券之基金委员会，分存中外殷实各银行，预备还本之用，无论何项机关有何项需要，不得挪借移用，其利息由政府指拨的款充之。

第八条 凭券基金委员会由左（下）列各团体各推代表一人与政府代表二人（财政部、省长各派一人）共同组织，其章程另行规定之。

（甲）广州总商会

（乙）银业公会

（丙）市参事会

（丁）广东商会联合会

（戊）七十二行商

（己）九善堂

（庚）总公会

该委员会最大之权责为维持凭券之信用，保护凭券人之利益，及监督凭券之发行。无论何项机关，个人对于该会行驶上列权责不得加以侵害。

第九条 此项凭券之还本付息由凭券基金委员会委托中外殷实各银行办理。

第十条 此项凭券票面分为五种如左（下）：

（一）五百元

（二）一百元

（三）五十元

（四）十元

（五）五元

第十一条 此项凭券编印号码讫，须加凭券基金委员会戳记方能发行。

第十二条　此项凭券发行时，按照票面价格九五折发售现银，但于一定期间内，得搭收前广东省立银行纸币百分之二十分，此项纸币以曾经整理省银行纸币委员会盖戳者为限。

第十三条　此项凭券概不记名，得随意买卖、抵押，其它公务上交纳保证时，并得作为担保品。

第十四条　此项凭券得为银行之保证准备金。

第十五条　此项凭券如遇有伪造及毁损信用之行为，应依法分别惩罚。

第十六条　本凭券发行规则由财政部另定之。

第十七条　本条例自公布日施行。

二　广东造币余利凭券基金委员会章程

第一条　本会为维持造币余利凭券之信用，及保护凭券所有人之利益而设。由左（下）列各团体各推代表一人，与政府所派代表二人组织之。

（甲）广州总商会

（乙）银业公会

（丙）广州市参事会

（丁）广东商会联合会

（戊）七十二行商

（己）九善堂院

（庚）总公会

政府代表二人，应由财政部、广东省长各指派一人。

第二条　本会负保管造币余利凭券还本付息基金之责任，由政府授与全权，无论如何该项基金不得移作他用。

第三条　本会由委员中推选委员长一人、副委员长二人，凡一切对外事务及款项出纳，须经委员长、副委员长会同签名盖章方有效力。

第四条　本会遇有重要事件发生，应召集各委员开会议决之，会议时以委员长为主席。

第五条 本会各委员均有检验基金维持信用，保障应还本息及监督发行凭券之权责。

第六条 本会收到造币厂或政府拨到之基金，应以本会名义分存于中外各殷实银行负其全责，其还本付息亦应会同财政部委托各银行办理。

第七条 本会设秘书二人、事务员若干人，分掌本会各事务。

第八条 本会对于凭券基金实收实付数目，应以本会名义按月登报宣布。

第九条 本章程自公布日施行。

（《中华民国史事纪要（初稿）》1923 年 7 ~ 12 月，第 319 ~ 321 页）

谢持致孙中山电

（1923 年 8 月 28 日）

大元帅钧鉴：

我军中路在内江方面围敌千余，敌退时，碑木镇浮桥断，淹敌无算。右路缴敌枪千余枝，占领自流井，追敌已过荣昌。子模、西成诱敌战于涪陵，而西成奇兵袭渝皆征实。今日报载敌弃渝溃退，杨森失踪，赵荣华已逃至宜。持叩。勘。

（《中华民国史事纪要（初稿）》1923 年 7 ~ 12 月，第 322 页；《陆海军大元帅大本营公报》一九二三年第二十七号，9 月 7 日，“公电”）

全国学生联合会总会致孙中山电

（1923 年 8 月 30 日）

广州大元帅、各部长钧鉴：

敝会在粤开会，前经电达，谅邀鉴察。开会以来，共议要案二十起，已于二十九日闭会。对于时局议案，主张亟由上海总商会等有力团体，会同敝会发起国民会议，本主权在民之旨，为根本澄清之图，举凡政府组织，建国大计，一听国民会议解决，所有土匪式之北洋军阀、割据式之联省自治，及政学系、黎、岑、唐等阴谋之中央委员制，誓不承认，在国民会议未召集以前，对外不能不有政府，孙公中山领袖革命垂四十年，往岁依法被选，中外同钦，在此时期，自非孙公莫属。敝会决请孙公重组政府，以维国交，而平内乱，至国民大会集会时，再候公决。又敝会鉴于已往运动之漫无标准，爰议决以三民主义为今后运动之目标，以澄清政治为本会之唯一宗旨。对于外交，仍本五四以来之精神，反对英美外债，反对路财共管，务达打倒国际帝国主义之目的而后已。关于旅大问题，收回汉口、天津租界事件，长沙六一事件，均议有相当办法。此后对于教育独立问题、劳工问题、打倒军阀方法，及敝会本身发展事件，皆有极详尽之议决，分别由敝会及各地方分会克期办理，容当编印成册，寄呈省览，共策进行。惟是绠短汲深，心余力拙，加以军阀官僚之摧残，政客策士之破坏，深恐坐言起行，不克贯彻，诸公提倡民治，素具热忱，对于敝会救国方案，谅表同情，尚祈鼎力主张，共伸正义，以弥乱源，而维民治。临电神驰，伫候明教。中华民国学生联合会总会叩。全借印。

（《中华民国史事纪要（初稿）》1923 年 7 ~ 12 月，第 329 ~ 330 页）

汤子模致孙中山电①

（1923 年 8 月 30 日）

急。广州大元帅钧鉴：

---

① 此电多处错误，未便径改，照录。——编者

逆贼杨森卖乡图荣，勾引北兵，扰乱全川。方战云初展，子模秉承敝总司令石公青阳意旨，力主监和，屡事让避，盖欲以德化杨森，俾感悟而就豢，义辞北兵，便［使?］彼知难而自退，庶几保持一部之和平。不图杨森认贼作父，迷而不返，跳踉大嚼，径逼省门。而吴佩孚则利用我蠢贼，破坏我自治，攘夺我土地，虐戾我人民。烽烟遍地，创痛满目，焚掠之酷，于兹为甚，而犹文过饰词，伪曰统一。夫四川乃自治之区，吴氏顾荣一之气，彼号称北廷将领，而出兵侵川之命令，不颁于北京，迫发洛阳，是特盘踞中原，弁髦国宪，作南北之巨梗，为国家之罪人。即其动违节制，擅兴兵戎，亦是北廷上之臣，其为国家统一之障碍，熟［孰］于逾斯，一律北廷权谋局部之鸢呷一，亦必此獠是扑，庶几其可为，此稍有常识者亦具悉也。乃杨森以奉此叛国叛上之巨蠹，而饰以统一之谬说，为之负弩前驱，冀博棹功狗之贤衔，以为宗族交游光宠。是獠烽马，以虎百驱而哄乡愚，其浅干无耻至不足道，而滑稽无聊尤开发噱也。吾川七千万，岂能尽为其狡饰所欺？吾川十余万健儿，岂能悉被其淫威之劫，四面行行，曲身俯仰以事虏廷乎？用是挥涕誓师，进而讨贼，凡附逆降北，妨我四川之自治暨障碍国家之统一者，皆吾敌也。犁庭扫北穴而肃清孽，敢不执鞭随诸公共征。东边防军前敌总指挥汤子模叩。全。

（《陆海军大元帅大本营公报》一九二三年第二十七号，9月7日，“公电”）

曾广钰致孙中山电

（1923年8月31日载）

广州省长、省议会、国民党支部、各总司令、各部长、各军长、各师旅团长、各机关、报界公会钧鉴：

窃自北庭变起，军阀攘权，黎氏被逼离京，高、吴窃柄，谬称摄政，对内对外，已无负责之人。且迩者临城劫车案发生，北方之信用，扫地以尽，外人之厌恶，已达极点，我孙大元帅为西南护法领袖，民国十年，应国会之选举任总统，万众翕服，各国同情。嗣因陈逆叛乱，职权虽断，大统犹存，今全局无主，险象环生，当兹一发千钧，失此俄顷，国将不保，务祈各公一致赞同，恳请孙大元帅速正名位，继续行使大总统职权，以杜奸人利用时机，而资实行正式民治。除电呈孙大元帅暨通行外，用特电闻。中国国民党合浦分部长曾广钰。世。叩。

（《广州民国日报》1923年8月31日，“本省要闻”）

罗翼群呈孙中山文

（1923年9月1日）

现据职部交通局长周演明梗电称：前六月四日据职局第一科科长梁鸣一报称：募夫困难，市民惊惧，拟请变通募夫办法，当将为难情形呈请变通办理。随奉钧部第一八零号指令内开：当经据情转呈大元帅奉第二四六号指令内开：准如所请办理在案。惟职局虽奉到此项指令，仍然设法雇募，务使源源解送，以应各方之需求。迄今两月有余，从不敢意存卸责，解单具在，有案可稽。无如迩来各军纷纷开赴东江，需夫尤众，每次到取，动以数百名为额，稍有不足，则责以贻误戎机，竭力代募，又苦于苦力无几。窃思募夫数月，计达二万余名，本市苦力中人雇募殆尽，即或间有漏网，亦忍饿不敢出门，四乡小贩，相戒不敢来城，而取夫者函电纷驰，急如星火。连日迭据各军催取夫役，经即派委员冯达材到公安局，屡次商请代募，旋据复称，经往谒公安局各科长等，佥称广州市面已绝少苦力之人，即使有之，亦均佩有襟章，一经被募，群来交涉。现惟有将轻罪人犯数十名解来充夫，从此更难招募等语。似此情形，益难为继，更闻近日有因夫役逃走，被军士开枪乱击，当场击毙者多起，并有在各街上向途人强拉乱殴情事，以致行人奔避，商贾裹足，募夫前途越加一层障碍。且本市夫役有限，而各军到取者无穷，累百盈千，一呼即至，一若片刻可以制造而成者。来日方长，虽海水亦有时而涸，况职局只靠各区募集，今既有种种困难，每日所募者，至多不过数十名，少则十余名不等，一旦各军到取，职局实无从应付各军责备，有口难言。除仍竭力募集外，迫得飞电陈明，重申前请，伏乞转呈大元帅明令各军节省夫力，并依照前令通令各军变通办理，各在原驻地点，就近警区商会代为招募，以补职局之不足，一面优待夫役，优给工值，以免逃亡而杜强拉。是否可行，伏候令遵，不胜急切待命之至等情。据此查前据该局长呈称，募夫困难，拟请变通办法等情，当经转呈帅座，并奉第二四六号指令，准如所请在案，据电前情合再备文转呈察核，通令各军查照办理，并候指遵等情。据此除指令照准并分令各军长官遵办外，合行令仰该总司令军长即便遵照办理，此令。

（《中华民国史事纪要（初稿）》1923 年 7～12 月，第 336～337 页）

徐绍桢呈孙中山文

（1923 年 9 月 5 日）

呈为呈复鉴核事：昨奉钧座第二七七号训令开：据大本营审计局审核内政部三、四两月分支出计算书不符，转请更正并补造预算书一节，除原文有案，邀免冗叙外，后开：除指令照准，已令行该部长依照办理外，合行令仰该部长依照更正，并将该部三、四月分预算书补造呈候发局备案。计算书及表册发。此令。等因。奉此，查部三、四月分支出计算系谭前部长延闿任内支付编造，原支秘书月薪五百元，书记月薪九十元，由三月下半月起至五月廿日止，谭前部长任内均系照数支发。绍桢自五月二十一日接任今职，为增加办事人员，力求撙节经费起见，自六月分起改支秘书月薪四百元，书记月薪每员三十元至四十元。该审计局所云与六月分原预算不符，实系因此参差。前准该审计局函询四月分支出计算各数到部，当经绍桢转函谭前部长声复，旋复称所列支出各款均系因公需用核实开支，绝无丝毫浮滥，并将种种事由详覆一切。业由本部据函具复该局在案。今谭前部长既已出发湘省，支出计算碍难转请更正，月支预算亦难转请补造，拟请免予置议，并请令审计局准予备案核销。奉令前因，理合具呈呈复，并将奉发三、四月分支出计算书及附属表各二本呈缴，是否有当，伏乞鉴核施行。谨呈

大元帅孙

计呈缴奉发三、四月分支出计算书及附属表各二本，并抄呈谭前部长复函一纸。

大本营内政部长徐绍桢（印）

中华民国十二年九月五日

（《陆海军大元帅大本营公报》一九二三年第二十九号，9月21日，“指令”）

杨希闵致孙中山电

（1923年9月6日）

广州大本营各部总次长、胡总参议、杨秘书长、朱参军、张参谋长、廖省长、范军长、蒋军长、卢军长、廖师长、王师长、孙厅长、邹厅长、邓运使、吴局长，石龙分送淡水张总指挥、胡师长、禄参谋长，惠州刘行营刘总司令，惠州行营刘军长均鉴：

此次逆敌李易标、谢文炳、陈修爵等，率队万余人，围我博罗，战线至二和墟，蔓延至四十余里。杨师暨许总司令一部凭城固守，屏洁强敌。希闵率我二师第三旅虞日来援，齐日师次苏村，即同杨师长廷培及许总司令严师长兆丰所部，与敌鏖战两日，扫除匪

后方一带敌人，占领笔架山、茶山、吊钟岭等处高地，使我增援部队，容易进取。希闵当于青日午前十时，率队由百足岭登嘱，会合卓旅，向蟹山前进，决拟由敌之右侧进攻，以卓旅三团为主攻部队，附城杨、严各部为助攻部队，福军为总预备队。布置妥办，准备次晨拂晓攻击。是晚敌人知我援军大至，闻风远飏，竟于午后十时焚燎为号，分向响水及泰尾方面退却。杨师第九、十两团已乘夜占领铜鼓岭、低田岭、飞鹅岭一带高地，博城之围已解。希闵当即下令各军跟踪追击，卓旅及王团经铜鼓向派尾方面追击前进，福军经响水向柏塘、三径方面追击前进。连日与敌对峙，各部颇事整顿，亦即赓续前进，务使扫除敌氛，固我东陲，以纾帅座之虑。特此奉闻。杨希闵叩。鱼。印。

（《陆海军大元帅大本营公报》一九二三年第二十九号，9月21日，“公电”）

附 杨希闵致孙中山电

（1923年9月10日）

（衔略）鉴：

此次逆敌李易标、谢文炳、陈修爵等，率队万余人，围我博罗，战线至二和墟，延四十余里。我杨师暨许总司令一部凭城固守，屡御强敌。希闵率我二师第三旅虞日来援，齐日师次苏村，即闻杨师长延培及许总司令严师长兆丰所部，与敌鏖战两日，扫除左后一带敌人，占领笔架山、茶山、钟岭等处高地，使我增援部队，容易进取。希闵当于青日午前十时，率队由百足岭岸，会合卓旅，向蟹山前进，决拟由敌之右侧进攻，卓旅王团为主攻部队，附城杨、严各部为助攻部队，福军为预备队。布置妥协，准备明晨拂晓攻击。是晚敌人知我援军大至，遂竟于午后十时焚庐为号，分向响水及泰尾方面退却。杨帅第九□（电码不明）全团，已乘夜占领铜鼓岭、低田岭、飞□“电码不明”一带低地，博城之围已解。

希闵当即下令各军跟踪追击，卓旅及王团经铜鼓岭向泰尾方面追击前进，福军经响水柏塘三徒方面追击前进。连日与敌对峙各部，稍事整顿，亦即赓续前进，务使扫除敌氛，固我东陲，以纾帅座之虑，特电奉闻。杨希闵叩。蒸（十日）。

（《广州民国日报》1923年9月14日，“特别纪载”）

徐绍桢呈孙中山文

（1923年9月6日）

呈为呈请备案事：窃职部前拟由部委派视学视察各省区教育状况，业经呈奉指令照准在案。现经制定暂行视学规程十四条暨视学支费暂行规则七条，除以部令公布外，理合照录条文呈送钧座核备案。至视学服务细则，现正派员起草，一俟由部制定公布后，再另行文呈报备案。合并陈明。谨呈

陆海军大元帅

计呈送暂行视学规程暨视学支费暂行规则各一份。

大本营内政部长徐绍桢（印）

中华民国十二年九月六日

（《陆海军大元帅大本营公报》一九二三年第二十九号，9月21日，“指令”）

谭延闿致孙中山电

（1923年9月7日）

万火急。广州大元帅均鉴：

我军于鱼日收复衡阳，延闿今日抵衡，同日常德已由我军克复，湘局即可大定。延闿叩。阳。印。

（《陆海军大元帅大本营公报》一九二三年第二十九号，9月21日，“公电”）

方鼎英等致孙中山电

（1923年9月3日载）

广州孙大元帅钧鉴：

英等奉谭总司令，袭击长沙，仰托威福，赵政府自知不敌，东日瓦解。职军先后抵省，全城安堵，七［匕］鬯不惊，民心甚安，足征向背。现谭总司令尚驻衡阳，已电迎速来省，湘局不难指日敉平也。知关廑念，谨电奉闻。湖南讨逆军湘中第一军第一纵队司令兼代第一军军长方鼎英、军参谋长汤蒋棠叩。江。印。

（《广州民国日报》1923年9月10日，“特别记载”）

徐家栋致孙中山电

（1923年9月5日）

万万火急。广州大元帅钧鉴：

赵氏抵湘于今三载，始则袭自治之名，行土酋之实。援军失败，招吴抵岳，赵央张珧曾为界面，缚自往泣，受吴训愿，为北方之附庸，于是妇而订省宪，选省长，铜臭熏天，任所欲为。省长掠得，暗派贺耀祖赴粤与陈炯明结合谋叛，使北伐之师抵洛折回。陈既肆志推粤东，赵吴之信用暂固，开米禁、贩烟土，凡兹断丧民命之金钱，购买枪弹而大半归私囊。尤虑邻省或有鼓动西南可以重合。去秋袁祖铭之购大批军火援鄂，庄斌在黔包其通过湘境；今春杨森之引导吴军入川，鄄礼在洛承认经由岳州。其它与北方之公私文牍，对吴佩孚则称巡阅，对张绍曾则称总理。即其私铸铜元者，省会亦曾含羞质问，悍然不顾。内则伙选举七司，委任知事与各项征收人员，及筹设司法独立，买卖公开，翻之繁简肥瘦一以金钱为衡。铜元鼓铸，许曾次爵充包办；铅砂押卖，任胡经步之鲸吞。学校则经费无着，刑人则罪状不宣，密布侦探于娼寮，魆杀无辜之工党。凡兹称［种］种，于国则曰嘱奸，于民则曰燧贼，若不急诛，后患何堪？家栋在昔为首义护法之一人，并极希望于赵氏，今则奸回著矣，希望灰矣。欲除庆父之难，用挥鲁阳之戈，爰于八月五日奉总司令谭委为讨贼军第一纵队司令之职。为整师旅，系戡叛乱，国事平宁，藐躬逝耻。掬兹愚忱，仿候明教。湖南讨贼军第一纵队司令徐家栋率两部官兵叩。歌。印。

（《陆海军大元帅大本营公报》一九二三年第二十八号，9月14日，“公电”）

加拉罕致孙中山函

（1923年9月8日）

请接受我最真诚的敬意和最深的谢意，感谢您在俄国为争取独立和自由而经受最严峻考验的时期所表示的友好情谊。苏联派我前来贵国，是出于建立我们两国的共同利害关系并将其建立在牢固的不可动摇的基础上这一真诚愿望，不管敌视此种关系的帝国主义势力如何阻挠。

我们坚信，苏联和中国应该紧密团结起来，以迫使帝国主义者不再把我们两国当作只能进行奴役和高利贷剥削的殖民地。我意识到这条道路上存在着种种困难，但是十分友好的表现和贵国同胞万众一心处处给予我的热忱接待又使我增强了信心。

亲爱的孙博士，您是新俄的老朋友，在完成我们两国人民建立最密切的关系这一伟大任务方面，我希望得到您的帮助。这种友好关系是我们两国人民自由与和平发展的保证。

加拉罕

（《共产国际、联共（布）与中国革命文献资料选辑（1917～1925）》第二册，第531～532页）

田畴致孙中山电

（1923年9月8日）

广州大元帅钧鉴：

概自护法军兴，于兹七稔，湘局纷扰，正谊莫伸。畴以军人历供奔走，冀得免竭棉薄报效西南。去岁奉大元帅任命为中央直辖讨贼军第八路游击司令，遵即回湘。时处赵氏积威之下，密为收编队伍以期贯澈初衷。此次督率湘部拥戴我湘军总司令谭公，共除汦争，并呈奉指令，已于八月一十七日在衡就职。自顾才轻任重，陨越堪虞，只求大局之敉平，绝无权利之私见。尚冀同仇袍泽，时锡南针，无任屏营，伫候明教。中央直辖讨贼军第八路游击司令田畴叩。庚。印。

（《陆海军大元帅大本营公报》一九二三年第二十八号，9月14日，“公电”）

谭延闿致孙中山电

（1923年9月9日）

万急。广州大元帅钧鉴：

阳电敬悉，感悚莫名。前此奉令来此，以为湘中将士，旧同袍泽，当无抵触。不量赵氏怙恶恋栈，出兵相击。幸赖钧座威福，将士用命，连克名城，复下省垣。赵氏残部向攸、醴方面退却，刻已分遣诸军四出会剿，势穷力促，肃清可期。此后一切部队行动，仍当秉承宏谟，以图进取。除将钧电传示诸将外，合谨电复。谭延闿叩。青。印。

（《陆海军大元帅大本营公报》一九二三年第二十九号，9月21日，“公电”；又见广州《民国日报》1923年9月14日，“特别纪载”）

韦冠英致孙中山电

（1923年9月9日）

万火急。广州石龙探呈大元帅睿鉴：刘总司令钧鉴：

公密（一）齐日淡水、永湖之附近之敌已退，我东路军滇军佳日由白芒花王谟岭下涎凌坑，分道向平山追击前进。（二）虞、齐两日，博城内外联军已占领城外东西北各高地，敌有向响水派尾退却模样。（三）惠城之敌极现恐慌，商人纷纷迁徙出城，想系受我两翼胜利影响，除准备袭击，并对马鞍山加意防守。（四）梅湖炮台及兵站人员请严令早日回防，以重职务。韦冠英谨呈。佳申。印。（九月十日午前二点半到）

（《广州民国日报》1923年9月11日，“本省要闻”）

胡思舜致孙中山电

（1923年9月9日）

本月七号午前六时，敌约八九团反攻淡水，以作背城借一之举，来势凶勇，战极剧烈。职当即率部抵御，幸将士用命，友军奋斗，午前十一时，卒将敌击退数十里。八号追击至王谟岭前方竹坑宿营，九号复跟踪追击至长塘前方，敌军即据长嘴岭、尖山、叉头岭、亚公笔一带高山，顽强抵抗。查长嘴岭等一带高山，位于百芒花之东南端，山形既高，倾斜复急，敌人依险据守，大有高屋建瓴瞰制一切之势，我部队运动在其敌火之下，百芒花之攻克与否，全恃此山为转移。职查形势紧要如此，即饬旅长曾日唯，躬率所部肉薄冲锋，血战半日，于下午四时即将长嘴岭、尖山一带高山占领。仰托我帅座洪威，并得将士用命，遵于本日午后五时将高围、百芒花完全克复，敌纷向平山狼狈溃败，不能成军。计此役夺获敌械弹及辎重甚多，俘虏敌官兵数十名，职部官兵数次战役仅伤亡六十余名。除率队跟踪追击，务期早日歼厥丑类外，谨此电闻。滇军第五师师长胡思舜叩。佳酉。

（《陆海军大元帅大本营公报》一九二三年第二十九号，9月21日，“公电”）

杨希闵致孙中山电

（1923年9月11日）

急。广州大元帅钧鉴：各部总次长、胡总参议、朱参军长、杨秘书长、张参谋长、廖省长、邹厅长、孙厅长，惠州刘总司令、刘军长，梧州魏总指挥、李师长均鉴：

顷接淡水曾旅长、禄参谋长报告，平山逆军八千余人阳日早七时猛向我军进攻，被我军胡师及许军迎头痛击。鏖战至午，我军奋勇直前，敌势不支，纷纷败溃。我军乘胜追击，庚日即将白芒花占领，敌人惊惶逃窜，我军跟踪尾追，敌军不能收容，四路溃散。蒸晨即将平山占领，余敌纷向汕尾退却，现正在追击中。查平山为潮惠要路，一经占领，敌人援路已断，经此大创，惠州指日即可攻下也。谨此电闻。杨希闵。真。叩。

（《陆海军大元帅大本营公报》一九二三年第二十九号，9月21日，“公电”）

胡思舜致孙中山电

（1923年9月11日）

（衔略）我军连日克复白芒花平山一带，敌人纷向海陆丰各方面溃退，情形异常狼狈，几至不能成军。现正在追击中，特以奉闻。胡思舜叩。真。印。

（《广州民国日报》1923年9月14日，“特别纪载”）

黎元洪致孙中山电

（1923年9月11日）

广州孙大元帅鉴：

元洪忝受国民付托，待罪公仆，德薄能鲜，致有六月十三之祸。惟念纪纲不可以不立，责任不可以不尽，业于九月十一日到沪，勉从国人之后，力图靖献。我公昔在清季，与元洪共开草昧，丁兹丧乱休戚与同，惟望共伸正义，解决时局，海天南望，伫候教言。元洪。真。

（《中华民国史事纪要（初稿）》1923年7～12月，第381页；又见《广州民国日报》1923年9月17日，“本省要闻”）

杨希闵致孙中山电

（1923年9月11日）

急。广州大元帅均：

顷接淡水曾旅长陆参谋长报告，平山逆军八千余人，阳日早七时猛向我军进攻，被我军胡师及许军迎头痛击，鏖战至午。我军跟踪尾追，敌军不能收容，四路溃散，蒸晨即将平山占领。余敌纷向汕尾退却，现正在追击中。查平山为潮惠要路，一经占领，敌人援路已断。经此大创，惠州指日即可攻下也。谨此电闻。杨希闵叩。真。印。

（《广州民国日报》1923年9月30日，“特别记载”）

李榘致孙中山等电

（1923 年 9 月 13 日）

广东孙中山先生、天津段合肥、保定曹巡阅使、奉天张保安总司令、洛阳吴巡阅使、北京王巡阅使、冯检阅使、杭州卢督办、南京齐督军、各省各督军、各督办、各省长、各镇守使、各都统、各报馆均鉴：

都下政变，倏届三月，庶政停滞，群情惶惑。加以天灾迭至，外警濒告，此诚危急疑难之秋，国人奋发图存之日也。当法统重光之初，□者颇持制宪救亡之旨。盖以根本大法，一旦告成，则一切枝叶问题，或不难迎刃解决，是以制宪一说，群视为济时要图。庸愕如榘，厕身议席，到院之际，适省宪与非省宪二流之争正烈，亦尝集合同志，力事调停，并约于数旬以内，完成制宪大业。讵计议甫定，而六月十三日之变作，迁延至今，迄无良术，以善其后，徒使制宪一事，功败垂成，斯真可为抚膺叹息者也。虽然，往事已矣，未来可追，及今图之，犹为未晚。景尝独居深念，以为君子之道，莫大之以忠诚为天下倡。海内豪俊，各行其是，其救国之术，彼此虽有不同，其救国之心，彼此并无殊异。果能此时发起一国是协商会，举海内贤俊而网罗之，群英聚首，推诚相见，从前一切隔阂，悉于谈笑中冰释。竟后协议大计，共策进行，忠诚所感，必有功效可睹。事本平常，理非深远，奈何国人竟昧之忽之。窃思孙中山先生以开国元勋，奔走国事，国人之得聆言论，或瞻仰未来者，莫不推诚倾服。为中山先生计，宜捐弃一隅之奋斗，出而肩当发起国是协商会之重任。若云南唐督军、湖南谭前省长、四川熊前省长，皆与中山先生有旧，宜各竭力赞助以成盛举。中山先生而外，则推段合肥。合肥以北洋名宿，领袖群伦，马厂与参战之役，其功足以垂诸万世而不朽，倘能登高一呼，则众山皆回应矣。卢督办坐镇东南，有举足轻重之势，赞助合肥之责，亦卢督办所不容推谢者也。曹巡阅使宽厚老诚，当国人所共见，年来屏蔽畿辅，厥功尤著，以时以地而论，尤应以此义号召海内。吴巡阅使文武兼资，智勇绝伦，百战功高，望重中外。王巡阅使、冯巡阅使、江苏齐督军，久绾军符，素负重望，更宜趁此时会倡明大义。会中协商既定则一□□□□之，倘有违反盟约者，即携劲旅以绳其后。语云：仁者无敌，此之谓也。张保安总司令坐镇边陲，为国屏藩，雄师在□，素具伟抱，况与曹巡阅使谊属姻亲，尤当同舟相济，提携之责，非张总司令任之而谁任之责。凡兹所陈，本无高义，但果能推心置腹，从容讨论，则诸公一念之忠诚，可以感召天和。国是协商会之发起，或即为和平统一之用欤？为公为私均属上策，诸公何所顾忌，而不为此。若舍此不图，一意孤行，猜忌之见未除，兵戎之符愈烈。彼攘膏地，此夺坚城，势必寡人之妻，孤人之子，离散人之父母兄弟，使炎黄余胄，罗于沉沦浩劫。诸公身负恶名，徙［徒］为天下后世所唾弃，匪特智者不为，亦仁人君子之所不忍为也。自古英雄豪杰必能忍人之所不能忍，方能为人之所不能为，有参天拔地之才，尤贵有包山涵海之量以成之，古人所谓忍耄众妙之门也。前次直皖、直奉两役，以及目下滇、粤各军之相持，俱系阋墙之变，无关救亡大计。事过境迁，宜各淡然若忘，乃道路传言，谓某系将联络某方以图南，某系将联络某方以图北，甚或谓某方与某方暗合，以力触角之牵制，杯蛇市虎，闻者惑焉。夫与其挟怀私忿，因一方而牵动全局，何若为国忍痛，匪众系而结为一体，分则俱伤，合则事举，以身作则，端赖元勋。此架对于中山先生，尤不能不掬诚敬告者也。抑架复有输者，老子之道，忌为人先。设刍荛之见幸蒙采纳，望克日揭明此旨，诏示国人。倘诸公徘徊瞻顾，虑事万一不谐，反于盛名有累，则架请援匹夫有责之意，先效驰驱奔走之劳，待发起有人，再图赞助，想亦大君子之所谅许。时机迫切，语多狂直，知我罪我，伫候明教。众议院议员李架叩。元。印。

（《李架主张发起国事协商会元电》，《大公报》1923年9月15日）

冯伟致孙中山电

（1923 年 9 月 13 日）

大元帅钧鉴：

顷接韶州无线电报，我军文晨已将南雄完全克复，敌向赣逃，现正跟踪追击中。谨电呈。冯伟叩。元。

（《陆海军大元帅大本营公报》一九二三年第三十号，9 月 28 日，“公电”；又见《广州民国日报》1923 年 9 月 14 日，“特别纪载”）

刘震寰呈孙中山文

（1923 年 9 月 14 日）

据职部湘军总指挥廖湘芸呈报，职属独立第二支队司令孙悦隆、新收编之第一营营长张合、第二营营长王润女、营副陈嘉旺等，当调其部队驻防虎门，颇就范围，似有改过自新之状。顷奉大元帅密谕，张合受逆党运动。又据篁竹绅耆携带打单证据来部报告王润女、陈嘉旺野心不死，时出抢劫，扰害人民，该营长等屡经严令诰诫，毫不悔改。近且暗受逆党运动，窃图暴举，响应敌人，似此怙恶不悛，又复包藏逆志，若不及早铲除，势必养成大患，遂于本月二十五日拂晓派队前往，将该张、王两营全数缴械解散，登时所获要犯王辉、方洪、王珍、王明等四名，讯供不讳，比经枪决。其余各犯，俟研讯明白分别办理。惟该首恶张合、王润女、陈嘉旺等三名，在事前他往，漏脱未获，恐犹贼心不死，仍集余党，为害地方，亟应呈请钧座转呈大元帅通令各友军警，一体协缉，务获归案究办，以肃军纪而靖逆氛。等情。据此，除指令该总指挥严密防范侦缉，并通令职部各部队一体协缉外，理合呈请钧座准予通令各军警一体协缉，务获惩办，以靖逆氛而遏乱萌。等情前来。除指令照准外，合行令仰该省长、总司令、司令、军事、督办、参谋长转饬所属一体协缉，务获惩办。

（《中华民国史事纪要（初稿）》1923 年 7～12 月，第 397 页）

张藩等致孙中山电

（1923 年 9 月 18 日）

万急。广州孙大元帅（余衔略）钧鉴：

曹琨［锟］、吴佩孚窃据要疆，凭恃武力，敢行不道，扰乱国家。两湖、三辅首被荼毒，闽、粤、川、赣复遭残暴，马足践踏，村邑为墟，炮火横飞，川溪尽赤，方之侯景、黄巢未足为喻。孰非吾人之同胞，忍令屠割之殆尽。去岁六月黄波［陂］复职，虽由当时之强迫，要以彼等之元首，乃伪言护法则尊以大位，将行篡窃则弃若弁髦。嗾使鹰犬逞兵放逐，败坏法纪，腾笑友邦。竟令堂皇之首都，变为豺狼之窟穴，期［?］以国人之耻矣。本军昔年为自治后援而兴，今仍为自治后援而战，此志不达，未敢求安。惟国贼不除，终为大梗，自治之实无由施行，共和之基何以巩固。大元帅既与群公倡义讨贼于前，藩等分属军人，未敢畏葸退避于后。谨率秦中将士，于本月巧日组织陕西讨贼军，秣马厉兵，敬从旌节，为国除贼，有进无退，国基奠定，期在此役，敢布腹心，伫候明教。陕西讨贼军第一路总司令张藩率全军将士叩。巧。

（《陆海军大元帅大本营公报》一九二三年第二十九号，9 月 21 日，“公电”）

叶恭绰呈孙中山文

（1923年9月19日）

窃以印花税为国税之一，应由本部直接派员征收，并照章得招商承办，历经照办有案。当此财政困难，军需孔亟，亟应设法推行，以裕税收。前据商人张式博条陈爆竹类征收印花税办法前来，本部以爆竹类与烟酒同为消耗物品，自可援照烟酒贴用印花税票条例办理。其税率暂按烟酒税则减半征收，定为照物价十分之一征收。所拟办法，经本部详加覆核，尚属可行，现拟仍归本部直接管辖，并暂于广东全省境内先行试办，俟办有成，再酌量情形，次第推行。当由本部委任该商张式博充广东全省爆竹类印花税总办，准其在广东省城设立广东全省爆竹类印花税分处，其省河及广东全省各属，准其分设支处，或派委专员委托商店设法推销，并援商人承办税捐认额包征办法，责令每年暂以包销爆竹类印花税票价十二万元，为其征缴定额，如办有成效，再将定额酌量增加，倘销不足额，得照章责令赔缴，或酌予罚款，并得撤销包办原案，另行派员或招商承办，俾昭公允，业据张式博缴呈票价、请领税票、刊刻关防、呈报启用各在案。惟印花税推行，于爆竹类事属创办，承办商人于事前调查及开办经费垫支较巨，特准于三个月试办期内，领票、售票均以毫银伸算，并给予辅助经费一成，以示体恤，而资奖励。一面由部规定，自本年九月十六日起至十二月十五日止，为试办期限，以促进行而示限制。又虑推行之初，或其所派调查、稽查、劝销各员，有与商家抵牾或骚扰情事，致碍进行，而招反感，并于章程内规定，须由该处地方官厅、警察区署或商会派员会同前往，以防流弊而杜口实。但事前调查劝销及此后稽查惩罚，有需各该处地方官厅、警察区署暨各商会协助及各军队保护之处正多，除由本部咨行各机关查照并由该商自与各商会接洽外，拟请大元帅训令大理院、大本营军政部暨广东省长转行所属遵照。兹由本部根据该商所拟征收爆竹类印花税办法，分别编正改订，核定为征收广东全省爆竹类印花税暂行章程二十六条，及招商承办广东全省爆竹类印花税暂行章程十八条，理合照录该项章程，备文呈报大元帅鉴核备案。其征收章程内分别订有罚则，应请明令公布施行，用昭慎重。至该章程附表应订税额，已饬令该商查明呈报本部核定，届时再行项目呈报，合并附陈。等情。据此，查所拟事属可行，应予照准，除指令并分令外，合将暂行章程抄发，仰该院长即便转饬所属一体遵照办理。此令。计抄发暂行章程二份。

中华民国十二年九月十九日

征收广东全省爆竹类印花税暂行章程

第一条 爆竹类印花税暂由广东省先行试办，其试办区域应暂以广东全省为限。凡爆竹及烟花、火箭等皆为爆竹类。

第二条 爆竹类印花税由财政部另设广东全省爆竹类印花分处、或招商承办，除呈报大元帅备案外，并分行广东省长、财政厅、各关监督、公安局转令所属协助办理。其商人承办办法，即由承办商人拟具章程，呈请财政部核准施行。

第三条 爆竹类印花税之征收办法，援照烟酒类印花税征收办法，暂行减半征收，定为值百抽十，即依附表所定，按其价格百分之十贴用爆竹类印花税票。前项附表，应由爆竹类印花税分处调查市价，平均规定，呈请财政部核准后定期施行。

第四条 爆竹类之印花税票，在未经另行规定新票以前，暂行须用普通印花税票，除由财政部加盖大本营财政部小印外，并由部加盖爆竹类三字小印，颁发行用，以示区别。至该项税票，仍须由该分处加盖戳记后发行。

第五条 凡制造及贩卖爆竹类者，非遵照本章程贴用爆竹类印花税票，不准在广东全省境内转运销售。

第六条 凡爆竹类在本章程未施行以前制造或贩卖者，应自本章程施行之日起，由制造之工厂商店或贩运零卖之商人，补贴爆竹类印花税票后，方可转运贩卖，并将存数报告爆竹类印花税分处，转报财政部。

第七条 凡爆竹类在本章程施行后制造者，应责成制造爆竹类之工厂或商店，于爆竹类制成时，均须逐件贴足爆竹类印花税票，方可发行或转运出卖。

第八条 凡在本章程施行后贩卖爆竹类者，务须要求制造爆竹类之工厂或发行商店，照本章程贴足印花税票，方可贩运出卖。如未贴用印花税票或贴不足数者，该贩运及出卖之商人或商店，应负补贴印花税票之责任。

第九条 凡由他处运贩爆竹类入广东省境内者，应照本章程补贴印花税票后，方可发卖。

第十条 凡由广东省境内贩运爆竹类出境或出口者，应照本章程贴足印花税票后，方可起运。

第十一条 此项爆竹类印花税，在广东全省境内只征一次。

第十二条 凡已贴足印花税票之爆竹类，准其在广东全省境内，无论贩运，或大宗发行，或零卖，或出口，均可自由运销。其未贴印花税票或贴不足数者，必须补贴后方可运销。

第十三条 此项爆竹类印花税，应由购用爆竹类之人负担之，并准由制造爆竹类之工厂，或贩运及零卖商人或商店，于发行或出卖时，将应征印花税数目并入价格内发卖。

第十四条 爆竹类印花税票发行时，应照票面价额核收，不得有所增减。

第十五条 凡贴用爆竹类印花税票者，应于贴用时加盖印章，或画押于印花税票与爆竹骑缝之间。

第十六条 凡整包出卖之爆竹类，以每包为单位，所有印花税票应贴于封口之处。其逐件出卖者，以每件为单位，应以印花税票封贴于火药引线上。

第十七条 凡贩运零卖商人或用户，对于未贴印花税票之爆竹类，不得贩卖或购买，违者除责令补贴印花税票外，卖者与买者均处以左（下）列之罚金：

（一）初犯者处以五元以上五十元以下之罚金；

（二）二次违犯者处以五十元以上一百元以下之罚金；

（三）违犯在二次以上者，处以一百元以上二百元以下之罚金。以上罚金数目系专指单位而言，如在一包或一件以上，应依前项各款照数伸计处罚。

第十八条　凡在柜面陈列之爆竹类，务须照章粘贴印花税票，如有不贴印花陈列者，处以十元以上二十元以下之罚金。

第十九条　如商家贩运或用户购买时，发见漏贴印花税票之爆竹类，能当时举发或报告于警察及爆竹类印花税分处者，除免受同罚外，应准将举发人由爆竹类印花税分处酌量奖励之。

第二十条　如制造爆竹类者不贴印花税票即行出卖，或贩卖大宗未贴印花税票之爆竹类及贩运进口或贩运出口者，均作私制私贩论，应由地方官厅或警察区署及各关卡，随时分别查明扣留，呈报财政部没收充公，并仍照章处罚。

第二十一条　如有左（下）列情事之一者，应依左（下）列之规定，分别处罚治罪：

（一）贴不足数者，处以五元以上十元以下之罚金；

（二）贴后未经盖章或画押者，处以十元以上二十元以下之罚金；

（三）业经贴用之印花税票揭下再贴者，处以二十元以上一百元以下之罚金；

（四）伪造或改造印花税票者，按照刑律伪造通用货币例治罪。

前项第一款至第三款除处罚外，仍须责令补贴并盖章画押。其第四款除处罚外，并应将伪造或改造之印花税票没收之。

第二十二条　如以无效之旧印花税票或普通印花税票，伪造财政部加盖之大本营财政部六字小印及爆竹类三字小印，私自加盖后发售或贴用者，依前条改造印花税票例治罪。

如办理印花税人员有前项情事，应从重治罪。

第二十三条　财政部或广东全省爆竹类印花税分处，得随时派员检查制造或贩运贩卖零卖爆竹类之各工厂商店，对于本章程有无违背行为，但须由各该员预先通知地方官厅或警察区署或商会，派员协同前往检查。

第二十四条　如按照本章程规定应行处罚者，应知会该管地方官厅或警察区署执行处罚；其应行治罪者，应将人犯送交法庭处理，仍一面将实在情形详细呈报财政部核办。

第二十五条　本章程如有修正之必要时，由财政部修正之。

第二十六条　本章程自广东全省爆竹类印花税分处开办之日起施行。其开办期由财政部以部令定之。

招商承办广东全省爆竹类印花税暂行章程

第一条　依征收章程之规定，广东全省爆竹类印花税招商承办时，得用认额包征办法，由承办商人呈请财政部核准后，委任该商承办，并由部呈报大本营备案及分行各机关查照。

第二条　财政部核准后，准由承办商人设立广东全省爆竹类印花税分处于广州省城，并准其在广州市省河地方及广东全省各属分设支处及专员或代办处呈报财政部备案。

第三条　承办商人得推举总办及会办各一员，呈请财政部以部令委任。其支处长及专员，即由总办委派呈部备案，并得由总办委派劝销、稽查、调查若干员，分途劝销，或赴制造场所及贩运商店酌量检查，但须由总办或该员照章知会地方官厅或警察区署，或商会派员协同转往办理。如有充公罚办等情事，须照章呈报财政部，并送交该管官厅或法庭，分别处治，该总办等及其所委各员，不得私自罚办。

第四条　承办商人对于征收爆竹类印花税及售票查验各项手续，除遵照章程特别规定外，均应遵照征收广东全省爆竹类印花税暂行章程及其它关于印花税之法令办理。

第五条　依征收章程第三条规定之附表，应由承办商人调查市价平均规定，呈报财政部核准施行，如市价有特别变更或格外增减时，每年得改订一次。

第六条　此项爆竹类印花税，准由承办商人包办三年，自呈报开办之日起计，扣足三年为期，并依粤省推行新税向例，自开办日起给予三个月之试办期限。前项所称三个月试办期限，系自九月十六日起至十二月十五日为止。承办商人如无短销税票及其它违章情事，财政部于包办期限内不再另委他人承办。

第七条　承办商人每次向财政部请领爆竹类印花税票，均须先行照章缴足票价，方准颁发，不得借口拖欠。

第八条　承办商人向财政部请领爆竹类印花税票时，准按票面价额七成以现毫银加一三计，先行缴价请领，但于三个月试办期内，暂准以广州市通用现毫银核计，免其加缴补水，售票时亦同。其余三成，即作为承办商人办理广东全省爆竹类印花税一切办公经费及奖励等项，概不另行开支。在试办期内，财政部为事属创办，承办商人于事前调查等项需费较巨起见，特准暂支公费一成，按六成缴部领票。但此项办法，应以开办日起三个月内为限。

第九条　此项爆竹类之印花税票，应由承办商人每年包销票价十二万元，其票额应照分条办法，以票面额伸计，至每月应销若干，得按月平均计算。

第十条　如承办商人每年销售爆竹类印花税票超过前条规定票价十分之二以上时，由财部另定奖励办法奖励之。

第十一条　承办商人如营销爆竹类印花税票不及定额，或违背征收爆竹类印花税章程及本章程之规定时，得由财政部另行招商承办，并责令承办商人按照认额包征办法，补缴足额，或予罚款。但遇有地方不靖以及天地灾变情事，曾呈报财政部核准酌减税收定额者，不在此限。

第十二条　承办商人遇有地方不靖以及天地灾变妨碍地方秩序致爆竹类之营业受其影响者，得详叙情形，呈请财政部查明，酌减其包征定额。但只系一部分地方有上列情事发生，或系为时短促，与爆竹类营业及时期无重大关系者，不得借口请减。

第十三条 爆竹类之印花税票，得由承办商人转发各支处及专员，或其它商会商店照章代销，但代销者如有违章情事，须由承办人负连带责任。其因而短缴票价者，由承办商人自行处理，负完全责任，不得藉为口实，但得呈请财政部饬令地方官厅代为追缴。该承办商人对于代销处如有饬缴保证金之必要时，应另订办法呈部核准，并将所收保证金报部备案。

第十四条 承办商人所领印花税票如有毁损或虫蛀不能营销者，应声明理由，照章按票面价额缴价十分之一，一并解由财政部换发，但如因水火灾无税票缴回者，财政部不能补发税票。

第十五条 承办商人每月应将实销爆竹类印花税票之票额，分别票类，汇总列表报告财政部查核。

第十六条 所有未尽事宜，悉照现行印花税票各项法规办理时，由承办商人随时呈请财政部核示。

第十七条 本章程如有修正之必要时，由承办商人呈请财政部体察情形随时修订之。

第十八条 本章程自爆竹类印花税开办日起施行。

（《中华民国史事纪要（初稿）》1923 年 7～12 月，第 415～421 页）

何东致孙中山函

（1923 年 9 月 20 日）

某某巡帅钧鉴：

致仰旌麾，时殷景行，寅维德威卓著，勋业加隆，为颂无量。东香江伏处，实业专掌。本无问世之思，讵有希荣之举。不意中外名公，谬采葑菲，下逮刍荛，默维好义之心，秉于夙性，公益之事，知无不为。苟福利于人群，虽艰巨其奚恤。窃念中国今日时艰孔亟，大局纷纭，烽燧连天。萑苻遍地，神州有陆沉之惧，沧海见横流之忧。推原始祸，咎厥佳兵。近则临城事变发生，列强毖后惩前，铁路群倡保护，外潮日急，疑难交乘。诚欲回复和平，先除障碍，责言自息。救时急务，裁兵宜先，然或提倡者羌无实际，赞成者仅知虚声，猜忌未忘，事实难现。鄙意以为销除兵气，解释危机，莫如抒发悃诚，广集众会，合各省军民之当局，公采众长，聚中国匡济之名流，博求善法，事既协定，期以必行。更延请列国公使赞助良谟，陪席与议，庶群力集而不敢猜嫌，众志成而互相谅解，和平可卜，治理斯臻。我公民国元勋，群才首领，务望扩胞与之仁泽，建成平之伟功。鲁速［肃?］释纷臧洪先猷，斯响应遍于岳牧，忠诚昭布中西，不朽勋名，并世无两。东虽年老体弱，事集病多，愿请敬效涓埃，追随盛会，拭目而观至治，扶杖以睹太平，此极有望于今日者也。现本港中外各报于鄙人建议，极表赞成，足征舆论之倾向。惟是管蠡之见，终未悉有当高采否，倘蒙赞同，尚求电示。幸甚幸甚。肃请

勋安

何东拜启

（《中华民国史事纪要（初稿）》1923年7~12月，第428~429页）

徐绍桢呈孙中山文

（1923年9月22日）

呈为呈请褒扬事：案准广东省长咨开：据遂溪县长陈翰华呈称：据县属教育局长王栋章、坎联团团长梁谦和、第三区保卫团分局长王怀清、第一区保卫团分局长陈康年、师范学校校长洪范五、县议会议长李家驹、官立第二国民学校校长王庆云、前清署临高等县教谕郑伯湖、前清兵部员外郎郑伯玉、广东监狱专门学校毕业生黄道衡、前清增生金观济等呈称：寿妇郑黄氏寿臻百龄，确符褒例，谨具事实清册，联具切结，并遵缴褒章费六元，呈请褒扬等情

到县，由县加具证明书呈省咨部核办前来。部长核其事状与褒扬条例第一条第九款，尚属相符，拟请钧座题给百龄人瑞四字匾题，并给予银质褒章以示褒扬，所有拟请褒扬寿妇郑黄氏缘由，是否有当，理合具文呈请钧座察核示遵。谨呈

大元帅

大本营内政部长徐绍桢（印）

中华民国十二年九月廿二日

（《陆海军大元帅大本营公报》一九二三年第三十二号，10月12日，“指令”）

廖仲恺致孙中山函

（1923年9月22日）

现据粤海关监督傅秉常呈称：现据开平口征收税委员呈称：现准中央直辖广东讨贼军第一师军需处函开：现奉西江善后处督办李电令，内开：本署设财政整理处，统一西江财政事宜。查四邑各属税收，向由江门大本营办事处办理，仰该员暂行接收，继续办理。等因。奉此，遵于本月二十二日暂行接收，继续办理，除分函外，相应函达，即希查照等由。准此，理合备文呈请察核，指示每月征收税款如何解缴，俾得只［祗］遵等情前来。查关税为国家收入，系解中央之款，与他项税收不同，除令饬该口委员毋得擅行拨解外，理合备文呈报钧署察核，转呈大元帅令饬西江善后李督办，毋得截留关款，以重国库等由。准此，查该监督所呈各情，系为统一关税起见，理合呈请帅座察核，俯赐令饬西江善后李督办，毋得截留关款，以重国库，实为公便。等情前来。据此，除指令呈悉，准如所请令行西江善后督办遵照办理外，合行令仰该督办即便遵照办理为要。此令。

（《中华民国史事纪要（初稿）》1923年7～12月，第461～462页）

加拉罕致孙中山函

（1923 年 9 月 23 日）

亲爱的孙博士：

莫斯科长期以来一直强烈地感受到我们的政府在广州缺少一个常驻的、负责的代表。随着鲍罗廷的被任命，我们已经朝这个方向迈出了重要的一步。鲍罗廷同志是在俄国革命运动中工作很多年的我们党的一位老党员。请您不仅把鲍罗廷同志看做是政府的代表，而且也把他看做是我个人的代表，您可以象同我谈话一样，坦率地同他交谈。您可以相信他所说的一切，就象我亲自告诉您的一样。他熟悉整个形势，而且在他动身去南方之前，我们进行了一次长谈。他将向您转达我的想法、愿望和感受。

希望鲍罗廷同志到达广州之后，将会更快地推动形势的发展，将会使形势发展大大地超过到目前为止所能达到的速度，这一速度是我所深感遗憾的，衷心祝愿您的事业成功，我向您致以友好的问候。

您的加拉罕（签字）

又及：我非常感谢您的电报，它鼓舞我对于我们在中国的共同事业具有巨大信心。

（《共产国际、联共（布）与中国革命文献资料选辑（1917～1925）》第二册，第 535～536 页）

徐绍桢呈孙中山文

（1923 年 9 月 26 日）

呈为呈请事。窃部长现于九月二十四日接江苏省家弟绍桓来电，庶母罗氏于九月十六日病故，闻电之下哀痛欲绝，拟即请假二十一日持服，所有部务暂由次长杨西岩代办。绍桢俟假满再行回部供职，伏祈钧座俯赐允准，实为公便。所有现因期丧请假缘由，理合具文呈候察核指令祇遵。谨呈

大元帅

大本营内政部长徐绍桢（印）

中华民国十二年九月廿六日

（《陆海军大元帅大本营公报》一九二三年第三十三号，10月19日，“指令”）

徐绍桢呈孙中山制定管理医生暂行规则文

（1923年9月）

呈为呈请备案事：窃职部前制定管理医生暂行规则二十条，曾经呈报在案。兹将管理医生暂行规则施行细则续行制定公布。理合检同该项条文一份具文呈请钧座察核备案。谨呈

大元帅

计呈送管理医生暂行规则施行细则一份。

大本营内政部长徐绍桢（印）

中华民国十二年九月

（《徐绍桢集》第257页）

张国桢致孙中山电

（1923年10月1日）

万急。广州大元帅睿鉴：

（一）昨观音阁败退之敌，因陷敌待援，仍拟在三坑山、羌水一带，设险拒守。（二）我军于本日巳刻与敌接触，激战约三四小

时，敌遂不支，纷向河源溃退。（三）我军乘胜追击，于申刻占领河源城，敌复向老隆、回龙溃退。是役毙李逆团长一名、营长三名、士兵无算。我一、三旅夺获机关枪四杆、步枪二百余杆，八旅获机关枪二杆、步枪百余杆，二旅及杨部亦获敌枪数十杆。谨闻。张国桢呈叩。东。印。

（《陆海军大元帅大本营公报》一九二三年第三十二号，10月12日，“公电”）

路孝忱致孙中山电

（1923年10月2日）

广州大本营大元帅钧鉴：

窃国会为国家之最高立法机关，而议员所以代表全国人民之公意，凡百行动，皆当以恪遵国法、尊重民意以为准绳。当此国事蜩螗，民生凋敝，军阀专恣，国法板荡之时，我国会诸公尤当坚毅不屈，力持正义，廉洁自守，以维纪纲，使穷兵黩武之军阀，知所忌惮；哀号无告之黎庶，得解倒悬，然后对国对民庶可无愧。直系军阀曹琨［锟］、吴佩孚凭恃武力，窃据要疆，暴戾恣睢，摧残民意，三辅、两湖首遭蹂躏，闽、粤、川、赣复被淫威。近日曹琨［锟］复出其历年之私肥，公行贿选，而不肖少数议员竟甘为傀儡，计目前之私利，不惜毁法乱民，腾笑友邦，贻羞中外。吾山、陕三尺童子犹识曹、吴之非，而国会诸公稍知自好者，无不联翩南下。乃吾山、陕议员之到沪者，反寥若晨星，是岂甘为虎伥以图私肥耶？吾山、陕明达诸公，当不如是之愚也。用敢忠告吾山、陕议员诸公，宜知国法具在，众怒可畏，刻日离去北京以避清议而免后悔，为山、陕存名誉，为一己存人格，此不独吾山、陕人民之幸，抑亦诸公之利也。书曰“惟善人能受尽言”，谨布腹心，伫闻明教。中央直辖山陕讨贼军司令路孝忱率全体官兵。冬。印。特电奉闻。中央直辖山陕讨贼军司令路孝忱叩。

（《陆海军大元帅大本营公报》一九二三年第三十二号，10月12日，“公电”）

胡汉民等致孙中山电

（1923年10月4日）

广州孙大元帅钧鉴：

辛亥反对共和、北京兵变祸首及洪宪率师入川帝制祸首兼临城匪案祸首之曹琨［锟］，不日将令在北京国会议员选其为总统，中外骇怪，以为奇闻。姑无论贿选冒名，种种丑迹，贻羞世界，即使依法选举，亦必酿成革命，重苦吾民，天下汹汹，乱靡有极。各国论者，咸视吾人当此能否自决，以为吾国能否救药之征，国脉之延殆悬一线。夫吾民之望和平久矣，徒以曹锟与吴佩孚狼狈为奸，比岁以还，逞其阴谋，屡生战祸。直皖、奉直之役，川湘之役以迄粤、闽、桂、滇、黔各战事，无不由其挑构而成，国民生命财产损失以数万万计，殆积岁不能复元。此次因欲谋僭大位，一面用其私人组织非法伪阁，日日拍卖权利，盗窃民脂，一面输械增兵，力谋动乱，欲令长江及西南东北悉卷入战事漩涡。此贼不除，大局必无宁日，即和平断难实现。目下国会同人为曹锟威劫利诱，已失自由，无从代表民意，我全国爱正义、爱和平之军民同志，亟应自行奋起，共济时艰，障遏横流，诛锄元恶，庶垂危国脉得以终延，民国前途不至沦胥俱尽。我大元帅与芝泉先生志同道合，遐迩皆钦，为国为民，义无高蹈。所冀提挈主持，同伸大义，恢复平和，进行建设，更得各界名流硕彦一致赞助进行，民困之苏，庶其有望。掬诚祈请，伫候教言。胡汉民、杨庶堪，程潜、伍朝枢、徐绍桢、叶恭绰、林森叩。支。印。

（《陆海军大元帅大本营公报》一九二三年第三十二号，10月12日，“公电”）

附 胡汉民等致孙中山电

（1923年10月4日）

广州孙大元帅，天津段芝泉先生，奉天张雨亭先生，杭州卢子嘉先生，四川熊锦帆先生、刘禹九先生，衡州谭组庵先生，云南唐蓂赓先生，贵阳刘如舟先生，福州孙馨远先生，厦门臧和齐先生、龙华何茂如先生，上海海军林建章先生，周兆瑞先生，各省各法团、各报馆鉴：

辛亥反对共和、北京兵变祸首及洪宪率师入川帝制祸首兼临城匪案祸首之曹锟，不日将令在北京国会议员选其为总统，中外骇怪，以为奇闻。姑无论贿选冒名，种种丑迹，贻羞世界，即使依法选举，亦必酿成革命，重苦吾民，天下汹汹，乱靡有极。各国论者，咸视吾人能否自决，以为吾国能否救药之征，国脉之延殆悬一线。夫吾民之望和平久矣，徒以曹锟与吴佩孚狼狈为奸，比岁以还，逞其阴谋，屡生战祸。直皖、奉直之役，川湘之役以迄粤、闽、桂、滇、黔各战事，无不由其挑构而成，国民生命财产损失以数万万计，殆积岁不能复元。此次因欲谋僭大位，一面用其私人组织非法伪阁，日日拍卖权利，盗窃民脂，一面输械增兵，力谋动乱，欲令长江及西南东北悉卷入战事漩涡。此贼不除，大局必无宁日，即和平断难实现。目下国会同人为曹锟威劫利诱，已失自由，无从代表民意，我全国爱正义、爱和平之军民同志，亟应自行奋起，共济时艰，障遏横流，诛锄元恶，庶垂危国脉得以终延，民国前途不至沦胥俱尽。我大元帅与芝泉先生志同道合，遐迩皆钦，为国为民，义无高蹈。所冀提挈主持，同伸大义，恢复和平，进谋建设，更得各界名流硕彦一致赞助进行，民困之苏，庶其有望。掬情祈请，伫候教言。胡汉民、杨庶堪、程潜、伍朝枢、徐绍桢、叶恭绰、林森。支。

（《陆海军大元帅大本营公报》一九二三年第三十三号，10 月 19 日，“公电”）

范石生致孙中山电

（1923 年 10 月 5 日）

万急。广州孙大元帅（余衔略）鉴：

曹琨［锟］以一贩夫幸总师干，妄邀非分，摧残民治，包藏祸心，贪贿议员，冒名包办，指证确凿，罪不容诛。以此神奸，谬膺大选，万民侧目，天下骚然，祸起萧墙，兵戎奚息？凡有血气，义愤同伸。石生不敏，当率滇南子弟，敬从海内群贤之后，声罪致讨，歼厥渠魁。公理犹存，难安缄默，临电迫切，伏惟公鉴。驻粤滇军第二军军长范石生叩。微。印。

（《陆海军大元帅大本营公报》一九二三年第三十三号，10 月 19 日，“公电”）

王得庆呈孙中山文

（1923 年 10 月 5 日载）

呈为呈报事：案奉湘军总司令谭第九号训令内开：案准大本营秘书处函送大元帅简任状一件并公函一件，赍送该司令大印一颗、牙章一颗到部，合亟行知该司令即便遵照祗领，并将就职启用日期呈报，以凭据情汇报备案，等因。奉此。查大印一颗、牙章一颗，职部早已祗领并将就职日期及启用情形呈报在案。兹蒙湘军总司令谭转发大元帅简任状一件，祗领之余，理合具文呈报帅座察核备案。谨呈

大元帅孙

湖南讨贼军第三路司令王得庆（印）

（《陆海军大元帅大本营公报》一九二三年第三十一号，10月5日，“公文”）

黄绍雄[1]致孙中山电

（1923年10月7日）

广州探呈大元帅孙钧鉴：

鱼电计达。雄部于鱼日午后四时，协同海防舰队追抵江口附近，陆逆云高据险抵抗，彼即鼓励士众奋勇追击，敌势不支，乘夜向鹏化方向溃退。我军于十一完全占领江口，夺获大炮八门、步枪数百枝、军用品无算，击沉逆军大鹏兵舰一艘，俘获逆军参谋长、副官长及办事人员共十一名。除派员跟踪追击务绝根株外，谨先电闻，诸维鉴察。广西讨贼军第一军总指挥黄绍雄呈叩。虞。印。

（《陆海军大元帅大本营公报》一九二三年第三十五号，11月2日，“公电”）

刘权中等致孙中山电

（1923年10月7日）

十万火急。广州送孙大元帅（余衔略）睿鉴：

鱼电计达。先觉此次会师讨贼，上托列宪威福，下赖士卒用命，不数日间迭克明镇。昨收复平南后，三面督队会同黄部进攻江口，一面分兵绕出新墟。权中由一江出击浔城之后，先觉由新墟上攻浔城之前，陆逆不支，败窜江口，权中、先觉遂将浔城克复。浔城既拔，旋于虞寅攻陷江口，夺获枪弹辎重无算，敌纷纷溃散入

① 黄绍竑又名。——编者

山。除派队兜剿，务绝根株外，大河方面业告肃清，谨电奉闻。中央直辖第七军第二师第二旅长刘权中、团长何瑞荣，第三师第三旅长陈先觉、指挥官胡次屏呈叩。虞戍［戌］。印。

（《陆海军大元帅大本营公报》一九二三年第三十四号，10月26日，“公电”）

全国学生联合会总会致电孙中山

（1923年10月9日）

万急。广州孙大元帅钧鉴：

曹锟贿选告成，举国共愤，万恳速兴义师，以除国贼，以救危亡。中华民国学生联合会总会叩。青。

（上海《民国日报》1923年10月10日）

驻沪国会议员致孙中山电

（1923年10月9日）

广州孙大总统钧鉴：

宛平伪选举会，因五千元票价贿选国贼曹锟为总统，舆论愤激，群主声讨，应请我公即日实行总统职权，讨贼戡乱，为天下倡。国会议员鲁鱼、张凤九、张知本、刘云昭、史之照、茅祖权、徐邦俊、卢一品、张景纯、徐可廷等同叩。佳。

（上海《民国日报》1923年10月10日，“本埠新闻”）

黄绍竑致孙中山电

（1923年10月11日）

陆逆云高、张逆希栻自江口溃败，窜入鹏化，我军于真（十一）

日出发进攻，敌酋闻风向桐木象县方面退却，刻我军仍在跟踪中。

（《中华民国史事纪要（初稿）》1923 年 7～12 月，第 568 页）

周朝武致孙中山电

（1923 年 10 月 11 日）

广州孙大元帅钧鉴：

讨贼军兴，朝武仗西南声威，转斗沅、桃，连战皆捷，虞日占领桃源，业经通电报达。庚日上午，武先后督队进攻常德，唐逆智竭力穷，苦战不支，始弃城向真阳、沅江方面溃去，遂于真日完全克复常城，并同日分遣敝部张指挥义卿、陶支队长均晞、张游击司令松本、吴支队长祥斌，会同二路梯团长毓芬、杨游击司令再杰，各率劲部向汉寿、沅江一带进追。不日诸路合围，即可将窜走之余一鼓歼尽。敢瞻马首，会师熊湘，绥辑如何，伫候明教。第三纵队司令周朝武叩。真。印。

（《陆海军大元帅大本营公报》一九二三年第三十三号，10 月 19 日，“公电”）

刘经画致孙中山电

（1923 年 10 月 11 日）

孙大元帅钧鉴：

迩者曹琨［锟］擅用九百万之国帑，利诱数百名之议员与无赖，而伪造我国四万万人民之总统，强奸民意，舆论哗然，贿赂公行，秽腾中外。方之项城、河间、东海、黄陂等殆尤甚焉。且也徐州会议则主张复辟，项城称帝则受爵攻滇，近而纵劫临城，玷辱国体，破坏护法，侵扰西南，迹其素行，实属民国之罪人，任其管兵已为共和之梗阻。今举之当国执政，而又以金钱伪意出之，则国本必益动摇，政治必益窳败，若更使之代表对外，则外交必益失威严而致失败，可断然矣。画上察贿选之非人，下本人民之公愤，对于曹氏总统地位，认为违法乱纪，决不承认为有效，恳我大元帅联挈全国义师，大张挞伐，并希国人主持正谊，群起鸣攻。画愿据法律执鞭弭，誓随诸公以绳厥后。国事安危，端在此举，邦人君子，幸祈鉴诸。广东省议会议员刘经画叩。真。

（《陆海军大元帅大本营公报》一九二三年第三十六号，11月9日，“公电”）

王任化致孙中山电

（1923年10月12日）

孙大元帅钧鉴：

国贼曹琨［锟］贿选告成，法治扫地，临案交换，辱国侮民，中外腾羞，神人共愤。近更断丧国权，窃借外债，苟延伪号，残贼同胞。公等手造民国，护法多年，身统雄师，功昭海内。当曹贼逼宫索印之际，主张正义，万众同钦，今国脉垂危，转默然观望，岂竟待其自毙耶？然民情皇迫，切望来苏，务请即日誓师，伸明大义，肃清群丑，重奠山河，民国前途，实深企赖。众议院议员王任化叩。号。

（《陆海军大元帅大本营公报》一九二三年第三十六号，11月9日，“公电”）

林警魂致孙中山等电

（1923年10月12日）

韶关大本营分送孙大元帅睿鉴：广州胡代帅兼省长、许总司令钧鉴：

本日职属地方治安、商场秩序一切如常，请抒廑念。署香山县县长林警魂叩。侵。印。

孙中山批：当严行防，如有煽动罢市之人，即行枪决，罢市之店，即行充公，切勿姑息为要。文

（《中华民国史档案资料汇编》第四辑（二），第757页）

廖仲恺关于都市土地税呈孙中山文

（1923年10月12日）

呈为呈请事：窃维都市土地价值日昂，其影响于工商事业至巨，非以一种土地税法调剂参互于其间，断不能保市民负担之公平，而弥经济制度之缺憾。当经考查状况，编为《都市土地税条例草案》，详着理由。在民生主义尚未实施之前，苟能行此税法，慰情亦当聊胜。拟请明令颁行，先由广州市试办，并拟请设立土地局隶属省长公署直辖，由省长派员办理，以专权责。理合将理由书及条例汇列清折，呈请

海陆［陆海］军大元帅

计呈《广东都市土地税条例草案理由书》及条例清折一扣。

广东省长　廖仲恺（印）

中华民国十二年十月十二日

（《陆海军大元帅大本营公报》一九二三年第三十六号，11月9日，“公电”）

广东都市土地税条例草案理由书

土地为生产之要素，而又有限之物也。工业商务发达之区，人口繁殖、欲望增进需用土地，以为生产日益多求过于供，则地价自然腾贵，无待人工之改良，是以土地增价实为社会之产品，

地价贵，则地租随之，地主不劳坐收增益，而商贾劳工动劳终岁，反博得负担之增加，物之不平，孰有过于此者。前英国财务大臣雷佐治之言曰：“现在我国土地制度之最缺点，在使社会不能自收人民合作之利益，而反自处高抬地价之罪以谢地主。”言之可慨也。此种现象随处皆是，岂独英伦一隅已哉。我广州市自拆城辟路后数年之间，地价骤增数倍，地租之贵，绝非一般人民之力可能担负者，虽曰出诸自然趋势，岂非社会经济制度之不良有以致之哉。我孙大元帅目睹社会失序、贫富悬殊、阶级战争其端已肇，慨然以改革社会为己任，创平均地权之说，以为改良社会经济之方，整理国家租税之具，其要旨系土地皆有税，且重课其不劳而获之收益。夫地价税良税也，重征之不以为苛，由社会道德方面言之，重税土地则地价贱，地价贱则地租低落，而使用土地之权得以平均，请申言之。地价者，土地收益以普通利率还完之数也，地税者，不能转嫁之负担也。地税不能转嫁，自当向土地收益扣除，土地收益既减少，还完之数亦随之而小。埃尔兰学者巴氏谓：“经营土地不过求收益而已，凡减少其收益者，即减少其售价。”是土地价税减少，地价之具也，地价未税之值也，地价既减，人人得以贱租使用土地，故曰平均地权。不宁惟是，税重而不能转嫁，则繁庶区内向无收益之空地，当变为有建筑地以求收益，有建筑地如逐渐增加，而需求居常不改，地租降落可立而待也。由国家理财方面讨论之，土地为适宜课税之物，理由有数端：（一）土地为有形不动之物，按物征收无可逃避；（二）地价易于考定，以相邻间土地之买卖价格及其本身状态评定之，估价无过高或过低之弊；（三）土地不能伸缩，地价涨落比较别物，为有常税收额，可预定；（四）我国田亩有赋，其它土地不征，租税原贵普及，彼税而此免，岂得谓平？且纳税能力宅地远胜于田亩；（五）我国近来国用浩大，杂税繁兴，制度紊乱，苛扰人民，亟待整理，以舒民困，而裕民计，倘土地价税全国举办，以四百万方英里之土地，其间名城大邑何止千百，每年收入当以百兆计，行之有效，则所有不良之税自可一律废除，舍繁归简，即整理税制之道也。

广东都市土地税条例

第一章 总则

第一条 条文所用名词之解释：

（一）宅地 凡都市内人烟稠密处，所可作建筑、住居、营业或制造场所之用之土地即为宅地。

（二）无建筑宅地 宅地区域内之空地或虽设有临时建筑物之宅地，均称为无建筑宅地。

（三）农地 在都市内除宅地区域外所有农田、菜地、果园、苗圃、鱼塘、桑基及其它种植之土地均包括之。

（四）旷地 都市区域内除宅地或农地外均属旷地。

（五）土地改良 于都市土地上建筑增筑或改筑房屋、道路、沟渠及其它工作物等，有使土地增加效用额能耐久者，谓之土地改良。

（六）土地改良费 改良土地有形之资本谓之土地改良费。

（七）地税 包括普通地税，土地增加税而言。

（八）地价 指地价评议会判定之地价。

（九）土地增价 凡土地现时价额超出于前判定之地价，其超出之价数即为土地增价。

（十）关系人 指有土地权利关系者而言。

（十一）铺底顶手 指限于经领有登记局之铺底顶手登记完毕证者。

（十二）铺底权利人 即铺底顶手所有人。

第二条 城市商埠、乡镇其人口在五万人以上者，均适用本条例，但须依照第三条之规定行之。

第三条 各都市施行本条例之时期，由广东省长斟酌地方情形随时以命令定之。

第四条 有税地方分为左（下）列三种：

（一）宅地

（甲）有建筑宅地

（乙）无建筑宅地

（二）农地

（三）旷地

第五条 施行本条例都市之行政长官，应依都市之情形酌拟宅地区域，呈由省长核定公布之。

都市行政长官认为有变更宅地区域界线之必要时，得将情形及酌拟变更界线绘图附说，呈由省长核定公布之。

第六条 都市内未经公布为宅地区域之土地而有建筑房屋能作住居营业或制造场所之用者，作有建筑宅地论，但棚厂蓬寮不在此限。

第二章 普通地税

第七条 每年征收普通地税之令率如左（下）：

（一）有建筑宅地：征收地价千分之十；

（二）无建筑宅地：征收地价千分之十五；

（三）农地：征收地价千分之八；

（四）旷地：征收地价千分之四。

第八条 全年普通地税依左（下）定期限征收之；

第一期：一月一日至一月三十一日；

第二期：七月一日至七月三十一日。

地方遇有特别情形不能依前项所定期限纳税时，都市行政长官须将情形具报，由省长核明展期征收之。

第九条 都市行政长官认为地方情形有必要时，得请求省长将第七条第二款规定之税率加重或减轻之。

第十条 免税土地依左（下）列各款定之：

（一）关于教育慈善使用之土地

（二）寺庙、庵观、福音堂

（三）公立免费之游戏公园

（四）公共墓地

（五）公立劝业场

（六）其它土地得省长或都市行政长官指定免税者

前项之规定限于自己所有或承典及永租土地适用之。

第十一条　前条所列一、二、三、五、六各款之土地，如有以一部或全部为有偿的或赠与他人作营利事业者，不得享受第十条规定之待遇。

第三章　地价之判定及登记

第十二条　凡关于土地权利成立所有之书据，无论已未经登记局登记，限于本条例施行之日起四个月内，连同抄白书据一份，申报地价书一纸，呈缴土地局查验登记。

第十三条　缴验书据每件应征费银一元。

第十四条　申报地价书须依式填报左（下）列事项：

（一）姓名（土地所有人、永租人、典主或铺底权人）；

书据如系用堂名，须加该堂代表人名，如系店名，加该店主事人名；如系二人以上共有，则用第一人之名。

（二）通信处所（如处所变更时须即申报）；

（三）土地种类；

（四）座落；

（五）面积；

（六）每井价值；

（七）全段地价；

（八）改良费额；

（九）前项投资时期；

（十）年租；

（十一）如有永租典当或铺底关系须详细报明；

（十二）土地现充何用。

第十五条 各种地价当事人依限申报后，由地价评议会审查其申报地价之当否，分别判定之，但有铺底顶手关系者，须照第二十四条之规定办理。

第十六条 地价判定后地价评议会即将判定之地价通知土地所有人、永租人或典主。

第十七条 土地所有人、永租人或典主，认判定地价为不合时，得自收到通知书之日起三十日内，向地价评议会申述异议，请求复判。

地价评议会对于当事人申述异议所为之复判，为最终之判决。

第十八条 土地所有人、永租人或典主认复判地价为不满意时，得自收到通知书之日起十五日内申请都市税务官署将土地征收之，其征收地价之标准规定如左（下）：

（一）复判地价与申报地价相差百分之一十或以下者，由税务官署照复判地价征收之。

（二）复判地价与申报地价相差超过百分之一十者，由税务官署照申报地价加百分之一十征收之。

第十九条 各有税地变更其种类时，土地所有人及关系人应于变更前，将变更事由呈由地价评议会核准，并于变更程序完毕后十日内呈报土地局登记。

第二十条 凡有税地变为无税地或无税地变为有税地，其土地所有人、关系人应于变更前，将变更事由申请土地局核准，并于变更程序完毕后十日内呈报登记。

第二十一条 无税地变为有税地，其土地所有人限于变更程序完毕后十日内应将地价申报，由地价评议会依于申报价额与土地状况及相邻土地价格之比例判定登记。

第二十二条 凡土地之让与、永租或典当，须于契约成立时呈报登记。

第二十三条 永租权、典当权、铺底权及其它土地之地租，为有变更或修改时，关系人限自变更或修改之日起十日内声请土地局修正登记。

第二十四条　有铺底关系宅地之地价以全年租金之十二倍及铺底顶手全额合成计算之。

第二十五条　土地改良费于地税征收时应由地价项下扣出半数免除之，但以经地价评议会核定登记者为限。

第二十六条　土地局地价评议会规则及登记规则另定之。

第四章　普通地税之纳税人

第二十七条　有铺底关系宅地之普通地税，其土地所有人应照年租十二倍缴纳，其铺底权利人应照铺底顶手金额缴纳。

第二十八条　有典当关系土地之普通地税由典主缴纳。

第二十九条　永租地税由永租人缴纳之。

第三十条　其它地税概由土地所有人缴纳之。

第五章　土地增价税

第三十一条　土地增价税率列左（下）：

（一）土地增价超过百分之一十至百分之五十者，课百分之一十；

（二）超过百分之五十至百分之一百者，课百分之十五；

（三）超过百分之一百至百分之一百五十者，课百分之二十；

（四）超过百分之一百五十至百分之二百者，课百分之二十五；

（五）超过百分之二百者，课百分之三十。

第三十二条　土地增价免税之定率列左（下）：

（一）土地增价在百分之一十或以下者；

（二）农地或旷地每亩地价二百元以下者；

（三）宅地全段地价在五百元以下者。

第三十三条　土地增价税之征收办法列左（下）：

（一）土地转卖时，出卖人照现时地价扣除原价或最后经纳增价税之地价额及改良费之半数，所余之额依率缴纳。

（二）土地继承时，继承人照现时地价扣除被继承人原价或最后经纳增价税之地价额及改良费之半数，所余之额依率缴纳。

（三）土地权或永租权经十五年未有移转时，土地所有人或永租人照现时地价扣除前十五年地价及改良费之半数，所余之额依率缴纳。

第三十四条 土地所有人于土地典当满期赎回时，或典主于期满断典取得土地所有权时，应照现时地价扣除典产原契成立时所值地价及典当后土地改良费之半数，所余之额依率缴纳。

第三十五条 违背第十二条第十九条至第二十三条之规定者，处以五元以上百元以下之罚金。

第三十六条 本条例如有未尽事宜得随时修改之。

第三十七条 本条例由大元帅核准公布施行。

附说明

（一）土地税分为普通地税、土地增价税二种。前种按值抽税，凡价值相等之同种土地，一律受同等之待遇，办法本甚公平，但未足以对付不劳增益，是以普通地税之外，复设土地增价税以补其罅漏。土地增价既系社会之产品，不劳之增益不应全入私人囊中，政府征收一部以办社会事，自无不合之理。

（二）土地亦有因人工改良而增价者，此种增价不得谓之不劳而获，地主之功亦有足纪者，拟免除改良费之半数，藉以奖励良好建筑。

（三）繁庶都市中无建筑宅地为最适宜之投机物，税率应较他种为重，以防止投机，并迫促弃地变为有用之地。

惟地方有时而衰落，衰落之地其租必贱，无建筑物者，应减轻税率以昭平允。

（四）旷地征收普通地价千分之四，表面上似过轻，恐为投机家所利用。究其实，所谓旷地，大抵未经改良不能使用，难求近利，千分之四已属太重，过此恐难担负。

查英国旷地每磅征半个边士，未及千分之三，有税无收已不适于投机，而况另有土地增价税以取缔之。

（五）政府征收土地，其权利关系人直接或间接必受有一种损失，应照申报地价增加些少以为弥缝。

（六）有铺底顶手关系之土地，其地租不得任意增加，若以相邻间无铺底顶手土地之价值为纳税之标准，则殊非平允，故以年租十二倍计之。

铺底顶手权已视为土地权，其金额亦应视为地价。

（《双清文集》上册，第562～571页）

谭延闿致孙中山电

（1923年10月12日）

广州大元帅钧鉴：

青未电令谨悉。曹琨［锟］贿诱议员，僭窃大位，背叛民国，罪迹昭彰。在京议员，不知自爱，贪赇受贿，自绝人民，凡有血气，孰不共愤？钧座悯念国脉垂危，纪纲沦丧，赫然震怒，下令申讨，通缉惩办，大义凛然，逆贼丧胆。谨遵钧令，通饬各军将领，誓师讨贼，并通缉附逆各议员，以赴国难，而张挞伐。谨此电呈，伏维垂察。延闿叩。侵。印。

（《陆海军大元帅大本营公报》一九二三年第三十四号，10月26日，“公电”）

黄绍雄致孙中山电

（1923年10月13日）

广州探呈大元帅孙钧鉴：

陆逆云高、张逆希栻自江口溃败，窜入鹏化。我军于真日出发进攻，敌酋闻风向桐木象县方面退却，刻我军仍在跟踪追击中，余情续报。广西讨贼军第一军总指挥黄绍雄呈叩。元。印。

(《陆海军大元帅大本营公报》一九二三年第三十五号，11月2日，“公电”；《中华民国史事纪要（初稿）》1923年7～12月，第568页）

陈嘉佑致孙中山电

（1923年10月15日）

特飞火急。广州大元帅孙睿鉴：

各省省长、督军、总司令、各军长、各师旅团长、各镇守使、各司令、各机关、各报馆、各公团均鉴：

曹琨［锟］贿选，种种违反民意，妄倡以强权统一全国，通天罪恶，罄竹难书。慨自民邦建设，煌煌先烈铁血未干，凡属血气之伦，断不忍坐视艰难缔造之中华民国，断送于曹逆及非法议员之手。嘉佑谨遵大元帅孙暨湘军总司令谭命令，整勒部伍，一致讨贼，义愤所在，誓不与逆等俱生。谨布区区，伏维共鉴。湖南讨贼军湘东第一军军长陈嘉佑叩。删。印。

(《陆海军大元帅大本营公报》一九二三年第三十五号，11月2日，“公电”)

黄绍雄致孙中山电

（1923年10月16日）

万急。广州大元帅钧鉴：

国贼曹琨［锟］，阿瞒遗孽，厮养国会，议然当选，妄自尊称，鲜耻亡廉，莫斯为甚。综其罪恶，罄竹难书。此等元凶生属专制之朝，已难免逆臣之戮，况在共和之世，尤应严叛贼之诛。倘犹任彼横行，认贼作父，我既不能自奋，人将起而代谋，禹甸茫茫，终成共管。兴念及此，恸乎！如我孙大元帅惧人格之遂亡，特颁明令以伸天讨。本军剑及屦及，愿与偕亡，凡有血气之伦，应赋同袍之什，共歼大憝，以正人心。敬布区区，伫候明教。广西讨贼军第一军总指挥黄绍雄呈叩。铣。印。

（《陆海军大元帅大本营公报》一九二三年第三十五号，11 月 2 日，“公电”）

张国桢致孙中山电

（1923 年 10 月 16 日）

广州孙大元帅睿鉴：

曹、吴国贼，相济为恶，破坏共和，背法贿选，妄干大位，秽襮中外。始则假恢复法统之名，视法立如儿戏，继则师武力统一之策，以攻夺为帝王。故有遗法国会可野合而生非法总统，有卖身议员由铜臭而成亡国宪法。支离漫衍，纲纪扫地，既大拂乎民意，尤腾笑于友邦。我神明华族有最深厚之礼教，有至强健之精神，岂容此叛国非法党徒危害民国？国桢奉许总司令命，督师循州，矢志杀贼，发指誓取贪残，会当偕我袍泽，戮力戎行，足定东江，奋戈北指，俾我国家人格不致为曹氏牺牲，即数年护法之功，亦不致中道而废。掬血陈词，敬闻后命。东路讨贼军第四军军长兼东江前敌总指挥张国桢。铣。印。

（《陆海军大元帅大本营公报》一九二三年第三十五号，11 月 2 日，“公电”）

蒋光亮致孙中山电

（1923 年 10 月 16 日）

广州孙大元帅钧鉴：

国贼曹琨［锟］者，洪宪祸首，复辟功臣，比年羽翼渐丰，遂欲家有天下，托名统一，黩武残民，举国人士，疾首侧目。不图利令智昏，罔知省惕，近复输金国会，贿选总统，以全国元首之尊严，作市侩买卖之交易，毁法辱国，莫此为甚。此而可恃，天道何存？总其往事，实已罪不容诛；论其近行，尤为斯世共弃。光亮执戈护法，转战经年，对兹憝奸，难共天日。谨率所部遵令讨伐，庶为国家存一分之正谊，国民争一线人格。人心不死，斯愿必偿，邦人君子，祈赐匡扶，不独光亮之幸，国家实利赖之。谨电奉闻，诸维鉴察。中央直辖滇军第三军军长蒋光亮叩。铣。印。

（《陆海军大元帅大本营公报》一九二三年第三十四号，10月26日，“公电”）

黎元洪致孙中山书

（1923年10月16日载）

中山先生执事：

前者王君恒赴粤，托致尺书，想邀亮察。比想为国勤劳，至深仰企，元洪去年复职，实乖素心，抚驭无方，致有六月十三之祸。惟念个人之荣辱犹轻，全国之存亡实重，非通力合作，不足以扶持正义，划除强权，谨追随左右，力图靖献，业于本月十一日到沪，比即电达记室，并托精卫兄转致一切。我公昔在清季，与元洪同开草昧，丁兹丧乱，休戚与同，兹特托复初兄赴粤，面达款悃。复初久从元洪，与我公游，同资匡赞，元洪衷曲，必能为我公一一倾吐，海天南望，延企为劳，书不尽意，专泐布肌，顺颂

勋安，不具

黎元洪

（《广州民国日报》1923年10月16日，“本省要闻”）

廖仲恺呈孙中山文

（1923 年 10 月 17 日）

广东省长廖仲恺以军用浩繁，筹饷为首要之急，虽曾饬各县缴解税款以资应用，惟成效不著，遂另于所属各县设筹饷局，遴派得力人员专管各县所有正杂税捐征收事宜。并于省会设立大本营筹饷总局，由省长主其事，凡各县筹饷局缴解款项统由总局核收，并听候命令指拨，以支持军需。爰此，乃议定“大本营筹饷总局组织办法”及“总局及各属分局设置员司办事简章”等呈报孙大元帅。本日大元帅批令切实进行，以裕饷需。其办法及简章如后。

一 大本营筹饷总局组织办法

（一）筹饷总局系于军事期内特别设置，专理筹饷事宜，遵照帅令在省会设立，名为：大本营筹饷总局，由省长总司其事，省长为总办，财政厅长为会办。

（二）所属各县分别酌设筹饷局，专管各县正杂税捐及一切收入，由县查案划交筹饷局会同催收。

（三）各县筹饷局缴解款项，统由总局核收，听候命令指拨。

（四）各县筹饷局缴解款，由总局先发临时收据，汇行政厅转交金库补收，另发正式印收发回备案。

（五）各县筹饷局应将专管正杂税捐及一切收入款目、名称、额收先行列表，呈报总局备查。

（六）各县筹饷局按日派解，数目应由总局指定照解，如逾定限或任意延玩，核明情节轻重，分别记过撤惩。

（七）各县正杂税捐统由筹饷局负责批解，无论何项机关不得截留，违者以抗阻命令呈请帅府惩处。

（八）筹饷总局编配办事设置员司，及各县筹饷局选派专员，均由省长另核呈定公布。

（九）筹饷总局组织办法呈明帅府核定，如有未尽事宜或有应议增修之处，均由总局随时呈核办理。

二　大本营筹饷总局设置员司简章

（一）筹饷总局遵奉明令，由省长总司其事，省长为总办，财政厅长为会办。

（二）局内设置员司照左（下）列之支配：

（甲）设总稽核一员

（乙）设文案二员

（丙）设会计一员

（丁）设书记二员

（三）筹饷总局专理筹饷，对于规划监督由总办总其成。

（四）总稽核秉承总办查催考核各属筹饷局收解款目一切事宜。

（五）文案会计秉承总办分理撰拟文牍、核算、收支事宜。

（六）局内设置员司拟由省署财政科及原充会计人员选派兼任，酌发津贴，不支薪俸，以节经费。

（七）局内经费杂支均从节省，按月核实报销。

三　各县筹饷局设置员司简章

（一）各筹饷局由省署遴员专管名为“筹饷局专员”。

（二）各筹饷局办事进行直接大本营筹饷总局。

（三）局内设置员司照左（下）列之支配：

（甲）设文牍一员

（乙）设会计一员

（丙）设书记一员

（四）文牍会计员秉承专员分理撰拟文牍、核算、收支事宜。

（五）局内经费照左（下）列规定支销：

（甲）专员月薪一百五十元

（乙）文牍会计月支六十元

（丙）书记月支四十元

（丁）杂支五十元

（六）局内经费杂支按月应呈明总局核饬拨支，不得任意混销。

（《中华民国史事纪要（初稿）》1923 年 7～12 月，第 586～588 页）

朱世贵致孙中山电

（1923 年 10 月 18 日）

孙大元帅睿鉴：胡总参议、杨秘书长、张参谋长、杨总司令、许总司令、刘总司令、李军长、范军长、蒋军长、赵师长、杨师长、廖师长、王师长、廖省长钧鉴，各师旅团长钧鉴：

国步日非，大法凌夷，纪纲不振，隐祸四伏，陈逆炯明，枭獍性成，犯上作乱，倡谋不轨，愈接愈厉，窃联治之名，行割据之实，外而邀结北内虏［虏，内?］而纵容匪类，乱国祸乡，于斯而极。世贵护国护法，无役不从，此次追随我总司令杨公，奉命讨贼，转战数省，路逾数千，艰难险阻，卒奏肤功。西北两江虽告肃清，然东江余逆犹存，元憝未殄，重劳我元首亲征，总座督战，是此大凶不去，西南障碍堪虞。且国贼曹琨［锟］，贿买大选，希图窃国，吴氏称兵，屡举南下，干冒不韪，物议弗恤，凡有血气，罔不发指。何况世贵军人，更应厥尽天职，现奉命助战东江，遵于即日开拔，一俟陈逆荡平，即随我元首北伐，灭此朝食，歼彼群丑，俾本党之主义实行，元首救国之苦心得达，则世贵之责任方尽也。倚马陈词，伫候明教。中央直辖滇军独立混成旅旅长朱世贵叩。巧。印。

（《广州民国日报》1923 年 10 月 20 日，“本省要闻”）

胡谦致孙中山电

（1923 年 10 月 19 日载）

提前万急。（石龙）大元帅钧鉴：

我左翼军于本月廿五日夜，分三路袭击龙华之敌，西路讨贼军王兴中旅任左路，由西溪出四围攻龙镇；第七军王旅长作标、罗司令良斌两部任中路，由牛井径直趋龙镇；龙门县别动队统领廖吉云部任右路，由功武、水坑攻龙华。公安局警察游击总队队长司徒非所部，任总预备队，援助中路前进。是夜各部队异常勇敢，激战竟夜，即于宥晨九时将敌击溃，完全占领龙华镇及龙门城，敌向平陵溃退。是日王旅长兴中所部夺获逆军机关枪一枝、步枪六十杆，又伪粤军步兵第十旅旅长印信一个，廖统领所部亦夺获步枪、旗帜等件，其余各部夺获军用品甚多。逆军死数十、伤数十，并生擒数十名。当饬各部分头追剿，直捣河源外，特电奉闻。大本营驻增城命令传达所所长胡谦叩。印。

（《陆海军大元帅大本营公报》一九二三年第三十三号，10 月 19 日，“公电”）

谭启秀致孙中山电

（1923 年 10 月 19 日）

广州孙大元帅睿鉴：各总司令、各部长、廖省长、参众议院、各军民长官、各法团、各报馆鉴：

民国成立十有二年，变乱相寻，迄无宁日，谁为为之，非帝制余孽直系首领曹琨［锟］有以致之乎？我大元帅一再优容，冀其觉悟，促进国内之统一。讵曹贼野心未死，毁法孤行，近复贿买无耻议员，非法选举，盗窃神器，等议会为贸易场，视总统为买卖品，廉耻尽丧，腾笑友邦，莫此为甚。倘不速为推倒，则我国人民不特受直系之鱼肉，且将变为亡国之奴隶。启秀份属军人，责无旁贷，愿率健儿追随诸公之后，歼彼丑类，奠我邦基。倚马陈词，不胜迫切待命之至。中央直辖广东讨贼军第一路司令谭启秀叩。皓。

（《陆海军大元帅大本营公报》一九二三年第三十五号，11月2日，“公电”）

众议院议员王任化致孙中山电

（1923年10月20日）

广东叶部长转孙大元帅，奉天张总司令，天津段芝泉先生、浙江卢督办、张省长，上海何护军使，云南唐总司令，四川熊总司令，湖南谭总司令，山西阎督军均鉴：

国贼曹琨［锟］，贿选告成，法治扫地，临案交换，辱国侮民，中外腾羞，人神共愤。近更断丧国权，窃借外债，苟延伪号，残贼同胞。公等手造民国，护法多年，身统雄师，功昭海内，当曹贼逼宫索印之际，主张正义，万众同钦。今国脉垂危，转默然观望，岂竟待其自毙耶。然民情皇迫，切望来苏，务请即日誓师，申明大义，肃清群丑，重奠山河，民国前途，实深企赖。众议院议员王任化叩。号。印。

（《广州民国日报》1923年11月2日）

鲁涤平致孙中山电

（1923年10月21日）

万万火急。广州大元帅均鉴：

奉任命状开，任命鲁涤平为湖南讨贼军湘中第二军军长，此状。并由大本营秘书处颁发木质镶锡印一颗，文曰湖南讨贼军湘中第二军军长印；象牙小章一颗，文曰湖南讨贼军湘中第二军军长，等因。奉此。涤平遵于本日启印视事。自今以往，涤平惟有永矢忠贞，率从谟诰，敬慎业业，上答殊遇。鲁涤平叩。马。印。

（《陆海军大元帅大本营公报》一九二三年，第三十七号，11 月 16 日，“公电”）

程潜呈孙中山拟办中央陆军教导团文

（1923 年 10 月 21 日）

大本营军政部长程潜上呈孙大元帅，拟办“中央陆军教导团”，以期养成军队之骨干，树立军队确定不移之精神，本日经大元帅令准照办。《中央陆军教导团条例》及《中央陆军教导团军官候补生入团考验章程》如次。

一 中央陆军教导团条例

（一）陆军教导团为统一军队教育起见，养成各师旅各兵科模范下士及军官候补生，而施以最新之军事教育。

（二）陆军教导团依陆军步兵团编制，编成步兵一团及炮、工、交通、辎重兵各一连。

（三）陆军教导团于团本部加设炮、工、辎重、交通科长各一员，担任各科教员。

（四）陆军教导团士兵由军政部招募身体强壮，粗识文字，年龄在十八岁以上二十二岁以下者充补外，并咨令各军师旅长选送上等兵来团（细则另定），训练六个月发还原队。

（五）军官候补生由军政部考试各省中学毕业以上之学生（考试细则另定），取其合格者发交陆军教导团训练六个月升入陆军军官学校。

（六）陆军教导团学术两科以表定之。

二 中央陆军教导团军官候补生入团考验章程

（一）资格 中学校毕业以上之学生，经军政部派员考试合格，发交陆军教导团练习者，称为军官候补生。

（二）报名 自某月某日起至某月某日止，至某处填具履历一份，带有证书者缴验证书，听候示期考试。

（三）身体之检验：视力 听力 握力 肺量 高矮 体重 疾病之有无。

（四）学科之考试：国文 英文 数学 小代数 平面三角 平面几何 物理 化学 历史（中国） 地理（中外）。

（五）揭晓取录者听候示期入团。

（《中华民国史事纪要（初稿）》1923 年 7～12 月，第 612～613 页）

朱卓文致孙中山电

（1923 年 10 月 22 日）

广州孙大元帅钧鉴：

曹琨［锟］贿选，辱国太甚，明令讨伐，薄海欢腾，属在下僚，尤殷鼓舞，业于本日通电全国一致主张。其文曰：广州各报馆并转各总司令、各军师旅长、各机关、各团体、上海、汉口、北京、各省、各埠、各报，并转各省军民长官、各护军使、各镇守使、各师旅长、各机关、各团体、海外中华会馆、中国商会公鉴：共和元首代表国家，非有伟大勋劳允孚众望，必须特殊政见号召人心，欧美列邦已有成例。曹琨［锟］以前清稗将，因缘时会，得总师干。反对共和，则叛变京兆，拥护帝制，则统兵入川。招权纳贿，秽德彰闻，难以指数。其在民国固无政见、无勋劳，而罪不胜诛者也。倘国有法度，置诸重典，亦复死有余辜，而乃包藏祸心，盗窃名器，公行贿赂，为所欲为。国会自身有无问题，选举手续是否适合，胥置不问也。此而可认为元首，代表国家，非惟中华民国之羞，抑亦世界民主之玷。而且联皖排皖，亲奉制奉，拥徐而又倒徐，迎黎而又逐黎，反复无常，惟我自便。更复嗾杨森以乱川，勾袁祖铭以乱黔，结沈鸿英、陈炯明以乱粤。数年以来，致使全国人士无一日安枕者，罔非曹琨［锟］一人自私自利为之作祟也。今则兵祸频仍，民穷财尽，西南与东省无论矣，即其卵翼伪廷之下，政费无着，教育费无着，海陆军之欠饷亦无着。彼于全国告穷之时，竟有一千三百余万之大宗款项，以供贿选之用，是竭天下人之膏血以制造一人之虚荣，事之不平，宁过于此。群起反抗，函电纷驰，足征人心大有可用。我孙大元帅俯顺舆情，大张挞伐，凡有血气，靡不赞同。所望全国志士风起云涌，毋徒空谈，力谋实力之援助，尤望东江将士及从前护法诸公，年来显被欺朦，致为利用或自相残杀，或袖手旁观，酿成今日牵制之局者，及时觉悟，回复感情，一致讨贼。否则，鹬蚌相持，渔翁得利。曹贼必掀髯而笑曰：天下英雄皆入吾彀中。我亦犹人，宁不愧死？况彼固素以北洋正统自囿者，势如段、张，位极徐、黎，尚遭屏弃，抑何爱于诸公，洪杨往事可为痛心。人生不满百，何苦舍正路而不由？或谓势成骑虎，难以中下，此激于一时意气之言耳。试问今日之事，国家为重，抑意气为重？权衡再四，当能豁然。更有一言，以为北方将士告者：内乱频经，外患日急，不谋自决，何以图存？诸公诚欲亡国则已，若犹有丝毫爱护民国之心，而毁法乱国罪恶昭著之曹琨［锟］，何尚戴为至尊，容其宰制？即就诸公个人私益言之，朝发乞饷之电，夕派索饷之使，呼号奔走，所得几何？谓其经济困难耶，而贿选经费达至千万，奚自而来？敢断言曰：克扣军饷其一也。进言之，即牺牲诸公之生命名誉，以博曹氏一人之富贵也。好男儿公不能捍卫民国，徒成曹氏家贼之名；私不能博取升斗，以应个人事畜之用。苟非昏聩，其何以堪。燕赵古多豪侠，为今之计，服从民意，直取曹琨［锟］之首以告天下，上也。次则倒戈相向，欢迎讨曹之师，俾南北相持之局决于一朝，亦不失为识时俊杰。若执迷不悟，甘心附逆，延长战祸，徒苦生灵，公愤所在，行见曹琨［锟］授首，公等抑将何以自处？斯则策之下矣。伏念我孙大元帅自提倡革命以至今日，天下为公之念，无事不可以告人，其救国志愿终始不渝，亦为全国同胞所共见。以故满清之亡也，袁氏帝制之失败也，徐世昌、黎元洪受人傀儡而终归于失意以去也，无一不在意计之中，即无一不为主张贯彻之结果。此次提滇、桂、湘、粤、川、黔、赣百战之师，复得浙、闽、奉、吉、黑声应气求之助，且有农工商学各界，及海外华侨慷慨激昂之民气以为之后盾，是率天下以敌曹氏一人，胜败之机，奚待龟卜？卓文心存报国，志切锄奸，秣马厉兵，听候驱策，义无反顾，敢告邦人。如赋同仇，愿闻明教。中央直辖游击总司令朱卓文叩。养。印。

（《陆海军大元帅大本营公报》一九二三年第三十五号，11月2日，“公电”）

徐绍桢呈孙中山文

（1923年10月22日）

呈为因公殒命恳请褒恤事：窃本年东西北三江迭被风水兵戈之灾，情形甚惨。前经由部长发起召集各界及各善团等筹设赈恤，经已成立名曰广东各界筹赈东西北三江办事处在案。兹据该处函称：本月十五日赈品出发东江，前往博罗散赈时，途次石龙，因江流湍急，押运员李仲岳失足坠水殒命。查该员系前番禺县长、现充筹赈处总务主任李芝畦之次孙，平日襄办赈务极资得力，今竟因押运赈品出发，遽遭灭顶之凶，作善罹殃，殊堪悼惜，可否援照褒扬条例第一条第五款请钧座题给取义成仁四字匾额以示褒恤之处。理合呈候察核指令祇遵。谨呈

大元帅钧鉴

大本营内政部长徐绍桢（印）

中华民国十二年十月二十二日

（《陆海军大元帅大本营公报》一九二三年第三十五号，11月2日，“指令”）

广东工商学各团体呈孙中山文

（1923年10月22日）

为请愿事：窃曹琨［锟］以满清余孽，洪宪遗奸，复辟要犯，共和蟊贼，强据首都，私买议员，内蓄国蠹，外结奥援，实行北洋专政，拒绝和平统一。溯其恶迹，恒河沙数，纵兵掠京，肆部淹湘，惨杀路工，毒殴学子，蹂躏人权，摧残教育，借债丧权，媚外失地，私据内阁，盘踞铁路，祸国殃民，罪大恶极。近复西袭川湘，南祸闽粤，压抑人民意志，消灭国家生机。况现外力浸入弥深，军阀凭依益固，政治、经济久失独立，举国潮流皆趋革命，且和平统一已被拒绝，和平会议实资利用。总之，旧势力不除，外力更藉以侵略，民治益难实现。敬恳大元帅早定北伐大计，并组织革命政府，以革命统一中国，实现真正民主国家。特具呈请愿，仰祈赐鉴。此呈

孙大元帅

请愿人 广东公会联合会代表张瑞成

民权社代表阮绍元

广东民权运动大同盟代表冯菊坡

互助总社代表王德明

省教育会代表陈春圃

广东学生联合会代表伦湛恩

广东新学生社代表刘尔松

广东女界联合会代表沈慧莲、李韵潇

执信学校

广州内河货艇工会

互助总社周日强

市立第五高等小学校
湖［潮］属八邑旅省高等小学校
市立第三十七国民学校
广东省教育会
国立广东高等师范学校
市立第廿六国民学校
市立第二女子高等学校
市立第四高等小学校
广高附师学生会
图强医学校
广东公立警监专门学校
广东女子师范学校
酒楼茶室公会
广东女界联合会
南洋华侨真相剧社
岭南学校
市立师范学校
广东轮渡船务总工会
觉悟通讯社
市立甲种商业学校
市立美术学校
市立第九高小学校
妇孺医学校
广州市立法政学校
广州第十高小学校
市立保姆学校
市立第一国民学校
广东省立法大学校
市立第七高小学校

市立第五国民学校

土木建筑工会

棉丝自动研究社梅坚许

佛山公会联合会代表梁敬

佛山理发工会

佛山制饼工会

广东铜铁工会

广东酒业工会邝孔

广州唐庄金银首饰工会代表梁镜秋

联义社海外交通部

广州肉行昭信工会

徽柔女学校

法大学校

黄沙陈馆联英乐社

志成高小女学校

市立卅一国民学校

海外华侨演说团

锦纶阖行

市立廿八国民学校

建国宣传团

广州药材工会

药材工会佛山支会

市立第四国民学校

市立第九国民学校

市立第十四国民学校

农专学校

市立第四女子高小学校

市立卅九国民学校

海员总会

工业学校
第二高小学校
第一高小学校
市立职业学校
市立第廿九国民学校
自强国民学校
体育女子学校
第五女子高小学校
工程学校
缝业工会
南海中学校
光华医学校

中华民国十二年十月二十二日

（《中国民国史档案资料汇编》第四辑（一），第29～33页）

田桐致孙中山等电

（1923年10月23日载）

广州孙大元帅，天津段合肥，奉天张总司令，杭州卢督办，重庆熊总司令、刘省长，衡州谭总司令，厦门臧总司令，广州胡总参议、洪秘书长、廖省长、杨总司令、许总司令、刘总司令、范军长、蒋军长、朱军长、刘军长、李军长、卢军长、邓支部长均鉴：

年来安史荐乱，伧父跳梁，我军肝胆照民国，仗义不顾身。入春以来，与猛兽搏击，劳苦功高，史罕其譬。最近三日，初段已见功效，于粤则肃清惠州，进薄隆蓝，东及丰揭；于川克复重庆，捕获叛人，东蹑三峡；于湘直下醴株，围擒潭寇。穷饥者易为食，渴者易为饮，乱者易为治。目下从事政治者流，志气坠落，廉耻丧亡，诈伪相卖。见利虽小必趋，见义虽小必避，证之此次辽豕为祟，破耻肆骨者，至有五百余人。而益信其金刚不□，洪流莫迁，志在天下，志在万世者，惟我讨□团体，及其友团而已。胆大妄为者，莫如川、粤、黔之吴三桂。三桂溃败，势如破竹，海内不足平也。望星夜无憩，为吾华历史作一鼓之气，擒张邦昌以洗奇辱，而复光华，则天下幸甚。田桐叩。

（《惠州重庆下后之孙派乐观》，《大公报》1923 年 10 月 23 日）

中央直辖第一军第四路司令黄德致孙中山电

（1923 年 10 月 24 日）

孙大元帅（余衔略）睿鉴：

自去年陈逆变叛，元首蒙尘，德奉帅令讨贼，血战百数十次，先后克复高、雷、钦、廉等处各要隘。此次曹贼公然赂选，神人共愤，天地不容。现奉命助战东江，遵即编选所部第一旅揭玉阶、第五旅莫振威、第六旅骆宝山等部百胜之健儿为前锋，业于皓日出发，刻已抵博罗。一俟扫平此小丑，即随我大元帅移师北伐，直抵黄龙，灭彼群妖，俾实行吾党三民五权主义，促成真正法治之民国，此德之职责也。谨掬诚悃，幸垂鉴焉。中央直辖第一军第四路司令黄德叩。敬。印。

（《广州民国日报》1923 年 10 月 25 日，“本省要闻”）

浙江民生协进会、法政学会等致孙中山、陈炯明电

（1923 年 10 月 25 日载）

溯自复辟发生，诸公护法南中，气高华岳，义薄云天，凡我国

人，靡不感仰。洎民国九年，出师未捷，总裁内溃，噩耗传来，普天同愤。后经诸公尽力支撑，护法事业，始免中断。孰意去年夏间，二公又滋芥蒂，竟至两方构衅，血肉相搏，引领南粤，心痛何如。迩者国事泯棼，愈难名状。国贼曹锟，始终挟北洋首领之淫威，扰乱东南，蹂躏西蜀，驱逐元首，恃强摄政，贿买猪仔，僭窃大位，摧残礼教，破坏纲纪，种种罪恶，罄竹难书，以致共管之声，洋溢海外，非特颠覆诸公艰难缔造之共和，抑且奴隶轩辕之华胄，轸念前途，不寒而栗。诸公非为开国之元勋，即为护法之名将，根本同生，相煎何急。若再长此相持，寡人妻，孤人子，直接祸流闾里，间接危及国家，无论谁败谁成，终违护法本旨。况曹贼之祸国殃民，牧童竖子，亦皆知之稔而恶之深矣。孙公志在救国，心切匡时，当此风云倾洞之秋，应速摒弃阋墙，合力讨贼。陈公本属达人，素负时望，事之大小利害，亦应详为辨明。至二公间之是非，社会自有定评，为此区区，何必劳民伤财，较长絜短，置国家大事于不顾耶。倘诸公固执成见，谬以千里，非特诸公身败名裂，而国家亦陷于永劫不复之地，国人将不为诸公恕矣。是以务恳诸公垂念国步艰难，曹贼猖獗，迅予捐弃前嫌，言归于好，并令前敌诸将领，即日停止进兵，另谋会师北伐，奋一鼓之余威，振三军之士气，犁庭扫穴，涤净妖氛，凡我国人，愿馨香以祷祝者也。谨布腹心，诸维垂察，临电迫切，鹄候好音。浙江民生协进会、法政学会叩。

（《广州民国日报》1923年10月25日，“本省要闻”）

刘震寰致孙中山电

（1923年10月25日）

万急。广州大元帅钧鉴：

国家不幸，妖异频仍。十稔共和，漂摇风雨。筹安，宗社，接踵代兴。举凡法、墨革命所经之程序，靡不依样新翻，筑竿随影。然国宪大防，奸雄奋气。观于当涂，帝制不敢遽为于癸丑元年前，定武复辟，必待诸国会解散以后。约法庄严，凛然益见。不谓迁流今日，竟发生国会捏造大选人数，强举曹锟为总统之事，于揖让征诛而外，特开创局，肆无忌惮，一至于斯。论法律则授受同科，究因果则此贪彼赂。更无论曹锟一无知谬贩，秽迹彰闻，不足以妄玷元良。即使天命有归，而国会举措，法律是循，以中外具瞻之巨典，乃投票出于利诱，人数纯任自为。恶例一开，永沦万劫。哀哀黎庶，托命何由。顾全国国民未尝稍负此辈，此辈胆敢于明目彰胆，蔑视全国国民，公然作伪。此皆由国民平日对于国家政治得失，一听此辈所为，莫［漠］不加意。于是此辈始则利用国民倚赖惯性，徐受其欺，终乃视若固当，冥行罔顾，霜寒冰至，理势使然。故今日全国国民，对于国会曹锟私相交易之伪选，从违与否，实前路人禽之分界。且曹锟庸贼，何如袁氏。国会群狙，较当日劝进人物为孰愈，津保爪牙其行为顾虑，且又远逊于胜国归顽。而滇池起义，洪宪崩沮，马厂誓师，冲人避位。今日保阳运数，唯在全国国民自决之一念定之。愚亦知黄台再摘，抱蔓堪忧。第共和缔造，几许艰难，法纪信条，来从铁血。一旦为此辈以区区名位，货贿之私，仓皇断送，旁若无人，再事优容，充类至尽，必至举薄海含灵，殉其嗜欲，噬脐之悔，宁待陆沉。今日之事，我全国国民允当本能匡扶之义，清流士类自不乏谠论名言，主持正谊。农、工、商、贾，爱国素不后人，正宜急起直追，以拒纳租税，遏绝盗粮。至吾属军人，身当思进，国事至此，生死以之，不容反顾。辄读卢、张两公感、东两电，剀切沈痛，容足惊风雨而泣鬼神。凡属同胞，允当奉为模样，急赋偕行。夫取国会与国家比较，则国家为重。况回忆国会议员，自元初迄今之往事，有利害无是非，有爱憎无善恶。积极而隔篱学吠，偏诩纵横；消极而立仗噤声，随人坐起。朝秦暮楚，早绝于国民。国民亦何庸其爱惜，更进而以维持。百年大法与个人一时痛苦相催，则暂忍牺牲，力谋久远，始劳终逸，亦仁智所乐为。若夫国内各派，畴昔偶因门户意见，或有出入，要不过难虚蛮触之争。际此柏浪稽天，尚望较量轻重，乘时蠲弃，携手偕行，为国民争回一线仅延之人格，亦以明公私恩怨之不容相紊。中国男子待罪行间，念此鞠凶，痛心何极。谨当追随全国英贤，相期挽救，一息尚存，义无容与。抑尤有进者，自直系造为法统重光之谬说，撮弄黄陂，以事实总统，诬民惑世，藉便阴私。复际我大元帅孙公，谦衷抝抱，虚左待贤，神器久虚，遂使狡黠佥壬，得以［缘］用时机，自埋自掘。夫莽移汉祚，白水中兴，闯治神京，南都崛起。值国命绝续之交，万不宜蹈袿拘迂，因循长寇。恳请孙公以大元帅权宜监国，速正大号，俾中外晓然于正统所在，然后胪列伪选情罪本末，昭告国人，不世之业，轩昊式凭，敬质邦人，伫候明教。中央直辖西路讨贼军总司令刘震寰呈叩。径。印。

（《中国民国史档案资料汇编》第四辑（一），第219～221页；又见《陆海军大元帅大本营公报》一九二三年第三十六号，11月9日“公电”）

移沪国会议员致孙中山等电

（1923年10月26日载）

广州孙大元帅，天津段上将军，奉天张总司令、王省长，吉林孙副司令，黑龙江吴副司令，浙江卢督办、张省长，云南唐省长，成都熊总司令、刘司令，湖南谭总司令、赵省长，贵阳唐督办、刘省长，上海何护军使，厦门臧总司令均鉴：

□选告成，大□窃国，普天共愤，中外腾羞。同人等为维持国家纪纲，保全国民人格，迭经通电反对，誓不承认。惟法律制裁已失效用，非以强力纠正，不足惩顽凶而奠国基，公等缔造共和，夙持正义，用特公同议决，协请齐树义旗，大张挞伐，庶孟津有大会之举，巨鹿无观望之军。民国存亡，胥在此举，惟公等实利图之。迫切陈词，伫候明教。移沪参议院、众议院叩。

（《大公报》1923年10月26日，“各地要电”）

邹鲁呈孙中山设置广东田土业佃保证局文

（1923年10月27日）

呈为呈请事：窃为政之道，无讼为要。而诉讼之案，争执之端，多起于田土买卖之争，以契据为断；租赁之争，以批约为断。惟契据则有税验可查，批约并无保证可问，甚非止讼息争之道也。且吾国以农立国，经济之运用，赋税之征收，亦以田为多，现拟整理财政，必先从田土入手。职厅前经呈请设立经界局为清丈准备，而业佃关系于田土亦极重要，亟应设置田土业佃保证局，以期相辅而行。迩来物价腾贵，田价因以日昂，业主无故加租，及佃户藉端霸耕之事，时有所闻，一经设局为租赁批约之保证，则此等讼案无由发生，既可消讼端于无形，自易得业佃之同意，而政府可酌收照费。以粤省田土三十五万顷，每亩租银五元计之，则于财政收入亦不无小补。兹经拟定广东田土业佃保证章程十二条，及保证局组织简章七条，并附说明理由具呈帅座鉴核，是否有当，仍候指令祗遵。谨呈

大元帅

附呈广东田土业佃保证章程及保证局组织简章二扣。

广东田土业佃保证章程

第一条　本章程为保证田土业佃租赁批约切实履行、增进双方之利益而设。

理由　查粤省田土多批给佃户耕种，每有业主易批，或佃户踞

耕等事发生，致起诉讼。推原其故，皆由租赁批约订定后，未得官厅保障所致。兹为保障农民承佃权利，及维持业主所有权之安全起见，特设本章程保证之。

第二条　凡租赁沙田、海田、潮田、山田、围田、基塘、果围、葵围、晒地，以种植、畜牧、农产、水产等品者，不论向业主直接承租，或向批众间接转租，皆由田土业佃保证局核发执照，以资保证。

理由　田土名目繁多，除自业自耕应免领照外，其它田土凡为种植畜牧之用者，无论直接承租或间接转租，及以一田分批辗转数手，所有批约均由政府设局给照，互相证明，以资保障。

第三条　执照分为四联，除一联存查，一联缴验外，发给业佃各执一联为据，并由局注册保证双方租约上之效力及左（下）列之利益：

（甲）租项无论上期、下期、分年、分季，佃户须依批约缴交，不得拖欠、霸佃。

（乙）佃户承租田土，除另有特约外，凡租期届满解约时，须将原址坵段亩数点还业主，不得移换侵匿。

（丙）业主非俟佃户批租期满，不得易佃及加租。

（丁）批租期满，由业主另定租项，召佃时，如原佃租价相等，应由原佃优先批赁，如无前项执照，护沙局、自卫局、沙夫等，不得发给收获运放各票据。

第四条　无论业佃何方违反前条规定时，得由相对人摘录执照号数，函请该管田土业佃保证局查册核明转函主管机关究追，负其保证之责。

第五条　业佃串同短匿租额者，其所持租约不得认为有效证据，遇有佃户欠租、霸佃、加租等事项发生，官厅概不受理。其假托自业自耕图免领照者，一经发觉，即照应缴照费加一倍处罚。

第六条　请领执照应由佃户将左（下）列事项开报，协同原批约缴交该管田土业佃保证局核办，原批约验毕即编号盖戳发还。

（一）业主佃户之姓名、籍贯、住址

（二）田土所在地及其亩数坵段

（三）佃作种别及其租额数量

（四）抄白原约全文

第七条 执照费以一次过为限，按照租额值百收三，业二佃一，分两年缴纳。第一年业主缴纳百分之二，第二年佃户缴纳百分之一，并得一次缴足。其业主应缴之款，先由佃户代缴，俟交租时，于原租额内扣回，如以佃物为租，而无租额可计者，即以所交收之佃物照时价估算为租额。

如属围田有围底、围馆、木场顶手者，准照前项按值缴费，附记证明。

理由 此项执照系保障业佃双方利益，故照费由业佃分别负担，欲使农民易于筹措，故分两年征收，现在田土租价奇昂，每亩自四五元至数十元不等，更有达至百元以上者。

今值百抽三，业二佃一，为数极微，业主应元缴纳之二，由佃户先垫后扣，收费较为便利。至不计租项，订定特约，取偿于佃作之物者（如业主批塘收鱼或批田收禾之类），是即按时值估计。又各属围田之有围底顶手者，准依章程办理，系为保护农民普及起见。

第八条 田土业佃保护局收受佃户报告及第一年照费时，应即通知业主，限十日内将佃户领约或租部缴验，相符再通知佃户，持收条到局换给执照，如属伪冒，即行撤销。倘业主逾期不将批约或租部缴验，又不声明故障时，作为默认，一经给照，无论何人不能提出异议。缴纳第二年照费时，只须持呈原领执照覆验注明，即准发给收条。

若由业主请领执照将领约租部呈验缴纳照费时，所有程序准用前项及本章程第六条、第七条之规定。

理由 广东承佃田土习惯由业佃互立字据，交执业户，所立名曰批约，佃户所立名曰领约，或曰批领，文义大致相同。间有无批无领只立租部或用口头者，倘由业主或佃户开报缴费，均须通知相对人提出所持之证据，以资印证而别真伪，若隐匿默认，是为甘自抛弃权利。

第九条 本章程公布后，限一个月内，由佃户缴费领照，逾限一个月，罚加二成缴纳，两个月罚加四成缴纳，以后每逾一月递加二成，至一倍为止。但由业主缴费领照时，不受加罚之拘束。

向用口头契约者，自本章程实行之日起限十五日内，一律改为书面契约领照。

理由 近来田土租价日昂，贪租易佃及欠租霸佃者比比皆是。本章程系调剂业佃利害，增进社会和平，故须于章程实行后，分别定限，缴费领照，然租项系由佃户缴交业主，故责由佃户先垫，以俟届交租时按数扣回，或稍玩延，酌予处罚，亦不为过。如业主自请领照保证，自当免予处罚，以示优异。至租约虽有口头、书面之分，但适用书面者达十分之七八，如鹤山种植烟叶，及各县僻乡小部分田土亦有用口头契约者，殊不足以杜争端。本章程实行后，概应改为书面，以资保障，系为采取证主义起见。

第十条 执照遗失或损坏时，得向该管田土业佃保证局补领，但每张须缴照费五角。

第十一条 本章程施行细则由田土业佃保证局体察各该地方情形，拟呈核定施行。

第十二条 本章程公布后，自各田土业佃保证局成立之日实行，如有未尽事宜，将随时增订之。

广东全省田土业佃保证局组织简章

一、广东田土业佃保证总局隶属广东财政厅，监督所属分局管理全省田土业佃给照、保证等事项。

二、总局设于省城，除南、番两县给照、收费、保证各事项由总局直接办理外，其余各县均设分局，隶属总局，并得因当地情形，由分局设置分所。

理由 查省外各县习惯互异，除南、番两县附近省城，可直接由总局办理外，其余各县设置分局，或更添设分所，或委托地方公共团体办理，务以因地制宜，易收速效为主旨。

三、总局局长由广东财政厅委任，分局局长由总局委任。

四、总分局应设置人员，各因事务繁简分别设置，各由本局委任之。

五、总分局应支一切经临费用，准于收入照费项下提扣二成分配，总分局各占一成，以应支需。

理由 总分局及分所均属创设开办之始，事务纷繁，需费尤巨，所需经常、临时各费用即于收费项下提扣二成分配、不另请领。

六、农会或公共团体护沙局、乡局等佐理催收照费、准于收入照费项下提扣一成为补助费。

理由 田土租赁给照、保证，关系农民利益颇巨，而征收此项照费手续亦极繁琐，隐匿瞒报在所不免，惟农会及公共团体护沙局、乡局等素与农民亲近，若由其稽查劝导自易进行，而地方公益事业亦可藉资补助，实属一举两得。

七、本简章自核准之日施行。

（《中华民国史事纪要（初稿）》1923 年 7～12 月，第 654～658 页）

国会护法议员致孙中山电

（1923 年 10 月 27 日载）

广州孙大总统鉴：

去岁陈逆内叛，曹、吴矫法，政府蹉跌，国会流离，北伐之师，止于中道。伪选之局，遂以贿成，因果相生，为祸滋烈。大总统负担拨乱反正之责，连年督帅，而政府、国会中断经年，拟请恢复民国十一年六月十五日断之国会及政府，对内成立统一之中枢，对外转移友邦之观听。同人等于本月养集议，询谋佥同，同恳大总统当机立断，正名定分，以立民信，而饬纲纪，国家幸甚。国会护法议员全体叩。

（《护法运动史料汇编》（二），第633页）

附　护法议员致孙中山电

（1923年10月28日载）

广州孙大总统鉴：

去岁陈逆内叛，曹、吴矫法，政府嗟跌，国会流离，北伐之师，止于中道。宛平贿选，遂以□成，因果昭然，事实具在。今欲拨乱反正，舍恢复民国十一年六月十五日中断之国会及政府外，对内无以为统一之中枢，对外无以移友邦之观听。同人等于本月养日集议，询谋佥同，用恳大总统当机立断，正名定分，以一民心，而饬纲纪，国家幸甚。

（《大公报》1923年10月28日，“政闻简报”）

许崇智致孙中山电

（1923年10月27日）

万急。广州捷报。大元帅钧鉴：

顷接前方电话：柏塘方面我滇军与第一师及张、莫旅之一部，已将林虎部击破，我军缴敌枪甚多，甚为狼狈。我张民达、莫雄之两大部，昨在三径前方之杨村，缴敌陈炯光部枪约千枝，敌向黄麻陂溃退。本晨在派尾缴刘志陆部枪数百枝，敌向观音阁溃退。现我军正向显村、黄麻陂、观音阁方面追击中。谨闻。详情续报。崇智叩。感午。博罗发。印。

（《陆海军大元帅大本营公报》一九二三年第三十六号，11月9日，“公电”）

朱培德致孙中山电

（1923年10月27日）

大本营大元帅钧鉴：

林逆所部五千余人，于我联军抵柏塘时，即率众来犯，经我军迎头痛剿，前后作战不及一昼夜，已于今午将其完全击溃，情形极为狼狈。查林逆为敌人重心，始受此大挫，此后无能为役矣。惟残敌仍须廓清，刻正联合各友军向此残敌剿中。谨以奉闻，祈舒睿念。朱培德叩。沁午。印。

（《陆海军大元帅大本营公报》一九二三年第三十六号，11月9日，“公电”）

杨希闵等致孙中山电

（1923年10月27日）

万急。广州大元帅均鉴：

林逆率三黄部队犯我柏塘，我军各部队于寝午与之接触，血战两日一夜，至感午已将敌击退，向黄麻陂一带溃散，现正在追击中，俘虏及缴获枪支器械尚须调查。俟各部报来，再为汇报。杨希闵、朱培德、李济深同叩。感未。印。

（《陆海军大元帅大本营公报》一九二三年第三十六号，11月9日，“公电”）

冯伟致孙中山电

（1923年10月27日）

大元帅钧鉴：

顷据博罗无线电第一站报告：我军在派尾、观音阁、黄麻陂、杨村等处，击破林虎、刘志陆、陈炯光等部，缴枪千余枝，现在追击中。谨此奉闻。局长冯伟叩。感。

（《陆海军大元帅大本营公报》一九二三年第三十六号，11月9日，“公电”）

陈策致孙中山电

（1923年10月27日）

广州大元帅钧鉴：

奉读子超、展堂、沧白、海滨诸公及两院议员庚电，对于曹琨［锟］贿选内幕，揭发靡遗，足使神奸褫魄。窃维民国成立，基于大法，毁法灭纪，国乃灭亡。逆贼曹琨［锟］利欲熏心，滥窃名器，举行大选，贿赂公开，秽德彰闻，贻笑中外。凡有血气，莫不痛心。一般无耻议员，复利令智昏，甘心助逆，形同市贩，狼狈为奸，纲纪无威，廉耻道丧。循此以往，国家将日蹙于危亡之域，言念及此，宁勿寒心。溯自民国以还，武人柄政，虽穷兵黩武，扰攘不休，然对于国家大法，犹或有所顾忌，罔敢摧折。今曹琨［锟］以总统梦热，不惜倒行逆施，宿愿既偿，则毁法乱纪，误世殃民，亡国灭身，一切在所不顾。似此鸱张，虽古称神奸巨恶，未足以比拟，斯诚旷世所骇闻，古今之剧贼也。策忝列戎行，待罪南服，讨贼救国，具有同情，当此存亡呼吸之交，国是阽危，岌岌不可终日。庆父不除，鲁难未已。惟有追随诸公之后，同伸天讨，剿彼元凶，以定国是。

磨盾无文，诸祈谅察，不尽欲言。广东海防司令陈策叩。感。印。

（《陆海军大元帅大本营公报》一九二三年第三十六号，11月9日，“公电”）

李济深致孙中山电

（1923年10月28日）

万急。广州大元帅睿鉴：

本月宥日，林逆犯兵柏塘，经我联军迎头痛击，激战两昼夜，经将逆军击退，敌兵纷纷向埔前一带弃械溃逃，现正在追击中。此役职师伤亡官兵百余名，夺获枪枝无数，俘虏数千名，敬先电闻。师长李济深叩。勘。埔前发。印。

（《陆海军大元帅大本营公报》一九二三年第三十六号，11月9日，“公电”）

护法议员呈孙中山文

（1923年10月29日）

径启者：本月二十二日两院临时行政委员联席会议决：自贿选告成，法律制裁已失效力，现在作法，应由两院公推代表，分赴各省区为国民请命，催促出师讨贼，速伸国法。当推定冯自由为代表，晋谒台端，陈商一切。除分函外，相应函达，即希予以延接，尽情商洽为幸。此致

孙大元帅

中华民国十二年十月二十九日

（《护法运动史料汇编》（二），第636页；又见《广州民国日报》1923年11月8日，“本省要闻”）

南洋华侨十四团体驻粤代表陈瑞云致孙中山正位讨曹电

（1923年10月31日）

万急。广州孙大元帅睿鉴：（余衔略）钧鉴：

自本月五日腐败猪仔之议员包办贿选，万恶军阀之曹贼盗窃名器，法纪尽废，国体何存，贻羞神州，莫此为甚。我侨民等逖闻之余，发指激愤，遥念祖国之存亡，尤关自身之利害，讵容若辈如猪如狗之议员，非驴非马之曹贼，割据横行，贻讥列邦。今者环境岌迫，潮流险恶，非兴师讨伐，不能铲除凶顽，非组织政府，不能号召天下，非执行大总统职权，更不能明正统于中外。恳请我大元帅俯顺舆情，立即组织政府，执行大总统职权，贯澈救国救民之主旨，尤望克日兴师，大张挞伐，扫尽丑类，巩固共和。我侨民等身居海外，志切乡邦，不论如何，誓随诸公之后，以尽爱国之初衷。临电惶悚，伏维鉴察。中国国民党南洋吉礁分部、双溪大年分部、宋长分部、浮罗交怡分部、童颂分部、海悦分部、洛坤分部、博文浪分部、初贝分部、万磅分部、槟城益华学校、初赏贝商团学校、庇能中国民生工读学校，双溪大年新汉民书报社等十四团体驻粤代表陈瑞云叩。世。

（《广州民国日报》1923年11月1日，“本省要闻”）

樊钟秀致孙中山电

（1923年11月5日）

广州大元帅钧鉴：

前奉帅座颁发特任樊钟秀为豫军讨贼军总司令特任状一件，并木质镶锡印一颗，文曰豫军讨贼军总司令印；象牙小章一颗，文曰豫军讨贼军总司令。遵即祇［祗］领，兹于十一月支日将印章敬谨启用。除分别咨行通电周知外，所有领到任状及启用印章日期，谨此电禀。豫军讨贼军总司令樊钟秀叩。歌。印。

（《陆海军大元帅大本营公报》一九二三年第三十七号，11月16日，“公电”）

蒲名元等致孙中山电

（1923年11月6日载）

上海张溥泉先生、谢慧生先生、张秋白先生、汪精卫先生、居觉生先生、彭素民先生、陈树人先生、叶楚伧先生、邵力子先生、马君武先生、钮铁生先生、柏烈武先生、章太炎先生、孙伯兰先生、徐季龙先生、焦易堂先生、诸辅成先生暨两院留沪议员先生，广东程部长、伍部长、林部长、徐部长、叶部长、廖省长、孙市长、杨沧白先生、胡展堂先生、邹海滨先生、许军长、杨总司令、卢军长、魏总司令，杭州卢督办，厦门臧和齐先生，衡阳谭总司令，云南唐省长，成都熊总司令、刘总司令、石督办、吕军长、但督办、戴天仇先生、熊晓岩先生、曹叔实先生、黄复生先生，海内外国民党各支部、分部暨各报馆、各机关、各法团钧鉴：

顷同人等呈广东孙大元帅一书曰：曹琨［锟］以帝制丑孽，袁、冯鹰犬，迹其秽德，罄竹难书，竟敢盗据首都，贿买总统，置民意于不顾，合操、莽为一人，坏法乱纪，莫斯为甚，苟是非之辩不明，斧钺之诛不加，是直四万万人无男子，而我大元帅卅年革命，手造共和，岂忍坐视其艰难建设之中华民国，为元恶巨憝斫丧破坏耶？伏望我大元帅贯彻戡乱护法之宗旨，俯从全国学生联合会之请求，正位南都，伸张北伐，人心不死，国其庶几，后哲先灵，实相凭式。至诸先生均系共和元勋，国家柱石，舆望所系，责任攸关，深希辅助中山先生同申义举，歼彼国贼，固我共和，同人等分属国民，兴亡有责，檄传盾鼻，义愤鲁连，翘首云天，好音遄听。临电迫切，无任主臣。蒲名元、袁伟、张复初、赵毓坤、李心鉴、李时辅、刘焕模等。效。印。

（《广州民国日报》1923年11月6日，“本省要闻”）

禄国藩等致孙中山电

(1923 年 11 月 8 日)

广州大元帅(余衔略)钧鉴:

被我军在横沥击败约八千余之敌人,于老虎隘抵抗,为我军驱逐后,该敌经谢冈退至黎村防御。虞晚有逆将杨坤如部三千余,由惠州星夜增援,意图反攻。齐晨七时,我军四、六两师向黎村猛攻,敌人扼要固守,彼此激战约三小时,我军四师八旅由右包超敌之侧背,七旅、十二旅由正面猛攻,我六师十一旅乘机由我左翼以密集部队冲锋。敌势不支,纷纷向淡水、惠州两路溃退。我军一部向退淡水之敌尾追,我四、六两师向鸭子铺一带攻击前进,已于午后五时占领鸭子铺。是役夺获敌枪六百余枝,俘虏营长二员、士兵三百余名,辎重无计。余情后详,谨此电闻。滇军第四师总指挥官禄国藩、第六师总指挥李根云。齐酉。印。

(《陆海军大元帅大本营公报》一九二三年第三十七号,11 月 16 日,“公电”)

王秉钧致孙中山电

(1923 年 11 月 9 日)

广州大元帅、李部长、程部长、廖省长钧鉴:

秉钧于石龙师次,奉第三军长蒋委任四六两师前敌总指挥,旋遵奉大元帅令,率四、六师出发,扫除我右翼来犯之逆众。幸赖洪威,颇获进步,乃承我大元帅暨公等奖电频颁,奉颂之余,惭汗交集。窃以战争胜负,为兵家所常有,疆场效命,乃军人之天职。此次虽迭获胜利,亦幸不辱命耳,尤幸所部将士,忠勇效命,藉亦聊以补过。现已进占鸭仔步,正计联合友军,会师驱逐惠敌,进肃潮梅，以纾睿念。此后进行如何，敬恳颁示方略为祷。滇军四六两师前敌总指挥王秉钧叩，青（九号）戌。印。

（《广州民国日报》1923 年 11 月 13 日，“本省要闻”）

广东地方善后委员会呈孙中山输送团试办章程文

（1923 年 11 月 9 日）

“广东地方善后委员会筹备处”以军务烦忙，需用夫役，而市面拉夫，向无定章，致增民困，为免此骚扰民众事继续出现起见，特由善后委员共同商酌，组织一输运团议定章程，经呈报孙大元帅，本日核准公布施行。其章程条文如后。

广东地方善后委员会输送团试办章程

一、本团为广东地方善后委员会事业之一部，定名为广东地方善后委员会输送团。

二、本团以代政府召募输送军实及辎重之人员，遣派前方服务，以尽国民之天职为宗旨。

三、本团现暂募团员一千八百人，分为三大团，每大团六百人，复分为十小团，每小团六十人，每小团设三团目，每团目管辖二十人。

四、本团设总团长二员，总领团务，大团长三员，小团长三十员，团目九十员。自大团长至团目，均须督队出发，各团办事细则另定之。

五、本团除总团长系名誉职不支薪水外，大团长月薪五十元，小团长月薪二十五元，团目月薪二十元。

六、本团团员分为两种，常备团员月支十五元，临时团员日支六毫。

七、本团经费分二种：

（甲）由政府指拨

（乙）由各团体或个人自由捐助

捐助本团经费一元以上者，由本团送给义捐章一枚。本团义捐章经呈准政府备案，咨行各军警实力保护，凡佩带本团义捐章不得拉充夫役。

义捐章分三种：

（甲）捐助十元以上者本团送给特别义捐章一枚

（乙）捐助五元以上者送优等义捐章一枚

以上二种除送给义捐章外另登报表扬。

（丙）捐助一元以上者送义捐章一枚

凡佩带本团义捐章遇有误被拉作夫役时，应即来团报告，由本团即向当道交涉释回。

本团统系表如下：

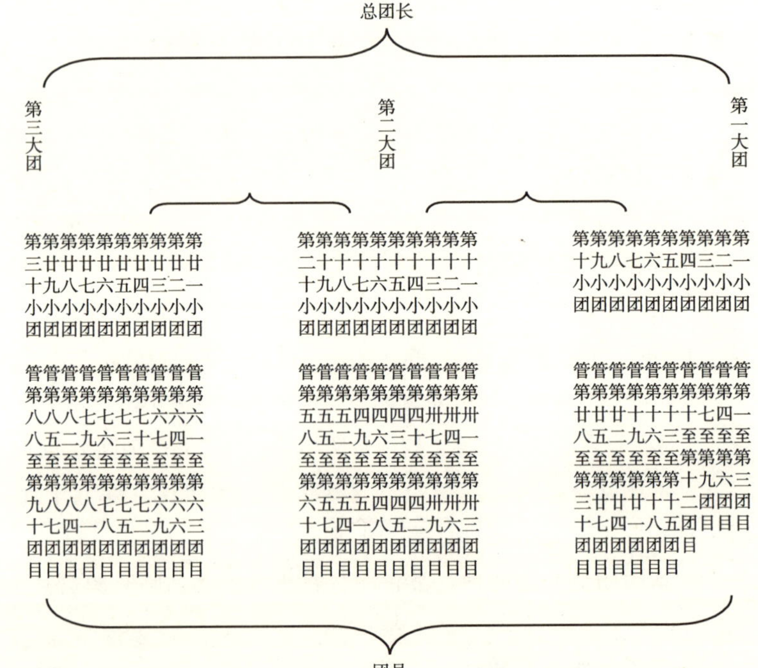

如有慈善大家及大公司大工厂愿代他人捐领义捐章者，得按银数发给捐章每枚一元算。

八、本团委托各善堂、教会、工会为征集机关，其有个人自愿效力者，得自由报名应募。本团团员如有担认包募者亦所欢迎。

九、凡以个人自募足六百人者，即委为大团长，个人募足六十人者，即委为小团长，个人募足二十人者，即委为团目。

十、团员驻扎地点：

在东关者 （甲）惠州会馆 （乙）东关戏院

在西关者 （甲）陈家祠 （乙）郑家祠

以上各地点均由本会酌送租金。

十一、本团薪工各费均由委员会经理，以昭大信。

十二、常务团员服务期限至多不过三个月，期满自愿继续服务者听。

十三、团员如有疾病应由该管团目报明该管小团长，验明给假，送入医院医治，病愈即出院照旧服务。

十四、本团长员如有劳绩及得力人员，应分别奖励，其奖励方法：（一）奖叙、（二）奖章、（三）扁额、（四）奖金。其奖励则另定之。

十五、本团长员如有因公残废或死亡时，应分别核给恤金，其抚恤规则另定之。

十六、本团长员饷项按旬支发，如有发出前方欲将饷银之一部就近交由家属领用者，得请由总团长核明，转请善后委员会核给凭部，以凭照额请领。

十七、团员出发到达邮便未通地方，如有紧急事项须向家属通讯时，得将书函交该管团目验明，汇送善后委员会按址代寄。

十八、团员如有疾苦或认为有须改良之事，得陈明该管团目转陈核办。

十九、本团办有成效时，即请政府禁止拉夫。

二十、本章程如有须修改之处，得由善后委员会议决修改之。

二十一、本章程自公布日实行。

（《中华民国史事纪要（初稿）》1923 年 7 ~ 12 月，第 666 ~ 670 页）

旅沪粤人致孙中山电

（1923 年 11 月 12 日）

广州孙大元帅均鉴：

粤陈、湘赵，叛党祸国，和平修阻，民怨沸腾。复以曹逆不道，妄窃总统，前途荆棘，尤以痛心。幸仗我公大举义师，申张挞伐。近以粤局消息传来，惠城攻下，陈逆在逃，湘赵亦复败亡，大局前途，益形巩固，此皆赖我公以主义而战，革命精神所致，聆闻之余，不禁额手称庆。当此逆势败亡之候，正乃革命成功之时，尚希继续鼓励士气，挥戈北指，长江饮马，直捣曹、吴，庶几妖氛扫除，大局敉平，民国前途，实深利赖。旅沪广东自治会叩。文（十二）。

（《广州民国日报》1923 年 11 月 13 日，"本省要闻"）

杨希闵致孙中山电

（1923 年 11 月 14 日）

万急（衔略）。希闵刻奉大元帅任命为滇粤桂联军前敌总指挥，材能［?］任重，深惧弗胜，惟念国事阽危，北选告成，各界人士，群以出师相督责，自非先靖内乱，无以应付时机。兹谨于本日宣告就职，率诸军克日进战，誓以最短期间，肃清东江。上以答帅座倚畀之殷，下以副人民期望之切，谨抒悃臆，伫候教言。滇粤桂联军前敌指挥杨希闵叩。

（《中华民国史事纪要（初稿）》1923 年 7～12 月，第 689 页）

吴威等致孙中山电

（1923 年 11 月 17 日载）

广州孙大总统、各部总长、各省督军、省长、议会、各司令、各指挥官、各军师旅团长、各报馆、各社团均鉴：

曹逆琨［锟］，狼子野心，觊觎首位，鸱张恣欲，蹂躏神州，肆其武力，迫逐黎公，挟其金钱，贿买大选，临案发生，共管警至，误国骫法，公理难容。威等国民份子，久厕戎行，血性俱存，安能坐视，誓即督率师众，随同孙大总统克期进讨，殄灭国贼，同谢苍生。谨此电闻。吴威、杨汉烈、陈亮、陈国辉、黄炳武暨东路讨贼军第八军全体军官佐同叩。

（《广州民国日报》1923 年 11 月 17 日，“本省要闻”）

叶恭绰呈孙中山施行《查验民产押借外款暂行章程》文

（1923 年 11 月 21 日）

大本营财政部长叶恭绰以本国人民将所有产业押借洋款者甚多，偶一不慎，动启交涉，为人民私权保障计，查验一节，刻不容缓，遂拟定《查验民产押借外款暂行章程》。本日，经孙大元帅核准公布施行。其章程条文如下。

第一条　凡属中国籍人民将所有产业押借外款者，均应按照本章程呈送大本营财政部查验。前项产业系指在商埠及都市之不动产而言。

第二条　人民将产业押借外款者，非将揭单及抵押清单暨其它契约证据一并呈送大本营财政部查验，否则不发生效力。

第三条　依本章程之意义系以确定中国人民与外国商民间之债权债务为范围，其所有权及各种产业上之纠葛，仍旧由各主管官厅办理。

第四条　凡民产抵借外款在本章程施行前成交者，应自本章程施行日起限于一个月内呈送大本营财政部查验，如有远道不及呈验者，应由本人或其代表呈请财政部核准得酌予展限。

第五条　其在本章程施行后抵借外款者，应自成交日起三日内呈送大本营财政部查验。

第六条　人民将前项揭单及抵押清单暨其它证据呈送大本营财政部查验时，应按照所抵押之产业之价值每百元缴纳查验费大洋一元五角。

前项查验费其畸零数在五十元以上者按一百元计算缴费，如不及五十元者免缴。

第七条　本章程自公布日施行。

本章程如有未尽事宜由大本营财政部随时增订之。

（《中华民国史事纪要（初稿）》1923 年 7 ~ 12 月，第 717 ~718 页）

宋鹤庚等致孙中山电

（1923 年 11 月 21 日）

万急。广州大元帅睿鉴：

鹤庚等猥承眷顾，弥自警惕，业经遵令来粤，恭候驱使。惟恐驽骀之力，终负裁成，不达咫尺之威，庶几报称。除将所部集中韶关，禀承湘军总司令明令办理一切外，理合沥陈近情，伏维垂览。职宋鹤庚、鲁涤平、谢国光、吴剑学、陈嘉佑、蔡巨猷、方鼎英、张辉瓒、刘毅、戴岳、谭道源、唐荣阳、王得庆、刘叙彝、田镇藩、蒋隆棻、石陶钧、岳森、汤阴棠、王捷俊、彭新民、黄维汉、周立翥、廖家栋，易堂龄、朱耀华、汪磊、黄辉祖、唐生明、唐振铎、成光耀、刘雨轩、吴家铨、王钺、周朝武、姚济寰、李藩国、吴贞缵、易绍英、易培基、曹惠、胡柄鉴、易振湘、黄钧、黄友鹄、杨冠陆、张辅、罗启明、周祖敦、罗寿颐、李湘泉、郭庆藩、黄钟珩、周纬黄、洪振楚、罗藩瀛、喻先明、刘风、洪汉杰、李炎光、左昭淡、杨鸿斐、陈飞鸿、廖新甲、朱宗圣、张锟、陈积庆呈。马。印。

（《陆海军大元帅大本营公报》一九二三年第三十九号，11月30日，“公电”）

鲁涤平致孙中山电

（1923年11月22日）

急。广州大元帅、湘军总司令谭钧鉴：并转廖省长、各部长，滇军杨总司令、范军长、蒋军长、朱军长、赵师长、廖师长、杨师长、王师长、胡师长、胡师长、王师长，粤军许总司令、梁军长、李军长，桂军刘总司令、刘军长，豫军樊总司令，山陕军路总司令、各旅长均鉴：

涤平遵于本月廿二日就代行湘军总指挥职，特此奉闻。再，涤平业经呈请总司令转呈元首简任湘军第一军军长宋鹤庚为湘军总指挥。刻军事吃紧，宋军长在沪未归，涤平不得不暂行担任代行职务，即以北江肃清为期，如宋军长早日来粤，涤平仍当随时交代，以免贻误。黄枫虽备，终为拾级之梯，玄璧可投，愿听分沙之教。代行湘军总指挥鲁涤平叩。养。印。

（《陆海军大元帅大本营公报》一九二三年第三十九号，11月30日，“公电”）

鲁涤平等致孙中山电

（1923 年 11 月 23 日）

广州大元帅睿鉴：

职等率队抵韶，原拟即日入觐，再行开赴东江。不意北虏乘我有事，遽犯南雄，士兵未安，复拜遄征之命。惟有悉率敝赋，共事简书，业经详细协商，分别任务。即于本日向始兴方面出发，务期迎头痛击，一鼓荡平，以靖边陲而申天讨。惟职等千里赴召，未得瞻仰睹裁，即赋行役。所有系恋之私，复增晨夜之憾，差幸威灵所被，将士同心，必能戡定群凶，明飏正谊。职等惟有专心杀贼，藉纾望捷之劳，解甲献俘，再作朋言之颂。职鲁涤平、谢国光、方鼎英叩。漾。印。

（《陆海军大元帅大本营公报》一九二三年第三十九号，11 月 30 日，“公电”）

蔡巨猷致孙中山电

（1923 年 11 月 25 日）

特别提前，无限火急。广东大元帅钧鉴：

湘战迁延半稔，详情迭呈睿查。前此职部肃清资、沅两域，进抵湘□河防，湘南友军亦节次克复长沙、攸、醴等处，本可乘势解决湘局，不意中为和议所误，使赵氏得以乘间勾引北兵入湘，助纣为虐，遂致长沙得而复失，职部河防亦被冲破。万不得已，始缩短防线，集中兵力退保资河，徐图反攻。旋因沈逆鸿英由赣返扰郴、桂，鲁军长率部往剿，谭总司令亦退保郴。来敌遂以重兵专犯湘西，并乘虚侵入武、宝，分兵三路猛力来攻。职变更战略，诱敌深入溆浦，令所部迎头痛击，四面包围，远伏威福，大获全胜。夺获大炮四门、机枪六尊、步枪二千余枝，俘虏千余名，敌军完全覆没。是役也，敌以贺耀祖一师，王者师、张湘砥各一旅之众，长驱人溆，其势汹汹，差幸将士用命，一战歼敌，不仅湘西危而复安，即湘局及西南全体，均一无关系，诚非仰托钧帅鸿福不致此。现在资河业已恢复，惟宝庆尚被敌人占踞，刻正分饬职部限期克复宝庆，疏通湘南交通线，藉便联络，同时大举反攻长沙。但职部子弹久罄，无法补充，万恳拨发大批子弹，迅由湘南运给，以充军实而壮军威，并催就近电催谭总司令即日督师反攻，俾获早清敌氛，迅奠湘乱，然后追随节钺，会师武汉，北定中原，扫荡搀抢，统一寰宇，以副帅座殷勤惓念至意。毋任屏营待命之至。蔡巨猷叩。有。

（《陆海军大元帅大本营公报》一九二三年第四十号，1923 年 12 月 7 日，“公电”）

梧州劳工联合研究会致孙中山电

（1923 年 11 月 25 日）

孙大元帅睿鉴：

关余支配，我国主权，耽耽列强，妄希干预。前因阻隔，停止交付，已属不平，今复示威，驻舰内河，尤堪发指。列强此举，亡我有余，迹其用心，赞成军阀，助长内乱，横肆侵略，促我沦亡。生死所关，万难容忍，此事不争，尚争何事？此时不争，争于何时？敝会愤列强之无理，慨国家之将亡，迫切陈词，誓死反对。万望我政府严重交涉，保障国权，倘列强再不觉悟，恃蛮干涉，仍望邦人君子，一致力争，共图挽救，以为政府后盾。临电发指，无任主臣。梧州劳工联合研究会叩。有。

（《陆海军大元帅大本营公报》一九二三年第四十二号，12 月 21 日，“公电”）

刘景辰等致孙中山电

（1923 年 11 月 26 日）

广州孙大元帅公鉴：

窃维国税问题，纯属内政范围，胥归领土主权之支配，此万国通例也。粤海关在广东管辖区域之内，所收关税，除偿还国债赔款外，尚余若干，应交西南政府处分，各友邦绝无干涉之理由，事实昭彰，前经照交有案。我西南政府提取关余，自系循行故事，为国际和平之正轨。乃北京外交团，偏徇非法政府请求，违反西南民意，不惜推翻原案，拒却提取关余，已属反复无常，而驻舰示威，尤辜亲善夙行之美意。须知广东教育、实业、行政，需款孔殷，对于关余一项，万难放弃。务望援案，据理竭力斡旋，收回应用。如果无效，全省人民誓持杯葛手段，为最后相当之对待，务达目的为止，勿谓吾民可欺也。仁化县自治研究社员刘景辰等叩。宥。印。

（《陆海军大元帅大本营公报》一九二三年第四十二号，12 月 21 日，“公电”）

林森呈孙中山《国有荒地承垦条例》文

（1923 年 11 月 26 日）

大本营建设部长林森以吾国地大物博，人口众多，可惜民众多集中都市，致使地利废而不治，童山荒野所在多是，是以亟宜提倡开垦，辟土地而厚民生，因拟订《国有荒地承垦条例》，以资倡导。本日经孙大元帅核准公布施行。其条文如下。

第一章　总纲

第一条　本条例所称之国有荒地，指江海山林新涨及旧废无主未经开垦者而言。

第二条 凡国有荒地，除政府认为有特别使用之目的外，均准人民按照本条例承垦。

第三条 凡承领国有荒地开垦者，无论其为个人或为法人，均认为承垦权者。

第四条 前条之个人或法人之团体员，非有中华民国国籍者不得享有承垦权。

第二章 承垦

第五条 凡欲领地垦荒者，须具书呈请该管官署核准报部立案。

第六条 呈请书须记载左（下）列各项：

一 承垦人之姓名、年龄、籍贯及住所，若系法人则发起人及经理人之姓名、年龄、籍贯、住所，其设有事务者，并记其设置之地点。

二 承垦地形及规划堤渠疆里之图。

三 承垦地面积计若干亩。

四 境界：东西南北各至何处，并与某官地或民地交界，若指定该荒地之一部分者，并记其方隅。

五 种类：江河湖海涂滩地、草地或树林地。

六 地势：平原、高原、山地，干地或湿地。

七 土壤：土质、土色并沙砾之多寡。

八 水利：距离江河湖远近，一切堤岸、沟渠规画、建设之概要。

九 经营农业之主要事项，种谷或畜牧或种树。

十 开垦经费若干。

十一 预拟建辟堤渠疆里工程及竣垦年限。

第三章 保证金及竣垦年限

第七条 承垦人提出呈请书经该管官署核准后，须按照承垦地亩每亩纳银一角作为保证金。前项保证金得以公债票及国库券缴纳。

第八条　承垦人缴纳保证金后，即由该管官署发给承垦证书。

第九条　承垦证书须记载左（下）列各事项：

一　第六条第一款至第十一款之事项。

二　承垦核准之年月日。

三　保证金额。

第十条　承垦地除建辟堤渠画分疆里工程外，因亩数多寡预先竣垦年限如左（下）：

一　草原地

一千亩未满者	一年
一千亩以上二千亩未满者	二年
二千亩以上三千亩未满者	三年
三千亩以上四千亩未满者	四年
四千亩以上五千亩未满者	五年
五千亩以上一万亩未满者	六年
一万亩以上者	八年

二　树林地

一千亩未满者	二年
一千亩以上二千亩未满者	三年
二千亩以上三千亩未满者	四年
三千亩以上四千亩未满者	五年
四千亩以上五千亩未满者	六年
五千亩以上一万亩未满者	七年
一万亩以上者	九年

三　斥卤地

一千亩未满者	四年
一千亩以上二千亩未满者	五年
二千亩以上三千亩未满者	六年
三千亩以上四千亩未满者	七年
四千亩以上五千亩未满者	八年

五千亩以上一万亩未满者	九年
一万亩以上者	十一年

第十一条　承垦人受领承垦证书后一个月内须设立界标或开界沟。

第十二条　承垦人受领承垦证书后，每年度之初一月内须报告其成绩于该管官署，如满一年尚未从事堤渠疆里工程或开垦者，即撤销其承垦权，但因天灾地变及其它不可抗力曾经申明而得该管官署之许可者，不在此例。

第十三条　已满竣垦年限尚未全垦者，除已垦地外，即撤销其承垦权，但因天灾地变及其它不可抗力而致此者得酌量展期。

第十四条　本于第十二条之规定而撤销其承垦权者，应追缴其承垦证书，其保证金概不返还；本于十三条之规定而撤销其一部承垦权者，当更换其承垦证书，其被撤销部分之保证金亦不返还。

第十五条　承垦人对于前三条之处分有不服者，准其提起行政诉讼。

第十六条　承垦权得继承或转移之，但须呈请该管官署核准。

第四章　评价及所有权

第十七条　承垦地给承垦证书后，即由该管官署勘定地价分别登记。

第十八条　承垦地之地价除认为有特别价值应公开投承外，分为五等，其别如左（下）：

产草丰盛者为第一等	每亩一元五角
产草稀短者为第二等	每亩一元
树林未尽伐除者为第三	每亩七角
高低干湿不成片段者为第四等	每亩五角
斥卤砂碛未产草之地为第五等	每亩三角

第十九条　地价按每年竣垦亩数缴纳。

第二十条 缴纳地价时，得以所缴纳之保证金抵算。

第二十一条 于竣垦年限内提前竣垦者，得优减其地价，其别如左（下）：

提前一年者 减百分之五

提前二年者 减百分之十

提前三年者 减百分之十五

提前四年者 减百分之二十

提前五年者 减百分之二十五

提前六年者 减百分之三十

第二十二条 承垦者依十九条之规定缴纳地价后，该管官署应按其缴纳之亩数给以所有权证书。

第二十三条 承垦地于竣垦一年后，按竣垦亩数一律照各该地之税则升税。

罚则

第二十四条 本条例施行后，凡未经该管官署之核准私垦荒地者，除将所垦地收回外，每地一亩处以三元之罚金。

第二十五条 违背第十一条、第二十二条报告成绩之规定者，处以五十元以上二百元以下之罚金。

第二十六条 违背第十六条之规定除将承垦权撤销外，并处以一百元以上二百元以下之罚金。

第二十七条 呈报升科之亩数不实者，每匿报一亩处以三元之罚金。

附则

第二十八条 本条例除边荒承垦条例所定区域外均适用之。

第二十九条 本条例于公布三月后施行。

第三十条 本条例施行前私垦荒地未经缴价者，须于本条例施行后六个月内补缴地价，前项地价每亩均纳一元五角。

（《中华民国史事纪要（初稿）》1923 年 7～12 月，第 742～747 页）

徐绍桢呈孙中山文

（1923年11月27日）

呈为呈报荐任事：窃本部分设一厅两局，原有科长六人。惟厅、局只设第一、二两科，现值部务进行逐渐推广之际，事理较繁，非增设一科无以资整理而专责成。拟每厅、局各添第三科，设科长三人，以原有科员刘景新、谭鸿任、刘宏道升充。所遗科员缺均不再补，即以其科员之薪支给新添之科长。又科员杨士彤呈请免职，经已照准，并以该员所遗月薪匀入添设科长俸内，核与预算额数并无出入，似属可行。查各部科长系荐任职，所有拟将本部科员刘景新、谭鸿任、刘宏道升任科长缘由，理合具文呈请钧座明令照准。谨呈

大元帅

内政部长徐绍桢（印）

中华民国十二年十一月廿七日

（《陆海军大元帅大本营公报》一九二三年第三十九号，11月30日，“指令”）

叶式其等致孙中山电

（1923年11月29日）

孙大元帅睿鉴：廖省长、第七军刘军长、李督办、郑师长钧鉴：

式其艳晨，率第二支队，协同第三师王、周两团，由古蓬分路进攻连滩，逆敌冯铭楷率众据险顽抗。接战数小时，我军奋勇向前，敌势不支，纷纷向罗定溃退，已不能成军。即于午后一时，克复连滩。是役毙敌数十名，夺获敌人军用品无算，现正在追击中。

谨电呈报。中央直辖第七军游击司令叶式其、支队长李任杰仝叩。艳。印。

（《广州民国日报》1923 年 12 月 5 日，“本省要闻”）

邓泽如等致孙中山函

（1923 年 11 月 29 日）

总理钧鉴：

敬肃者：窃以本党改组，其动机虽出自我总理之乾纲独断，惟组织法及党章、党纲等草案，实多出自俄人鲍罗庭之指挥。然此表面文章，尚无大害，惟探闻俄人替我党订定之政纲政策，全为陈独秀之共产党所议定，陈于苏俄本有密切之关系，其所组织之共产党，为苏俄政府所给养。此回改组，陈独秀因粤人对伊感情太坏，乃避去而以其党徒谭平山出而任事，陈独秀则在暗中牵线，内里隐阴谋，经为其党徒范体仁因争权利而冲突，遂向国会议员徐清和详细陈述。兹谨转述徐议员之言，及其它方面探得者，密报于我总理，以免令外人弄我如傀儡，此为党员等天职所在，势难容已，非敢反对此回改组也。

党员等自问爱党爱国断不减于陈独秀，亦当为总理信，其无他也：

（一）此回共产党与我党合作之动机

此动机发生于木司寇第三国际大会之后，其表面宣布者，则谓对于资本主义成熟之国家，则鼓吹阶级斗争，促成社会革命；对于资本主义幼稚之国家，则主张联合工农及中产阶级，以完成民主革命。近东则协助土耳其，远东则协助我国。果然如此，亦未尝非友邦之好意，不虞陈独秀之共产党则利用此机会，而利用我党矣。陈独秀本为陈逆炯明特别赏识之人，曾自言宁死不加入国民党。且尝在学界倡言，谓三民主义、五权宪法为绝无学理根据，指斥我党为落伍的政党，总理为过时的人物。今竟率其党徒群然来归，识者早知其别有怀抱，党员等致疑者久矣，今已探得其利用方法。

（二）陈独秀的共产党利用我党的阴谋

陈独秀此次之加入吾党，乃有系统的、有组织的加入，当未加入之先，曾在北方某地（似是海参威）开大会议，决定利用我党之方法，其大前提，则借国民党之躯壳，注入共产党之灵魂，其方略：（甲）则使我党从国际之仇怨。（乙）则使吾党在国内断绝实力派之协助，乃以打倒帝国主义、打倒军阀为标语。夫此二标语实堂堂正正、无可非议者，然运用之制为具体的政纲（如政纲草案之一、二两条即阴谋所在）宣示世界，则我党永无获得国际上同情之一日，更我华侨党人在海外无复立足之余地。我党对于军阀之攻击，只限定于曹锟、吴佩孚，今陈独秀派替我党立言，则连及于张作霖、段祺瑞，务使国中实力派因此而与我党决裂，使我党陷于孤立无援之地，此陈独秀共产党对于我党阴谋之纲领也，其它种种诡谲行为，实不胜数。

查陈独秀受苏俄给养，组织共产党之后，自知其共产党人少力微，不能活动，其初乃依附吴佩孚，日颂吴佩孚之功德，指吴为社会主义实行家。无耻之言，为国人所共闻。至今年三月，京汉工潮发生，吴佩孚残杀工人之惨剧出现，陈独秀利用吴佩孚之假面具，乃遭揭破，因此转而利用我党益急，入寇亦益深。故此回改组，陈独秀实欲藉俄人之力耸动我总理于有意无意之间，使我党隐为彼共产所指挥，成则共产党享其福，败则我党受其祸。又党章党草案定总理一职为选举职，窃恐事实随环境变迁，五年之后将见陈独秀被选为总理矣，党员等不予承认，则有违党章，若予以承认，则辱及全党，我党无形消灭即在此时，思之实为寒心。至苏俄政府之协助我党改组，与陈独秀是否同一鼻孔出气，党员等未敢断定之，惟陈独秀利用我党改组而施其阴谋，则凡党员皆能共见矣。

抑尤有进者，本党向用委任之制，各局部首领之智愚贤不肖，由总理审定而别择之，以大公无我之心自收用当其材之效，今一变而为普通选举之制。尝见本党人数众多，品类不一，选举运用偶有不明，即易为奸人所利用。即如此次组织区各分部，陈独秀之党徒谭平山，曾预先收罗去年请大总统下野之逆徒，使之改名介绍入党，迨至区分部选举之先，乃预约其徒辈选之为委员。有此事实的证明，可知本党试行选举制之初期，即发生为奸人利用选举之弊病，推其流弊之所至，他日选举一省之执行委员会及中央执行委员会，亦何难再施其技俩以愚弄党人？党员等思之再三，以为本党即采用选举制，亦宜加以限制，拟请用复选举法。假如选举一省之执行委员，先由各县分部选出初选当选人，继以初选当选人之名单送呈总理审定之，以该名单中若干人为候选员，然后由众于候选员中选出一省之执行委员。其它如中央委员会之选举及各部之选举，亦皆仿此办法，庶几经过一度之审查，而奸人乃无术施其运动，此党员等所以主张限制选举也。

要之，奸人谋毁吾党，其计甚毒，不可不防。党员等心所谓危，不得不揭发其诡计，密陈于钧座之前，冒昧陈词，伏维鉴察。恭颂

钧祺

邓泽如　林直勉　黄心持　曾克祺　黄隆生　朱赤霓
赵士觐　邓慕韩　吴荣新　林达存　陈占梅

中华民国十二年十一月廿九日

孙中山对于此信，详加批覆，曰：

此稿为我请鲍君所起，我加审定，原为英文，廖仲恺译之为汉文。陈独秀并未闻其事，切不可疑神疑鬼。俄国革命之所以能成功，我革命之所以不成功，则各党员至今仍不明三民主义之过也，质而言之，民生主义与共产主义实无别也。

俄国革命之初不过行民权、民生二主义而已，及后与列强奋斗六年，乃始知其用力之最大者，实为对于民族主义。

此乃中国少年学生自以为是及一时崇拜俄国革命过当之态度，其所以竭力排挤而疵毁吾党者，初欲包揽俄国交际，并欲阻止俄国不与吾党往来，而彼得以独得俄助，而自树一帜与吾党争衡也。乃

俄国之革命党皆属有党政经验之人，不为此等少年所愚，且窥破彼等技俩，于是大不以彼为然，故为我纠正之，且要彼等必参加国民党与我一致动作，否则当绝之。且又为我晓喻之，谓民族主义者正适时之良药，并非过去之遗物，故彼等亦多觉悟而参加吾党，俄国欲与中国合作者只有与吾党合作，何有于陈独秀，陈如不服从吾党，我亦必弃之。

我国革命向为各国所不乐闻，故尝助反对我者以扑灭吾党，故资本国家断无表同情于我党，所望同情只有俄国及受屈之国家及受屈之人民耳。此次俄人与我联络，非陈独秀之意也，乃俄国自动也。若我因疑陈独秀而连及俄国，是正中陈独秀之计，而力云得志矣。

民权主义发端于选举，若因噎废食，岂不自反对其主义乎？若怕流弊，则当人人竭力奋斗，不可放责任，严为监视，如察悉有弊端，立为指出。以后我每两礼拜与各人会集一次，如遇有问题可公共解决之。

因一人所见有限，故不得不付之公举，亦自觉所委任常有不当之处，故不得不改革。

不能以彼往时反对吾人，则绝其向善之路。

种种方法，有不善者自当随时改良，方期进步。吾党自革命以后，则日日退步，必有其故，则不图进步改良也。

又于信封上亲批：

交邓泽如，照所批约各人会齐，细心研究，如尚有不明白者，可于星期日再来问明。

（《中华民国史事纪要（初稿）》1923 年 7 ~ 12 月，第 758 ~ 761 页）

上海总商会等就关余问题致孙中山电

（1923 年 12 月 1 日）

广州孙中山先生鉴：

自民国九年，整理内国公债案成立，指定关余为基金公布后，内债信用渐见回复，流通各处，商民称利。

方幸社会金融藉之活动，国家元气赖以昭苏，乃本年整理案内各债付息虽未失信，还本均已愆期，票价又跌，人心惶惶。说者谓因关税短收，除洋赔各款外，有无余款或能余若干，尚难悬揣。日来报载我公计议有将海关辟为自由贸易场之说，广东关税为收入大宗，此间商界宣传尤为惊恐。内债关系全国人民生计，金融命脉即国家之安危与共，我公手创共和，功垂青史，爱国恤商当必引为己任，况如整理案内之八厘军需公债尚系我公在南京临时政府任内发行，想顾全关税，不使基金动摇，相与维持，尤我公之所乐为。

月前安总税司过沪，敝会等曾以保管基金之事为请，渠谓对于整理原案誓必坚持，客卿不忝厥职，至可感谢。我公素以恤商为宗旨，务恳保全关税，以裕基金，不使商民损失，则感荷仁施实无既极。剀切直陈，统希亮察。梯云先生并此致意。上海总商会、上海银行公会、上海钱业公会。东。

（《护法运动史料汇编》（三），第651页）

全国学生联会总会呈请孙中山出师讨伐曹锟文

（1923年12月2日载）

为请愿从速出师北伐讨曹，以救危亡而苏困事：窃以民国成立，一纪于兹。军阀专横，外侮频乘，人民罹涂炭之惨，国家陷危亡之境，虽经钧座倡率义士，几次流血，旋仆旋起，再接再厉，而军阀政治非惟未能推翻，且横暴更甚，凡有血气之伦，谁不为之痛心？

乃者曹锟凭恃武力肆意横行，以年来所行所为犹未致国家于灭亡。本年六月，嗾使部曲迫走其所谓恢复法统之总统黎氏，窥窃大位，进行贿选，浸假而神圣庄严之双十节遽为曹氏登极之期，国人于是日下半旗志哀，其悲愤概可想见矣。

窃思曹氏豺狼成性，素行不轨，劝袁氏称帝，助张勋复辟，乃民国之罪人，而洪宪、清室而二心之功臣也。迩年来倚仗吴佩孚，扶摇直上，拥兵数十万，蹂躏十余省，直、鲁、豫、秦哀鸿遍野，苏、皖、赣、鄂怨气冲天，川、湘既遭其害，闽、粤复受其扰。杀京汉工人，养津浦匪患。以外交系为□媒，勾结列强，以借械款为目的，断送国权，置国际共管不顾，惟武力统一是图。祸国殃民若袁项城实未及乎？是论罪声讨，虽万死不足以蔽其辜，今乃任其窃居大位，国亡无日矣？

敝会恨曹锟之暴戾，曾于十月八日电请钧座，出师讨伐，当蒙复电，言下令讨伐，方冀义旅北指，立扫妖氛。不料迄今日久，义师仍留粤东，声讨陈逆余孽。敝会不忍国家之伦［沦］亡，民生之涂炭，企望义师北伐，有如大旱云霓。匹夫有责，未便缄默，爰抒所见敬陈钧座：

当曹锟贿选成功之时，举国惊动，若临大敌，函电纷驰，民气深昂，或组讨贼军，或开国民大会，使早有预备，则乘此时机，叱咤则风云变色，喑呜则山岳崩颓。曹虽猖獗，何难荡平？而今则何如，慷慨激昂之民气，渐就澌灭消沉，百折不回之志士，亦已声嘶力竭。若仍今岁不伐，明年不征，则民气将永无振兴之一日，民国前途危险孰甚！此就全国民气言之，应请钧座早日出师北伐者一也。

当今贼兵饷械尚未充实，贼派爪牙纷争不已，兵法乘势，此正进取之时，若复迁延时日，迟迟不前，则曹派权位分配既定，外交系组阁告成，一旦大举向外借款，扩充军备，则其军日张，我革命派及反直派进行将愈多困难，洪宪往事可为殷鉴。此就情势言之，应请钧座早日出师北伐者二也。

消灭陈逆以绝后顾之忧，固为一策，然陈逆小寇，以联军一部，当之足矣，何劳钧座亲征，若以全力长与相持，则困兽犹斗，实犯兵家穷寇勿追之忌，徒使联军疲弊，饷械空耗，而曹、吴遂得以酌酒相贺也。且曹氏援川军斩［新］败，川军正好乘胜东下，倘不于斯时与之共讨曹、吴，则吴佩孚动数省之师复与川军战，川军即幸而不败亦心老矣。至于湖南谭军今虽败退，而湘西尚有蔡军在，犹易为力，若任其孤军奋斗，赵氏以全力攻之，众寡悬殊，其何以堪！此就革命军情形言之，应请钧座早日出师北伐者三也。

总上数端，伐曹之举利在速战，敝会不揣冒昧，特派代表王基永前来，请愿钧座从速出师讨曹，以救危亡。义师所至，将见欢声载道，箪食壶桨［浆］以迎。一发千钧，伏祈察核施行，不胜屏营待命之至！谨呈

中华民国大元帅孙

中华民国学生联合总会谨呈

（《护法运动史料汇编》（三），第651～653页）

那其仁致孙中山电

（1923年12月3日）

广州孙大元帅、李部长、张参军长、谭总司令、杨总司令均鉴：

刻接韦旅长由南雄电话，此次追击敌人，最后所获俘虏供称，北军第三旅高旅长确阵毙，并方逆本仁委过于杨如轩、杨池生，将其击缚，谓此次大败，系献苦肉计所致等语。此种捷报，实属大快人心，足可以为穷兵附逆者戒。用特电陈，即乞转饬各军一体知悉。职那其仁叩。江亥。印。

（《广州民国日报》1923年12月7日，“特别纪载”）

方鼎英致孙中山电

（1923年12月3日）

万急。广州大元帅均鉴：

案奉大本营秘书处转奉大元帅颁发木质镶锡大印，文曰湘军第一军军长；印象牙小章一颗，文曰湘军第一军军长。遵于本月二日启用，理合呈报，伏乞垂鉴。湘军第一军代理军长方鼎英叩。江。印。

（《陆海军大元帅大本营公报》一九二三年第四十号，12 月 7 日，“公电”；又见《广州民国日报》1923 年 12 月 11 日，“本省要闻”）

刘成勋等致孙中山电

（1923 年 12 月 4 日）

广东孙大元帅钧鉴：

本年九月，据四川讨贼军第一师师长、川东边防军前敌总指挥汤子模虞电详陈：日清公司宜阳、云阳两轮，装运敌军械弹，驶经戒严区内，不服检查，击毙官兵六名。嗣经各该官兵奋力冒险登宜阳丸检获手枪数十枝，枪弹百余万发，炮弹三百余发，捕获司机日本人二名，敌军军械处长张运玑一名，云阳丸即乘间鼓轮逃逸。等情。查前此检获敌军各电内称：将子弹改装罐头箱样，分搭外国轮船载运入川。等语。早经分令成渝交涉员分向各国驻川领事通告，并请切实查办各在案。兹据汤师长电称各节，该日清公司实属故违公约，破坏和平，当经电饬将张运玑管押候办，并将宜阳丸及该轮司机日人妥为扣留，并分令成渝交涉员速向驻川日领事严重抗议，请将该轮船员依例审判，从重惩处；立饬日清公司交出脱逃之云阳丸，一并惩处，并赔偿此次所受损害，禁止该公司轮船在川江营业。等语。分别印发去讫。兹复据石总司令青阳转呈汤师长呈称：该师长向该日商提出抗议，应赔偿我军一百万元之代价，恳请严重交涉并请转呈钧座核示，等情前来。除分令成渝交涉员查照核办外，理合详陈全案情形，电请鉴核示遵。川军总司令刘成勋、四川讨贼军总司令熊克武叩。支。印。

（《陆海军大元帅大本营公报》一九二三年第四十号，12 月 7 日，“公电”）

契切林致孙中山函

（1923 年 12 月 4 日）

亲爱的同志：

我非常感谢你的友好来信和通过你们的代表团所转达的友好感情。你们代表团的到达，这使我们非常高兴，我们确信他们的访问会取得有益的结果。……

我们认为国民党的根本目的在于开展中国人民的伟大的强有力的运动，所以国民党首先需要的是进行最广泛的宣传和组织工作。我们的榜样是值得重视的：我们的军事活动是成功的，因为很多年过去了，在这些年代里，我们组织和领导了我们的群众，用这种方法在全国范围内建立了一个伟大的、有组织的政党，一个能战胜一切敌人的政党。整个中华民族一定看到国民党——这个广泛而有组织的政党同中国各个地区军事专政之间的区别。国内各民族，如蒙古族、藏族以及中国西部各民族，需要清楚地知道国民党是支持他们自决权的。所以，你们不许在这些地域使用武力。这就是我在这些问题上所考虑到的一些想法。我们一定要继续交换意见和进一步讨论问题。当我们达成圆满协议时，一切事情将会进行得更好。

（《共产国际、联共（布）与中国革命文献资料选辑（1917～1925）》第二册，第 550～551 页）

谭延闿函呈孙大元帅令饬整修韶广间电线函

（1923 年 12 月 4 日）

顷接职部电务处长刘竞西函呈，（一）韶州电报局至关重要，照例须十余人办公，现仅四五人，源潭局担任转报事极繁剧，亦仅三四人。询以因何不请加派人员，一因经费困难，员役薪俸未发放者已近一年；一因收入极微，日用伙食且难为继。（二）职为灵通消息起见，拟将各电务员暂行分派韶州、源潭两局，帮同办公，所有给养一切，均自行料理，但几经交涉，韶州局长虽勉强承认，尚难免侵越之虑。（三）韶关共三线，原以一线通电报，二线、三线通电话，现在第一线通报，非由源潭局接转，不能畅通，二线、三线则完全无用，纵使始兴、韶州间消息敏捷，而韶、广难以畅达，仍属无裨事机。亟应设法整顿修理线路等语。据此，理合呈请钧座转饬广东电政监督设法办理，并通令各电局，对于职部电务员开诚接洽，以便合作，而利戎机为祷。等情前来。据此，查北江军队云集，通报消息最贵灵敏，合行令仰该监督即便遵照办理。此令。

（《中华民国史事纪要（初稿）》1923 年 7～12 月，第 782 页）

徐绍桢呈孙中山请奖励陆运怀等捐资兴学文

（1923 年 12 月 7 日）

呈为捐资兴学，请特予褒奖以昭激劝事：案奉大元帅发下吉隆坡运怀义学校监理员欧阳雪峰等呈请褒奖陆运怀捐资兴学呈一件，谕令由部办理。等因。奉此，查《捐资兴学褒奖条例》第一条第二项：华侨在国外以私财创立学校，或捐入学校培育本国子弟，准由各驻在领事详情褒奖；又本条例第［筹］资至二万元以上者，教育总长呈请大总统特定，各等语。兹查华侨陆运怀，秉承父志，捐资兴学，数达八万元以上，洵属热心教育，轻财好义，现由学校监理员呈请褒奖，未经领事核转与条例稍有未符，惟政府现在草创，各埠领事尚未派遣，似宜变通办理，用慰侨民归向之忱。拟恳钧座特颁热心教育四字匾额，并给予金色一等褒章，以昭激劝而励将来。所有华侨陆运怀捐资兴学，拟请特予褒奖各缘由，理合具文

呈请察核，指令祗遵。谨呈

大元帅

内政部长徐绍桢（印）

中华民国十二年十二月七日

（《陆海军大元帅大本营公报》一九二三年第四十号，12月14日，“公电”）

北京政府为关余问题致电孙中山

（1923年12月8日）

大意略谓内政上虽不无意见之处，而对外必须一致。此案关系重大，务望慎密考虑，为适宜之处置，勿启外国干涉之端。

（《孙中山年谱长编》下册，第1766页）

天津银行公会致孙中山电

（1923年12月8日）

广州孙中山先生鉴：

报载公拟将广州改为自由贸易港，事关变更条约，及牵动内债基金，影响至巨。务乞审顾大局，立罢前议，国民幸甚。天津银行公会。庚。

（《大公报》1923年12月13日，“政闻简报”）

廖仲恺致孙中山改组国民党原因及改组进行情况文

（1923年12月9日）

此次为党事来沪，凡关于党之改组及清厘内部，俾机关可以顺利进行，与党员人人皆可以参预党务，现广州已开始进行。盖广州正奉总理命，先设临时执行委员会。现来沪与商明年正月开大会的事。

此次之所以必改组者，本有极大的原因。广州政治起伏之经过有三度：1. 为元帅府。2. 为总统府。3. 为各军逐陈，请先生仍回粤。三次失败，皆因军人持权，党员无力，故党之主张无力。第一次之政府成立，不过专靠方〈声涛〉、张开儒、魏邦平、程璧光数人而已；然不久而海军、陆军均形涣散。第二次粤军回粤之力，亦属不小，其内又有党军，如许部、邓师、洪部，与非党军。当时以团体加入之党军，即为日后攻总统府之人。可见加入党者须以个人，不可用团体也。假使广州方面有相当数目（如有十万党员）之党员，何致得历次失败之结果。党员本在民众之内，果有多数党员，庶足制伏军队。因为徒恃军队，必至为兵所制，不能制兵也。因为做事不能不赖力，一方虽赖军力，然一方不可不有一种力量，能制伏军队之力量，即党是也。吾党情形，目下除少数干部，并无党员，虽亦有力量，然不过一部奋斗之历史而已。此种力量故可张罗于一时，恐日久必穷倒。如神道设教，虽可维持于一时，然遇穷凶极恶之人，敢于一度冒犯之后，其所有威严必至扫地。本党自同盟会以来，即无精密组织，如民国成立改为国民党后，仅以议员为党员多少标准，其后经过中华革命党、中国国民党，均属无甚组织。

改造中国之责既在吾党，倘非从下层多做工夫，而徒拘泥于上层之干部，必不足以负此伟大责任。因为专靠上层，必致如广州今日情形；徒赖军队，不过终为军队所用而已，遑能改造国家哉。现在广州已开始专从下层组织，以区分部为基本，内举三人为执行委员，每星期必开会一次，将一周所得，报告上级机关一次。其所属区之党员，每二周开大会一次。收党员亦从下层收入，且须先通过党员大会。区分部为基本党部，其上为县党部，再上为省党部，再上为中央执行委员会与全国党员大会。

现第二步对于军事者，尚有军团之组织，暂定为六百人。凡所教者：1. 欧洲以后军事教育；2. 惟党可以造国之教育；3. 政治关系。每日上午为受教时间，下午为教兵时间。大略如此办去，一年以内，可以成两师真正党军。

至于党员分散于各团体中，可以积极活动。

前数年已觉本党之有缺点，但不知缺在何处。今年始寻出，故遂决然改组，俾各党员皆得直接负责；若徒恃干部少数人精神奋斗，为力终觉有限耳。

查广州本党现分为十二区，先时广告嘱有党籍者须登记（姓名、籍贯、入党时已否纳费），共计登记三千人。嗣后开大会，到场一千五百余人。就场由执行委员会为已区分组织就绪，各区部不久可得真正党员万人，广州暂时执行委员会已成立。现上海推举汪精卫、居觉生、张溥泉、叶楚伧、戴季陶、胡展堂、谢慧生七人。

（《革命文献》第8辑，第1084~1087页）

联军前敌总指挥杨希闵致孙中山电

（1923年12月9日）

广州大元帅孙钧鉴：各部总长、省长廖、市长孙、滇军总司令谭、肇庆李师长、韶关赵师长钧鉴：

据滇军李师长根云齐日报称，逆军叶、杨、钟、翁等部约六七千人，退至常平站西端，扼要顽抗。我军八日早拂晓，向此敌攻击，激战数时，敌分向土塘溃退，复扼老虎崖一带高地抵拒，我军第四师在左翼，五师在右翼，职率部由正面猛攻，敌势不支，纷向谢冈平湖溃窜，职复率部沿铁道猛追。至午后一时，遂将樟木头完全克复。是役击毙敌营长冯长胜一员，士兵数十名，俘虏敌连长二士兵七十余名，获步枪一百二十五杆，军装六百余套，火车十二卡，辎重甚多等语。查陈逆此次率其丑类，孤注一掷，被我联军四面痛击，元气丧尽，似无再战能力，东江肃清，行将不远。据报前情，用特电闻。联军前敌总指挥杨希闵叩。佳。印。

（《广州民国日报》1923年12月15日，“特别纪载”）

北京政府国务院致孙中山电

（1923年12月10日）

急。探投（衔略）：

报载英、法、义、日本各国，因广东当局议定取消海关，改广州为自由贸易口岸，各派军舰集泊广州海面，并拟派遣陆战队，携带枪械，在广州登岸等语。此种消息，未审是否确实。查海关为中外通商之枢纽，关税早充赔款及借款之担保，不容任意变更，引起列强之干涉。若外兵登陆，关系国家领土主权，情节尤为重大。中央业已备文向使团质问，并盼尊处慎重将事，以维国权。群情若何，伫候电复。国务院。蒸。印。

（《大公报》1923年12月13日，“政闻简报”）

美洲粗李度埠国民党分部致孙中山电

（1923年12月14日载）

广东支部转孙大总理鉴：

收回关余，主权在我，外人威胁，目无西南，请勿畏强权，据理力争，国民誓为后援。美洲粗李度埠国民党分部。

（《陆海军大元帅大本营公报》一九二三年第四十一号，12月14日，“公电”）

联义社致孙中山电

（1923 年 12 月 14 日载）

广州孙大元帅、上海国民党总部钧鉴：

广东关余应归广东，曹贼挠夺，藉外力威迫，目无西南，请据理力争，国民誓为后援。联义社叩。

（《陆海军大元帅大本营公报》一九二三年第四十一号，12 月 14 日，“公电”）

广东总工会致孙中山电

（1923 年 12 月 17 日）

大元帅钧鉴：

外舰集泊珠江，欲为示威，阻我政府收回关余，干涉我内政。奇耻大辱，无过于斯。关余为我粤应有，以粤款整理粤政，外人实无干涉之权。昨经公民大会请愿，帅座即日实行收回，勿为强权所屈。谨再电请，务乞坚持收回目的，并恳指定收回此关余为我粤建设实业之用，以慰群望而御外侮，临电迫切。广东总工会叩。筱。

（《陆海军大元帅大本营公报》一九二三年第四十二号，1923 年 12 月 21 日，“公电”）

湖南旅粤学会致孙中山等电

（1923 年 12 月 18 日）

广州孙大元帅、各部总次长、各军总司令、军长、师长、廖省长，奉天张总司令，天津段芝泉先生，浙江卢总司令，云南唐总司令，四川熊总司令，全国各报馆、各社团、各学校钧鉴：

西南关余，原系我国国有，税收主权在我，他人岂容过问。况我西南政府为民请命，取而用之，是亦分所宜然，不图各国驻华公使横加干涉。而美使更信奸言，嗾令该国泊菲舰队六艘驶入广州，藉示威胁，助桀为虐，实深发指。敝会为国家主权、西南大局计，不得不誓死力争，以为政府后盾，尚望国人声而援之是幸。湖南旅粤学生会叩。巧。

（《中华民国史档案资料汇编》第四辑（二），第1604～1605页）

广州酒楼茶室万余工人致孙中山电

（1923年12月18日）

广州大元帅、程军政部长、杨卫戍总司令、石龙朱军长、广州陈代省长、梅财政厅长、孙市长、吴公安局长、许教育厅长钧鉴：日者纷纷迭据行众投诉前来，佥以忽有朱军长布告，谓裕源公司向省署暨财厅承准开办广州省河水陆筵席捐，特应该公司之请求，派队保护等语。并谓该奸商等，带同军队威迫势挟，顿使人心惶惶，不能安业等情。窃念朱军长为国宣劳，远赴前敌，犹能顾念教育，保护政府税收，实深感戴。惟是此项筵席捐费，前以奸商裕源公司奉准加一抽收，致令敝行数百商店，钜万工人，倾覆颠危，流离失所，中间休业匝月。历几许艰辛，始奉省署核准，将裕源公司明令撤销，由敝行工商按照原饷缴纳自办，敝行商业始稍安宁，而教育经费，亦稍有济。是裕源公司根本早已销灭，岂容摭拾旧案，复行开抽，令该奸商竟敢砌词瞒请朱军长出示保护，逐日派人协同军队勒抽滋扰，深害敝行商业，妨碍政府威信，尤足损堕朱军长之盛德，实属罪大恶极，言之痛心。朱军长嫉恶如仇，断不容魑魅横行于白日，务请迅即明令取销布告，严办瞒禀奸商，并将裕源公司解散，以儆奸邪，而安商业，尤望各界主持正论，一致维持。临颖无任主臣，广州酒楼茶室商业工会颐怡堂店号数百家、广州酒楼茶室研究公会万余工人同叩。啸。印。

（《广州民国日报》1923年12月20日，“本省要闻”）

省港华人船主司机总工会致孙中山函

（1923年12月21日载）

大元帅钧鉴：

外舰进泊珠江，列强侵我本省主权，阻遏关余，干涉我内政，来粤监视，侵掠行性昭然暴露。我敝会同人等见其态度强横，实则忍无可忍，决定争回国权与其奋斗，拥护我民国政府仰乞实行收回，以慰群望，为政府后盾，众御外侮而救危亡。谨呈。虔请

勋安

省港华人船主司机总工会谨启

（《陆海军大元帅大本营公报》一九二三年第四十二号，12月21日，“公文”）

徐绍桢呈孙中山制订侨务局章程文

（1923年12月22日）

呈为呈报事：窃本部于十二年十二月十九日，准大本营秘书处公函开：奉大元帅发下内政部拟呈《侨务局章程》一份，奉批可行。但须筹的款而后举行。此批。等因。相应函达查照，此致。等由。准此，查此次侨务局建立，原系附设本部之内，所有办事人员拟暂派部员兼办，其经费务期撙节，无庸另行筹备，俾节靡费而速进行。兹谨将议定《侨务局章程》十五条并设立各缘由，具文呈

请钧核备案。谨呈

大元帅

附《侨务局章程》一扣。

大本营内政部长徐绍桢（印）

中华民国十二年十二月二十二日

附：内政部侨务局章程

第一条 内政部设侨务局，掌管事务如左（下）：

一、关于保护回国华侨事项

二、关于华侨子弟回国就学事项

三、关于保护旅外华侨之内地家属及财产事项

四、关于提倡奖励华侨回国兴办实业事项

五、关于导引华侨回国游历内地及其招待事项

六、关于襄办华侨选举国会议员事项

七、关于奖励华侨举办慈善公益事项

八、关于介绍华侨为中外出产贸易事项

九、关于华侨教育及学校注册事项

十、关于海外华侨设立商业会所及其它公共团之监督保护事项

第二条 侨务部关于下列各事得斟酌情形呈由内政部长咨商外交部，令饬交涉员及驻外使领协助办理之：

一、关于调查保护华侨工商业事项

二、关于劳工海外移植及应募事项

三、关于调查华侨生活及工作状况事项

四、关于调解华侨争执事项

五、关于华侨户口调查及国籍事项

第三条 内政部设侨务委员会为评议机关，遴选回国华侨之学识优裕者充任，其组织权限及办事细则另定之。

第四条 内政部设侨务顾问若干人，由部长聘请熟悉侨务、名望素孚者任之。

第五条 侨务局设局长一人，由大元帅简任之。

第六条 侨务局设科长、科员、办事员若干人分科办事。科长由部长荐请大元帅任命之，科员由部长委任之。其员额因事之繁简酌定。

第七条 侨务局设参议若干人为名誉职，由局长就回国及居留海外华侨之热心国事著有劳绩者，呈请部长委任，借备咨询。

第八条 侨务局于必要时得增设驻外侨务官及调查员，呈由部长委任，但其处务规则以不与驻外使领权限抵触者为限。

第九条 凡华侨回国及出外时，须向侨务局注册，以便照章保护。其注册章程另定之。

第十条 经在侨务局注册之华侨，其本人或其家属遇有事故须向政府请求时，得直接呈由侨务局办理。

第十一条 关于华侨举办公益、创办实业、销募公债及赞助政府有功人员，应颁荣典，由内政部另定褒扬条例，呈请大元帅颁布给奖，以资鼓励。

第十二条 侨务局经费由内政部另编预算，向国库请领，如有特别收人及华侨个人或团体捐助之款，应将收支账目交侨务委员会审核，除本局正当开销外，不得移做他用。

第十三条 保护华侨专章及办侨务局办事细则另定之。

第十四条 本章程未尽事宜得增订修改之。

第十五条 本章程自公布日施行。

（《陆海军大元帅大本营公报》一九二三年第四十二号，12月21日，“指令”）

李烈钧致孙中山电

（1923年1月30日）

孙大总统钧鉴：

现派行营参议余维谦晋谒，请赐训诲，即午起程，谨先电闻，伏维垂鉴。李烈钧叩。全。

（《李烈钧集》下册，第486页）

江维华致孙中山电

（1923年□月31日）

大元帅钧鉴：

（一）维华于三十日午抵厦，当即晋谒和斋总司令，接洽一切，极蒙优待。（二）出兵事和公已派刘司令所部一团，集中平和，其余一团，现在漳州拟继续开拔，为实力上之援助。惟赖部现驻南靖等处，迟不开拔，态度暧昧，赖本人并有主张与洪兆麟言和之言，和公对此不能无虑。拟请帅座电令协和，若赖、苏两部能一致协攻潮、汕固佳，否则应饬早日开赴龙岩、永定等处，以免牵掣漳、厦前进之师，致误时机。（三）嘉帅前允接济之子弹，除已拨二十万外，现和公允即日先拨十五万，惟运送一事，和公意以由粤省派妥实可靠之兵舰接运为妥。请即派舰来厦，并电知和公为祷。（四）维华拟于日内赴南靖协和处一行。江维华叩。卅一。

（《中华民国档案资料汇编》第四辑（二），第748页）

杭州青年协进会致孙中山电

（1924年1月1日载）

广州孙大元帅钧鉴：

中国关税，自鸦片战争以来，税则由外人协定，海关由外人管理，所以洋货充斥，国产陵夷。此实国际资本帝国主义压迫我国之最大事实，亦即中国经济无从发展，工农日多失业之最大原因。而中国近数十年之内乱，亦多缘此以酿成。在列强苟尚讲相当的公理，本应早日将此不当侵占之关税权，自动的交还中国，以敦友谊而导世界和平，乃不惟毫不出此，而且盗憎主人，希图永远霸占。近来对于大元帅代表民意，以正当手续，据理收回海关税之行为，英、美等国竟大肆蛮横，派军舰示威。此等蔑视我国主权之侵略举动，在五四以前之国民亦不能忍受，何况今日民权进步之时。务请大元帅为国、为民、为世界公理坚持到底。我等国民誓必以联合全国同胞抵制仇货，供给战备，作为后盾。激切陈词，血沸气愤，敬希钧察。杭州青年协〈进〉会叩。先。

（上海《民国日报》1924年1月1日，“公电”）

香山县议会致孙中山电

（1924年1月2日）

朱卓文径（二十五）弃职逃，敝会举杨吉为县长。讵朱元旦率数百人入城，袭陈策军，乘势抢数百家，商民损失逾百万，敝会亦遭捣毁。请严惩朱。

（《申报》1924年1月6日，“国内专电”）

香山县议员林影等致孙中山电

（1924年1月2日）

广州孙大元帅（余衔略）钧鉴：

中央直辖游击总司令兼县长朱卓文，驻香九月，四启兵戎。邑人罹战祸之深，受损失之巨，改元以还，莫此为甚。去年十二月廿二日，朱部因前山接防开衅，始与陈海防司令军队，在前山冲突。

继在县城交绥，卒也势力不支，于十二月廿八日，弃职潜逃。邑中各界，以县长离职，邑政不可一日无人主持，公举敝议会正议长杨吉摄理县事，维持公安。邑中正庆得人，秩序业经回复。在朱县长兵败离职，实属咎由自取，理宜呈请大元帅、省长办法示遵，方是顾全桑梓之道。讵朱县长愈演愈凶，竟于元旦日拂晓，亲率大队数百人，潜入县城，袭击陈军，乘势抢掠数百家，商民损失逾百万，敝议会亦遭捣毁，公文器物，被抢一空。忖思议会为立法机关，迭次政变，军队悉予保存，并无损害。此次独被摧残，是诚出人意表。朱县长欲报个人之怨，迭操同室之戈，以全邑人民生命财产作其孤注，供其牺牲。吾民何辜，屡遭荼毒。不去庆父，鲁难未已。请我阖邑父老，设法对付，不承认此暴吏民贼为我香籍公民，并恳我大元帅、廖省长，笃念乡邦，保留元气，大振霜威，严惩朱令，为残民以逞蹂躏桑梓者戒。人民幸甚，阖邑幸甚。香山县县议会议员林影等同叩。冬。印。

（《广州民国日报》1924年1月5日，“本省要闻”）

谭延闿呈孙中山文

（1924年1月3日）

呈为呈请事：案据职部第一军代军长方鼎英呈称：呈为赍具南雄筹措军米出力绅商名单，拟请颁给奖章，用昭激劝，仰祈鉴核事：窃职军此次千里赴援，仓卒应战，一切均未准备，饷糈两付缺如，克复始南，日进百里。后方兵站□远，转运维艰。官兵茹粥餐薯，朝不保夕，束手无策，群起恐慌。当经商请南雄绅商曾攀荣等代为维持，每日筹集军米，按队摊发。历时半月之久，派米万石有奇，不特固结摇动之军心，兼以促成中站之战事。该绅商等急公仗义，为国勤劳，三军感再造之恩，地方受无穷之福。拟请钧部转呈大元帅论功叙赏，颁给奖章，用昭酬庸，藉资勉励。是否有当，理合缮具名单备文，赍呈钧部核示祗遵，实为公便。等情。据此查南雄一役，饷糈两缺，势甚危险，该县绅商曾攀荣筹办军米，数逾万石，使我军得以一意应战，用克驱除北敌。其仗义急公之忱，实为末俗所难能。论功行赏，应恳钧帅特颁奖章，以示激劝而昭殊荣。理合缮具名单，备文呈赍钧府，伏乞核示遵行。谨呈

大元帅孙

湘军总司令谭延闿

中华民国十三年一月三日

（《陆海军大元帅大本营公报》一九二四年第一号，1月10日，“指令”）

何克夫呈孙中山文

（1924年1月3日）

呈为守土失职，恳请准予辞免迅赐遴员接替庶轻罪戾而重边陲，仰祈睿鉴事：窃克夫辱承简命，绥靖连阳，月前督率无方，守土不力，以致失陷连县，退驻阳山，业经专电驰陈呈请议处在案。顾自去春讨贼以来，复经北江诸战役，计军需所给胥出自筹，心力俱殚，未敢告瘁。迄今张罗已竭，饷弹两穷，旬日而还，反攻未效，自维失职，负咎实深。再四思维，际此大敌当前，与其迁延束手，坐误事机，毋宁解职让贤，克图恢复。昔者临淮易将，壁垒更新，足知承乏得人，收功反掌。用敢披沥具呈，伏乞钧座俯念边陲之重，垂怜竭蹶之情，准予辞免连阳绥靖处处长一职，迅赐遴员接替，卑轻罪戾，实为德便。此日幸宽折足，免其覆餗之诛，容当努力涂肝，再励涓埃之报。无任迫切待命之至，恭候恩准施行。谨呈

大元帅孙

连阳绥靖处处长何克夫

中华民国十三年一月三日

（《陆海军大元帅大本营公报》一九二四年第一号，1月10日，“指令”）

陈宜禧呈孙中山文

（1924年1月3日）

为呈请事：窃查宜禧前呈拟整顿军人搭车办法，恳予核饬驻防军队遵照一案，经奉帅座发交军政部办理，并奉军政部第二三五四号指令准予照办各在案。兹查迩来驻防军队并未遵照呈准整顿办法切实奉行，且有业经解散仍持军票搭车者，或有假冒军籍伪用军票者，甚至一军人搭车而包揽搭客多人不受收票员查验者，其他挟持军票用铅笔任意填写人数、等级踞坐头、二等客位，致令搭客买票反无坐位者。种种情形，比前有加无已。非请设法维持，车利日绌，路务将不堪设想。理合具文呈恳帅座，迅予重申前令，责成驻防军队遵照办理，切实整顿，以肃军纪而维路政，不胜迫切待命□□。谨呈
大元帅睿鉴

新宁铁路总理陈宜禧

中华民国十三年一月三日

（《陆海军大元帅大本营公报》一九二四年第一号，1月10日，“指令”）

黄隆生呈孙中山文

（1924年1月3日）

呈为呈请续假事：前奉钧令第七二零号内开：据呈已悉该司长任职以来，颇资得力，现因事须赴海防料理，准予给假一月，俾便前往。所遗职务已另［令］行营金库长黄昌谷代理，该员假

满仍行回营供职，勿庸恳辞。此令。等因。奉此，职遵即遄程返海防料理原有事务，惟因向日经营之商业无人主持，迫得增入外资重新改组，因而稽延时日，未能结束清楚。一月之期瞬已将届，预计不能□事，用再呈请准予续给假一月，俾完结所事即当回营供职。所有续假缘由，理合备文呈请鉴核。伏乞俯允施行，实为德便。谨呈

海陆［陆海］军大元帅

大本营会计司司长黄隆生

中华民国十三年一月三日

（《陆海军大元帅大本营公报》一九二四年第二号，1月20日，“指令”）

陈兴汉呈孙中山文

（1924年1月4日）

呈为呈请察核事：现据职路路警处杨华馨呈称：据第三、四分巡等先后电称：据沙口站长电告：二十八日下午六点钟，由省开上第四次客货车路经永利石场地方，突有匪徒百余名各持枪械强行劫掠，当即由第三、四分巡亲率武装长警驰救，又由河头巡长加派路警护卫，讵该匪竟敢开枪轰击。路警奋力抵御，鏖战一点余钟，匪党愈来愈众，锋不可当，卒以众寡悬殊，子弹告罄，致被锋［蜂］拥登车，肆行抢掠所有。车上行李货物被掠一空，并击毙湘军军官一员，掳去湘军军官一员，并伤路警一名等情。查此次匪徒劫车，事起仓卒，非常凶悍。匪众我寡，又因子弹告竭，致被惨劫，负咎良多。除一面严密防范，并严令跟踪追缉，务将本案从速破获外，理合呈报察核等情前来。并据车务处呈报，略同前情，并以此次劫车匪徒多属土人，行劫时多带面具以图掩饬［饰］。并闻有人认识其中有匪首宋广在内，系湛江人，应请严缉，务获究办各等情。据

此，查匪徒迭向本路行劫，实属猖獗异常，若不严行查缉，匪风愈炽，地方难安，职路尤受影响。理合呈报帅座察核，伏乞分令各军长官认真将本案赃贼务获究办，庶靖地方而维路政，实为公便。谨呈

大元帅

管理粤汉铁路事务陈兴汉

中华民国十三年一月四日

（《陆海军大元帅大本营公报》一九二四年第一号，1月10日，“指令”）

朱卓文致孙中山等电

（1924年1月4日）

广州分呈大元帅（余衔略）、报界公会鉴：

海防司令陈策，日前托名回防，竟敢违抗帅令，绕袭歧城，尽将人犯释放，并将著名党人家宅劫掠一空，复率队分投洗劫法庭及县城男女各校，当经分别电呈在案。卓文以案情重大，一面严饬所部听候帅令解决。讵该司令狼心未息，复于冬日率领全部，并招集各处沙匪，将卓文西亚乡四面包围，遇人便杀，不问男女老幼，无一幸免，财物损失，犹其余事。事后并四出纵火，全乡四百余户，焚毁无余。似此惨无人道，虽扬州、嘉定，无以过之。窃思卓文与陈策既属同袍，复同隶帅座之下，即属仇敌，亦且不及妻奴。乡人何辜，乃竟遭戮于同党之手。帅座苟体念追随二十余年之苦心，当必有公平之断。卓文身蒙咎戾，无可置词，惟有附［付］之公论而已。谨电驰报，无任屏营。朱卓文呈叩。支。

（《广州民国日报》1924年1月7日，“本省要闻”）

叶恭绰、廖仲恺呈孙中山文

（1924年1月4日）

呈为呈请事：窃本委员会统筹整理财政，事务殷繁，应设秘书长一职，以专责成。查由财政部科长廖朗如堪以兼充，理合呈请简派施行。谨呈

大元帅

财政委员会主席委员叶恭绰、廖仲恺

中华民国十三年一月四日

（《陆海军大元帅大本营公报》一九二四年第一号，1月20日，“指令”）

陈策、陈庆云致孙中山等电

（1924年1月4日）

（衔略）此次香山防军发生冲突，惊动地方，兄弟阋墙，同志心痛。解以误会，宁曰激成。既名友军，宜相友助，苟非相煎之太急，何至相见以兵戎。士可杀而不可辱，理可夺而不可诬。差幸军行所至，地方无扰，秩序如常。策、云本平生只知大义，不知权利之旨，将驻香全部，遵照帅令，一律调回江门。勤加训练，修我戎行，风雨无时，效命有日，知我罪我，付诸公评。陈策、陈庆云叩。支。

（《广州民国日报》1924年1月7日，“本省要闻”）

赵士觐呈孙中山文

（1924年1月5日）

呈为呈报事：民国十二年十二月二十八日奉大元帅简任令

开：任命赵士觐为两广盐运使，此令。等因。十三年一月二日又奉手令第二九一号内开：着伍汝康即日交卸两广盐运使任务与赵士觐接理，不得延迟。切切。此令。等因。各奉此，遵即于本年一月二日接印视事。除俟伍运使将文卷、公款、公物移交接收，再行查核造册呈报外，理合先将到任日期呈报察核。谨呈

大元帅

两广盐运使赵士觐

中华民国十三年一月五日

（《陆海军大元帅大本营公报》一九二四年第二号，1月20日，“指令”）

王汝为致孙中山电

（1921年1月5日）

大元帅睿鉴（余衔略）：汝为薄植，待罪戎行，自维锋镝余生，粗谙大义，间关千里，转战于东江、北江。环顾一身，从役于护国护法，军人天职，胡敢告劳。群丑未平，遽承超擢。本月五日，奉军长蒋发下大元帅命令，升充本军第四师师长。闻命之下，益增汗颜，矧兹余寇鸱张，大盗窃国，执戈环甲，义讵容辞。沥胆披肝，孤忠自矢，耿耿此心，天日鉴临。第受事伊始，蹶竭堪虞，尚冀我总座及袍泽时锡南针，以匡不逮。并恳大元帅迅下总攻击命令，庶几余孽克清，早定北伐大计，廓清中原，奠我邦基。临电跋溯，毋任主臣待命之至。滇军第三军第四师师长王汝为叩。歌。印。

（《广州民国日报》1924年1月8日，“特别纪载”）

马伯麟致孙中山等函

（1924年1月5日载）

呈为呈报事：窃职部长洲炮台，于十二年十二月三十一日试验各炮，经已先期呈报在案。现查前日试验情形，设一丈见方之木靶于海边，炮靶之距离为七千米达至八千三百米达。是日估测距离，由各台长、炮长指挥，依次开放实心弹共二十四发。以白鹤山、新西冈两台数炮命中到靶之前方约二十余米达为最准，其余各台有十发中靶之左方约一百米达至一百五十米达者次之。其因药力陈旧增减之差，至有距靶远近之别，然离靶最远者，仅蝴蝶冈一发，为过靶五六百米达。综观各炮较之十一年五月十三日司令督令试验之时，成绩之优与进步之速，均堪嘉许。除由司令购给酒肉，分别犒赏鼓励外，所有职部试炮情由，理合具文呈报察核。

（《广州民国日报》1924年1月5日，“本省要闻”）

叶恭绰呈孙中山文

（1924年1月5日）

呈为呈请事：前奉训令拨给大本营直辖各部局处经费一案，当以部库困难，迭经呈准展缓至十三年一月实行在案。现在展期已届，而本部收入只有印花税，已悉数由代办之公安局拨归军政部派员提收，以供各军军费，本部一时实无他款可以供给。前项经费表月计共银八万六千七百五十一元四毫，现在既无的款足以应付，再四筹维，谨拟变通办法，除宣传局已裁撤无庸置议外，关于军政部永丰舰、陆军测量局、陆军医院、虎门要塞司令部、第十七路游击司令部等系属于军事范围，拟请饬令军政部统筹支配。其余内政、财政、外交、建设、审计各部局，则由本部尽力设法筹措，酌量支

付，另文呈请钧核。是否有当，理合具文呈请察核训示祗遵。谨呈
大元帅

大本营财政部长叶恭绰

中华民国十三年一月五日

（《陆海军大元帅大本营公报》一九二四年第一号，1月10日，“指令”）

伍汝康呈孙中山文

（1924年1月5日）

呈为呈报事：案准大本营秘书处第六五四号公函内开，本月二十八日奉大元帅令：两广盐运使伍汝康另有任用，应免本职。此令。等因。相应录令函达查照等由，并准新任运使赵士觐知会，定于十三年一月五日接印视事，旋于一月二日由新任运使赵士觐携有大元帅手令到署，着于即日交代等由。准此，运使即于是日下午将印信移交赵运使接收。除将经费、文卷、款项、公物分别造册，咨送赵运使查收接管另文呈报外，理合先将卸事日期呈报鉴核，实为公便。谨呈
大元帅

卸两广盐运使伍汝康

中华民国十三年一月五日

（《陆海军大元帅大本营公报》一九二四年第一号，1月10日，“指令”）

杨西岩呈孙中山文

（1924年1月6日）

呈为拟具禁烟条例恭呈仰祈睿鉴公布事：窃职署业经成立，一切事务现正规划进行，惟当此厉禁之始，不有专条无以遵守。前经

西岩拟具禁烟条例草案，提出政务会议审查修正，业经照案通过。理合另折缮录议决禁烟条例二十二条，备文呈乞鉴查，准予公布。并乞指令实行，实为公便。谨呈

陆海军大元帅

禁烟督办杨西岩

中华民国十三年一月十六日

（《陆海军大元帅大本营公报》一九二四年第一号，1月20日，“指令”）

叶恭绰呈孙中山文

（1924年1月6日）

呈为拟具《财政委员会章程》仰祈鉴核公布事：窃自政府成立以来，军需浩繁，财政倍形困难，若非预谋整理之道，恐有难以接济之时。顾粤省争战频年，粤民负担较重，纵未至束手无策，又安忍竭泽而渔。故军事虽应以地方为根据，而财政尤宜合全局而统筹。当此北伐军事正拟积极进行，中央财政尤须亟谋整理。且军需实占财政上之大宗，而财政尤为军事上行军之命脉，举动在在需款，彼此息息相关。财政先有充分裕余，斯军事乃可预操胜算。本部总莞［管］度支，负其责任。但兹事体大，各有关联，端赖群策群力，始克成功，断非一手一足所能有济。欲收开源节流之效，宜有集思广益之方。爰拟由本部集合财政各机关长官，组织财政委员会，俾得各抒所见，相与有成，当将章程草案提出政务会议议决在案。理合录呈钧座鉴核公布施行。谨呈

陆海军大元帅

大本营财政部长叶恭绰

中华民国十三年一月六日

（《陆海军大元帅大本营公报》一九二四年第一号，1月10日，“指令”）

钟明阶致孙中山电

（1921年1月6日）

大元帅睿鉴（余衔略）：

沈逆健飞，皓（十九）日经我军在石桥击败，纷向公会官潭退却。复据报，铺门、芙蓉一带，均有敌踪。明阶冬（二日）晨亲督大队，星夜由小路抄出铺门，四面围攻，击战约两小时。敌势不支，溃退芙蓉，欲与该处敌兵联合，互相援助。我军乘势奋勇追击，江（三日）日拂晓追至芙蓉，敌队溃乱，明阶当即下令分三路进攻，约战一小时，当场毙敌数十名，生擒敌军排长二员，俘虏五十余名，夺获各色快枪百余杆，子弹数千颗，军用物无算。现铺门、芙蓉完全被我军占领，沈逆经此锉创，敌胆已寒，克复信、怀两县即在指顾间。谨电奉闻，余容续报。抚河招抚使新编第一军军长钟明阶呈叩。鱼（六日）。印。

（《广州民国日报》1924年1月8日，“特别纪载”）

谭延闿呈孙中山文

（1924年1月7日）

呈为呈请事：查近日此间电报迟滞异常，由南雄电达广州，历时须三四日方能递到。贻误军情，关系极大。微日业经电饬驻韶职部电务处长刘竞西查明整顿，以利戎机在案。兹据该处长复电称：（衔略）奉微电，职处设法补助广东电政各情形，业经上月马午电呈报在案。窃查我军往来各报迟滞原因：一由韶局电生缺乏且多疲玩；一由广韶线路年久失修，一遇风雨即生阻隔。职前为补救计，特派电务员分赴韶州、源潭两局协同助理。现职处所派各员虽力疾从公，而各该局以薪□久欠不发，不为自动的振作，此广韶沿途各局局长领班等督率不严之情形也。至广韶线路四百余里，分为韶、英、源、广四局管辖，不过百里内外，纵有阻隔，至迟两日以内当可修复，乃竟有延至四五日之久方能修复，或有听其自然者。虽经职处严重交涉，究属客体。交涉无效，代谋又势所不能，惟有仰恳钧座转呈大元帅严饬电政监督，对于北江一带极力整顿，以维电政而利军情。是否有当，静候示遵。职竞西叩。虞。等情。据此，理合呈请钧座，伏乞察核施行，实为公便。谨呈

大元帅孙

湘军总司令谭延闿

中华民国十三年一月七日

（《陆海军大元帅大本营公报》一九二四年第一号，1月10日，“指令”）

宋子文呈孙中山文

（1924年1月7日）

呈为呈请察核备案事：窃经理本月四日奉均令第三号内开：着将盐税由中央银行代收，仰即遵照。此令。等因。奉此，谨当遵照办理，除核定由本月七日起，将盐税由中央银行代收，一并咨转两广盐运使暨分别函致运商公会、中央银行、中国银行一体遵照外，伏查盐税前由中国银行代收，税额给予二千分之一分为津贴，该行手续费，现中央银行筹备时期头绪纷繁，经理体察情形，为补助该行费用起见，应核给该行一千分之一分为津贴手续费，以利进行，除咨会两广盐运使查照外，理合备文呈请钧座察核备案，仍乞指令祇遵，实为公便，谨呈

大元帅

两广盐务稽核所经理宋子文

中华民国十三年一月七日

（《陆海军大元帅大本营公报》一九二四年第二号，1月20日，“指令”）

宋子文呈孙中山文

（1924 年 1 月 7 日）

呈为呈报事：窃经理日前奉钧令，着将职所存贮中国银行税款十一万余元拨交军用等因。奉此，经即遵令签就支票一纸送交陈局长，向该银行提取。旋准陈局长面称，该行设辞推诿，抗不支付。除由经理迳函该行质问，并促其克日如数支付。讵旋据告报：该行行长凌冀由港密派员来省，令同行员邓公寿、谢文兴二人，将所有重要文件、契据携带逃港。经理当即派出所员温福田会同公安局侦缉员，驶赴火船码头守候，将该行员邓、谢二人截缉，并将所携带之文件、契据，一并解往公安局押候查究。除函致公安局将该邓、谢二人及文件契据妥慎看管审讯，迄今多日。该行行长凌冀久已潜匿在港，对于职所该项存款漠不为意。伏查该行行长胆敢扣留公款，携带公物潜逃，实属罪无可逭。理合备文呈报钧座鉴核，令行通缉该行长归案究办，并令饬将该行地址物业查封，交中国银行监理官陈其瑗变卖，以偿公款而济饷源。是否有当，伏乞指令祇遵，实为公便。谨呈

大元帅

两广盐务稽核所经理宋子文

中华民国十三年一月七日

（《陆海军大元帅大本营公报》一九二四年第二号，1 月 20 日，“指令”）

王汝为等致孙中山电

（1924 年 1 月 7 日）

王秉钧通敌，毫无实据，明系敌人反间，望查明昭雪。

（《申报》1924 年 1 月 11 日，“国内专电”）

林森呈孙中山文

(1924年1月7日)

呈为遵令再行修改公司注册规则第三条恭呈仰祈鉴核事：窃职部改订公司注册规则第三条注册费等级一案，奉钧座第七四四号指令内开：呈为修改公司注册规则第三条由、呈单均悉。公司注册规则原订注册费等级太少，固可酌为修改。惟查现拟数目比原数增加过巨，推行恐多窒碍，仰即酌量减少，另行拟其修正条文，呈候核定公布可也。附件存。此令。等因。奉此，伏查国内商业日渐发达，公司资本日渐雄厚，对于缴纳注册费酌量增益当不至空［窒］碍难行。仰承钧座体恤商艰，促进实业之至意，遵将所拟注册费数目核实减少，按照资股总额分配等级依次递增，以昭平允而便推行。理合具文连同修正公司注册规则第三条条文呈请鉴核，伏乞明令施行，实为公便。谨呈

大元帅

大本营建设部长林森

中华民国十三年一月七日

(《陆海军大元帅大本营公报》一九二四年第一号，1月10日，“指令”)

韦荣熙呈孙中山文

(1924年1月7日)

为呈报事：案奉大元帅指令第七四一号，据呈拟订暂行简章及护运方法，请予核准实行由，内开：呈折均悉。所拟简章及护运方法大致均尚妥协，应予核准施行。运费亦准照表列数征收，仰即就沿江驻防军队中商请拨派得力部队，专作护运之用。对于往来商

货，务须切实保护，并严禁苛索，以利交通而恤商困。仍将所拨军队名称、数目及办理情形随时报核，并将所收运费按月造册报解，以济军用。是为至要。附件存。此令。等因。奉此自应遵照办理，遵即录令，连令连同核定暂行章法，分别咨行各军知照，并布告商民定期十三年一月六日起先行开办。车路护运由局暂先商请滇军第二师部拨派军队，沿路切实护运，积极进行各在案。奉准核定暂行简章及护运方法，当时系从大纲拟订其施行细目，亟应从速厘定，俾便施行。兹谨拟订陆运施行细则十五条，水运施行细则十四条，理合缮具清折，呈请大元帅察核备案，仍候指令祇遵，实为公便。再，沿江各属繁盛地方，照章本应择要设立分局，惟查组设分局颇觉耽延时，兹拟体察情形，未设分局以前，先行设立驻某处商运办事处，由局委员主任仍一面责令筹设分局较为妥捷。合并陈明。

谨呈

大元帅

北江商运局局长韦荣熙

中华民国十三年一月七日

（《陆海军大元帅大本营公报》一九二四年第二号，1月20日，“指令”）

伍学熀呈孙中山文

（1924年1月8日）

呈为呈请察核示遵事：窃督办就职以还，经将船民自治联防各项章程分别拟定呈奉钧座核准实行在案。章程既经核定，办事自有遵守。职署对于船民自治联防之事极多，如清查民户口、编钉船户号牌、发给船民旗灯、查验船民枪炮、编列船户（十船为保、十保为澳、十澳为团，各保澳团层递置长）。至若船民无知识为之广宣讲、船民无学问为之设学校、船民有疾病为之设医院、船民困经济为之设银行、船民患盗匪为之设巡舰，凡所以增进船民程度，保障船民幸福者，早已分期计划，决定实行。只因职署所辖总分支局尚未成立，故缓执行。查船民自治联防通则第一章第三条：总局总协理由董事会选举，呈由督办加委。分局局长由分局局董互选一人，呈由总协理荐请督办加委。今初办船民自治联防，董事会尚未成立，则总协理选举难。保澳团尚未编成，则分局长选举难。督办再三思维，拟变通办法，暂缺总局，先设分局。即查找分局暂行章程第一条之但书：分局局长由督办权委。至若章程上规定分局与总局例行公事，暂移归督办公署办理。查分局与船民最为接近，若一旦成立，所有上列应办之事，即可分别执行。将来船民之保澳团编成，团长均兼分局局董，然后由分局局董互选分局局长。又，团长既选出董事会董事，然后由董事选举总局总协理。所有先行开办分局，权委分局局长缘由，理合备文呈请鉴核。伏乞指令祗遵，实为公便。谨呈
大元帅

兼广东全省船民自治联防督办伍学熀

中华民国十三年一月八日

（《陆海军大元帅大本营公报》一九二四年第二号，1月20日，“指令”）

赵士觐呈孙中山文

（1924年1月8日）

呈为呈报事：案准两广盐务稽核所咨开：现奉大元帅训令第三号内开：着将盐税由中央银行代收，仰即遵照。此等因。奉此，除谨遵办理暨函致中央银行及盐商公会查照外，相应咨请查照，饬属知照等由。准此，自应遵照办理。兹定于十三年一月七日□，凡各商配盐缴税及盐务征收各机关解款，均令于领到两广盐务稽核所联

单后，一律照交中央银行核收，存候提用，毋庸再交中国银行收管，以免混乱。准咨前由，除分别布告通行外，理合备文呈报钧座鉴核备案，实为公便。谨呈

陆海军大元帅

两广盐运使赵士觐

中华民国十三年一月八日

（《陆海军大元帅大本营公报》一九二四年第二号，1月20日，“指令”）

张开儒呈孙中山文

（1924年1月8日）

呈为呈请免去职处上校副官宾镇远、吴文龙、曾鲁，少校副官刘沛本职仰祈睿鉴事：窃查职处上校副官宾镇远，现兼中央直辖第一军游击司令官，驻防坪石，势难兼顾。又上校副官吴文龙、曾鲁逾假未归，有旷职守。少校副官刘沛久未到处服务，放弃职责。拟请将该四员免去副官本职。是否有当，理合备文呈请钧核施行。谨呈

大元帅

参军长张开儒

中华民国十三年一月八日

（《陆海军大元帅大本营公报》一九二四年第二号，1月20日，“指令”）

张开儒呈孙中山文

（1924年1月8日）

呈为呈报奉令裁去副官差遣分批办理仰祈睿鉴事：窃奉钧谕：

着将副官黎工佽以下差遣，汪英以下四十三人免职等因。奉此，遵即照令办理。惟职处除兼差旷职不到营服务四五人外，而逐日到处办公者即是此次奉裁之员。若即日全行撤去，即办事无人。其中有素重职守、勤劳公事者，有手续未清、尚待结束者，不得不酌量先后分批裁撤，以维处务。谨将已撤各员暨暂留服务各员分别缮册呈报，一俟钧座委员接替，即将暂留各员继续裁撤。是否有当，理合备文连同已撤人员暨暂留办公人员名册呈请睿裁施行。谨呈

大元帅

参军长张开儒

中华民国十三年一月八日

（《陆海军大元帅大本营公报》一九二四年第二号，1月20日，“指令”）

旅穗香山公会呈孙中山文

（1924年1月8日载）

呈为呈报事：现据敝邑同乡到会报称：香山县长朱桌文，与海防司令陈策，因互争防地，致启战端。现朱军已败退，陈军经率队入城，地方秩序，紊乱异常，请即呈请当道，设法维持等情。据此，敝会以地方安危，对于旅省同乡有切身关系，情关桑梓，义无可辞，当经召集会议，详加讨论。佥以香山频年迭遭丧乱，满目疮痍，复被武人盘据，摧残宰割，无所不用其极，以致饶沃富庶之区，变为荒凉惨淡之地。言念及此，良可痛心。为今计者，亟宜推举一热心民治，素洽舆情，并无武人气味〈者〉承乏县长，庶足以消隐患，而弭纷争。随由敝会员程大元君提出，前大本营会计司司长现任东江商运局长王棠，学识富有，资望尤孚，并得邑中一般社会之信仰，且为大元帅所倚重。倘能请王棠肩此

职责，必能本其所长，造福桑梓等议。敝会同人，以王棠近随大元帅有年，品格资望，确足以表率乡邦，收拾残局。当经全体表决，一致赞同。为此呈请钧座，伏恳体察人民喁喁望治之心，俯顺舆情，迅予委任王棠为香山县长，俾专责成，而倡民治，无任迫切待命之至。谨呈

大元帅孙

（《广州民国日报》1924年1月8日，“本省要闻”）

伍学熀呈孙中山文

（1924年1月8日）

呈为拟具各项章程呈请察核示遵事：案奉大元帅第十一号指令，为职署拟定支配船民自治联防经费办法呈请核示由，令开：据呈：拟将全省水面收入（除支督办公署总分支局董事会经费外），以五成解缴政府，以五成举办学校、医院、巡舰等事。尚属平允可行。仰即敢将各项收费章程拟定呈核，一面将应行举办自治联防事项妥为规画，切实举行，务期事有实效，款不虚糜，是为至要。此令。等因。奉此，自应遵照办理。兹拟定船民输纳自治联防费暂行章程九条、经费表一纸、查验船民自治联防枪炮照暂行章程十一条、查验枪炮证式样一纸、发给船民自治联防旗灯暂行章程八条。除旗灯式样经另文呈准外，理文［合］备文将上列章程表证呈请帅座察核。伏乞指令祇遵，实为公便。谨呈

大元帅

兼广东全省船民自治联防督办伍学熀

中华民国十三年一月八日

（《陆海军大元帅大本营公报》一九二四年第二号，1月20日，“指令”）

胡文灿致孙中山等电

(1924年1月9日)

广州孙大元帅睿鉴：各总司令、各军师旅长、各机关钧鉴：

文灿不才，驰驱国事，此次奉命讨贼，待罪戎行，锋镝余生，自惭鄙薄。乃承各同志怀爱，选举为本党全国代表大会广东省代表。非不自知愚陋，负重难胜，惟是感切同情，于义不能自外，不敢不免竭绵力，从事于代表职务，以酬各同志策励之厚意。然大盗窃国，鸱恶未平，整师歼敌，当务之急，待命出发，磨砺以需。但既致力于党务，恐于军事机宜，兼顾未到，用特饬令本部独立营营长胡文耀代拆代行，暂摄本旅职务。除呈报暨分咨令行外，谨此通电。中央直辖西路讨贼军第十一独立旅长胡文灿。佳。叩。

(《广州民国日报》1924年1月10日，“本省要闻”)

叶恭绰、廖仲恺呈孙中山文

(1924年1月9日)

呈为呈请事：窃本委员会奉令组织统筹整理财政，经于十二年十二月三十日报告成立，即日启用关防，并拟具章程呈奉帅座核准，公布施行在案。理合将委员会成立并启用关防日期呈请

大元帅

财政委员会主席委员叶恭绰、廖仲恺

中华民国十三年一月九日

(《陆海军大元帅大本营公报》一九二四年第二号，1月20日，“指令”)

孙科呈孙中山文

（1924 年 1 月 9 日）

呈为呈请鉴核事：窃职厅奉令职兼筹饷，所有一切收支自应列具清表，以备考核。兹谨将十二年四月十六日起至十二月底止，拨付大本营军费收支日计表编造完妥，理合备文呈缴钧府鉴核。伏乞俯赐备案，实为公便。谨呈

大元帅府

广州市市长孙科

中华民国十三年一月九日

（《陆海军大元帅大本营公报》一九二四年第二号，1 月 20 日，“指令”）

叶恭绰呈孙中山文

（1924 年 1 月 9 日）

呈为拟订发行支付券条例并指定该项本息基金仰祈鉴核令遵事：窃粤省自用兵以来，饷需浩繁，财政备极困难。各项捐税业经次第举办，各属粮赋亦已分别预征，商民负担□巨。本部仰体钧座维护民生之至意，不忍再增苛细杂税，重扰商民。然救济财政，调剂金融，事亦不容或缓。再四筹度，拟发行一种支付券，以借贷方法向殷富商民劝令多数认购。并为普及起见，每张分为十联，俾一般便于分购，以资储蓄。务使商民于负担之余，仍有生利之望，并得随意变价，照市流通，推行似无窒碍。在商民出其余资，不啻寄诸府库；在政府负此债务，应各谅其苦衷。实为上足裕国，下不病民之唯一良法。但欲固信用，基金必须预筹；欲资推销，商民尤宜协力。故一方应由政府指定的款，以为还本付息之需；一方应由商

会负其责成，以当急公好义之任。当由本部提出条例草案十九条，交付财政委员会议决，并由该会公同修正在案。惟该项支付券本息基金共计三百四十六万五千元，按二十四个月平均核计，每月应拨十四万四千三百余元。现拟于全省民产保证费项下每月拨毫银六万元，全省沙田登记费项下每月拨毫银八万元，全省印花税项下每月拨毫银一万元。自二月分起按月照拨，均由各该机关每月迳自拨交该基金委员会分别收存，以备支付本息。无论何项军政要需，不得挪借移用，应请明令颁布，以昭大信。除俟奉令核准再由部根据条例拟订基金委员会组织章程及支付券发行细则，分别公布并咨令遵办外，理合将拟订支付券条例抄附清折并指拨基金各缘由，呈请钧座鉴核，公布实施。并指令祇遵，实为公便。谨呈

大元帅

大本营财政部长叶恭绰

中华民国十三年年一月九日

（《陆海军大元帅大本营公报》一九二四年第二号，1月20日，“指令”）

伍学熀呈孙中山文

（1924年1月9日）

呈为拟具清查船民户口暂行章程呈请察核示遵事：窃维船民，浮家海面，寄泊无常，托宅波心，飘流莫定。以涣散之民族为之提倡自治，以懦弱之民气为之振兴联防，是必将船民户口分区清查，然后自治联防之基，得收正本清源之效。兹拟具清查船民户口暂行章程二十三条，备文呈请钧座察核。伏乞指令祇遵，实为公便。谨呈

大元帅

兼广东全省船民自治联防督办伍学熀

中华民国十三年一月九日

（《陆海军大元帅大本营公报》一九二四年第二号，1月20日，“指令”）

梅光培呈孙中山文

（1924年1月10日）

呈为呈请事：窃迩来银根吃紧，无论官商均觉周转不灵，商民间有以不动产向银行按揭款项，每被拒绝。说者多谓自政府办理官产市产后，人民之不动产失其稳固安全，故银行不敢轻于投资。而人民资源既受牵制，则国家财政必益困难。似此情形，实非流通经济之道。政府办理官产市产，原以库收短绌，将国有公有产业售诸人民，期得现款，俾应急需。若因而累及人民产业之安全，决非政府之本意。且民业以契照为据，从前契照概由财政厅颁发。自办理官产市产后，各官厅多有填发执照之事，而各官厅将来或有裁并，日久即无可查考，亦非慎重民业之道。厅长迭晤绅商，群请设法补救，复再三商榷，谨酌拟确定民业执照条例十五条，以流通经济、划一契照为主旨。人民一经领照即为确定民业之保证，可以自由买卖，典当抵押。于人民经济，固可逐渐流通。而政府酌收照费，于财政亦不无裨益，惟此项条例与现在办理官产、市产等办法不无抵触。盖向来买卖产业契据，于字句间每多疏略，苟非万不得已，断不肯呈验以供挑剔。政府为救济现在经济之困难及维持民业之安全起见，非确定民业执照条例施行后即将举报官产、市产等案概行停止受理不可。所有酌拟确定民业划一执照条例缘由，是否有当，理合具呈大元帅察核令遵。谨呈

海陆［陆海］军大元帅

广东财政厅厅长梅光培

中华民国十三年一月十日

（《陆海军大元帅大本营公报》一九二四年第二号，1月20日，“指令”）

廖仲恺呈孙中山文

(1924年1月10日)

呈为呈复事：案准大本营秘书处交下海外华侨演说团主任邓宏顺，为设立全省联保治安会□批准立案开办呈词一件，内奉帅批交省长详慎审查呈复等因。查此事昨据该主任分呈到署，当以设会筹办联保征收费用，□期自卫而助饷需，用意非不可嘉。惟此举窒碍极多，流弊颇大。且章程内所定各办法亦多滋扰难行。批复在案，兹再详加审核。各属团、保现时多已积极举办，颇著成绩，既未便轻涉纷更而□□联保收费，无论事多扞格，抑亦易于丛怨。再四筹度，原呈所拟各节似不可行，准交前因，理合遵批呈复大元帅鉴核。是否有当，伏乞指令祇遵。谨呈

大元帅

广东省长廖仲恺

中华民国十三年一月十日

(《陆海军大元帅大本营公报》一九二四年第二号，1月20日，"指令")

杨西岩呈孙中山文

(1924年1月10日)

呈为呈报事：窃查鸦片一物，流毒最深，贻害人群，莫似[此]为甚。督办奉命办理禁烟事务，除禁种禁运以外，戒烟一事亦属要图。兹拟设立戒烟总所，俾有烟疾者由该所为之施戒。至制药总所原拟招商承办，调制戒烟药品，以便有烟疾者随时购服，以除痼疾。惟昨经督办召集会办、帮办会议，佥以未便招商承办，自应派委专员办理，以专责成。该两所对于禁烟前途实关重要，

亟应分别酌派所长，俾利进行。兹查有陈鸾谔堪以派充戒烟总所所长，郑文华堪以派充制药总所所长。除由督办先行分给委任外，理合备文呈报察核。伏乞俯赐准照施行，并候指令遵照，实为公便。谨呈

陆海军大元帅

禁烟督办杨西岩

中华民国十三年一月十日

（《陆海军大元帅大本营公报》一九二四年第二号，1月20日，“指令”）

杨西岩呈孙中山文

（1924年1月10日）

呈为遴员呈荐本署科长秘书恭呈睿鉴仰祈俯准事：窃查本署应置简任各员缺，业经另文请简在案。其应置科长九人、秘书四人，均属荐任职，自应遴员呈荐，以专责成。兹查有杨宜生、俞智□、吴季佑、刘薇卿、余浩廷、张世昌、郑以濂、高少琴、温竞生等九员，堪以荐充本署科长。至秘书一职，原定四员，惟现当开办伊始，事务纷繁，不得不酌量加派，俾资赞助。兹定秘书六员，查有郑廷选、梁桂邻、郑鸿铸、谢盛之、马武颂、张伯雨均堪派充。以上各员除由督办先行饬知到署办事外，理合备文呈荐，仰祈鉴核。伏乞准加任命，并候指令祗遵，实为公便。谨呈

陆海军大元帅

禁烟督办杨西岩

中华民国十三年一月十日

（《陆海军大元帅大本营公报》一九二四年第二号，1月20日，“指令”）

刘若卿等致孙中山等电

（1924年1月10日）

孙大元帅、廖省长、陈厅长，报界公会分送各学校、各社团公鉴：

窃惟民国成立，政尚共和，一纪以还，亿兆喁喁望治。香山壤地广博，民智开通，倘能发扬民治之精神，当可为各县之模范。乃自军人秉政，黩武佳兵，争地争城，残民以逞。数月以来，邑人流离荡析，日陷于水深火热中矣。我大元帅知武人不宜干政，近特任本邑李现根君为县令。闻命之下，欢声载道，咸庆得人。查李君曾留学东瀛，长于政治，出膺民社，定无覆竦之虞。况当兵燹之余，地方亟宜谋善后，民生凋瘁，百废待兴。为此恳请钧署迅令李县长，早日就职，俾苏民困，而济艰难，不胜翘企之至。香山留日同学会主任刘若卿，中外通讯社郑志豪暨香山县第二区绅商农学各界代表林雍文、萧炳光、胡轩、李宗干、刘旭明等同叩。灰。

（《广州民国日报》1924年1月11日，“各属新闻”）

杨西岩等呈孙中山文

（1924年1月10日）

呈为呈报就职暨启用关防日期事：案奉大元帅状开：特派杨西岩为禁烟督办，派范石生、朱培德、李福林、张国桢为禁烟会办，廖行超、夏声、周鳌山、罗桂芳、王南微为禁烟帮办各等因。旋准钧府秘书处函送木质镶锡关防一颗，文曰“禁烟督办关防”，象牙小章一颗，文曰“禁烟督办”，前来。当经祗领，遵于本月十日设署任事，并于是日启用关防。所有禁烟事宜，除督饬所属

各员认真办理外，理合具文呈请鉴核备案。谨呈

陆海军大元帅

大本营禁烟督办杨西岩

会办范石生、朱培德、李福林、张国祯［桢］

帮办廖行超、夏声、周鳌山、罗桂芳、王南微

中华民国十三年一月十日

（《陆海军大元帅大本营公报》一九二四年第三号，1月30日，“指令”）

林森呈孙中山文

（1924年1月10日）

呈为呈请事：窃查权度划一，所以便民利用。《虞书》美舜政绩曰同律度量衡，《周礼》质人一职同其度量一其淳制。而管仲亦曰权度平正，不可以欺［欺以］轻重，不可差以短长。近观欧美各国，亦莫不以划一权度，视为国家要政。我国法治不修，典章废弛，而权度不独省自成风，抑更县自为制，参差不一，欺诈日生。往者，民国四年有鉴于此，曾经善后公布权度各法规，以期廓清积弊，乃迄未推行尽利，固由积重难返，更始维艰，而百政丛脞亦可概见。我帅座建造邦国，革故鼎新，凡所设施，中外属望。广州市为护法政府所在地，尤宜法治昌明，为全国模范。兹拟关于权度法令先由广州市区施行，次第及于各省。惟查《权度法》《权度营业特许法》《权度法施行细则》及《官用权度器具颁发条例》各法令，施行日期均规定以教令定之。理合拟订权度法及其附属法令在广州市区内施行日期，缮具令文恭呈，仰祈鉴核，公布施行，实为公便。谨呈

大元帅

大本营建设部部长林森

中华民国十三年一月十日

（《陆海军大元帅大本营公报》一九二四年第五号，2月20日，“指令”）

陈兴汉呈孙中山文

（1924年1月10日）

呈为呈请察核事：窃职路前以各军滥开专车及军人无票乘车呈请分令限制禁止一案，业奉帅令第七四〇号内开：呈悉。准予令行军政部通知各军队长官，饬属一体遵照矣。仰即知照。此令。等因。在案。乃查近日各军强令滥开专车仍复不少。查开用专车一次约耗费五百元，当此财政奇绌，似不能无故滥开。至军人无票乘车，包揽客商，藉端渔利，比前尤滥，以致收入车利日益短绌。现查职路近日收入平均仅得八千元，连附加军费在内，计支出之款先后案奉帅令解缴，统计每日支出约共一万一千余元。即以是日收入全数支付，尚不敷三千余元。此外，积欠煤斤及材料各价共三十余万元。现在职路员役薪水积欠数月，尚未发给，亦应设法陆续清理，方免窒碍，但收入仅得此数，自无余款拨支。且讨账各商亦纷至沓来，不胜其扰。似此种种，实在困难，办理时形棘手。倘长此以往，不予维持，不独职路受巨大之损失，即于前奉帅令饬解各款亦必因而贻误，关系匪轻。兹职路为维持现状，以期收入稍裕、免误要需起见，谨拟具军人乘车章程五条呈请鉴核。如荷准予施行，请即分令各军队、机关转饬所部一体遵照。至开用专车，仍请准照前呈办理，庶有限制而免虚糜。如有恃强逼专开与及无票乘车、包揽客商渔利情弊，应予严惩，以儆效尤而维路务。所有维持车务以裕收入、免误要需各缘由，理合拟具军人乘车章程，具文呈请帅座察核。是否有当，伏候指令祇遵，实为公便。谨呈

大元帅

管理粤汉铁路事务陈兴汉

中华民国十三年一月十日

（《陆海军大元帅大本营公报》一九二四年第二号，1月20日，“指令”）

熊克武、刘成勋致孙中山电

（1924年1月10日载）

广州孙大元帅钧鉴：

日本前次地震巨灾，川省早经通电募赈，惟筹募尚需时日，兹由克武、成勋筹垫银五万元助赈。以二万元赈济日本灾民，一万五千元赈济我国侨商及各省留日学生，一万五千济川省留日学生。除筹汇交驻日中国公使分摊转发余数陆续筹汇外，特电奉闻。熊克武、刘成勋叩。支。

（《陆海军大元帅大本营公报》一九二四年第一号，1月10日，“公电”）

张开儒呈孙中山文

（1924年1月11日）

呈为呈报职处十二年十一月份办公各费缮具清册仰祈鉴核事：窃职处十一月份办理伤兵人员公费及出差旅费，合计毛洋六百零五元。除函达会计司查照外，理合备文连同清册一本，呈请鉴核施行。谨呈

大元帅

参军长张开儒

中华民国十三年一月十一日

（《陆海军大元帅大本营公报》一九二四年第二号，1月20日，“指令”）

南洋英属雪兰莪回国华侨致孙中山等电

（1924 年 1 月 11 日载）

广州孙大元帅暨各部长钧鉴：

窃自曹锟贿选以来，国人莫人［不］发指，痛法纪之弁髦，哀时局之泯棼。幸我孙大元帅，亲率义师，与贼抗衡。今东江逆部，行将就灭，北伐大计，岂容再缓？且国无民意之政府，何以取信于四方？关余问题，全属内政，乃英美列强，竟敢派舰示威，蔑视我国，是可忍孰不可忍？为今之计，惟有恳请我大元帅，从速组织民意之政府，帅师北伐，歼彼逆凶，靖我内乱。外人虽欲袒庇北廷，将见其自取辱而已。区区寸衷，尚祈嘉纳，匪特西南之幸，抑亦全国之幸也。南洋英属雪兰莪回国华侨同叩。

（《广州民国日报》1924 年 1 月 11 日，“本省要闻”）

大本营建设部呈孙中山文

（1924 年 1 月 11 日载）

为呈请事：窃查权度划一，所以便民利用。《虞书》美舜政绩曰同律度量衡。《周礼》质人一职，同其度量，一其淳制。而《管子》亦曰度平正，不可以欺［欺以］轻重，不可差以短长。近观欧美各国，亦莫不以划一权度，视为国家要政。我国法治不修，典章废弛，而权度不特省自成风，抑更县自为制，参差不一，欺诈日生。往者，民国四年有鉴于此，曾经先后公布权度各法规，以期廓清积弊，乃迄未推行尽利，固由积重难返，更始维艰，而百政丛脞，亦可概见。我帅座建造邦国，革故鼎新，凡所设施，中外属望。广州市为护法所在地，尤宜法治昌明，为全国模范。兹拟关于权度法令，先由广州市区施行，次第及于各省。惟查《权度法》

《权度营业特许法》《权度法施行细则》，及《官用权度器具颁发条例》，各法令施行日期，均规定以教令定之。理合拟订权度法及其附属法令，在广州市区内施行日期，缮具令文，恭呈仰祈鉴核，公布施行，实为公便。谨呈大元帅。附拟订权度法及其附属法令在广州市区内施行日期令第一条：《权度法》《权度营业特许法》《权度法施行细则》及《官用权度器具颁发条例》，自民国十三年六月一日，于广州市区内施行。第二条：《权度法施行细则》第五十二条：权度器具之暂准行用期，限于广州市区内，得缩短为一年。

（《广州民国日报》1924 年 1 月 11 日，“本省要闻”）

赵士觐呈孙中山文

（1924 年 1 月 12 日）

呈为中央银行代收盐税，拟照原案倍支手续费，谨将该案前后办理情形呈候核定指令遵办事：案准两广盐务稽核所第三一号来咨内开：为咨达事：案奉大元帅训令，着将盐税由中央银行代收等因。敝所经于本月五日第二九号咨转贵使查照在案，现敝经理业经分别函致中央银行暨中国银行运商公会，准定于本月七日起将盐税只由中央银行代收。至查该行在此筹备时期头绪纷繁，敝经理体察情形，为补助该行进行起见，应核给该行每月按照税额一千分之一分为津贴手续费。除将上开缘由备文呈请大元帅察核备案外，相应咨达贵使，烦为查照办理，至纫公谊等由。准此，职使检查前任原案，银行代收税款向无提回手续费之先例，自省立银行休业，李前使耀廷改托中国银行代为经理。第该行停业期中负代收盐税任务，所用各种账簿表单及添雇管理员役，经费不无稍增。据该行函请于代收税款项下，提回手续费千分之一以资弥补，当经伍前使学熀面奉钧谕，以彼此同属服务，公家代收税款提回手续费，从前既未办过，此事自未便开此先例，并饬函复查照等因。嗣据该行一再函请伍前使，以该行所请亦属实情，不能不酌予相当之津贴。惟原议手续费千分之一未免过多，爰定折衷办法，于该行未完全复业以前，所有代收盐税即在税收项下提回手续费二千份之一，俾资弥补。经据情呈奉大本营财政部第三十三号指令核准拨给手续费二千份之一等因。自去年以来，中国银行提支手续费，均照奉部核准之数办理。现准稽核所咨称，应核给该行按照一千分之一分为津贴手续费，比较中行提支实增一倍之数，核与奉准原案不符。第稽核所以该行在此筹备时期头绪纷繁，为补助该行进行起见，特为加倍核给，致与原案未合，亦非无因。惟事关动支国税，未敢擅专，理合将该案前后办理情形具文呈请鉴查。应否照准，伏候核定指令遵办，实深公便。谨呈

陆海军大元帅孙

中华民国十三年一月十二日

两广盐运使赵士觐

（《陆海军大元帅大本营公报》一九二四年第二号，1月20日，“指令”）

徐绍桢呈孙中山文

（1924年1月12日）

呈为荐任事：窃本部第二局第一科科长陈新燮，业经升任秘书，所遗科长一职系荐任职，拟请以郑德铭充任。理合具文呈请钧座明令照准。谨呈

海陆［陆海］军大元帅

内政部长徐绍桢

中华民国十三年一月十二日

（《陆海军大元帅大本营公报》一九二四年第二号，1月20日，“指令”）

伍学焜呈孙中山文

（1924 年 1 月 12 日）

呈为呈请察核示遵事：窃督办于十二年十二月三十一日呈拟支配船民自治联防经费办法，业经声叙水上保澳团为职署现目筹办事项之一在案。查水上保澳团虽属创举，但明季保甲之制即其先例。昔王守仁于苏、赣地方倡自治而行保甲，其制系以城内治所为中央机关，每保统十甲，置保正保副；每甲十户，置甲长一人，分东南西北四区，称东一保、东二保、东三保，南西北亦然。其余之保正保副，悉以城内之保正保副统辖之，此陆上保甲制也。此外，又在严州滨海之地编渔舟十艘为甲，十甲为保，互相协助以御盗贼，此海上保甲制也。迄于民国，地方保卫团条例亦与明季保甲制度小异大同。督办兹参酌古今法制，分别海陆情形，拟定广东全省船民自治联防保澳团暂行章程十九条，呈请察核示遵，实为公便。谨呈

大元帅

兼广东全省船民自治联防督办伍学焜

中华民国十三年一月十二日

（《陆海军大元帅大本营公报》一九二四年第二号，1 月 20 日，“指令”）

宋子文呈孙中山文

（1924 年 1 月 12 日载）

呈为呈请颁给训令，严禁各军擅提盐税，俾维税收事：窃职所所属各税局卡，历来收入税项，按月均须旬报，随解职所存储银行，汇呈政府支用。迩自军兴以来，各属局卡多未收复，现谨［仅］恩春盐税局，仍有收入。自本年夏间，阳江驻军东路讨贼军第三路司令梁

士锋、两阳总指挥王体端等，竟不待职所允许，擅自强提税款。厥后中央直辖广东讨贼军第四军军长梁鸿楷，率部入驻阳江，亦援以为例，以致职所税收短绌，而税局有［又］形同虚设。伏查钧座叠令各军交回财政机关，统一财政之际，若仍任各军擅自截提盐款，不独职所税收不能统一，实亦违背钧令，有负统筹兼顾廑怀。故特备文呈请钧座，准予颁给训令，严禁各军擅提盐款，俾各税局卡，克以凛遵，以维税收，而济饷糈。是否有当，伏乞鉴核指令祗遵，实为公便。谨呈
大元帅孙

（《广州民国日报》1924年1月12日，“本省要闻”）

饶宝书、桂玉麟等致孙中山函

（1924年1月12日载）

为诈术获登，违反党德，恳乞严究事：窃江西在粤选举筹备员徐苏中，派宝书与宋章等六人，于去年十二月廿五日至本年一月二日止，在江西会馆内设选举筹备处，举办党员登记。开办之日，徐筹备员宣布，此次本党改组，举办党员登记，选举各省代表，原为本党改组，改造中国起见，并非普通选举可比。诸君为党效力，务宜注意，凡属党员登记，非亲自到处填表登记，无论何人不能代登云云。宝书等遵照党纲严格办理，不料二十七日有党员张振民（充周道万交易所文牍），持三人名单代填表登记。该原单无入党地点（原单附呈），载有“周道万”字样，旋宋章（周道万介绍）徇情代登三人。是日宝书等将宋章代人登记情形，报经徐筹备员条示，凡本处办事人员，不得代人登记，以免嫌疑云云。廿九日又有交易所庶务蒋香九，持有周道万介绍党员六人名单登记，比经宝书解释，一人代登数名为诈术获登，蒋闻随即退出。三十日，竟有建设部科员，兼海军舰警备部队支队长邓惟贤部下兵士九人，胆敢冒充已死之罗志清，及冒充逆军赖世璜部下军需长陈其殷、连长钟诗明、排

长张志良，及冒充留日学界邓志超、许浩刚、李莲暨该军军需长全达材、连长乐方兴，来处登记。将近发证之际，适逢宝书出外入内，见该兵士所登记之名均已认识，阅之骇异。当将罗志清于十一年八月在广州被勤务兵刺毙，无人不知，陈其殷等现均在逆军部下，逐一说明，随将登记扣留。不意全达材等恃军强暴，拍棹索证，并声称邓支队长介绍之登记证擅敢扣留云云。一月二日，突有西路总部卫士连连长纪严等，督率兵士廿余人，蜂拥入处，拍棹辱骂，强迫填发四十余人登记证章，因之全处秩序大乱。此连日登记经过情形也。宝书等为本党前途关系起见，迫不得已，将违反党德一切确据，备文呈请钧座察核。究应如何办理之处，伏乞钧裁施行。谨呈。

（《广州民国日报》1924年1月12日，“本省要闻”）

上海工商友谊会致孙中山电

（1924年1月13日）

广州孙大元帅钧鉴：年来变乱频仍，生民倒悬，一线生机，端赖我大元帅雄踞西南，高揭正义之帜耳。惟大元帅军务倥偬，宵旰未遑，正式政府不克成立，对内对外，咸感困难。近闻为谋行政上统一、外交上便利、军事进行上妥善起见，组织国民政府。迩听之下，曷胜欢忭。务请根据民意，即日施行，以维人心以解倒悬，不胜迫切待命之至。上海工商友谊会叩。覃。

（上海《民国日报》1924年1月29日，“本埠新闻”）

张开儒呈孙中山文

（1924年1月13日）

呈为呈报职处十二年十二月分各员出差旅费及弁兵服装等费清

册仰祈睿鉴事：窃职处十二年十二月份各员出差旅费及弁兵服装等费，合计毫洋四百六十九元二角。除函达会计司查照外，理合缮具清册，呈请

大元帅

参军长张开儒

中华民国十三年一月十三日

（《陆海军大元帅大本营公报》一九二四年第二号，1月20日，“指令”）

孔庚呈孙中山文

（1924年1月13日）

呈为呈报就职日期仰祈睿鉴事：案于中华民国十三年一月六日，准四川讨贼军总司令熊、川军总司令刘会衔咨开：为咨请查照事：案准大本营杨秘书长庶堪鱼电，本月二日奉大元帅令开：特任孔庚为湖北讨贼军总司令等因，特电达并会转咨为荷，任状印信随发等由，相应咨请贵总司令烦为查照等由。准此，窃庚学识卑陋，资望短浅，去年钧座在大总统任内受命为讨贼军中央直辖鄂军军长，寸长未展，尸位贻羞。兹复重膺特任，谬总师干，荣赉有加，抚躬滋疚。然国家兴亡，匹夫有责，努力杀贼，义不容辞，遵于十三年一月七日在成都行营敬谨就职，克日躬率所部加入战线，共张挞伐，务期会师武汉、直捣幽燕之约得以实践，仰答钧座知遇之恩，藉抒藐躬应尽之责。并准由四川讨贼军总司令熊、川军总司令刘，铸就铜质印信一颗，文曰“湖北讨贼军总司令印”，暂行启用，藉资信守。俟奉到帅府颁发印信后，再将川铸原印销毁，合并呈明。所有启用印信遵令就职原由，理合具文呈请鉴核训示祇遵。谨呈

大元帅钧鉴

湖北讨贼军总司令孔庚

中华民国十三年一月十三日

（《陆海军大元帅大本营公报》一九二四年第五号，2月20日，“指令”）

程潜呈孙中山文
（1924年1月14日）

呈为呈复事：案奉钧座四零六号训令内开，除原文有案邀免冗叙外，尾开：除指令已故团长陈飞鹏为国宣劳，以死勤事，惓怀战绩，悼惜殊深，所请照章从优议恤之处，应予照准，候行军政部复核夺，以慰忠魂印发外，仰该部长即便查照，议复核夺。此令。等因。奉此，查该故团长陈飞鹏曾充上校参谋，复充梯团长等职。此次转战湘粤，又著辛劳，不幸病没，戎间拟请钧座准予追赠陆军少将，并照恤赏章程第四表规定，给予少将恤金，以昭忠荩，而慰英灵。是否有当，理合备文呈复，伏乞鉴核施行。谨呈

大元帅孙

军政部长程潜

中华民国十三年一月十四日

（《陆海军大元帅大本营公报》一九二四年第二号，1月20日，“指令”）

杨希闵呈孙中山文
（1924年1月14日）

为呈请事：案据云南江川县民人潘宝兴呈称：为胞兄殉国身后萧条，恳恩援例给恤，并给照通过事：窃民有胞兄潘宝寿，幼读儒书，壮喜武事。自由讲武学校卒业后，十载从军，援川、援粤诸役，均著有微劳，以功擢授中校。去岁追随钧座来粤，讨贼大功告

成，胞兄升任滇军第二师步八团长。无何沈军背叛，变生肘腋，白云山之战，胞兄督率所部奋勇先登，旋扑旋起，再接再厉，以致弹中要害，不踰日而殒命于东山公医院中。一切经过□在钧座洞察中，无须下民呶呶。窃思民兄隶籍戎行，以身死国，亦固其所可怜者。民兄半生奔走，为国宣劳，徒以时命偃蹇，了无余积。现在老母、寡妻、孤儿、弱女事蓄无着，日怆于怀闻。兹噩耗弥深，怛悼日夜，悲泣无法解释。民思为国捐躯，例有矜恤之典。飘魂海外，更觉心伤。爰贷赀远来，亲临视察，万恳钧座俯念忠魂恻怜无告，一面照例颁恤，俾有运柩及赡养之赀；一面发给护照，并照会外国领事，俾得骸归故土，厝葬祖茔。不但生者衔感，胞兄之灵亦可瞑目地下矣。伏叩上陈，敬祈垂鉴。等情。据此，查已故团长潘宝寿疆场殒命，忠勇可嘉，且其遗属孤贫尤堪恻悯。据呈前情，理合备文转呈。请祈钧座察核，援例给卹，以慰忠魂，并祈发给护照照会外国领事，俾得运柩通行，骸归故土。所有转请给卹发照通行各缘由，是否有当，伏侯指令祇遵。谨呈

陆海军大元帅

滇军总司令杨希闵

中华民国十三年一月十四日

（《陆海军大元帅大本营公报》一九二四年第二号，1月20日，“指令”）

廖仲恺呈孙中山文

（1924年1月14日）

呈为呈请事：现据财政厅长梅光培呈称：据香山县县长朱卓文呈称：本年十二月二十一日奉钧厅委兼香山经界分局局长，所有奉委开办日期，除另文呈报外，但关于办理经界阻碍之处，不能不预请钧厅裁夺之。查中国田亩未清理者为时已久，以故膏腴转成沙

坦，泽薮已变为肥田者不知凡几。更有契典隐诡过割不清，或种无粮之地，或纳无地之粮，不为清理，必致病民。今设局办理经界，仰见钧厅蠲除民累，保证民权之至意，惟经界事务宜从调查测丈入手，经调查测丈之后方能整理田赋，保证业佃。乃现在职县有田土业佃保证局之设，地方颇多疑虑。该局办法虽照佃约征收，而征收悉以契照所载之地亩为根据。如未开办经界地方，政府为保证业佃起见，不妨从权办理，稍资挹注。职县既着手办理经界，则该局已无设立之必要。一俟经界厘定，随即兼办田土业佃保证手续，既省于民，亦觉便利。若分途并进，人民既厌其繁苛，进行亦多所窒碍。管见所及，理合具文呈请钧厅转呈省长，饬将香山田土业佃保证局撤销，以一事权而免阻碍，实为公便等情到厅。据此，理合转呈察核，指令饬遵等由。查田土保证局之设，原案声明业主加租，佃户霸耕，往往发生争讼，官厅处分讼事，悉以批约为断，因议设局，为租赁批约之保证。论其性质，固与经界两不相涉。按之事实，自与经界不妨并行，且此项收入业奉帅令专拨国立师范学校。比因学款紧急，经由该局先行筹款，借垫并奉帅府续颁明令，由省长通饬所属，无论何项机关，不得任意提借，各县军警随时认真协助，以维教育而利进行等因。是大元帅注重教育，正在极力维持，纵如香山朱县长所陈，人民颇多疑虑，亦应明晰开导，以释群疑。此事一方面为田土弥租赁之争，一方面为学费收补助之效，设或停顿，则前之借垫无可清偿，后之学费顿停支付，殊违当日统筹兼顾之意。所请撤销俟经界厘定后再行兼办田土业佃保证，碍难照行，理合录案呈明帅座示遵，以便再行通令遵照，免生疑阻而碍进行，实为公便。谨呈

陆海军大元帅

广东省长廖仲恺

中华民国十三年一月十四日

（《陆海军大元帅大本营公报》一九二四年第二号，1月20日，“指令”）

王棠呈孙中山文

（1924 年 1 月 14 日）

呈为遵令缮具简章呈请鉴核训示祇遵事：窃奉钧座指令第四五号开：职局呈为拟请酌拨舰队保护米商，并酌抽湘军给养费由，呈悉，仰将所拟暂行简章正式呈送来府，以凭核夺，此令。等因。奉此，自应遵照办理。兹谨照原拟暂行简章缮具一份，理合呈请钧座鉴核，伏乞训示祇遵。谨呈

大元帅

东江商运局局长王棠

中华民国十三年一月十四日

（《陆海军大元帅大本营公报》一九二四年第二号，1 月 20 日，“指令”）

杨西岩呈孙中山文

（1924 年 1 月 14 日）

呈为呈请修正章程恭缮清折仰祈睿鉴核令事：案查《禁烟督办署章程》前经呈奉大元帅第一三号指令照准在案，兹查此项章程第四条第三项关于稽核各区域之种吸事项一节，与第五条各项颇多抵触。且于戒烟药品专卖一事，又漏未规定，似于办理进行实多窒碍。拟请将原定章程第四条第三项，改为关于戒烟药专卖事项，庶于查缉、专卖两有裨益。又制药总分所原拟招商承办，昨经召集各会办、帮办会议，佥以未便商承，自应委派专员办理，一致议决并经另文呈荐所长在案。则原定《禁烟督办署章程》第八条“禁烟督办得于各省各县设立禁烟总分局”之下加“并制药总分所”六字，以利进行。所有拟请修正《禁烟督办署章程》缘

由，理合缮折具文谨呈察核，伏候指令祇遵。谨呈
陆海军大元帅

大本营禁烟督办杨西岩
中华民国十三年一月十四日

（《陆海军大元帅大本营公报》一九二四年第四号，2月10日，“指令”）

中华海员工业联合总会广州总部致孙中山电
（1924年1月14日）

孙大元帅钧鉴：

迩者列强侮辱我国，军阀蹂躏内邦，国将不国，人民望治迫切。务恳我大元帅俯顺舆情，迅组建国政府，以靖内乱，而对外邦，国人幸甚，海员幸甚。中华海员工业联合总会广州总部叩。十三年一月十四日。

（《广州民国日报》1924年1月15日，“本省要闻”）

蒋光亮、胡思舜等致孙中山等电
（1924年1月14日）

孙大元帅钧鉴：各部长、各机关、各报馆鉴：

治国之道，首重纲纪，纲纪不立，威信何存？敝军卸任师长王秉均，奉帅令免职查办，咎有应得。继任师长王汝为，宜如何竞惕图功，力矫前任之失，乃受其利诱，煽动八旅士兵，自由移动，置大敌当前而不顾。帅令各军制止，亮等劝导，至再至三，均置若罔闻。竟于昨晚袭攻石围塘，妄杀军部无辜官佐数十人。焚毁广三铁路局，抢掠十余处，行同盗匪，无恶不作。舜等人微言轻，挽救无

术，曩以大敌当前，不敢撤兵平乱。现该王汝为等，上则违抗帅令，下则蹂躏地方。舜等为维持国家纲纪计，为保护地方人民计，惟有谨遵帅令，先平内乱。盖事处两难，倘有一线转机，何忍决然出此。邦人君子，谅其苦衷而鉴原之，幸甚。第三军军长蒋光亮、第五师长胡思舜、第六师长胡思清、第七师长李根云叩。元。印。

（《申报》1924 年 1 月 20 日，“国内要闻”）

颜德基致孙中山电

（1924 年 1 月 14 日载）

广州大元帅钧鉴：

腊鼓声催，驹光如驶，神奸盗国，久劳讨伐于六军。和气凝庥，更庆维新于万象。巴山蜀水，指日肃清；楚雨燕云，克期奠定。钦德威之远播，与时俱臻；看鸿猷之丕施，偕春并茂。谨布贺悃，无任瞻依。四川讨贼军第二路总司令兼四川陆军第七师师长颜得［德］基叩。

（上海《民国日报》1924 年 1 月 14 日，“公电”）

王汝为等致孙中山电

（1924 年 1 月 15 日）

孙大元帅睿鉴（余衔略）：

窃本师此次因饷项问题，偶起争执。对方巧言簧口，悚人听闻。贻扰帅座，烦劳上官，内起阋墙，外来幡涉。事后思量，诚多孟浪，中心滋痛，亟思补牢。故于十三号遵从帅令暨各上官训允，将石围塘部队完全撤退。虽□有追袭，前有阻截，亦不暇顾，但知服从帅令，明我心迹，以释群疑，用赎前愆。撤兵时之危险，各上官曾经目睹，非同造言。十三号夜午方撤到车站，十四号黎明即遵令开驻石龙，待命进攻博罗。至于防地与饷项问题，惟有静听各上官作公平之处断，刻下已不敢深问。避嫌去疑，至此已无别法。乃闻省城各军，不知本师暂在石龙，系奉杨总座明令准备进攻博罗，犹有疑团，未便释然。事成既往，追悔莫及，兹再搠忱通电，所于［有］本师全体官兵孟浪之罪，敬祈大元帅暨上官宽其既往，勉其将来，俾得杀敌以赎前愆。临电不胜感悚之至。滇军第四师王汝为、全体官兵叩。删。印。

（上海《民国日报》1924 年 1 月 24 日，“要闻”）

加拉罕致孙中山电

（1924 年 1 月 15 日）

今日为国民党全国代表大会开会之期，兹以诚挚之意，庆祝我公与大会之成功。予深信国民党之事业，在公指导之下，实为中国人民之民族解放运动的最好希望。苏俄对于中国人民，为民族自由与独立之勇猛奋斗，表示其友爱的同情，并致其同情与希望于我公。须知凡被世界帝国主义所压迫者，皆吾人之兄弟，凡为人民争自由者，皆吾人之同志，盖皆在一共同之奋斗中也。予兹致意于友爱之中国人民，愿凡为革命奋斗者，皆能坚毅从事。中国人民之民族自由与独立万岁！中国人民之先锋国民党万岁！国民党之首领孙逸仙万岁！中俄人民之亲善万岁！世界被压迫各民族之解放与联合万岁！加拉罕。北京。一九二四·一·十五日。

（《申报》1924 年 2 月 8 日，“国内要闻”）

叶恭绰呈孙中山文

（1924 年 1 月 15 日）

呈为核议呈复事：现奉第十九号训令，内开：据广东财政厅长梅光培具呈《划一确定民业执照条例》十五条，请察核令遵前来，除指令准如所拟办理外，合行抄录条例，令仰该部即便知照，并转咨广东省长知照等因。奉此，查该厅长所拟条例核与《广东全省民产保证章程》大旨相同，两事同一性质，经于本月十四日提出财政委员会会议，佥以该条例业经大元帅核准，自可毋庸讨论，惟与民产保证局之设不无抵触，自无两存之道，应如何办理以归划一财政之处，未敢擅便，合将《民产保证章程》及财政厅《划一执照条例》各一份呈请钧核指令饬遵。谨呈

大元帅

计呈章程条例各一份。

大本营财政部部长叶恭绰

中华民国十三年一月十五日

（《陆海军大元帅大本营公报》一九二四年第四号，2月10日，"指令"）

叶恭绰、廖仲恺呈孙中山文

（1924年1月15日）

为呈请事：本会本月十四日第六次常会会议奉帅座交议，据滇军总司令函呈：请将市政厅每日拨给宪兵司令部经费二百元改归警卫团领收，并请每日加拨三百元一案，经众讨论议决，由会呈请大元帅训令广州卫戍总司令部，即将经收娱乐捐（即影戏捐）、火柴捐、横水渡捐等一律取销，仍归主管机关办理，再议另筹办理在案，理合呈请

大元帅鉴核施行

财政委员会主席叶恭绰、廖仲恺

中华民国十三年一月十五日

（《陆海军大元帅大本营公报》一九二四年第三号，1月30日，"指令"）

叶恭绰、廖仲恺呈孙中山文

（1924年1月15日）

为呈请事：本会本月十四日第六次常会会议，准广东全省沙田清理处处长许崇灏提出东莞沙捐，兼清佃局前经由处委任谭平前往办理。嗣因莞城被陷，局员暂行退避，旋经我军克复，为西路讨贼军刘总司令震寰所部驻扎，遂由严兆丰师长委员接管。现在正值本处奉令进行筹款，应请大会咨达刘总司令迅饬严师长将所委之员撤销，以符统一而明权责一案，经众讨论，议决由本会呈请大元帅训令刘总司令转饬严师长，将所委之员撤销在案。理合呈请大元帅鉴核施行。

财政委员会主席叶恭绰、廖仲恺

中华民国十三年一月十五日

（《陆海军大元帅大本营公报》一九二四年第三号，1月30日，“指令”）

姚雨平呈孙中山文

（1924年1月15日）

呈为呈报事：本月五日奉帅座第一四九号派状开：姚雨平为广东全省治河督办等因。奉此，当即敬谨受命，遵于本月十五日到任就职，随准前督办汤廷光将广东治河处督办锡镶木质印信一颗，小牙章一颗，咨交前来接收。以后自当秉承钧令，将一切应办事宜力图治理。除布告及分行外，理合将就职日期呈报鉴核备案。谨呈

陆海军大元帅

广东全省治河督办姚雨平

中华民国十三年一月十五日

（《陆海军大元帅大本营公报》一九二四年第三号，1月30日，“指令”）

徐绍桢呈孙中山文

（1924年1月16日）

呈为呈请褒扬事：案准大本营秘书处发下邓泽如、冯自由、谢英伯、赵士觐、邓慕韩、王鸿庞、连声海等呈一件，内称：查有前参议院一等科员兼国民党广东支部党务科主任干事，现任大本营财政部科长黄乐诚生母赵氏，输财济物，誉遍乡闾，确符褒例，谨呈事实，呈府交部核办等由。复据大本营财政部科长邬庆时、李炳垣等呈同前情，并附具事实清册前来。部长核其事状，与褒扬条例第一条第五款尚属相符，拟请钧座题颁懿行可风四字匾额，以示褒扬。所有拟请褒扬寿妇黄赵氏缘由是否有当，理合具文呈请钧座俯赐察核示遵。谨呈
陆海军大元帅

内政部长徐绍桢

中华民国十三年一月十六日

（《陆海军大元帅大本营公报》一九二四年第三号，1月30日，"指令"）

赵士觐呈孙中山文

（1924年1月16日）

呈为两广盐务敝坏已极，拟特设盐政会议实施整顿，谨订简章十二条，呈请鉴核令遵事：窃士觐恭承简命，承乏两广盐运使，于十三年一月二日接任，经将交接日期呈报在案。今视事仅经旬日，略观表状，觉其敝坏之低度已非始料所及。如引地之分割，机关之窃据，轮舰之骑夺，水陆之梗塞，包私之猖獗，凡受政局所贻累者，姑弗深论。此外各程船之留港，河兑之垄断，验缉之废弛，疏销之放任，征收之低折，秤配之弊混，此皆运使本身之职责，为现时权限所可及而与税收有密切之关系者。乃检视旧案，亦未尝议及

整理。驯至省配销数之短，运库岁入之少，为历来所未有。查民国十一年，西、北江亦军事绵亘，水陆亦时被梗阻，惟全年省配盐数仍一百三十八万余包，岁收饷数尚六百九十余万大洋。乃十二年全年统计省配盐数仅七十二万余包，岁收饷数仅三百六十余万大洋。且多系预饷，扯计八五折，运库实在岁入仅得三百零六万大洋。就省配比较，竟不及十一年之半数。其敝坏一至于此，若不及时整顿，恐此全省岁入近千万之大财源从兹不可收拾矣。卷查职署成案，民国以来成绩最优者，首推邹鲁一任。邹任为民国九年至十年，时值援桂，西江亦有数月军事，而通省全年税收数逾千万。我国盐法系采收税主义，税率无增减，当然以税收多少为优绌之差也。士觐受兹残局，谨当择善而从，自顾轻才，惟有旁求良佐。故于接任之后，即访择邹任员司之最为得力者，罗致署内，任以要职。复查邹继刘任亦承敝坏之余，其所以有此成绩者，固由助理得人，亦由署内组设一盐务研究会，以为兴革之总汇，故能动必中肯。现在情形视邹任时正复相类，亟应仿其遗法，组织会议以立整顿之中枢。兹拟访择富于盐务经验而未能委任署职者，由运使酌予名义请其就职。署内组设会议名之曰“两广盐政会议”。会议时并令本署秘书、科长及省河上下河富有经验之盐商一同出席，仍以运使为主席。会议所得不关系于法规者，由运使经令公厅执行；如关系于法规者，仍呈奉大元帅核准行之。其大略如此，谨本此意义订成简章共十二条，缮呈钧核俟奉核准，即当遵照组织定期开议，务将应行整顿各事分别标本缓急，次第提议，一经议决办法，士觐即督饬员司如法实行。将来能否追踪于邹任虽不可知，然此时黾勉思齐，不敢辜负知遇之心，固可盟幽独而质衾影也。除俟议决整顿时当再分案呈报外，所有议拟设两广盐政会议各缘由，理合将所订简章十二条列折附呈。是否有当，伏候指令祗遵。谨呈

陆海军大元帅

两广盐运使赵士觐

中华民国十三年一月十六日

（《陆海军大元帅大本营公报》一九二四年第三号，1月30日，“指令”）

廖仲恺呈孙中山文

（1924年1月16日）

呈为呈报事：案奉帅座第三九一号训令：据善后委员会拟请催收旧粮、预征新粮暨请清丈田亩一案，饬即督饬财政厅详拟办法，克日通令各县举行。其对于清丈田亩一事，饬按照民生主义，参酌地方情形，拟具章程呈候核定施行等因。奉此，经即令行财政厅查案复核议呈以凭转呈核办。现据该厅呈复后开：查催征旧粮先经由厅增订章程，责成县委按限催征。截至十二年旧历年底为止，此后永不减收，呈奉钧署通行遵办。兹复由厅分路特派专员驻县，会同县委对于未完粮欠切实督催，对于征存新旧粮银照数提解，责限二十日内办结。现在各委员陆续出发，职厅仍当督促进行，务于最短时期收集巨款以济饷需。至预征新粮原为急筹军费，但预借必须酌减成数，始获鼓励输将。惟旧历年关转瞬即届，民间习惯多以旧历收租之后清完钱粮。值此旺征时期，若将来年新粮减收预借，则业户贪图利便移纳预借之粮，不缴本年之赋，彼盈此绌，无裨库收，即对于减征旧欠，亦蒙莫大影响。职厅悉心筹议，斯时预借新粮妨碍滋多，拟俟来春青黄不接之时，再行查察情形，妥订办法，呈请核定，现在未便同时举办。其清丈田亩一事，业经督令经界局拟具实施规则，积极筹备，赶速进行。奉令前因，理合将核议缘由呈复察核，俯赐转呈帅座，实为公便等由。查核所陈应准照办，除令复外，理合呈报大元帅鉴核令遵。谨呈

陆海军大元帅

广东省长廖仲恺

中华民国十三年一月十六日

（《陆海军大元帅大本营公报》一九二四年第三号，1月30日，“指令”）

陈兴汉呈孙中山文

（1924年1月16日）

呈为呈请事：窃即日有自称中央直辖讨贼第三军第一路游击第二梯团司令部副官梁绍贤，手持该部公函并封条四张，到路声称有军柴多辆已到连江口站，须速封车派赴运省等语。查军人串同奸商，藉口军柴包揽渔利，实属扰乱行车秩序，迭经大本营前兵站总监部暨滇湘两军总司令部分别惩办制止在案。今该部竟更派条勒封，涉及路政，长此滋扰，殊碍要公。理合备文，连同该部原函及封条各一□□呈钧座，敬恳察核，转令查究，以维路务。是否有当，仍候指令祇遵。谨呈

大元帅

管理粤汉铁路事务陈兴汉

中华民国十三年一月十六日

（《陆海军大元帅大本营公报》一九二四年第三号，1月30日，“指令”）

顺德国民外交后援会致孙中山等电

（1924年1月16日载）

孙大元帅、廖省长、外交部长、广东国民外交后援会、报界公会、学生联合会、各工团鉴：

关余款项，前经划归西南政府辖收，业有成案。讵北方军阀，嗾使外人阻止，调舰示威，欺藐已极。敝会联合团体，议决组织顺

德国民外交后援会，为政府后盾，誓达收回关余为止。务望各界猛勇速起，以救危亡。中国广东顺德外交后援会。

（《广州民国日报》1924年1月16日，“本省要闻”）

廖仲恺呈孙中山文

（1924年1月17日）

呈为呈请事：现据南海县县长李宝祥具呈：奉东路讨贼军总司令部令行、奉大元帅令准将各县所欠旧粮拨归本总部经收以补军食。又奉令行奉大元帅令着财政厅将各县所欠旧粮拨归东路讨贼军总司令部派员直接征收，以补该军伙食各等因。查前奉省署令行，由县每日额解银一千二百元，此款全恃征收钱粮项下应解且迭奉筹解军饷，计垫长银十万余元。此项垫款有向商号息借，有将地方款挪解，专望本年冬征归还。若改拨该军部经收，对于额解省署之款势不能不先行停止，即借垫挪解亦无从筹还。况钱粮为国库收入正款，甲军截收旧粮，乙军又截收新粮，更恐接踵而起，财政因而紊乱，固无统一之日，请核示遵等由。又据番禺县县长卫汝基具呈，奉行同前，因请核示饬遵，等由前来。查核李县长等所陈系属实情，钱粮关系正供，若改拨军部经收，则甲军开端乙军效尤，不特财政无统一可期，即论征收亦大蒙影响。且现在广属各县指定按日派解省署之款，系奉帅座特令。省署每日收入悉经指定拨充军饷，如将各县统归东路催收，则省署解款可停，即按日拨支各饷均无着落。窃维东路军饷固应维持，而各县催征新旧钱粮及省署指定派解各款，亦应统筹兼顾。现东路军队多已移驻香山，计香山县各项征收约计达二十万元左右。拟请将香山一县收入全数划出，拨解东路军部。其余各县仍照前奉帅令，派定数目，分饬照解省署核收，其东路派赴各县收粮委员一律撤销。似此两全，既于东路军糈可资挹注，而于各方办事均不致受其牵动。经将办法提出政务会议议决，

陈明帅座照行，理合录案呈请鉴核，照案核准指令祗遵，并分行东路讨贼军总司令部遵照，实为公便。谨呈

陆海军大元帅孙

广东省长廖仲恺

中华民国十三年一月十七日

（《陆海军大元帅大本营公报》一九二四年第三号，1月30日，“指令”）

叶恭绰呈孙中山文

（1924年1月17日）

呈为遴员简署本部局长并荐署本部科长呈请鉴核令遵事：窃职部第三局局长黄仕强现经禁烟督办署调用，所遗局长一职拟请以本部科长张沛暂行署理，递遗科长一职，拟请以本部科员李载德署理。除由部先行分别派充外，理合呈请鉴核施行。再，黄仕强暂不开去底缺，仍以部令派兼第三局会办，以资接洽，合并陈明。谨呈

大元帅

大本营财政部长叶恭绰

中华民国十三年一月十七日

（《陆海军大元帅大本营公报》一九二四年第三号，1月30日，“指令”）

程潜呈孙中山文

（1924年1月17日）

呈为呈请事：案奉钧座交下东路讨贼军总司令许崇智呈，以第

三支队第二营营长梁寿恺，原系保定军官学校毕业。此次奉令增援增城，军抵石滩即奉大元帅口受［授］命令暂驻石滩，向东增一带警戒。后随梁指挥官开赴增城与敌接触，战经旬日，危城困守，卒获保全。不意经此一役，咯血成疾，旋省调治，医药罔效，竟□云亡，良深恻悯。恳援例追赠陆军炮兵中校，并优予给恤，俾安遗族而慰幽魂。等情。查该故营长梁寿恺增城之役困守危城，不无微劳，拟恳钧座准予追赠陆军炮兵中校，仍照陆军战时恤赏章程积劳病故例，给予少校恤金。是否可行，理合备文呈请核夺，伏乞指令祗遵。谨呈

大元帅孙

军政部长程潜

中华民国十三年一月十七日

（《陆海军大元帅大本营公报》一九二四年第三号，1月30日，“指令”）

范石生呈孙中山文

（1924年1月17日）

呈为呈请事：窃职部自入粤而后，即任杨少甫充任江防司令部军需，旋兼第三师部军需处长，所有一切收入皆由该员经管，统计先后存储收入公款一百余万元。昨年十一月间军事吃紧之际，该员尽将存储公款席卷而逃，致杨前师长廷培愧对袍泽，投河毕命。又第六旅旅长朱泽民临阵畏缩，复潜回省垣，将该旅七、八两月薪饷及九、十两月火食共十余万元，航政局烟酒公卖局收入七万余元，统计二十余万元席卷潜逃。又第十团团长季树萱于出发石龙时，临阵借病潜回省垣，私开杂赌得规约二十余万元，复敢蛊惑队伍，图谋捣乱。查该逃员杨少甫监守自盗，朱泽民、季树萱临阵退缩，均

属罪无可逭，亟应严缉归案究办，以维纲纪。理合具该逃犯杨少甫等年貌，备文呈请钧府察核，俯赐通令严缉，务获归案究办，实为公便。谨呈
陆海军大元帅孙

中央直辖滇军第二军军长范石生
中华民国十三年一月十七日

（《陆海军大元帅大本营公报》一九二四年第四号，2月10日，“指令”）

梅光培呈孙中山文

（1924年1月17日）

呈为呈请事：前奉大元帅令：西江财政仍交回财政厅接收管理等因，当经派委李榕阶为西江下游恩、开、新、台、赤五邑财政整理处处长，饬令将五邑征收正杂一切官款解厅拨用在案。兹据呈称：伏思职处并无直接征收税款，其所恃以解济省库者，皆五邑各县局承商等将征收税饷缴处转解。在各征收机关，遵奉明令整理本自无难；而在驻防各军或过境军队饷项伙食之需，其奉准核拨者，固当由职处照拨，其未经准拨有案者，亦应由职处呈明候示核办。不得强迫拨解，乃有统一之可言。现查近日征收机关非由军队截收，即由各军提取，虽有印据可抵，而财政紊乱，着手殊难。拟请呈明大元帅饬下军政部、省长，令行五邑驻防各军队暨各县长，嗣后军队需支饷项伙食，必须核准有案方予拨支，并不得由各征收机关任意提拨，庶可有款解缴而收整理统一之效等情。据此，查各属驻防军队必须军政部、省长核准拨支数目，方得由各征收机关就近拨交，不能任意提拨，庶可收财政统一之效。所呈自属实情，理合据情呈请大元帅令行军政部转饬西江五

邑各属驻防军队一体遵照办理，实为公便。谨呈
陆海军大元帅

广东财政厅厅长梅光培
中华民国十三年一月十七日

（《陆海军大元帅大本营公报》一九二四年第三号，1月30日，“指令”）

赵士觐呈孙中山文

（1924年1月18日）

呈为盐斤增抽军饷碍难遵行，谨据实呈明恳将前令批销事：窃职使卷查伍前使汝康任内准稽核所咨称：十一月十四日奉大元帅手令内开：着两广盐务稽核所经理限三日后将盐斤每包增抽军饷一元。此令。等因。随由伍前使函达稽核所，以盐斤每包加抽军费一元一案，于供给饷糈诚有裨补，惟仓率执行，一时尚多未便，须俟体察情形再行照案办理等由。查此案伍前使既以为未便，尚未奉行，职使体察情形，省配盐斤向以运销北柜为最大宗，近年粤盐本重价昂，售价常比淮盐尤贵。衡永□带食户多有贪图平价改食淮盐，以致粤盐短销，已不逮从前之常额。若再增抽一元，则本愈重而价愈昂，销数必因之愈短。此对于淮盐而有不能增抽之理由者一。至中柜行销，向患洋私冲赚，缘港澳盐价低贱，较之引盐售价常平至一倍有奇。私枭偷运内地，防不胜防，缉不胜缉。从前埠商时代，多有用减价敌私之法，以维持引地额销，故中柜各埠尚能岁销三十余万包之引额。民国以后采用自由制度，运商既无包额之责任，恒视有利可图然后配运缉务，稍不得力则私冲遍地。运商以税重价贵不能敌私，相率裹足不前，故自民国以来，中柜岁销竟不及从前之半数，其原因实基于此。现当地方多故，各巡舰多为军队借用，未能认真截缉，洋私更形猖獗，引销益觉困难。若再增抽一

元，中柜配销势必愈形短绌。此对于洋私而有不能增抽之理由者二。至于西柜，从前临、全、封、富引地，其运销湘西者，固须与淮盐竞争，其行销桂境者，则又为洋私冲赚。缘港梧轮船每日偷运港私至梧冲销，梧河、抚河一带为数不少，若夫大江引地常有枭贩偷运平南之场私，从□博、横县各路北灌柳、庆、贵、浔诸境。盖场盐税率较省配仅得其半，本轻价贱，故省配引地多被冲销。若再增抽一元，恐西柜配销势必锐减。此对于场私而有不能增抽之理由者三。综观上项情形，确有不能再加之事实，况查去年税收多系预订借饷折成核给准单，其征收现税十足缴纳者实居少数。所以必须折缴纳者，实缘税重价昂碍难销售，必藉此以减轻成本，乃可贬价推销。是原定税额，尚须减折征收。若于额外增抽，何如规复原额？如果一面减折，一面增抽，狐掘狐埋，恐成笑柄。职使自奉委任，即经具呈手折第七条内开：准接任后取销伍任加抽之特别军费每包一元，如蒙批准备案。惟际此军用浩繁，库储窘迫之日，仍欲于接任后考察省配情形，倘或增抽尚无窒碍，仍当勉为其难，以济要需而纾廑虑。旬日以来，详查中、西、北三柜配销状况，与各运商切实研究，备陈上述各项理由。职使再四筹维，去年征税多系折成减收，而全年河兑之数只得七十余万包，省配之短为前清民国以来所未有。虽亦由地方多故，配运维艰，而各柜销路之困难已可概见。折成减收尚且短销如此之巨，若再增抽于额外，深恐现状亦难保存。综上所陈，委系碍难遵行，无裨税收之实益，敢恳批销前令，用释运商之怀疑，则引销尚复旧观，饷源渐得充裕。卷查前因，所有盐斤增抽军饷一元一案碍难遵行缘由，理合据实备文呈请鉴核，伏乞明令取销，实为公便。谨呈

陆海军大元帅

两广盐运使赵士觐

中华民国十三年一月十八日

（《陆海军大元帅大本营公报》一九二四年第三号，1月30日，“指令”）

伍学熀呈孙中山文

（1924年1月18日）

呈为遵令修正条文改缮章程请赐核准事：案奉钧座第五十号指令，为职署呈拟各项收费章程请予核准由，令开：呈悉。查所拟《船民输纳自治联防经费章程》第八条及《查验枪炮照章程》第四、第八、第九、第十等条，《发给旗灯暂行章程》第七条均应稍加修改，其余各条大致尚妥。兹将修正条文连同原章三份随令钞发，仰即查照改缮，另文呈送以凭核准，一面将未尽事宜另定施行细则颁布，以期完密。此令。等因。附钞发修正条文一纸、原章程三份到署。奉此，理合遵令修正各条文改缮章程三扣，呈请俯赐核准。施行细则俟拟具后另文呈核。伏乞指令祇遵，实为公便。谨呈

大元帅

兼广东全省船民自治联防督办伍学熀

中华民国十三年一月十八日

（《陆海军大元帅大本营公报》一九二四年第四号，2月10日，"指令"）

杨西岩呈孙中山文

（1924年1月18日）

呈为组织水陆侦缉联合队荐请任命队长，并缮录议决组织章程恭呈仰祈睿鉴事：窃照厉行烟禁，首重缉私，私运廓清，流毒自绝。督办奉命办理禁烟事务，刻已积极进行。兹拟组织水陆侦缉联合队，专任缉私以杜奸商贩运。当经召集本署各会办、帮办会议组织办法，即席商定章程九条，一致通过，亟应照案克日组织以利进

行。惟该队队长一职，既经议决由大元帅委任，自应遴员呈荐，以专责成。兹查有王继武堪以荐任，除由督办饬令先行到署任事外，理合抄录议决《水陆侦缉联合队章程》九条，一并备文呈请察核备案，并乞俯准任命，实为公便。谨呈

陆海军大元帅

大本营禁烟督办杨西岩

中华民国十三年一月十八日

（《陆海军大元帅大本营公报》一九二四年第五号，2月20日，“指令”）

蒋光亮致孙中山电

（1924年1月19日）

大元帅睿鉴（衔略）：

粤稽古代，冢宰制国用，司农掌邦赋，钱粮兵马，职有专司，征榷支储，量衡悉当。即在扰攘之朝，叔季之世，莫不率由定制，分道设科。从来闻教战即戎，兼营税敛，理财经武，冶为一垆。粤省自元首复政，甲兵靡息，杼轴既空，度支遂紊，理财者急于筹箸，治兵者急于储粮，于是因地觅食，各自为谋，军事范围，监管收入。始则因利乘便，事属权宜，继乃囊括侵牟，据为己有。绾军符者营田宅，执戈殳者苦饥寒，渐至群下生心，同舟撕夺，纵敌延战，败绩丧师，胥以此阶之厉也。光亮属在行间，每用忧惕，惩弊更新，请自隗始。曩曾电述利弊，痛哭陈词，愿首先交还财政机关，以归统一。王逆秉钧，欲便私图，多方梗阻，新旧出纳，延不册呈，坐是愆迟，牵误通案。现中梗已去，前言可践，刻正通盘会计，根本清厘，期于来月一日，举所有旧管征收机关，完全交出，奉归政府。嗣后官兵薪饷，经常临时费用，悉请帅府颁发，收支公开，盈绌共喻。在枢府财政统一，得以措置裕如，

毕臻胜算；在本军专意讨贼，纷争疑虑，消弭无形，从此袍泽同心，互循轨范。士卒有饱德之颂，司农无仰屋之嗟。相维相系，共此艰难，建国大业，庶几有济。谨布区区，伏维鉴察。蒋光亮叩。效午。印。

（《广州民国日报》1924 年 1 月 21 日，“特别纪载”）

叶恭绰、廖仲恺呈孙中山文

（1924 年 1 月 19 日）

为呈请事：本月十四日本会第六次常会会议，财政部提出凡一切军费须由军政部核定，再行交议支配以昭划一一案，经众讨论议决，呈请大元帅训令军政部转行各军事机关遵照办理等因在案，理合呈请

大元帅核准施行

财政委员会主席委员叶恭绰、廖仲恺

中华民国十三年一月十九日

（《陆海军大元帅大本营公报》一九二四年第三号，1 月 30 日，“指令”）

广东地方善后委员会呈孙中山文

（1924 年 1 月 19 日）

呈为呈请事：案奉帅座第二十九号指令，据该委员等呈：为组设民业审查会，谨将办事规则及委员名单呈请鉴核由，奉令开：呈及附件均悉。该会有鉴于广东民有产业每被人妄报为官产，致受损累，拟就善后委员会中互选五人组织民业审查会。凡人民产业被人举报，均可请求该会审查，藉昭慎重而杜妄报。用意甚善，自可准

其设立。另单开报选定委员五人姓名，应予备案。惟查官产、市产等各有主管机关清理变卖，是其应有之权，该会审查结果用以备主管官厅之参考则可，若照拟呈规则第六条，不免侵及主管官厅权限。如虑官厅处分不当，尽可由当事人依法提起诉愿或行政诉讼，以图救济，不必另定办法致涉纷岐［歧］。今本此旨将原拟规则第六条酌加修改，随令钞发，其余各条原文大致尚妥，仰即查照妥缮另文呈候核准施行可也。附件存。此令。等因。计钞发修正条文一纸。奉此，委员等遵即将修正条文列交第二十四次常会讨论，佥以为案经核准，自可依章受理审查事项。惟修正条例第六条附项，事件决定后应由列席各委员即席将审查结果拟具声请书交由秘书，于廿四小时内函送于主管机关。主管机关接收前项声请书后，应参考其所列证据、理由详加审核，于三日内将审定结果揭示。委员等以为本会系人民代表机关，对于主管官产、市产，官厅系属对等性质，似无声请之必要，拟将“声请书”三字酌改为“证明书”较为妥适，一致议决呈请帅座准予备案施行。奉令前因，理合将议决对于修正审查会规条酌改缘由，呈候鉴核，伏乞指令祇遵。谨呈

陆海军大元帅孙

广东地方善后委员会

中华民国十三年一月十九日

（《陆海军大元帅大本营公报》一九二四年第四号，2月10日，“指令”）

叶恭绰、廖仲恺呈孙中山文

（1924年1月19日）

为呈请事：本月十四日本会第六次常会会议财政部提出，以后各征收机关举办新税，所有章程条例须交由财政委员会通过方准施

行，免与其他机关所办税则有所抵触，致碍进行一案，经众讨论议决，呈请大元帅训令各征收机关遵照办理等因在案，理合呈请
大元帅核准施行

财政委员会主席委员叶恭绰、廖仲恺
中华民国十三年一月十九日

（《陆海军大元帅大本营公报》一九二四年第三号，1月30日，“指令”）

程潜呈孙中山文

（1924年1月19日）

呈为呈请事：案准西路讨贼军总司令刘震寰咨开，以所部第一独立旅长杨楚藩呈称：第一团二营营长钟汉荣转战经年，积劳病故，请予从优抚恤等情咨转过部。查该营长钟汉荣病故，殊深悯恻，拟请钧座准予查照战时恤赏章程，以积劳病故例给予少校恤金，以慰英魂。是否有当，理合备文呈请鉴核，指令祗遵。谨呈
大元帅孙

大本营军政部部长程潜
中华民国十三年一月十九日

（《陆海军大元帅大本营公报》一九二四年第十五号，5月30日，“指令”）

程潜呈孙中山文

（1924年1月19日）

呈为呈请事：案准湘军总司令谭延闿咨开：以所部第五团第

二营营长尹忠义于此次始兴一役身负重伤，回韶医治，旋即殒命，请查照少校阵亡例，从优抚恤，以慰忠魂等因过部。查该故营长尹忠义奋勇杀敌，负伤殒命，查照陆军战时恤赏章程第二章阵亡第三条第二项，事实相符，拟请钧座准以阵亡例给予少校恤金，以励将士而慰幽魂。是否有当，理合备文呈请察核，指令祗遵。谨呈

大元帅孙

大本营军政部长程潜

中华民国十三年一月十九日

（《陆海军大元帅大本营公报》一九二四年第十五号，5月30日，“指令”）

赖天球呈孙中山文

（1924年1月20日）

呈为呈请事：窃天球所部前因子弹告罄，已由三南退驻赣边。复因无衣无食，迭将困难情形吁请我帅座，颁给伙食以及军用物品以资救济。天球自成军以来，既无指定防地，又无拨定的款。天球勉力支持，于今半载，罗掘皆尽，挪垫俱穷。现自停战后，除江西虔南边界各部队，均自行就地设法不计外，今驻守于南始边荒者尚有己［已］编队伍三团，地方苦寒，人烟稀少，不惟银钱分文不得，即米谷亦颗粒俱无，全部士卒号寒啼饥。天球忝膺斯职，论情固不忍坐视，论势亦不能坐视。现在前方催款函电急如星火，实有傀然不可终日之势。倘再不接济，万一饥驱寒迫，设想所及，栗栗危惧。天球纵不足惜，其如地方何？为此再将困迫缘由具文，仰恳我帅座迅赐先将伙食一项给发四千元，俾便驰往转发，以救目前。仍请一面指拨的款，以为职部长期伙

食，军装、子弹亦乞按照前呈颁给，以裕军实。不胜迫切待命之至。谨呈

大元帅孙

大本营第七路游击司令赖天球

中华民国十三年一月二十日

（《陆海军大元帅大本营公报》一九二四年第四号，2月10日，“指令”）

孙科呈孙中山文

（1924年1月20日）

呈为呈请察核令饬事：窃职厅现据省河全体横水渡埗业公所代表黄元呈称：窃省河横水渡操业微贱，无权无势，只知自食其力，历来无异。近因附加横水渡捐，卫戍司令部则批准联和公司罗有成承办，财政厅则批准联安公司梁浩然承办，市财局则批准同益公司张伯平承办，以一捐务而有三公司。民全体横水渡埗业不知何去何从，故连日将收得捐饷代为存贮，以为静候官厅解决。不料迄今数日，仍未见有解决办法，而卫戍司令部批准之联和公司强健有力，索取急如星火，微弱如民横水渡各埗业何有抗阻能力？故附加之新捐四文，连同警费一文，昨日皆被尽数收去。不特此也，此项捐务现系开始创办，搭客多有不遵照给，计七日间已短收二百余元，亦要各横水渡埗业赔垫，迫得亦已如数赔垫矣，惨苦情形真个为人作马牛践踏者不若也。为此，公举代表据实呈明察核等情前来。查省河横水渡捐依照公布条例，应属市政管理范围，早经职厅咨由财政厅饬属移交接管在案。兹据该代表呈称，现在卫戍司令部及财政厅均有招商承办，并分立公司名目征收。似此权限纷歧，不惟有妨市库收入，且有碍财权统一。市长为整顿市内捐务以应要需起见，除经另案具呈广东省长公署令饬财政

厅撤销承案外，理合备文呈请帅座俯准令饬卫戍司令部迅将联和公司□案撤销，以清权限，实为公便。谨呈

大元帅

广州市市长孙科

中华民国十二年一月二十日

（《陆海军大元帅大本营公报》一九二四年第三号，1月30日，“指令”）

黄明堂呈孙中山文

（1924年1月21日）

呈为呈报就职事：窃明堂于去年十二月奉到钧座第三百五十九号简任状开，任命明堂为中央直辖第二军军长，并颁发银质大印、牙质小章各一颗等因。奉此，遵于本月二十一号就职视事，启用印信，理合备文呈报察核备案。谨呈

大元帅孙

军长黄明堂

中华民国十三年一月廿一日

（《陆海军大元帅大本营公报》一九二四年第三号，1月30日，“指令”）

杨西岩等呈孙中山文

（1924年1月21日）

呈为拟定公文程式以符体制恭呈仰祈睿鉴事：窃照本署与各机关来往公文亟应规定程式，以免办事窒碍，手续参差。查本署为特任职机关，兹拟定各处来往公文属于特任职者彼此均用咨，属于简

任职而非隶属本署者彼此均用公函。其隶属本署之简任职以下及虽非隶属本署而职在荐任以下者，即各县长及市政厅所属各局暨警区署长等，对于本署概用呈，本署行文则用令。似此一经规定，各机关有所遵循。所有拟定本署与各机关来往公文程式各缘由，是否有当，理合备文呈请鉴核。如荷俞允，伏乞明令饬行遵照，并乞指令祇遵。谨呈

陆海军大元帅孙

大本营禁烟督办杨西岩

中华民国十三年一月廿一日

（《陆海军大元帅大本营公报》一九二四年第五号，2月20日，“指令”）

冯肇铭呈孙中山文

（1924年1月21日）

呈为呈报就职任事日期事：奉大元帅令开：任命冯肇铭代理广东海防司令等因。奉此，窃肇铭樗栎庸材，猥承重寄，自维愚鲁，深惧难胜。伏思国难方殷，逆氛未靖，固防海圉，责所难辞，惟有务竭驽骀，期无辜负。遵于一月二十一日驰抵江门北街，准陈前司令将所辖各舰艇营队及关防等，列册备文咨交前来，当经按照接收，即日接任视事。所有就职任事日期缘由，理合具文呈请察核。谨呈

陆海军大元帅孙

代理广东海防司令冯肇铭

中华民国十三年一月廿一日

（《陆海军大元帅大本营公报》一九二四年第四号，2月10日，“指令”）

黄明堂致孙中山电

（1924 年 1 月 21 日）

大元帅睿鉴（余衔略）：

溯自南关首义，革命军兴，北伐视师，长江饮马，明堂于役其间，追随帅座二十余载。中经护国、护法，无不负弩前驱，躬与其事。诚以革命之事业未终，则共和之幸福未达，俯瞰当路，狐兔纵横，或逞兵而盗国，或骫法以营私。循至蔑义亡本，犯上作乱，天下滔滔，举国骚动。睹狂澜之将倒，思返日以挥戈。故讨贼之役，待罪南溟，矢志澄清，心力交瘁。旋奉帅令，责以绥靖钦廉，自维□庸，弗克负荷，固辞不获。我大元帅不弃驽钝，勖以将来，复简为中央第二军军长，拜命之下，弥用悚慌。窃念天下兴亡，匹夫有责，当国势阽危之日，正疆场效命之时。夫既许国以身，敢不竭忠于职，谨于马日就职视事。第轮轻积重，陨越堪虞，遗大投艰，端资提挈，冰渊自凛。愿袍泽以匡勷，风雨同舟，幸南针之时锡，临电盼祷，无任钦迟。中央直辖第二军军长黄明堂。马。印。

（《广州民国日报》1924 年 1 月 22 日，“本省要闻”）

杨希闵、谭延闿等呈孙中山文

（1924 年 1 月 22 日）

呈为需饷孔急拟请设局抽收盐斤百货临时附捐以资应用事：窃延闿、希闵、培德等所部军队饷需缺乏，士兵给养竭蹶时虞，现在逆氛未靖，战事方殷，庚癸之呼，急于星火，自应筹谋救济，以系军心。延闿、希闵、培德等，照伍前盐运使函请滇湘各军派全权代表会商统一办法成案，拟设盐务局于广州负廓黄沙地方。凡盐商贩运盐斤行销大小北江，均须报由该局查验，并规定每盐一包，于正税外加抽护运附捐一元。又于韶关东西北税厂内附设百货税局，英德县属含洸地方设百货税分局。凡各商贩运载货物，往来大小北江，均须报由各该局查验。并规定将各种货物于正厘外，估价抽收护运附捐百分之二分五，暂定抽至军事收束为止。并于黄沙盐务局内设立临时附加协饷总局，总理护运及各局一切事宜。此项附捐虽直接抽之商贩，实间接抽之用户，对于资本营业，绝无丝毫亏损。且近来匪徒猖獗，劫夺成风，商旅裹足。延闿、希闵、培德等既经征收此项附捐，对于黄沙地段以及大小北江一带，自应同负保护维持之责。从此商货辐辏，来往安全，无虞攘敓，是于筹饷养兵之中仍寓保民恤商之意。所有设局征收事宜由延闿、希闵、培德等会委专员经理，以专责成。收获之款即由延闿、希闵、培德均匀分配，藉资弥补。一举两利，自易推行。除分别咨令布告准于本年一月廿三日先行设局试办外，理合备文连同拟订临时附加协饷总局合组大纲，呈请鉴核准予备案，实为公便。谨呈
陆海军大元帅

中央直辖滇军总司令杨希闵
湘军总司令谭延闿
中央直辖第一军军长朱培德
中华民国十三年一月廿二日

（《陆海军大元帅大本营公报》一九二四年第四号，2月10日，“指令”）

张开儒呈孙中山文

（1924年1月22日）

呈为呈请事：窃查职处少校副官朱全德呈请准给长假一案，开儒曾于一月十四日呈请睿裁施行在案。兹复据该员呈称：窃副官前因连接家书催促回籍完婚，当即上呈假单一纸，呈请钧长转呈帅座

核准，事逾旬日未获批示。昨日，又接家中来电谓“喜期已届，火速回家”等语。特再渎恳钧长，伏乞俯念家中催促甚急，转呈大元帅核准早日批下，并请将历月欠饷连单批发，俾得即日就道，则感激无既矣。等情。据此，除指令呈悉，仰候据情呈请帅座核示可也，此令批发外，理合将该员续请准给长假缘由，备文呈候核夺，指令祇遵。谨呈

大元帅

参军长张开儒

中华民国十三年一月廿二日

（《陆海军大元帅大本营公报》一九二四年第四号，2月10日，“指令”）

赵士觐呈孙中山文

（1924年1月23日）

呈为呈请事：案据新委香安局局长陆志云呈称：奉到委任，遵即前赴该局接事。讵该卸局长梅放洲挟带关防离职、匿不交代等情，当经令饬将原日所用关防注销，由职署另刊关防发交该局长前往接办启用，并布告在案。旋复据该局长呈称，卸局长梅放洲抗不交代，尚潜匿香安境内，继续私发渔票等情。据此，查该卸局长梅放洲奉令销差，胆敢挟带关防离职匿不交代，以致新任局长陆志云无从接事，关于公款公物等项不能〔能〕收存保管。且现值冬销畅旺之际，局务遽尔停顿，于缉私疏销一切事务贻误良多。况复潜匿香安境内，继续私发渔票舞弊图利，置国家法律于不顾。似此不法行为，若非严拿究办，不足以儆官邪而重公币，用特据情呈明钧座，恳请令行粤军总司令迅饬驻香行营就地查缉，务将卸香安局长梅放洲拿获归案讯办，以儆官邪而维鹾政。除指令该局长陆志云将梅放洲请领渔票按号取销外，所有卸局长抗不交代私发渔票恳请令

饬拿办各缘由，理合备文呈请鉴核，伏候指令祇遵，实深公便。谨呈

陆海军大元帅孙

两广盐运使赵士觐

中华民国十三年一月廿三日

（《陆海军大元帅大本营公报》一九二四年第四号，2月10日，“指令”）

杨希闵呈孙中山文

（1924年1月23日）

为呈报事：案据职军第一师长赵成梁呈称：案据职师第二旅长韦杵呈称：窃据南始联防游击总局长卢焜呈称：案奉钧部第二五零号令开：为令饬查办事，案据南雄和安约团董叶允藏等呈称：除原文有案邀免冗叙外，后开：除批示外，合行令仰该局长迅速查办，以安闾阎。切切。此令。计钞匪首邓跳山历次劫掳案及匪姓名一纸。等因。奉此，自应遵照办理。惟邓跳山即林杨，现经大本营第七路司令赖天球收编，所有匪徒均编入营伍。其迭次焚杀劫掳，实属罪不容诛，但其挂大本营招牌，欲行查办，似非职局职权势力所能及，自应呈请转呈大元帅严令制止，所有呈请将叶允藏呈称各节，转呈大元帅严令赖司令查办，并请示祇遵缘由，理合具文呈请察核施行，实为公便等情。据此，旅长复查属实，除令该局知照外，理合备文呈请钧部衡核，俯赐转请严令制止，实为公便等情。据此，师□复查该匪首邓跳山，迭次□杀劫掳，实属不法已极。惟据称：该匪现经大本营第七路游击司令赖天球收编，亟应转请严令制止，以安黎庶。理合将转请严令制止各缘由，备文呈请钧座衡核，俯赐转请施行等情。据此，查匪首邓跳山经该师长查明，现归大本营第七路游击司令赖天球收编，应否饬令该司令查办，将该邓

部立予解散，或严加约束之处，理合据情转呈帅座衡核饬遵。谨呈大元帅孙

中央直辖滇军总司令杨希闵

中华民国十三年一月廿三日

（《陆海军大元帅大本营公报》一九二四年第四号，2月10日，“指令”）

赵士北呈孙中山文

（1924年1月23日）

呈为呈请事：民国十二年四月六日奉大元帅第六二号训令开：案查十年十月五日曾经明令清理庶狱以普惠泽。旋值粤乱发生，此令迄未实行，甚非本大元帅慎重庶狱之意，亟应重申前令，切实办理。应即由大理院督率广东高等审检两厅暨所属厅庭各派专员，清查现在监狱中执行刑罚之罪犯，择其情有可原者呈请减刑。其刑事被告人证据不充分，或系应处五等有期徒刑以下之刑者，及业经上告卷宗于上年变乱损失，一时难结者，均应取保释出候审。仍督所属以后务遵刑事审限，并依法励行缓刑假释，责付保释。此外，军事犯及受行政处分被押，或因犯已废止之治安警察法被惩治者，应由各军事长官及广东省长遵照前令分别办理，统限三个月内办理完竣具报，勿稍延玩。此令。等因。奉此，当经拟具办法呈请核示，奉指令第三三六号内开：据呈所拟由该院转行各级法院，造具囚犯名册，逐一记明情罪轻重、执行久暂及应减免之刑期，呈请明令宣布等情，自系正当办法。仰即转饬分别遵照造册，报由该院转呈听候核示可也等因，业经通行遵照。嗣据广东高等检察厅及茂名、顺德等三十厅庭造具已决刑事人犯名册呈报到院，先经转呈奉令照准减刑释放各在案。现又据广东琼山地方检察厅及罗定、钦县等十七厅庭，开列刑事已决羁押人犯名册，先后呈报前来。职院复加查

核，其情有可原应予减刑者，计琼山监狱十三名、罗定监狱八名、三水监狱五名、新丰监狱三名、陆丰监狱三名、阳春监狱五名、连平监狱十二名、五华监狱四十名、广宁监狱一名、钦县监狱九名、阳山监狱七名、郁南监狱一名、徐闻监狱一名、海丰监狱二十六名、兴宁监狱十名、海康监狱一〈名〉、德庆监狱一十四名，共一百五十九名。赓续依奉核定减刑办法，逐一列册签注，拟请明令宣布减刑释放，俾免向隅，以副大元帅哀矜庶狱，普及惠泽之至意。其曲江、清远、宝安、封川、四会、恩平、揭阳、普宁、饶平、丰顺、陵水、乳源、连县、乐昌、高明等十五县厅庭已据具报，现无已决羁押人犯毋庸置议外，其余各县尚有因地方军事影响，或因道途窎远，迭经饬催仍未造送。若待汇同办理，未免有稽时日，自应先行呈报以期迅捷。所有拟请将琼山、罗定等十七厅庭已决人犯减刑缘由，理合备文并开列清册，呈请鉴核指令遵行，实为德便。谨呈

大元帅孙

大理院长兼管司法行政事务赵士北

中华民国十三年一月廿三日

（《陆海军大元帅大本营公报》一九二四年第四号，2月10日，“指令”）

张开儒呈孙中山文

（1924年1月24日）

呈为陈明职处上校副官黎工佽，关于伪造行使印花税票一案确无嫌疑，仰祈睿鉴事：窃职处上校副官黎工佽，前因代售印花税票涉及嫌疑，奉令将其扣押在案。兹准公安局长吴铁城函开：迳启者：案查李其仓等伪造行使印花税票，涉及黎副官工佽一案，当时提同质问，该黎副官只称代人携带印花税票，到局查问能否有效，

其余概不知情等语。质之李其仓等，亦称是实。则黎副官对于本案不认知情，似非虚饰。除将该副官遣回，李其仓等分别惩处外，相应将本案情形函达贵处，希为查照，至纫公谊等由。准此，是黎副官工饮关于该案已无嫌疑，拟请免予处分。是否有当，理合备文呈请睿裁施行，伏候训示祇遵。谨呈

大元帅

参军长张开儒

中华民国十三年一月廿四日

（《陆海军大元帅大本营公报》一九二四年第四号，2月10日，“指令”）

程潜呈孙中山文

（1924年1月24日）

呈为呈请事：案奉钧座第八号训令内开：以奖给南雄筹措军米出力绅商曾攀荣等奖章一案，除原文邀免冗叙外，尾开：仰候令行军政部查照海陆军奖章令，拟定应得奖章呈候核准颁给外，合行令仰该部长即便遵照办理。名单钞发。此令。等因。奉此，查该绅商曾攀荣等，于此次南雄战役筹措军米万硕有奇，急公仗义，殊堪嘉许。核与《海陆军奖章令》第六条第一项内载事实相符，拟请分别给奖一、二等奖章，以示鼓励而资激劝。是否有当，理合开单具文呈复。伏乞核夺，指令祇遵。谨呈

大元帅孙

大本营军政部长程潜

中华民国十三年一月廿四日

（《陆海军大元帅大本营公报》一九二四年第五号，2月20日，“指令”）

韦荣熙呈孙中山文

（1924 年 1 月 24 日）

呈为具报察核事：案奉大元帅指令第五七号，据呈拟具水陆运施行细则请予核准由，内开：呈悉。查此案昨经训令该局将在粤汉铁路各车站所设分局撤去，并不得向由火车运送之货物抽收费用在案。所有水陆运细则暨前经核准之暂行简章及护运方法，均应酌加修改，总以不侵及粤汉铁路范围为主，仰即查照另行妥议呈核可也。附件存。此令。等因。奉此，查职局成立伊始，即经按就北江商运情形拟具简章方法呈奉核定，嗣奉大元帅令饬停止办理保护车路商运事宜，复经遵令即日停办，业将经过情形呈报察核各在案。兹奉前因，自应遵照分别办理。应请查明原呈暂行简章、护运方法、征费简表暨续呈施行细则各案，概予撤销。由局妥拟，分别另行呈报核定，俾便进行。理合先将拟具修正暂行章程十六条，列折呈请大元帅鉴核。是否有当，伏候训示祗遵，实为公便。至组织简章及护运施行细则暨各项收支表，容另妥议，分文呈报，合并陈明。谨呈
大元帅

北江商运局长韦荣熙

中华民国十三年一月廿四日

（《陆海军大元帅大本营公报》一九二四年第七号，3 月 10 日，“指令”）

阳懋德致孙中山等电

（1924 年 1 月 24 日）

广州大元帅睿鉴：大本营杨秘书长、李部长、程部长、杨总司令、谭总司令、刘总司令，梧州李督办、郑师长、黄总指挥、杨军长、马招抚使、钟军长钧鉴：北门街头四号杨参谋长星五，各局分

送各军师旅团长，各报馆钧鉴：

窃职军向为沈逆鸿英部属，自被暗通北敌，即与宗旨不合，前经通电脱离关系，称为广西讨贼军第二军，宣布独立，即在广西信都地方举兵反攻。经将沈逆警备司令罗辅廷擒获枪毙，招降俘虏，通电来粤，归诚帅座。适值帅令派马招抚使到梧，职军因与接近，向订条约，愿归节制，所称名义暂不更改，应候帅座命令而行。职军乃派懋德代表到粤，入觐帅座，面陈下情，请发委任关防，并向李、程两部长暨各总司令陈明一切。旋奉帅座主裁编为桂军第四军，业奉简命，颁发印信，赍解前途，并经代表商请刘总司令拍电回梧，仍归马招抚使就近节制，以符前约。顷接职军秦秘书枚村函云：不知马使何所误会，竟假钟军长名义擅拟电稿，自行用印，勒令职部杨参谋长拍发，谓职军经该使新编第一军，不必改编，并请帅座收回成命。揆马使私意，真是僭越大权，不遵帅命，如此之为招抚，设使遍□全国之兵，必尽归其统辖而后快。不知职军前与订约，只归节制，如何编配，悉听帅命。此由代表与卢参谋斗北，就彼亲商面订妥洽，何以代表离梧来粤，而彼不遵订约，先行编制，今更欲帅座收回成命，不知是何意旨。况马使于代表来粤时，犹托函致李、程两部长，是代表来粤请命，马使未常［尝］不知。何前后爽约，一至如此。代表在粤，一切履行，悉遵马使前约，并不敢越轨道。若马使之前后异词，违反初意，代表真不得其解。谨此电陈，并质之马使，愿听明教。代表阳懋德呈叩。敬。借印。

（《广州民国日报》1924 年 1 月 26 日，“特别纪载”）

罗翼群呈孙中山文

（1924 年 1 月 25 日）

呈为呈报事：窃查职部所属各部、局、院、队各月计算书表、单据，收发粮食、军品表据，前经列单送请核销在案。兹据第三支部第三分站长方柳门呈称：案查兵站定章，每月应将收发粮食、军品款项数目及一切计算编造书表呈缴审核等因。兹谨遵将职站由九月二十二日接胡前任办理日起，至十月十五日奉令结束日止二十四天，及办理报销结束由十月十六日起至十一月五日止二十天，分别编造粮食、军用品款项收发一览表三份，支出计算书、支出计算附属表三份，所属输送卒饷项表一份，一并呈缴钧核，伏乞分别存转准予报销，实为公便。再查收发款项数内，职站支出经常、临时两费，连采办费、结束费在内，合计一万九千一百元二角一分四文。除前在钧部经理局领入一千六百元，暨在蔡支部长处领入一万五千二百八十五元，及由第一派出所提回一百元外，尚不敷银二千一百一十五元二角一分四文。此款乃系欠发各职员、兵夫、输送卒饷项。及因当时查办兵站案发生，后方无款解来维持。大敌当前，各军粮食重要运输不能一刻停顿，迫得向前方亲友零碎借来以资塾［垫］发。初以为后方不日有款解来，即可立时清欠，不意遽然奉令结束。而钧部与蔡支部长又以财政机关停止拨款，无力维持，以致各方环至索催，无法清给。伏念职站各员前时办理北江第一支部第一分站时，劳苦备至，疟疾缠绵，欠薪俱未得全数支清。又复随赴东江服务，虽在薪停发给、病惫难兴之际，仍复竭力支持站务，不敢陨越偷安。刻下收束以来，旅店羁縻，贫病交集，频来请发，至可怜悯。用特据实专呈钧鉴，伏乞俯察下情，提前将不敷款项颁发，俾维站长信用而救属员急困，不胜屏营待命之至等情，并书表单据前来。经即饬局核数尚符，除指令并检存计算书一份备案外，理合备文连同各项书表、单据转呈钧帅察核。伏乞俯赐分别存发核销给发归垫，实为公便。谨呈
大元帅

计呈缴职部第三支部第三分站十二年九月二十二日至十一月五日支出计算书表二份，单据粘簿三本，领款收据一本，输卒饷册一本。

前兵站总监罗翼群（徐伟代）

中华民国十三年一月廿五日

（《陆海军大元帅大本营公报》一九二四年第七号，3月10日，“指令”）

罗翼群呈孙中山文

（1924 年 1 月 25 日）

呈为呈报事：窃查职部所属各部、局、站、所支出计算书表单据、收发粮食军品表据，前经列单送请核销在案。兹据第三支部第三分站长方柳门呈称：案据第一派出所长程武扬呈称：窃职所于本月十九日在河源时奉到钧令即日收束，并限于十日内具报等因。奉此，遵即收束。职拟于次日督率全所返博，其时河源正值军事紧急，后方秩序稍乱，未能即返，迫得与东路各部同时退却，以致职所遗失单据十五张、军食一篓。兹将保存之单据暨九十两月收支款项、发出薪饷、收发军米、军品数目，理应缮具清册并单据一并呈缴鉴核。查职所于前所长陈代辉移交毫洋五千七百元，又于十月六、七两日，钧站先后两次解来毫洋一千七百元正。除领过接收两共毫洋七千四百元外，实不敷毫洋一千六百二十元零六毫八仙二文。其时军队集中时，军食缺乏，前已奉到钧令就地采办，职未敢稍懈。前方又无商店，迫得派员在各乡收买，以致用款急需，只得在东路各部商借。理合呈请钧座早日发给归垫，实为公便。等情。并据缴呈九、十月粮食军用收发表各四份，收支计算书、计算附属表各四份，单据簿一份前来职站。本当详细查核，惟是钧部定期结束，前经令催从速赶办汇报在案，自不能再事耽搁，延误要公。理合即将该所缴来表册三份转呈钧部，伏乞察核，分别存转施行，并将该所塾［垫］支各款早日发给归垫，实为公便等情，并书表、单据前来，经即饬局核数尚符。除指令并检存书表各一份备案外，理合备文连同各书表、单据转呈钧帅察核，伏乞俯赐分别存发核销给发归垫，实为公便。谨呈

大元帅

计呈缴职部第三支部第三分站第一派出所十二年九月份支出计算书表二份、收发粮食表二本、单据粘簿二本，第三支部第三分站

第一派出所十二年十月份支出计算书表二份、收发粮食军品表二本、单据粘簿二本。

前兵站总监罗翼群（徐伟代）

中华民国十三年一月廿五日

（《陆海军大元帅大本营公报》一九二四年第六号，2月29日，“指令”）

罗翼群呈孙中山文

（1924年1月25日）

呈为呈报事：窃查职部所属各部、局、站、所各月支出计算书表、单据、收发粮食军品表据，前经列单转呈核销在案。兹据第三支部第三分站长方柳门呈称：案据第一运输站站员丁琥呈称：窃职奉令派赴派尾开办第一运输站，于十月二日呈报成立，当蒙解与经费银二百元并军米百余包，其后粮食、军用品逐日陆续解到。迭经呈请解款以应支付，均未蒙解，而前催解粮食急如星火，不得已〈以〉私人名义向东路第一三七各旅挪移款项，支付转解粮食各费，以冀钧站解至款项再行清偿。不谓是月十七日即奉到收束命令，职当将经手各费造具表册，计共七百五十四元四毫四分，除收入款项二百一十元，实欠洋五百四十四元四毫四分，面报呈请核发。蒙谕以本站未经奉到收束款项给予函件，可迳赴省城呈报第三支部蔡部长核发，毋庸由站转呈等因。职随捧赉钧函并各表册赶赴第三支部递呈，适该时蔡部长已离省城，无从投报。无奈坐守省垣以冀其回部，一面静候钧座返省。现奉谕催报销，理合将各项表册捧呈电核，仰祈俯念垫款太巨，无力偿还，迅赐核发以免亏累等情，并缴报销清册四份、收据表一份、单据粘存簿一份前来。据此，职站本当详细查核，惟是钧部定期结束，前经令催从速赶办汇报在案。自本［不］能再事耽搁，延误要公。理合即将该站缴来各册三份转呈钧部，伏乞察核分别存转施行，并将该站垫支各款早日发给归垫，实为公便等情，并书表、单据前来。经即饬局核数尚符。除指令并检存书表一份备案外，理合备文连同书表、单据转呈钧帅察核，伏乞俯赐分别存发核销给发归垫，实为公便。谨呈

大元帅

计呈职部第三支部第三分站第一运谕［输］站十二年十月份支出计算书表二份，单据粘簿□本，领款收据一本。

前兵站总监罗翼群（徐伟代）

中华民国十三年一月二十五日

（《陆海军大元帅大本营公报》一九二四年第六号，2月29日，“指令”）

郑德铭、邝明宽等呈孙中山文

（1924年1月25日）

呈为呈请结束事：窃德铭等于十二年五月二十九日，奉大本营秘书处函开：奉大元帅令，委德铭等为中央财政委员会筹备员等因。奉此，遵即择定会址，报告成立。其委员之经商香港者分别函邀赴会，寓省绅商之热心办事素负时望者，亦经开具名单呈请补聘各在案。现驻港委员以商务关系久未能到会，而寓省绅商亦未奉派委，所以成立之后未能依期开会，正拟呈请改组以促进行，而大本营财政部已有财政委员之组织。德铭等念同是办公机关，似不宜骈技［枝］分设，徒负虚名。理合呈请结束归并办理，以收实事求是之益。所有呈请结束中央财政委员会缘由，是否有当，伏乞指令祇遵，实叨公便。谨呈

大元帅

中央财政委员会筹备员郑德铭、邝明宽、黄旭升、罗雪甫

中华民国十三年一月廿五日

（《陆海军大元帅大本营公报》一九二四年第五号，2月20日，“指令”）

陈兴汉呈孙中山文

（1924 年 1 月 25 日）

呈为呈请事：窃职路附加军费前经呈奉钧座核准，分别拨交滇湘两军总司令在案。乃昨据韶州站电称：奉滇军第一师司令部令，略以该附加军费须缴驻韶师部，勿得抗延，致干未便等因。如何办理，乞复示遵等情。据此当经面谒钧座请示办理，并奉面令，准令饬该师长毋得干预路政有案。即日又据韶州站电称：现滇军第一师高副官带队到站声称：奉赵师长命令，附加军费须即解缴师部，无论如何不得抗阻。敝站无力再争，迫得将韶站所收之附加军费六百七十四元一毫六仙强被提去。并高副官声称：此后每日韶站所收之附加军费，仍须每日缴交师部，无得玩视等语，谨电奉闻等情。据此，理合呈恳钧座察核，迅赐将办法指令祗遵。谨呈

大元帅

管理粤汉铁路事务陈兴汉

中华民国十三年一月廿五日

（《陆海军大元帅大本营公报》一九二四年第五号，2 月 20 日，“指令”）

梅光培呈孙中山文

（1924 年 1 月 25 日）

呈为请示办法事：现据原办江门东口会河厘厂商人冯耀南呈称：窃商奉到钧批内开：呈一件。年期未满，血本无着，请收回撤销成命由。呈悉。查本案系遵照帅令办理，业经核定，未便变更，所请收回成命之处，应毋庸议。仰即迅遵前令，克日移交，

毋得抗延干咎，切切。此批。等因。查商接前厅长六七六号训令内开：案奉大本营驻江办事处批准恒源公司商人郭民发承办江门厘厂令厅给谕一事，业经转呈大元帅察核饬令取销在案。现奉大元帅指令开：呈悉。所请应即照准，仰候令行大本营驻江办事处遵照办理可也。此令。等因。奉此，合就转行仰该商即便知照。此令。等因。奉此，乃郭民发抗不交代，复经杨内政部长以任内未完手续，呈请大元帅察核，奉大元帅批：着西江善后委员酌夺，当蒙李委员兼督办济深秉公批准，力护回任。又蒙邹委员兼财政厅长批饬：年加饷银一万六千元，准照续办。综观帅令，郭民发之不能夺商者已成铁案。昨读五邑财政整理处李处长接事布告，凡属五邑征收机关，如无滥征、无苛扰、无舞弊事情发生者，仍准一体续办在案。今商并未有上项情弊，应在准予续办之列，且商曾以按□重饷缴存钧厅。原案具在，岂能任意推翻？是商之不甘交代具有理由，非同抗令者。此合再沥情呈□□恤商艰，立予收回成命等情。据此查该商所陈各节别有衷曲，应否照案批饬，抑应如何办理之处，理合据情转呈钧座察核，伏祈训示遵行，实为公便。谨呈

陆海军大元帅孙

广东财政厅长梅光培

中华民国十三年一月廿五日

（《陆海军大元帅大本营公报》一九二四年第五号，2月20日，“指令”）

伍学熀呈孙中山文

（1924年1月26日）

呈为呈报事：窃督办于去年十二月十五日就职视事，计至本月十五日一月以来，所有职署开办费、经常费暨员役兵丁薪金，与夫

订购船械、定制旗灯、印刷册照、图表等费，约共支出银一万元正。现职署尚未有所收入，亦未领过公款，一切支出系由督办垫支。拟俟一旦有所收入，然后扣回。兹因职署开办经逾一月，理合将十二年十二月下半月及十三年一月上半月所有职署支出数目，先行呈报钧帅察核备案。至于数目清册，一俟造妥，然后续报。谨呈大元帅

兼广东全省船民自治联防督办伍学熀

中华民国十三年一月二十六日

（《陆海军大元帅大本营公报》一九二四年第五号，2月20日，“指令”）

张开儒呈孙中山文

（1924年1月26日）

呈为陈明职处副官葛昆山前在东路第八旅营长差内带逃枪枝一案其实在情形，仰祈睿鉴事：窃本月十六日奉钧座第十六号手令内开：着参军长将副官葛昆山免职并扣留，勒令将带逃之枪交回东路第八旅代旅长谭曙卿点收。此令。等因。奉此，遵即将该副官葛昆山扣留，勒令将带逃之枪交回第八旅点收，以符帅令。旋据该副官呈称：为呈报事：窃奉发下第十六号大元帅令开：将副官免职并扣留，勒令将带逃之枪交回东路第八旅代旅长谭曙卿点收，此令。等因。奉此不胜骇异。窃查副官前充东路第八旅十六团第二营长差内，实无带逃枪枝之事。再四思维，惟有去年大军集合石牌之时，正值战事剧烈，第六连连长张定璆阵亡，派排长樊国贞暂代，不意樊国贞当军事未定之时、旅团长离队之日，该排长带逃枪枝三十三杆，此时即严行追究，并一面呈报谭代旅长通饬协拿，有案可稽。嗣后再三调查，始知该逃排长樊国贞已投入中央直辖第三军独立营杨营

长部内，编为第一连，充当连长。迭次交涉无效，副官复将各节报告谭代旅长，请与第三军追还原枪，并报明该排长驻番禺学宫，此后已呈请旅部追究。迨后战事胜利，副官因病辞去营长职，以资调养。所呈各节实无虚妄，务恳钧座咨行第三军卢军长将改编连长樊国贞交出，到案对质。如有通同作弊及教唆嫌疑，甘愿究办。奉令前因，理合具实呈报鉴核，伏乞澈查以分泾渭，实感德便。等情。比即据情函达中央直辖第三军暨东路第八旅长，后派中校参谋马仁生来处面递函呈，内称：敬呈者：敝旅十六团第二营营长葛昆山，于前月联军退回石牌时，因病请假到省就医，当时该营职务交营副余亚农代理。该营副因彼时秩序已乱，情况可危，遂诱同该营第六连代连长樊国贞带兵四十余名，步枪三十三杆，潜逃至中央直辖第三军卢军长处，改编为该军独立营第一连。以后葛营长病愈返营，即报告谭代旅长，谭代旅长即转报东路总司令各等由在案。此事前已经辩明与葛昆山营长并无纠辖，其逃去枪枝由总部直接向卢军长交涉，不与葛营长相干。此始末经过情形，仁生均亲身在场，内中真象最为明晰，此事实与葛昆山无关连。如有不实之处，仁生甘愿作保，谨呈鉴核等情。复准中央直辖第三军司令部第二三八号复函，原文冗长，邀免全录，尾开：使职部早知为东路逃兵，则何肯收之入伍。兹奉前因，再四筹维，惟有将所收散兵步枪二十一枝缴存在钧部，如何处理之处出自钧裁。其原来官兵当收抚时大半病废，业经陆续更换，已非原人，自无解交之理。合并呈明。此呈。等因，呈复前来。查所呈各节尚属实情，该营收抚于逃散多日之后，枪枝自有不齐，事隔多时始明，人员固已非旧。惟所缴步枪二十一枝既属出自东路，即应送还，合请贵参军长据情函知东路第八旅，迳赴敝军司令部查照认领可也等由到处。综上情由，与副官葛昆山已无带逃嫌疑，并查葛昆山为东路第八旅旅长张民达所保荐，荐剡历述该副官革命成绩，及援赣、援闽、回粤诸役功勋，并有屡拟保升团长之语。足征该副官在八旅二营为有功无过之人，昭然若揭。兹复奉钧座发下府字第四一二号副官葛昆山呈文一件，事同前因到处。奉此，理合将办理此案始末情形，备文呈请鉴核，伏乞训示祇遵。谨呈

大元帅

参军长张开儒

中华民国十三年一月二十六日

（《陆海军大元帅大本营公报》一九二四年第五号，2月20日，“指令”）

李济琛致孙中山电

（1924年1月26日载）

准下月删（十五）将西江财政，交回财厅。

（《申报》1924年1月26日，“国内专电”）

护法议员致孙中山电

（1924年1月26日）

广州孙大总统钧鉴：

众议院议员杭辛斋，为革命先进，护法中坚。自来束发授书，为国尽瘁，功在社会。其学术道德尤为继绝承薪，昭昭在人耳目。因是积劳成疾，不幸于元月二十四日在沪病故，同人等不胜悲悼。应如何宣付国史，酌予抚恤，用彰贤德，而励将来之处，伏维睿裁施行，实为德便。谨此奉闻。国会护法议员同志会同启。一月二十六日。

（《申报》1924年1月27日，“本埠新闻”）

中华民国学生联合会总会致孙中山等电

（1924年1月28日）

广州孙大元帅并转各省国民党代表钧鉴：

欣闻贵党召集全国代表大会，讨论党纲组织及对内对外诸问题。行见贵党精神日益发扬光大，谨电驰贺。中华民国学生联合会总会叩。俭。印。

（上海《民国日报》1924年1月29日，“本埠新闻”）

王棠致孙中山函

（1924年1月28日）

大元帅睿鉴：

本月二十七日夜，据石龙分处刘委员惠良电称：据机车管理处处长陈秀伯投称：工人袁登，一月二十三日，被滇军拉去充夫，苦求释放未准，竟在菉兰地方，惨被枪毙。全体工人因生命危险，要求停工等情。据此，当以军事紧急，车路停工，影响时局关系重大，一面电复石龙分处安慰工人，并派人安慰工团，务令照常开车。并派员亲赴总指挥部会商龚副官长，随由龚副官长急电石龙，请杨总指挥查办擅自枪毙工人之官兵，布告保护路工，以平众愤，毋任停工。幸省局工团深明大义，允许听候杨总指挥办理，允为暂时照常开车。此铁路工团因被滇军枪毙工人要求停工，即经处长会商车务管理处暨龚副官长，急电石龙杨总指挥查办官兵，保护工人经过大概情形也。理合函呈钧座鉴核，谨叩

崇安

大本营军政部广九铁路军车管理处处长王棠

（《广州民国日报》1924年1月29日，“特别纪载”）

蒋光亮呈孙中山文

（1924 年 1 月 28 日）

呈为据情转报事：顷据第五师师长兼本军前敌总指挥胡思舜报告，据前敌曾旅长曰唯电称：刻下王汝为率十六团、十五团第三营已离驻地，不知去向，想必投敌。现我联合追缉部队尚未归回，特闻。旋据该旅长并杨旅长青圃来电，亦以王汝为确有率队投敌之意，并其对所部宣言韶关已失，某夜敌人一定来攻我旅，应移他方等语，报请核示前来。查王汝为前因率部叛变，举动乖张，军长以其关系大局，呈报帅座奉令免职。兹该师长野心如故，率部投敌，足见前通北敌无可讳言，自非严行追缉，尽法惩办，不足以张国法而儆效尤。除通令所属各师并电各友军转饬所属部队上紧协缉，暨咨公安局侦缉王秉钧、王汝为党羽，以防捣乱而维治安外，理合报请帅座通令追缉，务获究办，以维大局，并祈指令示遵。谨呈

大元帅孙

中央直辖滇军第三军军长蒋光亮

中华民国十三年一月廿八日

（《陆海军大元帅大本营公报》一九二四年第四号，2 月 10 日，“指令”）

叶恭绰呈孙中山文

（1924 年 1 月 28 日）

呈为呈覆事：奉帅座令开：着财政部将宁波会馆契件交与蒋介石，交回宁波同乡会。此令。等因。奉此，自应遵办，当即派员于一月廿五日将宁波会馆管业契据等件，逐一点交蒋介石代表冯启民

领收，立回收据在案。奉令前因，理合备文连同点交契据等件清单一纸，呈复鉴核备案。谨呈

大元帅

大本营财政部长叶恭绰

中华民国十三年一月廿八日

（《陆海军大元帅大本营公报》一九二四年第五号，2月20日，“指令”）

林森呈孙中山文

（1924年1月29日）

呈为拟订商标法及商标法施行细则恭折仰祈钧鉴事：窃职部掌理工商，默察国内工商大势，统筹应兴应革事宜，当以编订法规为入手办法，前经呈奉帅座核准施行《暂行工艺品奖励章程》以资激劝。查商标专用所以表彰工商品物，商标注册所以保障商人私权，文明国家莫不定有专例，其通商各国方且缔结互相保护商标之条约。民国建造十有三年，关于商标法则尚未见诸实行，殊不足以振兴实业，保障私权。兹拟采仿商标专用主义，规定注册，严禁假冒。至外国人民呈请商标专用时，其有条约规定者依现行条约办理，以昭公允而便推行。所有呈请公布施行商标法及其施行细则各缘由，理合将拟订《商标法》四十条，《商标法施行细则》三十二条，恭缮清折随文呈请鉴核。是否有当，伏□明令祗遵。谨呈

大元帅

大本营建设部部长林森

中华民国十三年一月二十九日

（《陆海军大元帅大本营公报》一九二四年第五号，2月20日，“指令”）

梅光培呈孙中山文

（1924 年 1 月 29 日）

呈为呈请事：现准滇军总司令杨希闵、湘军总司令谭延闿、第一军军长朱培德咨开：现值军务孔亟，财政困难，敝军所需饷项几至毫无着落，自应急谋救济以安士心。经敝总司令、军长照伍前运使函请滇湘各军派全权代表会商统一办法成案，于黄沙地方设立盐务局。凡盐商贩运盐斤销行大小北江，均须报由该局查验，规定每盐一包，于正税外加抽护运附捐一元。又于韶关东西北厂内附设百货税局，英德县属含洸地方设百货税分局。凡各商贩运载货物往来大小北江，均须报由各该局查验。规定将各种货物于正税外，估价加抽护运附捐百分之二分五，暂定抽至军事收束为止。此项饷捐开办以后，由黄沙起以达大小北江一带，所有商货往来，敝军等当同负保护维持之责。务期兵食有资，商民无扰。其设局征收事宜，由敝总司令、军长等会委专员经理，以专责成。收获之款即由敝总司令、军长等均匀分配，藉资弥补。除呈准大元帅备案并分别咨令布告准于本年一月二十三日设局开办外，相应咨请贵厅长烦为查照，转饬各税厂遵照，实纫公谊等由。准此。查此事未奉钧座令行到厅准咨前由，应否分饬各税厂遵照办理，除呈省长外，理合呈请察核示遵，实为公便。谨呈
陆海军大元帅孙

广东财政厅长梅光培

中华民国十三年一月廿九日

（《陆海军大元帅大本营公报》一九二四年第五号，2 月 20 日，“指令”）

程潜呈孙中山文

（1924 年 1 月 29 日）

呈为呈复事：奉钧座第二三号训令内开：交议滇军故团长潘宝

寿抚恤一案，除原文有案邀免冗叙外，尾开：仰该部即便查照议覆核夺等因。奉此，查该故团长潘宝寿历战川粤，永矢忠诚，临阵捐躯，殊堪痛惜。拟请准予追赠陆军少将，并照陆军战时恤赏章程阵亡第一表给予恤金，以慰英灵而昭忠荩。是否有当，理合备文呈复，伏乞核夺示遵。谨呈

大元帅孙

大本营军政部长程潜

中华民国十三年一月廿九日

（《陆海军大元帅大本营公报》一九二四年第五号，2月20日，“指令”）

宋鹤庚呈孙中山文

（1924年1月29日）

呈为呈报就职并启用关防日期仰祈察鉴事：窃职于上年八月奉帅座简任为湘军第一军军长。奉此。维时职以旧疾复发，去沪就医，奉由第一纵队司令方鼎英代行职务，嗣经改为湘军第一军军长，职犹未能遵委莅任。旷职多咎，疾幸渐瘳，渡海南来，尚无寸效。又奉简任兼湘军总指挥，一命再命，惶悚莫名，渐负军衡之重，未获固辞。念兹时局多艰，敢忘图报？兹于本月二十九日遵就本兼各职，并准鲁前总指挥涤平咨交湘军总指挥关防一方，牙章一颗。又准方代军长鼎英送交湘军第一军木质印信一方，牙章一颗前来，均经接收，同日启用。理合备文呈报，伏祈睿鉴。谨呈

大元帅

兼湘军总指挥、湘军第一军军长宋鹤庚

中华民国十三年一月廿九日

（《陆海军大元帅大本营公报》一九二四年第四号，2月10日，“指令”）

伍学熀呈孙中山文

（1924年1月29日）

呈为遵令将章程条文及收费数目明白布告呈报备案事：案奉钧帅第八九号指令，为职署遵令修正条文改缮章程请赐核准由，令开：呈悉。所有该督办拟呈之《船民输纳自治联防经费暂行章程》九条、《查验枪炮照暂行章程》十一条，又发给《旗灯暂行章程》八条，既据遵照前次指令逐一修正改缮呈核前来，应准如拟施行。仰仍由该督办将条文及收费数目明白布告各船民一体周知。章程暨附件均存。此令。等因。奉此，自应遵照办理。除布告外，理合呈报备案。谨呈

大元帅

兼广东全省船民自治联防督办伍学熀

中华民国十三年一月廿九日

（《陆海军大元帅大本营公报》一九二四年第四号，2月10日，“指令”）

陈融呈孙中山文

（1924年1月30日）

呈为呈解事：案奉广东省长公署训令一三六五号开，据市政厅呈拟提薪充饷办法，饬将在事人员除月薪四十元以下免提外，其余超过四十元以上者，即将一月超过薪额提扣，分两个月扣清，藉充军饷等因。奉此令行到厅，当经遵□于去年十二月三日，先将职厅及登记总局十一月分广州登记局全月分应提毫银共二千二百七十余元备文列单，呈解钧帅核收批回在案。兹将职厅十二月份应提毫银一千二百四十元，登记总局十二月分应提毫银二百三十元，广州□

审厅十□月分应提毫银九百五十五元，十二月分应提毫银八百□□五元，以上四项合□毫银三千三百元。理合备具文批汇解钧帅，伏乞核收先行给据。并乞指令批回备案，实为公便。谨呈

大元帅

广东高等审判厅长陈融

中华民国十三年一月三十日

（《陆海军大元帅大本营公报》一九二四年第四号，2月10日，“指令”）

旅沪川民自决会致孙中山等电

（1924年1月30日）

中国国民党总理孙中山先生转代表会议诸君均鉴：

凶顽盗国，遗羞中外。贵党愤神州之陆沉，痛民气之不振，爰召集各地代表商榷党务，策励进行。窃贵党手创民国，成败与共。今之善贵会者，盖即所以善吾国。遥维盛举，良用钦迟，敝会谨代表七千万川民驰电致庆，并敦请诸君殚精竭虑，共树远大。岂□贵党之幸，亦吾国之幸也。旅沪川民自决会叩。陷。

（上海《民国日报》1924年1月31日，“本埠新闻”）

旅沪川民自决会致孙中山电

（1924年1月30日）

广州孙大元帅均鉴：

我公犯艰冒险，手创共和。何物曹锟，竟敢僭窃名器，盘踞神京。凡有血性，罔不发指。报载我公将于岭表组织正式政府，内以收拾人心，外以标扬正统。惟兹善举，允合时宜。敝会谨代表七千

万川民促请我公奋迈进行，庶凶顽知所敛迹，列强得以归心也。旅沪川民自决会叩。陷。

（上海《民国日报》1924年1月31日，“本埠新闻”）

陈兴汉呈孙中山文

（1924年1月31日）

呈为呈请事：窃奉钧座大字第三八五号任命状开：任命陈兴汉兼理广三铁路管理局局长。此状。等因。奉此，仰见钧座眷顾隆情，不遗樗栎。本当勉竭驽钝，稍报涓埃，惟念粤汉干线事繁任重，殚心竭力已虑不胜，倘更兼长广三，办理益形棘手。且自报章发表钧状以后，蜚语横生，多谓兴汉不宜揽占路权，致使其他有向隅之叹。兴汉拊心自问，良用惕然，量既乏乎兼人，路应让诸贤者。所有呈请收回兼理成命缘由，理合备文呈恳钧座察核。是否有当，敬候指令祗遵。谨呈

大元帅

管理粤汉铁路事务陈兴汉

中华民国十三年一月卅一日

（《陆海军大元帅大本营公报》一九二四年第四号，2月10日，“指令”）

林森呈孙中山文

（1924年1月31日）

呈为广三路局被毁职部派员调查暨滇军蒋军长具报各情形呈恳鉴核事：窃查广三铁路管理局前因军事风潮被毁，职部以职权所在，当即遴委科长陈润棠、科员俞鸿基前往该局切实调查。随据该

委等呈复称：职等遵于本月十七日前往该局认真调查，当时该局局长李志伟因公他出，未得面询究竟，只由总务科长代为接见。据说该局被焚暨各情节□为详，悉谓本月□日驻扎石围塘军队不知何故，加派步哨，异常戒严，直至入黑，卒无事故发生，当即解严。惟时风声鹤泪［唳］，路员多怀恐慌，然仍镇静办公。乃八日有某部军队由九江回兵返省，意欲渡河进驻石围塘。该处原驻军队为防及误会起见，复下令戒严。乃九日早，某师参谋处电知西濠口站停止售票，故是日列车竟全行停止。迨至十日，沿途列车再复开行，即日午间又加紧戒备，再停止行车。至十二晚十一时许，某部与某部互相哄击。当时铁路局员、机工人等骤闻枪声，知有变故，各自逃命。该处军队双方剧战约点余钟，驻守石围塘军队纷纷退却，某部遂入驻路局。斯局楼分两层，楼上向系第三军军部办公之所，楼下系路局职员办事之处。是夜，枪声甚密，时约两点多钟，不审缘由，突然起火，烧至天明，始自熄灭。路局一座全行被毁，幸附近厂处不致波及，惟路局所有历年卷宗、图藉［籍］尽付一炬，此次损失计当不赀。但现在诸事尚未部署妥当，一时难以核算损失实数。至路局被焚原因，当时在职人员均因战事躲避他方，是以失火缘故始终莫白。惟事后推测，想必当时异常纷乱，散兵意图劫掠，四处搜罗，遗下火种，致兆回禄。因在瓦砾场中检得各铁保险柜多半破烂，似系人力捶毁者，更兼待缴军部毫银二千余元，镍币多少全行遗失。有此情形，故人多谓乱兵纵火，但皆忖测之词，未敢尽以为实。至十三、四、五日风潮已行停息，秩序亦渐恢复。本路为省佛交通要冲，来往频繁，值兹夏历岁暮，商旅来往尤众，更未便停车过久，以致阻滞交通，碍及行旅，故积极筹备规复行车。月之十六日，省佛交通遂回原状。迩时局内各部分迁入附近空余房所暂行办公，诸事业已照常矣。惟路局重建在所必需，第经此巨劫，库款空虚，殊难谈到，仍俟妥筹善策备款办理。现在呈报焚毁情形，损失概数，如何善后各等情，呈文正办理间，容日自当呈报鉴核云云。

职等仍以片面之词为不足信，旋到各课处查询一切，仍系异口同词，无稍分别。按据以上所称被焚原由各节尚属近理，回复交通原状若是迅速，还算办事有方，但迟延未先具报则甚不明事体矣。该路惨经此变，元气甚伤，路务前途非认真设法使善其后，选择老于路务而富有经验者主持之，破产堪虞。综上各情，均系十七日在路局调查所得，至十九日，职等复由西濠口站沿线直上抵三水站止，调查各站对于此次事变有无损失，兼考查路务之良恶。当即查得五眼桥车站稍受波及，幸损失甚微，其余各站均无丝毫影响。近自通车日起，亦已如常办公矣。查该路路线长不过九十里，平日进款亦有三千余元之谱，各种设备尚属周全，足见创办者之惨淡经营，苦心毅力。遽遭此变，遂使一旦将十有余年办有成绩精华丧失，良堪浩叹。计此路自暂归军队之后，路款多尽提移作为军饷，而主持路务者尸位素餐，罔顾路务，以致路政殊形腐败。如石围塘轮船码头势将倾跌，仍不稍加修葺，沿途枕木日久朽坏，亦不更换，各站行车号志殊不显明，亦不复油饰，各站张挂各种章程以及行车时刻、车费、名表甚不明了。如此种种腐败情形，虽罄竹难书。至此次损失虽甚伤元气，幸连日客运甚为畅旺，进款尚觉有增无减，亡羊补牢，是未为晚。嗣后认真设法以善其后，更旧以维新，复图展筑路线，将来前途正未可限也。设仍旧观不思发展，将更有重于此变，而沦于不可收拾前途，更不堪设想矣。谨就调查所得，备文呈请鉴核。等情。

据此，正核办间，又据中央直辖滇军第三军军长蒋光亮咨呈称：案据广三铁路管理局监督刘定祥、管理李志伟等联衔呈称：窃查广三铁路于民国二年湘鄂股收归国有后，翌年建设管理局，盖造上下两层，所有正副局长、办公室暨总务、会计、车务、工务、机务五课，以及工程司室咸萃聚其间，总务课庋存关防卷宗，会计课存贮账目、契约、银钱，车务课庋存新旧车票、统计表册，工务课庋存地亩图籍、批约等件，工□□□庋存沿途□□房屋□项图则。惟机务课所辖机、木两厂均在局外，故无甚要件贮放。上年粤省政变以后，路□□归钧部管辖，设司令部于路局，上层将各课室并归楼下，历安无异。不料本年一月十二日，滇军第四师师长王汝为所部突由东江防次开回。是夜，由芳村潜渡石围塘向钧部攻击。其时虽有第五、六师驻防，然兵力单薄，不能抵拒，管理方奉命留局住宿，督率随时开驶军车。夜半十二时，叛军猝至局后，枪声四起，左右乏援。当即驰赴马［码］头，号令水陆游击队长邝敬川、黎国汉督兵抵御。逾时，来军人数千余，势力凶猛，邝、黎所部众寡悬殊，终至战斗力乏绝，枪械被缴，管理势尽援绝，只得偕同谭参谋长离岸登舟，以避锋镝。管理离局时，弹已射及，幸未中伤。该叛军旋入局搜掠括取既毕，约三点钟时，向本路货仓、工厂等处搜取火水汽油，将局纵火焚毁，上下两层延烧净尽。当时尚有路警遥立眼见，后据报告，用悉其详。本路历遭兵燹多次，虽损失不免，然未有变生仓卒，无可预防，全局□□□□付诸一炬，如此之惨毒者也。溯查本路自光绪季年开办以来，迄今二十余载，历年案牍、账目、表册篋笥累累。只图则一项，闻向合兴公司赎路时作价至十余万元。惟全路地亩契据，则民国元年源昌街旧局被火时业已焚毁，不在此次劫灰之内。至于银钱一项，本路自军兴以后奉提军饷，迫促逐日，收入除开支紧急路用外，余即扫解，向无留存，有十二月底以前造呈收支对照表及一月上旬内解款数目可查。故是夜被掠只有镍币次银及零星毫仙，并无大宗现款。昨阅报载，第四师长王汝为报告，诿为第五、六师军士却退时纵焚，以掩其军队焚掠之恶，并谓前局长欲藉此消灭侵吞款项证据。其实该叛军进局后数小时之久，始见火起。翌晨花地、芳村一带，即发现该叛兵将掠得局内时钟、风扇、电话机、椅桌等件兜售。若果先已燎原，该叛军何能进掠？此皆饰非嫁祸之词，殊非事实也。现在该叛军已蒙暂退石围塘一带，安谧如常，轨道车辆经饬赶速修理。目前善后之法，亟宜复开客、货车，藉便商民交通，维持车利收入，庶可徐图恢复。职等经□同全体路员即日遄回石围塘，就原有材料所、木工厂等处分别腾出地点，为各课室办公之所。一面赶速筹备，定于本月十六日照旧通车。所有全局案卷、账目、表册、契据等件虽已无存，然各部份皆有服务多年员司办理，尚不至束手。各项图则亦可陆续测量绘补。惟此次损失房屋、器物，一切数目、档帐被焚，无可勾稽，实难确算列报，只得俟通车以后，将全路财产及现存材料等项从新清查一次，列册分别存报备查，以资稽核。至于重建总局，需款甚巨，目下财力万难办到，只可俟路款稍裕时再行提议。此次灾生无妄，殊非意想所及。惟职责所在，职等在任一日，不敢不勉竭智能，维系交通，功罪听诸他人，毁誉悉付度外，只有尽其在我而已。所有路局猝被叛军焚毁暨办理善后大略情形，理合呈乞鉴核备案训示，并分别咨报备案各等情前来。

据此，查此次滇军第四师王部突由东江开回，夤夜攻击石围塘，将路局全座焚毁净尽，现经解释，撤退回防。当时该局管理等经督兵拒战，奈兵力过单，不能抵敌。兹据报该局案卷、账目、表册、契约等件悉遭销毁暨筹办善后大略情形，除檄饬赶速清查整理并分咨报外，理合据情咨呈，伏祈察照，备案施行等情前来。查该局此次被毁，所有案卷、账目、表册、契约等件一概无存，现在交通虽已恢复，而善后一切事宜尚须妥为筹划，且据该委等列陈该路办理腐败情形，若非力加整顿，于营业前途亦有妨碍。兹据前情，理合据情呈请鉴核令遵。谨呈

大元帅

大本营建设部部长林森

中华民国十三年一月卅一日

（《陆海军大元帅大本营公报》一九二四年第五号，2月20日，“指令”）

罗翼群呈孙中山文

（1924年1月）

呈为呈请事：案据兵站第一支部长张鉴藻呈称：窃职部前将欠

发各员兵薪饷及向商号赊购菜食各款，共计未领者四千余元，并书表、单据及欠领各缘由曾呈报钧部在案。旋奉钧部第七零七号指令开：呈及书表、领据均悉。查该支部长率属供给东北两江前敌部队粮食、军品解运适宜，深资得力，所呈各节自属实情，候将书表、领据转呈帅座察核分别存发核销给领，仰即知照。此令。等因。奉此，窃以上项欠发领款既荷总监，请予转呈给发，何敢冗牍呈催。实因支部收束既逾两月，至欠发各员兵之尾饷或在数元或在数十元者，而各因收束赋闲欠饷待领，其每日均有数十名向职处恳求清发，藉赡室家，清理债项。惟念其当日之辛劳可嘉，现时之苦况堪恤，又届旧历年关清理债务之时，不得不再予具呈总监，请赐转呈帅座俯念各员兵艰困状况，将欠领之四千余元饬发，俾便清给各员兵欠薪、商号欠款。是感惠之处不独该员兵等也，敬此，肃呈，伏候指令示遵等情。据此，查该支部长所呈各节尚属实情，理合具呈备文转呈钧帅察核，伏乞俯赐饬承查案给发，敬候示遵。谨呈

大元帅

前兵站总监罗翼群（徐伟代）

中华民国十三年一月□日

（《陆海军大元帅大本营公报》一九二四年第五号，2月20日，“指令”）

谭延闿呈孙中山文

（1924年1月）

呈为据转仰祈鉴核事：窃案据职部第五军司令部主任参谋余泽篯由仁化元代电称：顷据第十五旅旅长陈寅报告：一、据第二十九团团附叶良报称：昨十一日职团奉令派第二营开赴百顺、扶溪一带截阻逃兵，特先派副官一员持函赴扶溪通知，以免误会。讵该

地团防竟将团兵调齐于距扶溪六七里之地，登山实行抗拒，并将该副官等及第二营之前站兵数名一律扣留，声称该地不准驻兵，若强欲前来即行开火，并即将该副官等斩首等语。嗣经该副官等再三解说，始肯放归。适第二营全部到达，与该团防前哨相遇，该团兵等竟亦高呼如前，曾营长因恐一时冲突，不分皂白，故仍一律开回长江，静待后命。二、据土人报称：该地团防局长李飞龙曾在陈炯明部下充当营长云云。三、昨南雄方面逃兵经过该村时被缴枪五十余枝，故该团防势力澎涨，更为刁抗。四、扶溪地为长江仁化、南雄等处之要道交叉之点，极为重要，由长江至仁化，及由仁化至南雄皆所必经。当此军事期内，军队调动往来不时，该地人民如此野蛮动行阻抗，为害匪轻，一旦有事，雷团既处进退维谷之势，定有防［妨］碍。尤恐该团防局长李飞龙既系陈逆旧人，暗与陈逆勾结，我军即应谋解决之法各等情。据此，查扶溪人民野蛮，久成习性，犹或可原，今竟无端阻拒官军，难保其无越轨行动。应如何办理之处，伏祈钧裁施行等由前来。伏查职所部各军均驻防粤湘、粤赣两方交界之处，仁化为通南雄、达曲江交通孔道，军队往来移动自系恒情。且闻迩来唐生智遣派奸徒多名，潜入我军防地勾引鼓惑，以致职部各军日来间有持械潜逃情事发生。百顺、扶溪地方为南始经仁化入湘必由之地，故迭电该军派队驻扎百顺、扶溪一带堵截在逃士兵。乃该地方人民不察内容，任意阻抗，影响所及，遗害匪浅。且据称，李飞龙系陈逆旧部，有无他项危害阴谋，殊难思揣。理合缕叙各情由，呈□钧座俯赐察核，令饬该县转令该地士绅，不得拒绝防军驻扎及通过，不胜惶悚待命之至。谨呈

大元帅孙

湘军总司令谭延闿

中华民国十三年一月□日

（《陆海军大元帅大本营公报》一九二四年第四号，2月10日，“指令”）

赵士觐呈孙中山文

（1924 年 1 月[①]）

为具折呈复事：现准大本营秘书处交下两广盐务稽核所宋经理子文呈一件，原呈内开：为呈复事。现准大本营秘书处第六二五号公函内开：迳启者，顷奉大元帅交下两广盐运使伍汝康呈报办理盐商预缴现饷，并补恤各程船损失数目经过情形一件，奉谕交两广盐务稽核所经理宋子文核办等因。奉此，相应检同原呈函达，即希查照是荷等由。准此，伏查伍运使办理此案前并未咨会过所，经理无从与闻。及至商人来所，言及协成堂等前程船被劫，损失盐斤数千包，现奉伍运使特准照数赔偿等语，经理以该案如此办理，有损害国家税源，破坏盐纲。为职责所在，经于十二月十四日据闻咨请伍运使，将办理该案经过情形详为咨会。去后多日，始准伍运使咨开：现准贵所第十三号咨开：现闻有公泰祥、万宝源等数间盐号，日前配运饷盐，路经虎门外，猝遭匪军兜截，劫掠数千包，以致商人损失。呈报贵使，经由贵使准予补配免税。敝所迄未据商人呈报前来，亦未准贵使咨会，莫名真相，相应咨询，务希即将原案情由咨复，至纫公谊等由。准此，卷查此案叠据运商济安公堂研究公会暨该堂号等，呈请查追发还盐斤及枪枝。又经前任具呈孙大元帅暨广东省长核饬发还，并准大咨第七八六号商请设法维持，并将盐斤、枪枝分别追还给领有案。现复据该堂号等联呈，以亏累无归恳照给偿等情前来查核。该商等久蒙损失，情实可悯，应如何体恤商艰，妥筹兼顾，系属行政上应有职权。敝使反复考虑，似难置若罔闻，特行准予给偿，并酌定临时筹款办法，俾得官商交受其益，当批禀悉该堂号等因。各程船被军队起盐缴械，致受损失，请予补偿

① 原文未标明具体时间，此为 1924 年 1 月 10 日孙中山第 25 号指令所附原呈。——编者

本难照准，惟卷查此事，叠经前任呈奉大元帅令行各军分别查追发还在案，事隔多日迄未查起给领，致该堂号等久蒙损害，情尚可悯。现在库帑支绌，军饷紧急，如该堂号等能筹足盐饷一万三千元即日缴交以应急需，姑准照粘呈数目核给准单，俾资抵补，用示体恤，仰即知照等词，批令遵照办理。幸该商等深明大义，体念时艰，即日遵缴前来，当经验收转解，以应军需万急，并按照该商等损失数目核给准单，取具领结付卷矣。除将办理经过情形呈报大元帅察核备案外，准咨前由相应咨复贵经理，希为查照等由。经理细阅来咨，并未列明受损失之运商，各堂号、各程船每号损失数目，以及经已给偿实数颇不明了，无从查核。再咨询一切，现准伍运使第五八号咨复，并将给偿各运商堂号准单号数共二十张，该盐六千八百七十八包等由。旋奉钧座交下伍运使呈一件令交核办等因，奉此伏查向章，凡商人自雇程船运配盐斤，中途或有损失，概由商人自己担负责任。倘因损失须补配补运，照章概须完税完费。至补配免税、补运免费，皆为亡清百病丛生之陋习，此经于民国三年五月财政部盐务署稽核总所通令全国破除。今该运商协成堂等损失呈请给偿为例外要求，自应不准之列。惟伍运使迩因军饷逼迫，为临时筹措起见，遽然为例外，特准给偿。经理对于该案办理情形，又前既未准伍运使咨会过所，故未参预其间，兹奉令前因，理合谨将伍运使办理未合缘由，呈复钧座察核。至于伍运使以办理该案为军饷紧急为题，事属特别原因，究该案能否准予办理，统候钧座卓裁。仍乞指令祇遵，实为公便等因，饬即查复等由。准此，职使遵即检查原案卷宗，该盐商协成堂等之程船，系于十一年十一月被练演雄军队扣留变卖，经李前运使据情函请练司令查明发还在案。嗣以练演雄附逆，该案遂无可查追。查向章程，船配盐中途如有损失，概由商人自行负责。即或被正式军队扣留变卖，亦只由官厅咨请查追给领，实无由盐饷拨给补恤之条。况该军即经附逆，则查无可查，追无可追，自属莫可如何之事。姑无论呈报损失数目只出于商人一面之词，前运使并未派员查核，即使所报尽属确实，似亦不能准予给偿。如果此例一开，恐将来有偿不胜偿之虞。查现时东江未报肃清，东场一带尚为逆党盘踞，万一逆军尽将程船已配盐斤没收，尔时商人纷纷援案要求，势必致无可应付。诚如宋经理所云，损害国家税源，破坏盐纲，洵非过甚之论。且补配免税、补运免费之例，经于民国三年五月奉财政部盐务署稽核总所通令全国破除。在上河商人配运已缴饷之盐，如有失补配，尚且不能免税，而下河未经返关缴饷之盐，又未派员查确，其损失之数乃竟得特准补恤。以彼例此，厚薄攸分，事理既失其公平，将来必贻为口实。宋经理谓为例外要求，自应在不准之列，职使深以为然。伍前运使因军饷逼迫，筹饷无着，为临时应付起见，亦一时权宜之计。惟该商所缴一万三千元有无发准单，现在未准移交，尚难查考。究竟该案应否照准，仍侯钧座卓裁，指令祇遵，实为公便。谨呈

陆海军大元帅孙

两广盐运使赵士瑾

中华民国十三年一月

（《陆海军大元帅大本营公报》一九二四年第二号，1月20日，“指令”）

何克夫呈孙中山文

（1924年1月）

呈为积劳病发委员代行恳请给假一月仰祈恩准事：窃克夫前以守土失职，经呈请辞免，现奉钧座第二十二号指令开：呈悉。该处长奔走国事，历有年所。此次绥靖连阳，守土御寇，殚思竭力，殊深倚畀，所请辞去连阳绥靖处处长职，应毋庸议。此令。等因。奉此，仰荷帅恩隆渥，浃髓沦肌，既宽失律之诛，转颁天语之奖。回环恭读，惭感莫名，自当免竭驽骀，涓埃图报。顾自退守阳山，晋省请训以来，病发至今，日益加剧。盖以奔驰忧患之余生，屡月戍

守，复经苦战，侵寻积弱，已不能支。且当贼势力方张，失地未复，饷弹俱竭，筹策术穷，午夜旁皇，焦思成□，遂一病而愈甚也。所有前方职务，诚恐主持乏人，日久致误，业于本月六日令委职处所部第三团团长兼连阳警备司令梁秀清代拆以行，饬其驶赴阳山行营督率一切。查该司令忠诚勇敢，人地相宜，足资付托。经责成其克期收复连州，以固边圉。倘承钧座明令训勉，必能迅奏肤功，上纾廑系。除并经分令所属遵受指挥外，理合将克夫积劳病剧暨委员代行各缘由备文恭呈睿鉴。伏乞……[①]

连阳绥靖处处长何克夫

民国十三年一月

（《陆海军大元帅大本营公报》一九二四年第二号，1月20日，“指令”）

叶恭绰、廖仲恺呈孙中山文

（不迟于1924年2月3日[②]）

为会同呈请事：查年关迫近，军饷急需，节经部长等与各善堂院商定，由各善堂院提出产业价值一百余万元，按揭毫银五十万元以应急需。并经与银业公会、忠信堂、广州总商会筹商按揭办法，佥以忽遽之间难期速效。嗣于二月一日，在广州总商会开各界大会议讨论办法，当经公决发行善后短期手票五十万元，由广东善后委员会、广州总商会、广东善团总所、九善堂院联合发行。即以各善堂院价值百余万元产业契照作按此项契照，交总商会存储，而以民产保证局交由各法定社团推举人员妥为办理。所有民产保证收入，

---

① 原文下缺。——编者

② 原呈附于1924年2月3日孙中山“指令”后，据此推断时间不迟于1924年2月3日。——编者

专收此项短期手票不收现金，以偿足五十万元为止。无论何项机关虽万分紧急，不能提用。民产保证局对于此种手票随收随截角，存候验明汇毁。订于民国十三年二月三日，先发行三十万元余，由阳历二月八日起按日分发二万元，俾行之以渐，免生窒碍，并准市面一律通用。所有议决办法节经刊载手票，以资信守。准广东善后委员会、广州总商会、九善堂院、广东善团总所函请照办前来，查当此旧历年关，军糈孔急，为巩固军心计，为地方安全计，舍此别无良法。但求办理得当，使军人不至骚扰，商民不生怀疑，自可通行无碍。所有发行善后短期手票缘由，理合备文呈请鉴核令准施行，并分别令行各军一体遵照，毋得藉此骚扰，以利进行。谨呈
大元帅

大本营财政部长叶恭绰
广东省长廖仲恺
中华民国十三年□月□日

（《陆海军大元帅大本营公报》一九二四年第四号，2月10日，“指令”）

梅光培呈孙中山文

（不迟于1924年2月3日①）

窃光培猥以樗庸，荷蒙知遇，拔擢今职，感激奋励，冀图报称。惟是粤省频年用兵，库储久竭，近因内贼外寇勾结侵乱，大军云集，饷糈浩繁，言节流则挹注无方，言统一则群情多阻。补疮挖肉，罗掘俱穷。犹幸上赖威福，下策群力，支拄因应，得以弗堕。现在旧历年关将届，军政各费待支孔巨，昕夕筹划，舌敝心焦，始

① 原呈附于1924年2月3日孙中山“指令”后，据此推断时间不迟于1924年2月3日。——编者

具眉目，而孱躯益增亏弱。再四思维，与其恋栈贻误将来，孰若引避以开贤路。伏乞钧座鉴察愚忱，俯准免去本兼各职，俾卸仔肩，免速官谤。至光培追随钧座，以身许国，矢志靡他，区区之志，当在洞鉴之中。所有请开去本兼各职缘由，谨具折恭呈鉴核施行。谨呈
大元帅孙

广东财政厅厅长兼筹饷局会办梅光培
中华民国十三年□月□日

（《陆海军大元帅大本营公报》一九二四年第四号，2月10日，“指令”）

程潜呈孙中山文

（1924年2月1日）

呈为呈请事：据西路讨贼军第二师严师长兆丰巧电称：石井兵工厂所制新七九步枪，敝师拟价购一千杆，新式水机关拟购四尊，恳部座代呈帅座转令该厂总办如数准备照给。至应先缴价几何及每日能领若干杆，由何月何日起流恳电示祇遵等情。据此，除电复听候呈请帅座核示外，理合备文呈请钧座核示祇遵，实为公便。谨呈
大元帅

军政部长程潜
中华民国十三年二月一日

（《陆海军大元帅大本营公报》一九二四年第四号，2月10日，“指令”）

张开儒呈孙中山文

（1924年2月1日）

呈为呈请事：案据职处中校副官谷春芳呈称：窃职获病累月，

气血亏损，现在两足浮肿，行动不良。刻下延医，赶速调治，恳请自二月一日起给假一月，俾资调理，伏乞批准，实叨德便等情。据此，查该副官患病，不良于行，确系实情，惟请假一月开儒未敢擅准。理合备文呈请睿裁施行。谨呈

大元帅

参军长张开儒

中华民国十三年二月一日

（《陆海军大元帅大本营公报》一九二四年第四号，2月10日，“指令”）

谭延闿呈孙中山文

（1924年2月1日）

呈为呈报事：一月二十九日奉帅座令开：大本营秘书长廖仲恺未到任以前，着谭延闿兼代等因。奉此，遵即于二月一日就职视事，理合备文呈报察核备案。谨呈

大元帅孙

兼代大本营秘书长谭延闿

中华民国十三年二月一日

（《陆海军大元帅大本营公报》一九二四年第五号，2月20日，“指令”）

谭延闿呈孙中山文

（1924年2月1日）

呈为呈请事：查广韶电线损坏已久，曾经呈请钧座令行广州电政监督修理，旋奉第二十四号指令开：仰候令行电政监督认真

整顿可也。此令。等因在案。兹据职部驻韶陶副官制安艳电称：广韶电局月余未通，致我军电报积压至七十余件之多，消息梗阻，遗误戎机，诚非浅鲜，恳饬赶紧修理为祷等情。据此，合再备文呈请钧座，恳予严令该电政监督从速修理，以利戎机，实为公便。谨呈

大元帅孙

湘军总司令谭延闿

中华民国十三年二月一日

（《陆海军大元帅大本营公报》一九二四年第五号，2月20日，“指令”）

杨希闵呈孙中山文

（1924年2月5日）

为呈报事：案据职部警卫二团团长刘廷珍于二月四日午后八时呈称：为呈报事：窃职团于本日请领薪饷，领获短期手票八百元。深虑此项纸票初次发行，市面尚未周知，骤然发给士兵行使，难免不无冲突，乃先派一排长李忍持票试用能否通行。既据该排长归报，初至小市街口英美烟公司分销处购物，该铺始则拒绝，嗣经该处商团开导，晓以此票系经财政委员会、商会及各善堂议决，政府核准，市面一律通用，言明后该铺即已收受。职团又再三审慎，仍恐发交士兵致生他虑，令各士兵将欲购物品报请本属长官代为出外购取，防患未然，不为不周。乃以二连三排长蔡海清、三班长张升平两人，于本日午后六时徒手持票，同至双门底品南茶店三元钱铺兑换旧钱，以资采买各物。讵该店主坚持不收，声称此系滇军伪造，彼此互相口角，该店主遽鸣笛召团。是时商团巡街者络绎不绝，一闻笛声，蜂拥而来，不问是非，不明皂白，遽然开枪孱射，竟将该排长蔡海清、班长张升平登时当场击毙。时也，一排长李忍

亦徒手出街购物，道经该处。该商团丁见其身着军服，又率尔开枪乱射。该排长回首便跑，以至头部仅受重伤。职团闻警，当即派员前往调查，但见该排长及军士死尸横陈，血肉狼藉，惨不忍言，随检该尸袋中尚有血渍原票二张。于是全团官兵睹此现像，愤不欲生，佥谓我等军人，为国战死，死固其宜，今以行使政府颁发纸票之故，遂被该团丁击毙，自斯以往，团丁益横行，吾辈其危矣，兔死狐悲，物伤其类，愿得一拚死命以报手足冤仇等语。职团见其愤激如此，极力制止，喻以凡事自有长官作主，静待解决，万勿躁动。职团自蒙委任，其于军纪风纪罔不极力讲求，乃不意祸从天降，竟至于此。惟有叩恳钧长向彼商团严重交涉，非将该凶犯归案抵罪，万不足以得其平而安将士。理合呈请衡核施行，计附呈血渍原票二张等情。

据此，同时又据职部副官长报称：职处闻警时即派上尉差遣伍继曾速往调查，该差遣还称：职至永汉马路，岗警引职到警察第五区署，面会鲍区员询其详情。据云：午后六时，有徒手军人二名，未有表示属于何军，持纸票在品南饼铺购物，声称除应给购价外，下余之数应找还现金。该铺不允，彼此口角，该铺遂鸣笛召团丁，一时枪声四起，竟击毙军人二名，又击伤路上行人二名。职又亲至发生地点调查，亦同前由等语。又据卫生队军士郑光宗报称：本晚过年，长官派职到维新路高地街十三号购买火炮，该铺商人先不允卖，继以生银示之，乃答以卖，而要银十二元。职遂以毫银十二元与之，又不给火炮，暗地使人唤团警。乃不多时，竟有商团百余人蜂拥聚集，情势汹汹，将欲动武。经职等婉为说明，不卖火炮须还钱来，该商乃退还毫洋七元六角，其余四元四角卒以商团过多不准分辩，遂至损失，且几吃亏。又谍查报告，本晚西关及城市各处商团与湘滇粤桂各军滋闹事件，实有七八起之多等语。职处复查无异，理合据情报请钧核等情。

据此，职部查商团巡街维持市面固属天职，然若非真有聚众抢劫或持械拒捕与不法滋事者，万不可轻率开枪致酿人命。况该排长蔡海清、班长张升平执政府颁发手票出街购物，属于正当行为，既系徒手，自然无能为力。又值查街警团往来如林，万目所视，该排长等虽欲违法捣乱势必不敢。即使该排长等果有违法举动，而手无武器，该商团亦易会警，捕交职部办理。乃计不出此，竟尔孟浪若是，反复推察，若非寻私报仇，必系受敌运动，故意捣乱。诚如近来各方谍查侦探所报告，陈逆炯明极力运动商团，意图全省捣乱，不然桑梓地方何致草菅人命，任意妄为，不顾治安有如此者？当此战事未息，正尔用兵，万一激生变故，影响大局，此种责任其谁负之？职部奉命兼卫戍斯土，原有保护军民，维持地方之责。对于此等事件，亟宜公平处理，严密防范，以镇军心而安闾阎，大局前途关系匪浅。除严令该商团速将犯法团丁解送职部讯办，并令严密约束防范，勿为逆敌所愚外，理合具情呈请鉴核，饬令有司严密防范，以杜奸谋，实为公便。谨呈

陆海军大元帅

滇军总司令兼广州卫戍司令杨希闵

中华民国十三年二月五日

（《陆海军大元帅大本营公报》一九二四年第五号，2月20日，“指令”）

樊钟秀呈孙中山文

（1924年2月6日）

呈为呈请维持行使票币仰乞鉴核事：窃查职部饷糈窘迫，早在钧座洞鉴之中。当于夏历十二月晦日，在军政部领到广州市善后短期手票二万元，内注明“市内一律通用，不得拒绝”字样。遵即分发所属领用去后，旋据职部值日官报称：今午后三点钟，总部伙夫在油栏门街采买肉食与合栈利肉店口角，经团兵帮同该店绑殴扣留等语。职即派员往查属实，随将该店伙陈阳送交公安局讯究。又

据一旅二团二营报告，第八连兵士薛中奎于今午在沙面地方买食品，因不使用票币分争，团兵即时拉碎票纸，并将兵士薛中奎绑送第九区，现已要回各等情。据此，伏查职部所领票币原系维持伙食，不但市面不能使用，商团反生欺诬，且近日竟有因使手票枪伤联军官兵情事。若不从速解决，恐生他虞。除制止外，理合据情备文呈请钧座迅予设法维持，免生意外，实为公便。谨呈

大元帅

豫军讨贼军总司令樊钟秀

中华民国十三年二月六日

（《陆海军大元帅大本营公报》一九二四年第五号，2月20日，“指令”）

杨西岩呈孙中山文

（1924年2月8日）

呈为呈请事：窃查职署开办以来，业将各属分所陆续投承，并委员前赴各属赶紧开办，以期早裕饷源。惟查各属军队异常庞杂，窃恐间有将收入款项截留之事发生，似于财政统一前途不无窒碍。督办窃以为虑，经即提出署务会议，与各会、帮办公同讨论，佥以应呈请大元帅明令各属、各军长官，于职署所属各属分局所收入款项，毋得藉词截留，俾早收财政统一之效，业经一致赞同通过在案。理合备文呈请察核，伏乞俯准施行指令备案，实叨公便。谨呈

陆海军大元帅

禁烟督办杨西岩

中华民国十三年二月八日

（《陆海军大元帅大本营公报》一九二四年第五号，2月20日，“指令”）

樊钟秀呈孙中山文

（1924 年 2 月 8 日）

呈为呈报事：昨日午刻，据职部护兵兰育中回部报称：刻有无知兵士董福昌一名，在一德路公昌成海味店采买，因该店不肯使用手票致起口角。嗣后不知如何竟与店内之人互相开枪，轰击兵士，不能制止，奔回报告等情。此当即派员赶往该处查明调处，讵该商闭门不纳，无由查明肇事情形。该无知兵士至今尚未回部，是否被该店所困尚未可知。职以行用手票竟与商民发生误会，自愧带兵无力，除函请公安局转饬该商有无扣留兵士，设法饬令交出息事外，一面迅令所部将所有手票汇缴来部另法兑换，并布告商民知照本军暂不行用手票采买物品，以维秩序。合将情形报告帅座，请释廑念。一俟该兵士董福昌回部，从严惩办。谨呈

大元帅

豫军讨贼军总司令樊钟秀

中华民国十三年二月八日

（《陆海军大元帅大本营公报》一九二四年第五号，2 月 20 日，“指令”）

赵士觐呈孙中山文

（1924 年 2 月 8 日）

呈为遵令两广盐政会议谨将成立日期及计议宗旨报请鉴核事：窃运使前以两广盐务败坏，拟仿邹前任成法，于署内设立盐政会议，经订具简章十二条呈候钧核。旋于本年一月二十一日奉到帅府第七四号指令，内开：呈悉。据称民国十二年分运库收入不及十一

年分之半，盐务败坏达于极点。该使拟仿邹任成法，于署内设立盐政会议，藉收集思广益之效，具见留心咨访，锐意革新，殊堪嘉尚。所拟简章亦尚妥协，应准如拟施行，仰即克日组织成立，将应行整顿各事悉心讨议，务期积弊湔除，税收丰旺，藉裕饷源，本大元帅有厚望焉。简章存。等因。奉此，遵于一月二十八日延集曾聘定之顾问、参议、参事等员，并令本署之秘书科长、执法官及一等科员，同就署内开两广盐政会议第一次成立会以后，即按照简章规定议期，赓续会议。伏查两广盐务，邹任时代西江虽有军事，惟连缠系在桂境，至本省鹾系内容或不免瑕疵，表面尚能称统一，是以研究会议案，首以改革制度为标题。今则异是。东路之惠、潮、梅固属战区，即西南之高、雷、罗、阳与夫钦、廉、琼、崖暂时均未能管及。运使职权之所及者，仅西、北两江及广、肇两属耳。而西、北江之运道梗阻及广、肇两属之洋私冲灌，又均为税源莫大之障碍。故居今日而议两广盐政，窃以为改革制度可勿遽言，目前惟以回复西、北两江及广、肇两属之销盐原状为最要。查西北两江、广肇两属十一年销盐原状共一百三十八万余包，倘能回复运库，岁入达七百余万，视十二年全省盐税仅三百余万已增一倍。其他东西南路各属军队能肃清一属之逆氛，运署即回复一属之旧状。俟全省鹾系胥归统一，然后议及改革。若夫整顿改良诸计画，凡不因局部而碍实施者，仍当筹议及之。其计议之宗旨如此，除将会议决案随时择其有关法规者分起遵章呈核外，所有遵令组织成立各缘由，理合检同成立开会时运使宣言一通随文呈览。是否有当，伏候指令祇遵。谨呈

陆海军大元帅

两广盐运使赵士觐

中华民国十三年二月八日

（《陆海军大元帅大本营公报》一九二四年第五号，2月20日，“指令”）

林森、邓泽如等呈孙中山文

（1924年2月8日）

呈为拟将黄花冈一带地方划为七十二烈士坟园，并请谕令各军民长官会同出示禁止附葬以崇先烈，恭呈仰祈鉴核事：窃辛亥三月二十九日广州之役失败，党人死事者其数不可稽得，尸骸葬之黄花冈者七十有二，是为黄花冈七十二烈士坟墓。民国元年胡展堂先生督粤时，曾经省议会议决，咨请省政府筹备十万元为营造坟场经费，只因国变屡作，迄今未及进行。去年间有地利公司向市政厅承领烈士墓道区内之地建筑民房，该地有百年古树，殊关坟场风景，建屋与坟场杂居，亦属有亵庄严。当经函请孙市长收回该地，专供种植林木，以为永远坟林之用。兹拟照坟场形势，将该冈一带地方东至二望冈，西至广州模范监狱及永泰村，南至东沙马路，北至墓后田塘，划为七十二烈士坟园，广植树木，以资荫蔽。而中外人士来坟瞻仰者，亦得有休息容与之地。且于每年三月二十九日公祭之时，各界赴祭者不下数万人，赤日当兴，每苦炎曝。一经遍植坟林，则广壤之中，林下花间，随处可坐可立，尤足以慰景仰之诚，此应规设之必要也。至黄花冈之地系因先烈而起名，自应专为先烈纪念之所。惟国人因倾仰先烈之心并艳羡黄花之地，遇有前敌阵亡将士，其袍泽俦侣追念战功，辄欲附葬该地。查有功将士，国家本有褒扬之典，原不必藉附葬该地以为荣光。该地既为先烈纪念之所，推凡崇敬之心，皆有珍护之责。即军界同人苟加细思，当亦不忍因爱死友之故，与先烈争此片土。况既划为坟园，属于烈士专有，尤未便任听附葬，使庄严之地沦为丛冢之场。应由军民长官会同出示禁止，嗣后无论何项有功之人，其遗骨概不得附葬烈士坟园界内。其在于界内之民间旧坟，亦限定三个月内另行择地迁葬，以壮观瞻而表敬礼。所有拟将黄花冈一带地方划为坟园，并请禁止附葬各缘由，理合备文

连同绘图祗请察核，伏乞训示祗遵。谨呈

大元帅

林森、邓泽如、邹鲁、汪兆铭、林直勉

中华民国十三年二月八日

（《陆海军大元帅大本营公报》一九二四年第六号，2月29日，“指令”）

赵士觐呈孙中山文

（1924年2月9日）

呈为遵谕雇轮派员巡缉以杜私运而裕税收仰恳察核备案事：窃维整顿盐务，固应注重产销，欲求税收丰富盈，自非认真缉私不可。查运署原有缉私巡舰一十四艘，除江澄舰早经拨归运副调遣外，靖海舰于前年六月由陈逆炯明令饬拨归兵站部运兵，沉没于莲花山附近，迭经招商承绞，无人过问。绥南舰因往香港修理，致被稽核分所电请香港政府扣留。裕民舰先被香安督缉局长王国任骑去，旋被西路讨贼军刘总司令截留差遣，在汲水门地方沉没，尚未绞起。利琛舰因船身机件损坏，不能行驶，被前海军总司令温树德借往修理，以之差遣，现闻停泊香港，已将机件撤卸。平南舰被滇军第三军蒋军长借往差遣。定海、江平、福海三舰先后驶离省河，为西江善后李督办收留。所有各舰迭经邓、伍两前运使呈恳帅座，令饬滇、粤各军克日交还，并经士觐派员前往接收，迄今尚未交回。其归运署管辖者，现虽有安北、隼捷、江顺、横海、掺江五舰，但隼捷、江顺两舰前在北街、澳门等处，先后被风击沉，后绞起拖回，损失甚巨，召匠投修，一时尚难完竣。安北一舰亦因船身破坏，不能出海巡缉。其稍为完善可以行驶内河者，仅有掺江、横海两艘，而两舰船身太小，不能前往沿海巡缉。当此旺销时期，私盐充斥，运使为杜绝私运、增加正税起见，拟暂雇商轮，借炮安设，加配炮兵、盐警，选派得力人员，督同驶往沿海认真巡缉，以期畅销正引而裕税收。经奉钧座面谕照准办理在前。兹有澄清商轮一艘，船身尚属坚固，大与一等巡舰相埒。当与该船主磋商，租赁巡缉，每日租银港币九十五元，月共需银二千八百五十元，其数并不为多，而于缉私、裕收前途大有裨益。一俟职署将隼捷、江顺各舰修复及各军将所借各舰交还，即将此轮取销。业经与该船东梁志文租定，订明本年二月五日交船起租。此项租价，拟在盐税收入项下拨支。至于该轮官兵薪饷，则请在缉私经费项下支给。所有租赁商轮、巡缉暨支拨该轮经费及租项各缘由，理合具文呈请察核备案，伏候指令祗遵。谨呈

陆海军大元帅

两广盐运使赵士觐

中华民国十三年二月九日

（《陆海军大元帅大本营公报》一九二四年第六号，2月29日，“指令”）

叶恭绰呈孙中山文

（1924年2月9日）

为呈请事：本会本月八日第十五次特别会议，准市政厅提议另行指拨军费以维原案意见书，内称：省河筵席捐变更办理，经奉省令依照财政委员会议决，拨由教育厅、市政厅会同办理。捐额定为加一抽收，所有收入指定为省市教育经费在案。昨由朱军长培德来厅面商，伊前所批准承办之裕源公司系征收六厘，以二十二万为省教育费，四十二万为第一军费年饷，合计为六十四万元。今若由市政厅批办，该公司（现改称为永春公司）愿认缴教育费年至加六十万，仍认缴第一军费三十万，合计年饷九十万，请即通融照办等语。查该项捐务经指定专拨教育经费，若仍分缴军费，不特与原案

抵触，且当此励［厉］行财政统一之时，尤恐破例一开，难以善后。应否由财致［政］委员会另指定别项收入，每月照拨付朱军长军费二万五千元（即全年三十万元），俾教育经费不致减少，财政统一不致有紊乱之虞，仍候公决，呈请大元帅核准办理等因。佥以现值厉行财政统一，而此项收入又关乎省市教育，同资利赖。是否有当，伏祈钧示祇遵。谨呈

大元帅

财政委员会主席委员廖仲恺、叶恭绰

中华民国十三年二月九日

（《陆海军大元帅大本营公报》一九二四年第五号，2月20日，“指令”）

杨希闵呈孙中山文

（1924年2月10日载）

呈为军制紊乱，名实不符，请明令限制，以昭划一而收实效事：窃自逆党叛变，义师云集，我大元帅始为鼓励人才，维系军心起见，对于统兵将吏，大抵依其人之资格地位，分授军师旅长各职，而其人数枪枝之多寡，未遑考核。迨复迭经战事，渐多伤亡，循名责实，益不相符，致有号称一军，而人数枪枝不足一旅者，号称一师，而人数枪枝不及一团者，此犹属正式军队之情形。更有好事喜功、托名爱国之徒，往往结纳市井无赖，或非正式之少数民军，辄自夸张声势，蒙请委以高级军职，设部办事，虚设职员，于是有无兵司令及官多于兵之诮。军制败坏，于斯为极，若非严示限制，则指挥、给养均感困难。在彼无兵者，固勿论已，姑就以少报多者言之。某地应用一营或一团，担任攻守高级指挥，若仅据军队名称，区分任务而调遣之，则敌众我寡悬殊，鲜有不败。如必实事求是，则彼既不欲局外知其内容，自必多方掩饰。但在军事紧急之际，更无暇从

事考查。即令一时查明，知其实力，仍难独当一面。仓猝之间，又须强占他部建制步队，以为辅助。至能否通力合作，尚不可知，此指挥上之感困难者也。政府既拟统一财政，免虚縻饷糈，统一之后，若仍任典兵将领，兵额则以少报多，机关则层累虚设，将一方独享权利，他方又抱不平，势必群起效尤，十羊九牧。政府财力有限，部属欲望无厌，来日方长，何以堪此？此给养上之感困难者也。希闵以为兵贵精不在多，就现有军队切实编练，一面补充军实，清发饷项，则士饱马腾，咸怀进取之心。对内易言肃静，对外不难发展。应请我大元帅迅颁明令，并派专员会同各军将领，就各该部实额，按照军制，编成军师旅团营连，造册报部。其编余之队号，应即裁撤，编余职员亦予分别留遣，或由政府设一讲武堂，悉数收录，造就成材。自经编定以后，其有请委各种名义及自行扩充者，除不受政府给养外，均予批驳。似此整理，既能免指挥给养之困难，亦可收杀敌致果之实效。是否有当，理合备文呈请察核，训示遵行。

（上海《民国日报》1924 年 2 月 10 日，“要闻”）

钟明阶致孙中山电

（1924 年 2 月 11 日）

连日与敌在紫洞、都蓬剧战，毙敌二百余，获枪数十，不难收复怀、贺，请发饷弹。

（《申报》1924 年 2 月 16 日，“国内专电”）

程潜呈孙中山文

（1924 年 2 月 11 日）

呈为呈覆事：案奉钧座训令开：饬议滇军已故中校参谋白正洗抚恤一案，除原文邀免重叙外，尾开：合行令仰该部即便遵照核议办理。此令。等因。奉此，查该故中校参谋白正洗随征有年，勤劳卓著，不幸积劳病故，殊深悼惜。拟请钧座准予查照《陆军战时恤赏章程》积劳病故例，照第四表给予中校恤金，以慰英灵。是否有当，理合备文呈复。伏乞鉴核，训示遵行。谨呈
大元帅孙

军政部长程潜

中华民国十三年二月十一日

（《陆海军大元帅大本营公报》一九二四年第五号，2月20日，“指令”）

程潜呈孙中山文

（1924年2月11日）

呈为拟订暂行陆军官佐士兵薪饷等级表暨暂行陆军军师旅团营连公费马乾表，仰祈鉴核公布事：窃查职部掌管军政，亟应将各项章制分别拟订，以便有所依据，庶易整齐划一。兹谨先将陆军官佐士兵薪饷等级暨军师旅团营连公费马乾等项，分别列表拟就。是否有当，理合呈请钧座鉴核公布施行，并候指令祗遵，实为公便。谨呈
大元帅

军政部长程潜

中华民国十三年二月十一日

（《陆海军大元帅大本营公报》一九二四年第六号，2月29日，“指令”）

郑洪年呈孙中山文

（1924年2月11日）

呈为呈报事：窃奉大元帅令，任命洪年兼代广东财政厅厅长等

因，并准梅前厅长将印信、文卷等件移交前来。厅长遵于二月十一日接任视事。理合将接任日期具文呈报钧鉴。谨呈
陆海军大元帅

兼代广东财政厅长郑洪年
中华民国十三年二月十一日

（《陆海军大元帅大本营公报》一九二四年第六号，2月29日，“指令”）

廖仲恺呈孙中山文
（1924年2月12日）

呈为呈复事：现奉大元帅第五二号训令，内开：照得国立高等师范、广东法科大学、广东农业专门学校三校，业明令合并改为国立广东大学，并派邹鲁为国立广东大学筹备主任在案。除训令该筹备主任即日将各该校接管，从速筹备成立外，仰该省长即分别转饬各该校遵照。嗣后所有用人行政，悉由该筹备处主管办理，以归划一而促进行。等因。奉此，除函知国立广东大学筹备主任暨分行遵照外，理合备文呈复大元帅鉴核。谨呈
陆海军大元帅

广东省长廖仲恺
中华民国十三年二月十二日

（《陆海军大元帅大本营公报》一九二四年第六号，2月29日，“指令”）

叶恭绰呈孙中山文
（1924年2月12日）

为呈报接收蒋部财政事：案奉大元帅发下蒋军长光亮呈报，

该部所管正税杂捐收入不敷甚巨，及遵谕交还以期统一财政情形呈文一件，批交职部办理。奉此，当于本月八日会同广东省长遵照统一财政委员会呈准接管办法，加委黄石为广三路附近财政处处长，并令行该处长除广三铁路局长已奉钧令委粤汉铁路总理陈兴汉兼理外，所有广三路附近一切财政应归广东财政厅直辖，由该处长随时秉乘［承］财政厅长认真办理。一切收支数目，按旬列册详报财政厅汇转。其关于蒋部各军军费，未经军政部参谋处编定呈奉钧座核准施行以前，暂由该处长尽现在收入照旧拨付。其原由广三铁路收入项下划拨之款，则由该处长与陈兼局长接洽，仍前办理取具收据呈核，藉维现状以待后命各在案。伏念军兴以后，所有征收机关暂由军队权宜办理，而军队对于粤省税收或以情形未能熟悉，或因军事倥偬未遑整理，以致收入锐减。现在厉兵北伐，军需浩繁，自非切实整理以期增益收入无从应付饷糈。故已过痛苦感受既深，现在饷源补救宜亟，除咨请建设部转令陈兼局长兴汉遵照接办，函达蒋军长，并由职部会同省长令行财政厅长外，理合将所有遵批办理广三路附近财政统一缘由，备文呈请鉴核。谨呈

大元帅

大本营财政部长叶恭绰

中华民国十三年二月十二日

（《陆海军大元帅大本营公报》一九二四年第五号，2月20日，“指令”）

黄绍雄致孙中山电

（1924年2月12日载）

请制止各军在梧招兵。

（《申报》1924年2月12日，“国内专电”）

李济深呈孙中山文

（1924 年 2 月 12 日）

呈为呈覆事：案奉□月一日帅令内开：整军理财，首在统一。甘苦与共，是在群贤。本省以丰富之区，养十万之众，众擎易举，经营大计，事本非难，统一财政正所以纳各军于正轨而维系之也。迭据杨总司令希闵、范军长石生、蒋军长光亮并周总参谋自得、赵廖两师长代表等，函电呈请统一财政，尊重政令，情词恳挚，殊堪嘉尚。本大元帅为国育贤，为民除害，本爱护军人之旨，亟应及时实行，用整庶政。所有各军驻在管区，其因一时权宜管理之各项财政收入机关，着限于二月六日一律由政府主管各机关分别接管妥办。至各该军靖共贤劳，前途倚畀且重，应需饷项自可由政府核定指发，以慰有功也。除分令外，特此令遵，仍将遵办情形具报查考，此令。等因。奉此，窃查职署所辖西江财政，已于一月十五日完全交还广东财政厅派员接管，并经呈报在案。奉令前因，理合将遵办情形具报察核。谨呈

大元帅

西江善后督办李济深

中华民国十三年二月十二日

（《陆海军大元帅大本营公报》一九二四年第五号，2 月 20 日，“指令”）

徐绍桢呈孙中山文

（1924 年 2 月 14 日）

呈为呈请奖叙事：案准广东省长咨开：据广州市公安局局长吴铁城呈称：该局侦缉课长吴国英等起获被掳人何文显、陈苏二人，且叠次破获掳劫重案多起，呈请照章给奖一案，咨请查照条例核明

见复以凭饬遵等由。准此，并抄送广州市公安局侦缉课长吴国英、侦缉员邓聘等十七名单一纸及受奖人履历表十七件前来部长。查广州市公安局侦缉课长吴国英，率领侦缉员邓聘等，乘夜驰往廋狗岭后便大冈地方，与匪剧战，奋勇穷追，卒将被掳人何文显、陈苏二人起获给领完聚。且自军兴以来，叠次率领局员破获重案多起，实属异常出力。核其事实与《警察奖章条例》第一条第十二款之规定相符，自应照章给奖以资鼓励。该侦缉课长吴国英曾受一等一级奖章，拟照《条例》第七条之规定晋给一等五星奖章，以示奖励。查《条例》第九条内载，前项警察奖章之给予在一等一级以上者，应由部专案呈明。所有拟请奖叙广州市公安局侦缉课长吴国英缘由，是否有当，理合具文呈请钧座俯赐察核示遵。谨呈
大元帅

内政部长徐绍桢

中华民国十三年二月十四日

（《陆海军大元帅大本营公报》一九二四年第五号，2月20日，“指令”）

北京国务院致孙中山电

（1924年2月14日）

广州孙中山先生鉴：

现在国步艰难，民生凋敝，四邻窥伺，日谋共管，国际倾危，亟待补救。此间因潮流之趋势，应各界之请求，默察国势，体念民情，非和平不足以救国，非和平不足以宁民。爰特发起全国和平大会，素仰先生抱三民主义，以国家为前提，对于此举，当表同情。届时务希简派代表参与会议，共谋国是，解决时局，全国幸甚。临电神驰，无任翘企。北京国务院。寒。

（《广州民国日报》1924年2月20日，“特别纪载”）

马伯麟呈孙中山文

（1924年2月15日）

呈为呈请添筑炮垒藉顾后方，并投变鱼雷排废铁轨以作修理建筑经费，仰祈指令祇遵事：窃查长洲为广东水上咽喉，地当要冲，曩时长洲炮台各炮纯为对外作用，建筑工程悉基于此。年来人心奸险，内乱频仍，若欲布防周至，计策万全，计应亟添设重炮于公园鱼雷局中间高地，方免万一之疏虞。现查职部水鱼雷库存有新式十二生快炮一尊，大件尚属完备，只零件残缺，加以修理即可作用。司令为兼顾四周防务起见，拟选择黄埔公园鱼雷局中间相当阵地，将该炮妥为安设，庶可控制四面，前后较为周密。惟是修理炮件及建筑搬运在在须费，预算约在一千零元。查有鱼雷局鱼雷排铁轨为旧日安放鱼雷之用，近来战术日精，鱼雷一项已等强弩之末，不堪作用。拟将该铁轨拆卸，投变藉作修理、建工程等费，既可以缓济急，仍属以公作公。惟事关建筑炮垒、投变公物，司令未敢擅专。是否有当，理合具文呈请察核令遵，俾便施行。谨呈

大元帅孙

长洲要塞司令马伯麟

中华民国十三年二月十五日

（《陆海军大元帅大本营公报》一九二四年第六号，2月29日，“指令”）

陈其瑗、宋子文呈孙中山文

（1924年2月15日）

呈为呈请察核事：窃奉钧令：派其瑗、子文为大清银行清理处委员，此令。等因。奉此，遵将成立日期及办公地点前呈报在案。查前大清银行典入自置不动产业坐落四处，为数不少，现当奉令清理投变，

亟应重行勘测，以昭缜密。惟职处创办伊始，尚未置有测绘专员。再该行产业投变之后，应行发予管业给照，惟发照非由地方永久官厅发给，不足以昭信用。故关于测绘及发照一切手续，呈请准予委托广州市财政局代办测绘及发照事宜。理合呈请察核，伏乞指令祗遵。谨呈
大元帅孙

委员陈其瑗、宋子文

中华民国十三年二月十五日

（《陆海军大元帅大本营公报》一九二四年第六号，2月29日，“指令”）

杨西岩呈孙中山文

（1924年2月15日）

呈为酌提罚款分别支配以资鼓励恭呈仰祈睿鉴事：窃查本署原订《禁烟条例》二十四条，对于私运、私种、私卖、私制、私吸鸦片、烟膏、烟土及吗啡高根者，经分别明定处罚专条，呈奉钧座核准公布在案。惟严防流弊，首重缉私。而缉捕侦查，端赖各线人及办事人员，协同出力，是宜酌定奖赏，方足以资鼓舞而励勤劳。第查《禁烟条例》第十八条内载，缉获之烟土、烟膏估价后分别充赏，业经规定，而于罚金提赏尚无明文规定。兹拟凡缉获违犯烟禁人犯所科罚金，除提六成充公外，以二成赏给线人，以二成奖励在事出力人员。似此明定奖章，侦缉者自当益加奋勉于禁烟，实效裨益良多。理合将支配罚款缘由，备文呈请察核。是否有当，伏候指令遵照。谨呈
陆海军大元帅

禁烟督办杨西岩

中华民国十三年二月十五日

（《陆海军大元帅大本营公报》一九二四年第六号，2月29日，“指令”）

叶恭绰呈孙中山文

（1924 年 2 月 15 日）

呈为拟订广东有利支券发行细则仰祈鉴核事：窃本部前拟发行有利支付券一案，当经拟具条例及指拨基金办法呈奉，指令内开：呈及附件均悉。该部以粤省自军兴以来赋敛已烦，不宜再增苛细捐税重扰商民，拟发行有利支付券总额三百万元，劝令殷富商民认购，并指令广东全省沙田登记费、民产保证费及印花税等项，为还本付息基金，限二十五个月内本息还楚［清］，实属于民无损，于公有济。其余条例规定亦尚妥协，应准如拟施行，仰即上紧劝募，期于最短时期如额募齐，藉裕饷源而资讨贼，仍将办理情形随时报查。各件均存。此令。等因到部。查此项支付券条例，既奉核准公布，亟应一面定期发行，一面遵令上紧劝募，业已另拟劝募办法提交财政委员会核议。至关于发行支付券一切手续，应即根据条例详细规定，以资遵守而促进行。并经本部拟订细则四十六条提交财政委员会议决在案，除公布并分行外，理合将该项细则抄附清折，呈报钧座鉴核备案，实为公便。谨呈

大元帅

大本营财政部长叶恭绰

中华民国十三年二月十五日

（《陆海军大元帅大本营公报》一九二四年第六号，2 月 29 日，“指令”）

梁鸿楷呈孙中山文

（1924 年 2 月 17 日）

为呈复事：案奉钧帅令开：整军理财，首在统一。甘苦与共，

是在群贤。本省以丰富之区，养十万之众，众擎易举，经营大计，事本非难，统一财政所以纳各军于正轨而难［维］系之也。迭据杨总司令希闵、范军长石生、蒋军长光亮并周总参谋自得、赵廖两师长代表等，函电呈请统一财政，尊重政令。情词恳挚，殊堪嘉尚。本大元帅为国育贤，为民除害，本爱护军人之旨，亟应及时实行，用整庶政。所有各军驻在管区，其因一时权宜管理之各项财政收入机关，着限于二月六日一律由政府主管各机关分别接管妥办。至各该军靖共贤劳，前途倚畀且重，应需饷项自可由政府核定指发，以慰有功也。除分令外，特此令遵仍将遵办情形具报查考，等因。奉此，遵查职军自成立以来，所有驻防地点各财政机关向不侵越，所需伙食首则仰给于大本营，次则由西江财政处支拨，现仍归五邑财政处供给，但食少兵多，拮据万状，仰望统一有若云霓。除转令所属遵照外，合将遵办情形呈复钧帅察核。谨呈

大元帅

中央直辖广东讨贼军第四军长梁鸿楷

中华民国十三年二月十七日

（《陆海军大元帅大本营公报》一九二四年第六号，2月29日，“指令”）

杨希闵呈孙中山文

（1924年2月17日）

呈为呈复事：顷奉帅座令开：顷据外交部长伍朝枢面呈称：美国教会人员到部报告，该会在石龙车站附近所设学校，日前忽被土匪掳去数人，请予令饬查起拿办等语。石龙为交通孔道，军队林立，竟有匪徒恣行不法，殊属不成事体。应责成该总指挥立饬驻在部队，迅即派兵购线，踩缉匪踪，分别起掳拿办，以申法纪而保治安，仍将遵办情形具报等因。奉此，遵即通令所属各部队并分咨各

友军派兵购线，踩缉匪踪，分别起掳拿办，以申法纪。所有遵办情形，理合备文呈复请祈睿鉴。谨呈

陆海军大元帅孙

滇粤桂联军前敌总指挥杨希闵

中华民国十三年二月十七日

（《陆海军大元帅大本营公报》一九二四年第六号，2月29日，“指令”）

郑洪年呈孙中山文

（1924年2月19日）

呈为呈请事：现据承办全省奥加可捐永裕公司商人李伯年呈称：窃总商前因酒类税费合济公司总商高大成刊发布告声称：奉广东全省烟酒公卖局令，委带抽火酒（即奥加可）取缔费每百斤抽银二元一案，当经飞报钧厅察核。旋奉第八九三号指令开：支日邮电及布告均悉，已据情转请大元帅饬令烟酒公卖局撤销矣，仰即知照。此令。布告存。等因。奉此，查此事尚未蒙撤销，以致各贩卖奥加可店铺观望不前，全体停业，于饷源大生窒碍。理合渎呈察核迅赐转请大元帅令行烟酒公卖局立将原案撤销，以符统一而顾饷源，实为公便等情。据此，查此事昨据该商具呈，即经转请令饬撤销在案。兹复据呈前情，除指令外，理合呈请察核俯赐迅令烟酒公卖局遵照停抽，以免复叠而符统一，实为公便。谨呈

大元帅

兼代广东财政厅厅长郑洪年

中华民国十三年二月十九日

（《陆海军大元帅大本营公报》一九二四年第六号，2月29日，“指令”）

赵士觐呈孙中山文

（1924年2月19日）

呈为误报余存巨款确非事实据实呈明仰祈鉴察事：案准财政委员会函称：本会第十五次特别会议，准孙市长准航空局长陈友仁西文函：盐运使收入除缴军政部，每日尚余四千元，拟请由市政厅呈帅令指拨或转财政委员会办理等由。接阅之余，实深骇诧。当此运销困难，税收疲敝，且在阴历腊底春初，商贩多数停顿之际，既已担负至每日九千余元之巨额，而更谓除缴解外每日尚余四千元。在稍知盐务情形者当亦未肯遽信，等诸姑妄言姑妄听之列，似可毋庸表白。惟既经航空局长特函举报，且有呈请指拨或转委员会办理之举，自与凭空传说不同。若不亟为辩明，必将谓为默认，恐将来奉令指拨筹解无从，徒增罪戾，迫得将实在情形敬为钧座详陈之。查职使受事伊始，系当盐务最疲敝之时，名为冬销，而环顾各江，运道未通，实较淡销月分尤甚。当时钧座亦知其困难，爰有每日支拨军政部六千之手令。职使愚昧，以为按照此数筹办，谅可勉力支持，故敢谬肩重任。乃未及半月，而有滇湘军护运之发生，更有财政部委员会之成立。滇湘军每日固需巨款，而委员会又造次议派职署分担特别费共十余起，计约五万元，统计认拨军政部、会计司、滇湘军各款，及将特别费按一个月平均摊计，合共每日担负至九千余元。纷至沓来，应付不暇。时仅两旬，而按照定额已加至十分之六，职使仍勉为其难，概允担认，宁愿多方设法分向盐商提前垫借，仍不敢稍事推诿。迨至筋疲力尽之时，复有筹拨航空局之款，迫将为难情形缕陈钧座，随奉面谕，勉筹航空局每日经费五百元，嗣后无论何种款项不再加派等因。当经勉力遵办，并将奉谕缘由函请财政委员会查照，以后勿再派职署负担在案。乃委员会仍未遵钧谕，再三议派，如市政厅推出五千八百元，则派职署分担每日三千五百元之巨额。又如滇军办米酌提现款及上海议员旅费等项，职使以力有难胜，无从筹拨，不得已函复该会概行推却。此自接任至今，负担过重之实在情形也。如果每日尚余四千，则上项分担各款，当必酌认，何至概行推却？即此可证其言之误。且果有余存巨款，纵无委员会之议派，职使亦必先自呈请指拨，以纾钧座宵旰之忧，又何待该局之举报？但该函谓除缴军政部每日尚余四千元，似系只知认缴军政部六千之额，而未知迭次增认之每日三千余元，致生误会，亦未可定。然就以误会而论，是即谓职署已有每日万元之收入，仍属未知现时税收之真相。

查职署月来办理预饷，均系先税后盐，多有税已清收而盐尚未秤配。假如将某日河兑盐数伸计税率，即谓为某日收得饷数若干，则必与某日实收之数断不符合。且常有是日发出配盐准单数万元，而核其是日实收或仅得数千元，或竟无收入者。盖是日秤配之盐，其税款早经提前收用，不过是日各商领发准单配盐抵扣而已。至现因每日负担饷款不容延误，迫得与盐商续订借饷契约，限三十日内拨缴毫银二十七万四千元。由二月六日起，无论有无配盐，每日最少缴毫银七千元，其余十日比额一次不得延短。是职署之责难于盐商者，亦仅得每日九千元。除出稽核所及，职署暨所属各场局警队舰扒等经费每日约一千余元外，实得七千余元，而负担之数已至九千余元，固不特无款余存，抑且不敷甚巨。而此不敷之数，尚须设法筹垫，及分向盐商预借，差能幸免贻误。故自航空局拨款案以后，委员会迭次议派分担各款，均属无从筹拨，确系实在情形，并非推诿。借饷契约具在，安能欺饰？其为有无存款，不辩自明。不特此也，航空局长举报之时，正值阴历年关之际，其时军政部、会计司、滇湘军各机关纷向职署预索阴历元旦后数日之额，款数逾巨万，不容稍缓，而各盐商均按商场习惯办全年之结束，配盐一切停顿，至阴历元月四日始行秤配。此数日间不特毫无收入，且须提前支出巨款。维时罗掘俱穷，万分拮据，分向盐商设法筹垫。惟每遇年关，银根格外支绌，倍难筹措，延至岁除日始获勉强凑足，渡此难关。在该局长以为巨万之资，可以咄嗟立办，料必税收丰裕，计当尚有余存，而不知寅食卯粮，概属提前借垫。故连日发出准单配盐，以抵扣当时提借之款计，至今尚不敷扣抵，为数甚巨，此皆当日困难实情。可见该函所言，尤与事实大相刺谬。在局中者苦心筹画，智尽能索，未敢告劳，而局外者未悉实情，竟为此不负责任之言，怂人闻听。是否传闻失实，枯弗深考，但既有此举报，自难安于缄默，谨将实情详陈钧听。

抑更有请者，查职署十二年二月至十月各月收入盐税总数平均计算，其每月平均之额为二十四万五千余元。除现无收入之军盐税及平南、恩春两局现无解款，三项合共三十三万余元外，计每月平均之额仅约二十万元。再除稽核所及，职署暨所属每月经费约支五万元，实得每月十五万元之平均额，先经编造各表呈报财政部在案。现职署每日担负至九千余元，即是每月二十九万余元，而所有经费仍未在数内，是较之去年平均额已增一倍有奇，而运销情形仍与去年同其梗塞。即以目前负担之重，棉力已恐不胜，何敢再为增认，致遭陨越？并恳令知财政委员，嗣后无论何种款项，暂勿加派职署分担，一面由职使设法整顿，俟运销稍畅、税收确有余存之时，即行呈报钧座，听候指拨，用纾廑虑。所有误报余存巨款确非事实，据实呈明各缘由，理合备文呈请鉴察，仍候指令祇遵。谨呈
陆海军大元帅孙

两广盐运使赵士觐

中华民国十三年二月十九日

（《陆海军大元帅大本营公报》一九二四年第六号，2月29日，“指令”）

郑洪年呈孙中山文

（1924年2月19日）

呈为呈请事：窃照香山县属酒税，前据有兴公司商人梁萱呈请

承办，每年认饷额大洋八万五千元，两年为期，并先缴按饷一月，业经前厅长批准承办，发给示谕，定于本年一月一日开办。嗣据该商呈报，一月十八日有利益公司刊登告示称，向东路讨贼军香山筹饷局承办香山全属酒税设局开收呈请维持等情。前厅长当查东路讨贼军前赴香山之时，曾奉订明只将钱粮拨充军饷，其余正杂各税概归职厅经收，呈请钧座训令现驻香山之东路讨贼军部，迅将香山全属酒税交还有兴公司商人梁萱办理在案。兹复据该商呈称，香山筹饷局不允交回，将伊斥退呈请察夺等情前来。理合将该商原呈抄缮清折，再呈钧座察核，伏乞训令该军部转饬香山筹饷局迅将香山酒税交还原商梁萱办理，以符原案，实为公便。谨呈

陆海军大元帅孙

兼代广东财政厅厅长郑洪年

中华民国十三年二月十九日

（《陆海军大元帅大本营公报》一九二四年第六号，2月29日，“指令”）

赵士觐致孙中山电

（1924年2月20日载）

大元帅钧鉴：

现据盐业运商济安公堂研究公会有代电呈称：现据各运馆投称：昨日各买客买下之盐纷纷退回，因黄沙设立临时附加协饷总局，每盐一包加抽一元，成本过重，迫得停办，请迅维持等语。查盐饷关系甚巨，况年关在即，各盐馆全赖买客配盐以资周转，乞迅转咨克日取销，以裕饷源而维商业等情。据此，查滇湘军设局加抽护运附捐每包一元一案，紊乱盐纲，影响税收，当经呈请钧座令饬取销在案。兹据电前情，如果配运一停，饷源立竭，每日负担之巨额军费无从筹拨，影响及于全局，竭蹶即在目前。仍恳钧座迅予维

持，令饬取销，以顾饷源而维鹾政。除电饬公堂会劝导各商仍当照常标配，勿遽停业外，理合电呈鉴察。两广盐运使赵士觐谨呈。宥。印。

（《陆海军大元帅大本营公报》一九二四年第五号，2月20日，“公电”）

蒋尊簋呈孙中山文

（1924年2月21日）

呈为呈报事：本年二月十六日奉大元帅令开：特任蒋尊簋为中央军需总监，此令。等因，并奉颁发木质镶锡大印一颗，文曰“中央军需总监之印”，又象牙小章一颗，文曰“中央军需总监”到处。奉此，遵于二十一日敬谨就职，启用印信。理合将就职并启用印信日期备文呈报，伏乞睿核。谨呈

大元帅

中央军需总监蒋尊簋

中华民国十三年二月二十一日

（《陆海军大元帅大本营公报》一九二四年第六号，2月29日，“指令”）

邹鲁呈孙中山文

（1924年2月21日）

为呈报事：本月六日奉钧令第一七六号内开：派邹鲁为国立广东大学筹备主任。此状。等因。奉此，复于二十一日，准大本营秘书处函送颁发木质镶锡关防一颗，象牙小章一颗等由。准此，遵于本月二十一日就职任事，所有关防、小章各一颗均经祗领，即日启用。理合备文呈报察核。谨呈

大元帅

国立广东大学筹备主任邹鲁

中华民国十三年二月廿一日

（《陆海军大元帅大本营公报》一九二四年第六号，2月29日，“指令”）

张启荣呈孙中山文

（1924年2月21日）

呈为拟具组织办事简章恭呈仰祈鉴核施行事：窃职本月一日奉钧命简派为钦廉高雷招抚使等因，遵经本月十八日在省暂设行署就职，启用关防，呈报在案。当以兹事体大，非广罗各属人才分途联络不足以竟事功而报宠命。经即延集各属名流，共同□议，佥以大局所关，桑梓谊切，均欲竭尽棉薄，力效驰驱。故署内设置规模自应完备，方足以咨容揽而□进行。所有职署组织及办事简章，业已拟就成册，理合备文呈请鉴核。是否有当，伏候指令祇遵，实为公便。谨呈

大元帅孙

钦廉高雷招抚使张启荣

中华民国十三年二月廿一日

（《陆海军大元帅大本营公报》一九二四年第六号，2月29日，“指令”）

郑洪年呈孙中山文

（1924年2月21日）

呈为呈请事：现准全省烟酒公卖局浦局长在廷咨开：现据承

办全省酒税合济公司总商高大成呈称：窃火酒一物其性最烈，以搀和成酒饮之，足以害人，故承办酒税章程向有取缔火酒之条。奈历届承商俱因稽查手续交涉繁难逼得放弃，遂成为一虚例。近查此物销流日广，搀酒日多，以致酒税收入大受影响，自非严加取缔不足以资补救。惟是徒记空言，难收实效，必须酌收取缔费，以期容禁于征。但取缔此项火酒有连带关系，其所定费率及稽查手续必须妥订完善，酒税方不受其影响。现拟根据商公司带办，以便实行取缔。至所收款项，请酌提三成给商公司备充经费。其余抽得之款，尽数照缴以济饷需，固可藉取缔以护饷源，而政府亦可增收入以资补助。谨拟具办理简章呈请钧鉴，如蒙照准，伏乞即行给谕开办。庶早开抽一日，饷需得一日之益。除俟批准后再将详细章程妥拟呈核外，所有拟请带办取缔火酒缘由，理合备文连同简章，呈请钧局察核，俯赐照准施行批示祗遵，实为公便等情，并呈缴简章一扣到局。据此，查火酒一物，以之搀［掺］入酒内，实属有碍卫生，故酒税定章本有取缔火酒之条。现该商所拟严加取缔、酌收费用，系容禁于征之意，而于公家收入亦不无少补，所请带办尚属可行。惟未据认定饷额，只可作为试办，一俟试办期满，再行体察情形，核定饷额，责令包收包缴。当经核明准予试办三月，并饬克日缴纳保证金二千元来局，再□□□示谕开办批饬遵照。去后旋据该商呈缴保证金二千元前来，并定期二月一日开抽，自应准予带办。除给示谕开办外，相应将取缔火酒简章一纸咨送贵厅查照等由。准此，查此项火酒捐，前经职厅核准永裕公司商人李伯年，认缴第一年饷银六万六千元，递加至第三年饷银九万元，包征包解。原以火酒一物本属然［燃］料，其性最烈，内地奸商往往有搀合土酒发售，于卫生最有妨碍，自应严加取缔，订定捐章令发遵守，核与来咨所见大致相同。至谓酒税定章本有取缔火酒条文，不知酒税条文原由职厅订定，虽暂时划交浦局长经办，究不能越出主管范围。乃该商合济公司藉词连带关系恐受影响，瞒局带收费用取巧提成，其影响于酒类税费者小，影响于额定捐饷者大。且既经包商取缔，自与征抽酒税有增无损。乃近日职厅兴办一捐，而各奸商必欲从中破坏，利用其他机关出头攙夺，岂不与统一财政，交回主管机关通案大相背驰？惟咨前由，理合据实陈明帅座，恳乞查照节次厅呈迅饬撤销带收费用，交回永裕公司照案办理，以免纷岐［歧］而明统系，实为公便。谨呈

陆海军大元帅孙

兼代广东财政厅厅长郑洪年

中华民国十三年二月廿一日

（《陆海军大元帅大本营公报》一九二四年第六号，2月29日，“指令”）

福建泉州惠安公民致孙中山等电

（1924年2月21日载）

广州孙大元帅，各省督军、督办、省长、总司令、师旅长，上海各报馆公鉴：

国家设兵以保民，未有设兵以戮民者。自王永泉军入泉以来，即纵兵殃民，奸淫劫掠，无所不为。始犹谓战争才终，秩序未定，情可原谅。及至进驻洪濑、青阳等处，亦□如之，致使居民迁徙，十室九空，鸡犬无声，炊烟断绝，死者无人收殓，生者不敢入门。到处颓垣破屋，遗瓦坠砖，白骨昼见，青磷夜飞，劫火余灰，荒凉满目。昔日锦绣膏腴之区，今为王氏荡尽矣。吾民何辜，遭此荼毒？甚至驻扎地点，巧设苛捐，横征酷勒，民不聊生。有所谓恭喜捐、阴阳捐、猪母捐者，种种奇怪名目，骇人听闻。无非藉派饷抽税之名，而为剥髓搞脂之计。近复委杨团长增福驻惠，强迫乡民种烟，按户科派重税，不种者加倍议罚。乡民无力完纳，杨以为有意抵抗，遂召军示威，乡民哗然奔逃。彼则架巨炮机关

枪，乱轰横击，屠杀良民四千数百余人，焚毁屋宇千余座。斯时烟炎迷空，尸横遍野，地黑天昏，伤心惨目。杨氏犹毫不怜恤，更下格杀勿论之令。嗟我惠人，将同此尽。敢恳乞当道诸公，矜悯无辜，设法援救，倘获生存，无任戴德。福建泉州惠安公民泣电。

（上海《民国日报》1924年2月21日，“公电”）

谭延闿、杨希闵呈孙中山文

（1924年2月22日载）

呈为需饷孔急，拟请设局抽收盐斤百货临时附捐，以资应用事：窃延恺［闿］、希闵、培德等所部军队饷需缺乏，士兵给养，竭蹶时虞。现在逆氛未清，战事方殷，庚癸之呼，急于星火，自应筹谋救济，以系军心。延恺［闿］、希闵、培德等，照伍前盐运使函请滇湘各军派全权代表会商统一办法成案，拟设盐务局于广州负廓黄沙地方。凡盐商贩运盐斤行销大小北江，均须报由该局查验，并规定每盐一包，于正税外加抽护运附捐一元。又于韶关东西北税厂内附设百货税局，英德县属含洸地方设百货税分局。凡各商贩运载货物，于正厘外，估价抽收护运附捐百分之二分五，暂定抽至军事收束为止。并于黄沙盐务局内设立临时附加协饷局，总理护运及各局一切事宜。此项附捐虽直接抽之商贩，实间接抽之用户，对于资本营业，绝无丝毫亏损。且近来匪徒猖獗，劫夺成风，商旅裹足。延恺［闿］、希闵、培德等既经征收此项附捐，对于黄沙地段以及大小北江一带，自应同负保护维持之责。从此商货辐辏，来往安全，无虞攘敚，是于筹饷养兵之中，仍寓保民恤商之意。

（《广州民国日报》1924年2月22日，“特别纪载”）

叶恭绰呈孙中山文

（1924 年 2 月 22 日）

呈为呈请事：案据粤海关监督傅秉常呈称：窃于本年一月二十三日，据市桥口委员史久遹呈称：现据陈村商人梁仲萱到职口报称：现组织兴和公司专运白蔗前往港澳，拟在职口完纳课税出口，惟要求照陈村常关每白蔗百把估价八两至十两，值百抽五计算等情前来。窃查职口白蔗一项，原定税率每百斤征收五分计，白蔗百把约重一千五百斤之谱，以之估价值百抽五，两相比较，相差太远，未便遽予所请。委员为征收计，拟欲变通办法，将原定税率略予减低，以广招徕，拟议每百把白蔗征税六钱，比陈关估价与职口原定税率虽属差异，似此执中办法，于征收及商人两受其益。理合将变通征收情形具文呈请察核，可否如拟办理之处，伏乞批示祗遵等情。据此，查内地常关征收税率原不划一，此口与彼口往往畸轻畸重，商人□利每避重就轻。白蔗一项陈村常关每百把约征收五钱，而市桥口则征收七钱五分，以故商人转运绕道由陈村完纳，而内地常关收入遂受其影响。该委员所称，拟将白蔗一项原定税率略为变通，定为每百把征收税银六钱，系为酌盈剂虚起见，似尚可行。据呈前情，理合转呈钧部察核，可否准予变通税率酌量核减之处，伏候指令祗遵等情到部。据此，查核原呈所称，拟将白蔗一项每百把征税六钱，对于原定税率虽属略为变通，而实系为酌盈剂虚起见，似尚可行。惟事关减核税率，职部未敢擅便。理合备文呈请钧座察核，应否准予变通酌量核减之处，伏候训示祗遵。谨呈

大元帅

大本营财政部长叶恭绰

中华民国十三年二月廿二日

（《陆海军大元帅大本营公报》一九二四年第六号，2 月 29 日，“指令”）

孙科呈孙中山文

(1924年2月22日)

呈为呈请鉴核通令事：窃查市长所辖广州市区域内自军兴以来，军队林立，每有在马路交通地方处决人犯情事。前因有军人在禺山市场附近处决犯兵，当经卫生局呈报并由市长函准卫戍总司令部，分饬各师以后须提往郊外执行在案。现以日久玩生，各军队仍不免重蹈前辙。似此陈尸道左，惊扰行人，殊与近世行刑通例背驰。市长为保持观瞻并重人道起见，理合备文呈请帅座鉴核，俯准通令各军嗣后处决人犯，勿得仍在市内马路交通地点，以重市政，实为公便。谨呈

大元帅孙

广州市市长孙科

中华民国十三年二月廿二日

(《陆海军大元帅大本营公报》一九二四年第六号，2月29日，“指令”)

张启荣呈孙中山文

(1924年2月22日)

呈为呈请加委事：案查职署组织办法规定，各处处长由职署呈请大元帅加委，业经呈报察核在案。兹查有王鸿鉴一员，堪以委充为职署总务处处长，吴洪煊一员堪以委充为职署军务处处长，孔昭度一员堪以委充为职署参谋处处长，沈重熙一员堪以委充为职署副官处处长。以上各员业经职署先行委派任务，理合备文连同各该员履历呈请察核，伏乞俯准明令加委，实为公便。谨呈

大元帅

钦廉高雷招抚使张启荣

中华民国十三年二月廿二日

（《陆海军大元帅大本营公报》一九二四年第六号，2月29日，“指令”）

罗翼群呈孙中山文

（1924年2月23日）

呈为呈报事：窃查职部所属各部、院、队各月支出计算书表、单据，收发粮食、军品、煤炭表，据前经列单转呈察核在案。兹据交通局长周演明呈称：窃职局自奉令结束后，当将逐月报销册据陆续按月造报在案。兹续将十二年九月份报销册据共五本，备文呈缴钧部察核，俯赐分别存转，实为公便等情，并缴报销册三本、单据粘簿二本前来。查经理局表报九月□十九日有支交该局输送队留部军米银四百元，所缴收款册内未据列收，自属遗漏，亟应补入收款计算。其余及支出各项候将册据转呈帅府察核，分别存发核销等词。除指令并检存报销总册一本备查外，理合备文连同原缴报销总册二本，单据粘簿二本，转呈钧帅察核，俯赐分别存发核销，实为公便。谨呈

大元帅

前兵站总监罗翼群

中华民国十三年二月二十三日

（《陆海军大元帅大本营公报》一九二四年第七号，3月10日，“指令”）

林森呈孙中山文

（1924年2月23日）

呈为呈请事：窃查职部呈请公布《权度法》及其附属法令在

广州市区内施行日期，本年二月十四日经奉钧座第一三九号指令核准在案。惟查此项法令系民国四年公布，该管机关名义与现时不同，条文内所用“禀”字，亦与现行公文程式不合。兹拟将《权度法》《权度法施行细则》及《官用权度器具颁发条例》《权度营业特许法》，以及关于权度法之一切附属法令内“农商部”三字，一律改为“建设部”三字，“禀”字一律改为“呈”字。理合备文呈请察核，伏乞明令祗遵。谨呈

大元帅

大本营建设部长林森

中华民国十三年二月廿三日

（《陆海军大元帅大本营公报》一九二四年第六号，2月29日，“指令”）

林森呈孙中山文

（1924年2月23日）

呈为遵令修改缮正恭呈仰祈钧鉴事：窃职部呈请核准施行《商标法》及《施行细则》一案，本年二月十四日奉钧座第一四零号指令开：呈悉。所拟《商标法》四十条及《施行细则》三十二条均尚妥协，惟此项法规既未经议会议决，自应改称条例，以符名实。仰即遵照将标题及条文内所用“法”字一律修改，缮写二份，另文呈送以凭核准施行。附件存。此令。等因。奉此，自应遵照办理，谨将所拟《商标法》及《施行细则》分别修改，缮写二份，备文呈请鉴察，伏乞俯赐核准明令施行，实为公便。谨呈

大元帅

大本营建设部长林森

中华民国十三年二月二十三日

（《陆海军大元帅大本营公报》一九二四年第六号，2月29日，“指令”）

程潜呈孙中山文

（1924年2月25日）

呈为呈请事：案奉钧座发交中央直辖滇军总司令杨希闵呈称：以所部第二师八团团长杜龄昌于去春进攻沈逆，于军田、同乐间力战捐躯，死事最烈。又第三旅参谋长李文彩展［转］战东江，致染瘴疾，病殁戎间。且该故员等遗族贫乏，情殊可悯，应请从优给恤以慰忠魂等情。查该故团长杜龄昌沙场殒命，殊堪悼惜，拟请钧座准予追赠陆军少将，照《陆军战时恤赏章程》阵亡例给少将恤金。该故参谋长李文彩积劳病故，拟请准予查照《战时恤赏章程》积劳病故例给予上校恤金，以彰忠荩而慰英灵。是否有当，理合具文呈请鉴核，伏乞训示遵行。谨呈

大元帅孙

军政部长程潜

中华民国十三年二月廿五日

（《陆海军大元帅大本营公报》一九二四年第六号，2月29日，“指令”）

杨西岩呈孙中山文

（1924年2月25日）

呈为拟具禁烟总分局章程缮列清折恭呈仰祈睿鉴事：窃查本署业已成立，对于各省各属禁烟事宜亟应次第举行，期收速效。现拟每省各设禁烟总局一所，其余各属或商埠市镇则体察地方情形，酌

设分局，分别派员办理，共策进行。兹拟具《禁烟总分局章程》二十二条，理合缮列清折，备文呈请鉴核。是否有当，伏乞指令遵照。再如蒙核准，即由本署公布施行，合并陈明。谨呈
陆海军大元帅

大本营禁烟督办杨西岩

中华民国十三年一月二十五日

（《陆海军大元帅大本营公报》一九二四年第六号，2月29日，“指令”）

范石生呈孙中山文

（1924年2月26日）

呈为呈报事：本月二十二日奉钧令：任命范石生为广东筹饷总局督办等因，又奉颁给关防一颗，文曰“广东筹饷总局督办关防”。奉此，遵于本月二十六日就职视事，设局开办。理合备文呈报鉴核。谨呈
陆海军大元帅

督办范石生

中华民国十三年二月二十六日

（《陆海军大元帅大本营公报》一九二四年第七号，3月10日，“指令”）

陈兴汉呈孙中山文

（1924年2月27日）

呈为呈请察核令遵事：窃兴汉于去年十一月十二日将与滇湘两军代表会同商议，拟就职路每日售出客票原价加抽三成，货脚加抽

二成，作为临时附加军费，并由十二月一日起先行试办三个月，所得之款由滇湘两军暨职路分别派占各节，经呈奉钧座第六三一号指令所拟临时附加军费，先行试办三个月之处，应即照准等因。遵即照办，现计经届期满，惟军事尚未结束，需财孔亟，兹拟再请续办三个月，藉资挹注。理合呈明钧座察核，是否有当，仍候指令祇遵。谨呈

大元帅

管理粤汉铁路事务陈兴汉

中华民国十三年二月廿七日

（《陆海军大元帅大本营公报》一九二四年第六号，2月29日，“指令”）

范石生呈孙中山文

（1924年2月28日）

呈为呈请事：本月二十二日奉钧令开：任命范石生为广东筹饷总局督办等因。奉此，遵经议具组织大纲概算经费，备文呈请鉴核训示，并另文呈报就职视事，设局开办日期各在案。伏念凡事贵慎之于始，乃可观厥程功。查禁烟督办署开办历时，成绩尚未大见，而军队到署索饷者纷至沓来，几有应接不暇之势，对于进行发展诸多窒碍。石生备员该署，深悉源委，实由设署之始即采取合议制度，以致议论庞杂，动多牵掣。又未经明定拨付用途，以致予取予是［与］，与整理初意大相背驰。兹为慎重将来、预防流弊起见，唯有仰恳我帅座特派专员，或常川驻局，或随时莅局稽核，以示大公。此应声请者一也。至局中收入，除遵照历次会议结果保全固有应得者照旧拨付以免纷更外，其新增收入应扫数解缴钧府支配，各军不得直接向职局索取，庶能切实整顿，增加收入。此应声请者二也。理合备文呈请鉴核，俯赐通令各军一体知照，实为公便。谨呈

陆海军大元帅孙

督办范石生

中华民国十三年二月二十八日

（《陆海军大元帅大本营公报》一九二四年第七号，3月10日，“指令”）

杨西岩呈孙中山文

（1924年2月28日）

呈为呈请修改《禁烟条例》及《督办署章程》恭折具陈仰祈睿鉴事：现奉大元帅指令第一零二号职署呈请修正《督办署章程》由，内开：呈及章程均悉。查所拟《修正督办署章程》第五条规定督察处之职掌，其第二款为关于缉获烟犯及处罚判决事项，核与《禁烟条例》第二十条移送司法机关审讯治罪之规定不符，应即将此款删削，并将同条三、四两款改为二、三，以符顺序。其余均准如拟施行。仰即知照。章程存。此令。等因。奉此，伏查职署之设，原为湔除痼疾起见，自非严厉执行，何以绝毒卉而蠲宿疾？故当组织之初，拟订组织职署章程，业经帅座核准在案。一月十七日，复奉帅令批准《禁烟条例》，严为处罚俾迅肃清。惟条例第二十条规定：凡本条例之罪犯，无论何人拿获，必须连同证物一并解由禁烟督办署或禁烟总分局移送司法机关，适用本条例之规定审讯治罪。窃查职署系奉帅令办理烟禁，特颁条例处罚犯人，已有遵守。如缉获人犯无审讯处罚之权，系须特设机关主管之。若由司法机关审讯治罪，刑律已有鸦片烟治罪之规定。如指定须适用禁烟条例，似有以命令变更治律之嫌。查司法机关系适用普通法，如海陆军人犯罪，另有特别法规定。今既特颁禁烟条例，亦系特别法之一。况已设专署，似宜援例办理，既无侵越司法独立之权，又无命令变更法律之病。处理烟犯若由职署审判，则收效较为迅速，因司法制度系采四级三审故也。恳将条例第二十条“移送司法机关”六字删去，则职署组织章程第五条督察处之职掌第二款之规定，与《禁烟条例》第二十条并无抵触，请免去删削。所有拟请修改《禁烟条例》及免删削《督办署章程》各缘由是否有当，理合恭折具陈，伏乞指令祇遵。谨呈

陆海军大元帅

禁烟督办杨西岩

中华民国十三年二月廿八日

（《陆海军大元帅大本营公报》一九二四年第七号，3月10日，“指令”）

杨西岩呈孙中山文

（1924年2月28日）

呈为遵令修正《禁烟总分局章程》另缮清折恭呈仰祈睿鉴事：现奉大元帅第一七零号指令督办呈一件，呈为拟具《禁烟总分局章程》，乞予核准施行由。令开：呈悉。查所拟《禁烟总分局章程》第一、第六、第七、第九、第十二、第十四等条均应酌加删改，已于原章内逐条批明，随令发还，仰即查照妥缮，另文呈候核准施行可也。再，广东省现为禁烟督办驻在地，省内各分局不难直接指挥，监督暂时实无设置总局之必要，合并饬知。此令。等因，并发还章程一扣。下署奉此自应遵照办理，理合将应行删改各条，遵令修正缮具清折，备文呈请察核，伏乞指令下署，俾便公布施行。谨呈

陆海军大元帅孙

禁烟督办杨西岩

中华民国十三年二月廿八日

（《陆海军大元帅大本营公报》一九二四年第七号，3月10日，“指令”）

徐绍桢呈孙中山文

（1924年2月28日）

呈为呈请褒杨［扬］事：案准广东省长咨开：据琼山县长吴邦安呈称：据县立中学校学监吴粹精等呈称：寿民彭才德及妻韦氏均年登百岁，宜荷褒杨［扬］。谨具事实册印结，呈请褒杨［扬］到县，由县加具印结，呈省咨部核办前来。部长核其事状与褒杨［扬］条例第一条第八款尚属相符，拟请钧座题给“寿域同登”四字，并给予银质褒章以示褒杨［扬］。所有拟请褒杨［扬］寿民彭才德及妻韦氏缘由，是否有当，理合呈请钧座察核示遵。谨呈

大元帅

大本营内政部长徐绍桢

中华民国十三年二月廿八月

（《陆海军大元帅大本营公报》一九二四年第七号，3月10日，“指令”）

徐绍桢呈孙中山文

（1924年2月28日）

呈为呈请褒扬事：案据伍朝枢、黄仕强、梁桂邻、刘薇卿、伍大光等呈称：窃维华妻矢节惊雉堞之朝崩，柳母称贤耐熊丸之夜嚼。远稽烈女千秋尚播清芬，近挹慈帏九族益钦淑行。矧乃绛纱设幔既教子而教孙，锦帨添筹复得名而得寿。是宜垂诸女宪彤管扬辉，表厥壶仪金章宠锡者矣。兹有新会节妇杨朱氏，乃前清已故把总朱裔祥之女，已故荣禄大夫杨福珍之副室，今大本营内政部次长、禁烟督办杨西岩之生母。现年七十有九岁。溯自妙龄，早谐嘉耦。温恭式度不矜咏絮之才，淑慎持躬尚理织□之业。方

冀琴瑟静好燕梁长托于双栖，岂图裘葛倏更鸾镜遽分于六载。悲歌寡鹄才过花信之年，爱护孤雏永守柏舟之誓。众子视同己子未闻闵絮之寒，家风蔚作儒风早茁谢兰之秀。虽指囷慷慨待举火在千家，而画荻辛劳课残灯于五夜。遂使培成国器，联步云梯。喜世胄之长绵，保楹书而勿替。床满郎君之笏三凤齐飞，天留仲氏之篪一夔已足。今次子西岩入承母训，出济时艰，绍桓嫠行义之风用纾国难，尽文子毁家之谊藉慰亲心。晕翟荣叨克遂春晖之报，鹍鹏直上快瞻云路之翔。微子之贤无以酬母之志，微母之力无以成子之名也。朝枢等忝属寅僚，夙聆懿范，计八旬之将届，合四代以同欢。念当年节励松筠述德备辅轩之采，看此日瑞凝萱草承恩待绰楔之颁。谨按《褒扬条例》第一条第五款、第七款均属相符，理合开列节妇杨朱氏事迹一册，并取具同乡官甘结随缴褒扬费大洋六元四角，备文呈请钧部核明转请褒扬，俾邀盛典，实为公便等情，并开列事实清册一扣前来。部长查节妇杨朱氏少年守节，至今年将八旬，核与《褒扬条例》第一条第七款相符，拟请钧座题颁“节媲松筠”四字，并给予银色褒章一枚以示褒扬。所有呈请褒扬节妇杨朱氏缘由是否有当，理合呈请钧座察核施行。谨呈

大元帅

内政部长徐绍桢

中华民国十三年二月廿八日

（《陆海军大元帅大本营公报》一九二四年第七号，3月10日，“指令”）

财政委员会呈孙中山文

（1924年2月29日）

本会本月二十八日第十九次特别会议提出加入新任广东省长杨

庶堪为本会主席委员，业经公决，理合开折呈请大元帅简派施行。

财政委员会谨呈

中华民国十三年二月廿九日

（《陆海军大元帅大本营公报》一九二四年第七号，3月10日，“指令”）

梧州各界致孙中山电

（1924年2月29日载）

请保留李济琛西江督办梧州行署。

（《申报》1924年2月29日，“国内专电”）

廖仲恺呈孙中山文

（1924年2月29日）

呈为呈复事：现奉训令第六七号开：据林森、邓泽如、邹鲁、汪兆铭、林直勉呈称：窃辛亥三月二十九日广州之役失败，党人死事者无数，不可稽得。尸骸葬之黄花岗七十有二，是为黄花冈七十二烈士坟墓。兹拟照坟场形势，将该冈一带地方东至二望冈，西至广州模范监狱及永泰村，南至东沙马路，北至墓后田塘，划为七十二烈士坟园。嗣后无论何项有功之人，其遗骨概不得附葬烈士坟园界内。其在于界内之民间旧坟，亦限定三个月内另行择地迁葬，以壮观瞻而表敬礼等情。除指令照准外，仰即会同大本营军政部长遵照办理，出示禁止附葬，以崇先烈，并分行各机关一体知照。等因。奉此，自应遵照办理，即经会同军政部长出示禁止附葬，并令行各机关一体知照，理合将遵办情形具文呈复察核。谨呈

陆海军大元帅

广东省长廖仲恺

中华民国十三年二月廿九日

（《陆海军大元帅大本营公报》一九二四年第七号，3月10日，“指令”）

程潜呈孙中山文

（1924年2月29日）

呈为呈请事：窃查邮电信件关系军事，至为重要，而报纸当军事进行时期，每刺探军事秘密动作揭诸报端，殊于军事进行有碍。以故当去岁北江战事开始时，职部即派员专司邮政电信及报纸检查员之责。除三元邮局检查员当此北江战事终止后即行撤销外，其广州市范围内每日邮件多在二十万件以上，殊非少数人员所能办到，计任用检查主任一名、检查员十余名、电报检查主任一名、检查员一名、报纸检查员四名。各员每日服务或自至早，或自至晚，较他员特为辛劳，因每员每日特给津贴五毫。而自北江战事开始以至于现今，军事进行迄未停止，殆无日不在军事紧急之中，以是未能将各检查事项停办。计自开办以来截至本月二十九日止，应支三水局检查员薪水津贴、广州市检查主任及检查员薪水津贴，洋共二万四千五百四十七元五角。此项开销在经费上本无着落，纯由职挪垫，现在实已负累不堪，计穷力尽，再无维持之力。理合据情呈恳钧座迅准令行他种军事机关或地方官，将各检查事项于本月二十九日以后派员接办，并恳将二万四千余元之垫款指拨的款以清负累，实为公便。职平生任事向不意存推诿，兹实无法维持，迫而出此，伏乞谅察俯予指令施行。谨呈

大元帅孙

军政部部长程潜

中华民国十三年二月廿九日

（《陆海军大元帅大本营公报》一九二四年第七号，3月10日，“指令”）

罗翼群呈孙中山文

（1924年2月29日）

呈为呈报事：案据职部经理局局长徐伟呈称：窃查职局奉令收束，业将经办四月至十月份支出计算书表、单据，及收发粮食、军品、煤炭表据，按月分别编办呈核在案。兹将经办各月汇编收支款项数目，及负欠各部、局、院、队、站、所、商号各薪饷、经费、医药货项等费，暨借出款项、长领未报计算核减各款，列具结束总册三份，备文呈请察核。伏乞转呈帅座察核办理，恳将负欠各项迅赐核明清发，以完手续等情，并总册三份前来。职经复核无异，除检册一本存查外，理合具文连同总册二本转呈钧帅察核。伏乞俯赐分别存发核明，即将欠项发还，以完手续，实为公便。谨呈

大元帅

前兵站总监罗翼群

中华民国十三年二月二十九日

（《陆海军大元帅大本营公报》一九二四年第七号，3月10日，“指令”）

统一财政委员会当值主席呈孙中山文

（1924年2月29日）

为呈请事：窃查统一财政事宜业经节次开会筹议进行，会内日行事件亦蒙简派总干事、干事分别主管在案。顷准蒋总干事尊簋将干事会议草拟之《办事细则》，提出二月二十七日常会公同讨论，

尚属妥协，当经一致通过。兹谨按《办事细则》第十三条规定缮具全文，呈请鉴核备案。谨呈

大元帅

统一财政委员会当值主席

中华民国十三年二月廿九日

（《陆海军大元帅大本营公报》一九二四年第七号，3月10日，“指令”）

廖湘芸呈孙中山文

（1924年2月）

呈为呈复事：案奉钧座第二十七号令开，除原文有案邀免冗录外，后开：所有各军驻在管区，其因一时权宜管理之各项财政收入机关，着限于二月六日一律由政府主管各机关分别接管妥办，至各该军应需饷项，自可由政府核定指发。除分令外，特此令遵仍将遵办情形具报查考。此令。等因。奉此，窃职部军队现驻虎门，所有虎门区内各项民政、财政机关，职部概未经管，皆系主管各机关委任。奉令前因，理合备文呈复，伏乞睿鉴，实为公便。谨呈

陆海军大元帅

虎门要塞司令廖湘芸

中华民国十三年二月〇日

（《陆海军大元帅大本营公报》一九二四年第五号，2月20日，“指令”）

陈其瑗、宋子文呈孙中山文

（1924年2月）

呈为呈报事：窃奉钧令：派陈其瑗、宋子文为前大清银行清理

处委员。此令。等因。奉此，遵于本月十一日组织成立，择定中央银行为办公地点，并刊木质关防一颗，文曰“大清银行清理处关防”，于十五日启用视事。除将该行产业认真清理外，合将开办及启印视事日期备文呈报察核。谨呈

大元帅孙

委员陈其瑗、宋子文

中华民国十三年二月 日

（《陆海军大元帅大本营公报》一九二四年第六号，2月29日，“指令”）